传道与解惑

林 泰 ◎ 著

光明日报出版社

图书在版编目（CIP）数据

传道与解惑 / 林泰著 . -- 北京：光明日报出版社，2025.1. -- ISBN 978-7-5194-8434-7

Ⅰ . G641-53

中国国家版本馆 CIP 数据核字第 20251VD709 号

传道与解惑

CHUANDAO YU JIEHUO

著　　者：林　泰	
责任编辑：宋　悦	责任校对：刘兴华　王秀青
封面设计：中联华文	责任印制：曹　净

出版发行：光明日报出版社
地　　址：北京市西城区永安路 106 号，100050
电　　话：010-63169890（咨询），010-63131930（邮购）
传　　真：010-63131930
网　　址：http://book.gmw.cn
E - mail：gmrbcbs@gmw.cn
法律顾问：北京市兰台律师事务所龚柳方律师
印　　刷：三河市华东印刷有限公司
装　　订：三河市华东印刷有限公司
本书如有破损、缺页、装订错误，请与本社联系调换，电话：010-63131930
开　　本：170mm×240mm
字　　数：494 千字　　　　　　　印　　张：27.5
版　　次：2025 年 1 月第 1 版　　　印　　次：2025 年 1 月第 1 次印刷
书　　号：ISBN 978-7-5194-8434-7
定　　价：95.00 元

版权所有　　翻印必究

篇头的话（代序）

胡显章等同志组织清华大学人文社会科学方面的一些老教授把自己的著作、文章汇集起来出版《清华问道》丛书，我应邀参加。

我一生把当代社会思潮与青年思想政治教育作为主要研究方向。汇集的文章分七个部分编辑，都与坚持和发展中国特色社会主义理论、道路，分析、批判错误思潮，为大学生传道、解惑有关，故定名为《直面社会思潮求真析理育人》，涉及《问道——改革开放以来的社会思潮与青年思想政治教育研究》和《唯物史观通论》两部著作，以内容简介的形式编入其中。全书最后设有附录：学术思想与成果的评价。有自己学术思想的探索与追求，也有其他人的评价。

中国社会科学出版社资深编审冯斌曾说过："'问道'这本书200年后也会有人看，他们可能有不同意见，但不会认为没有研究价值。"这个评价太高了，我愿意以此鞭策自己，编这本书，希望进一步听到各种意见，促使我在"问道"研究方面继续有所前进。

目 录
CONTENTS

第一篇　新时代党的精神引领下的思考与成果 ⋯⋯⋯⋯⋯⋯⋯⋯⋯ 1

　坚持和加强党的全面领导 ⋯⋯⋯⋯⋯⋯⋯⋯⋯⋯⋯⋯⋯⋯⋯⋯⋯ 3

　十八大以来中国共产党对社会思潮的引领

　　——就《问道》再版访清华大学马克思主义学院林泰教授 ⋯⋯⋯ 16

　在理论联系实际中立德铸魂

　　——在全国学校思想政治理论课教师座谈会上的发言 ⋯⋯⋯⋯⋯ 32

　为大学生思想政治理论教育奉献一生 ⋯⋯⋯⋯⋯⋯⋯⋯⋯⋯⋯⋯ 34

　为社会主义建设者和接班人培根铸魂

　　——学习习近平总书记在学校思想政治理论课教师座谈会上讲话的体会 ⋯

　　　⋯⋯⋯⋯⋯⋯⋯⋯⋯⋯⋯⋯⋯⋯⋯⋯⋯⋯⋯⋯⋯⋯⋯⋯⋯⋯ 37

　高校思政课教学怎样坚持八个"相统一" ⋯⋯⋯⋯⋯⋯⋯⋯⋯⋯⋯ 40

　如何办好高校思想政治理论课

　　——求是网访谈录 ⋯⋯⋯⋯⋯⋯⋯⋯⋯⋯⋯⋯⋯⋯⋯⋯⋯⋯⋯ 45

　为立德树人奉献一生

　　——学习习近平总书记在学校思想政治理论课教师座谈会上讲话的体会 ⋯

　　　⋯⋯⋯⋯⋯⋯⋯⋯⋯⋯⋯⋯⋯⋯⋯⋯⋯⋯⋯⋯⋯⋯⋯⋯⋯⋯ 52

第二篇　主要著作内容简介 ⋯⋯⋯⋯⋯⋯⋯⋯⋯⋯⋯⋯⋯⋯⋯⋯ 55

　《问道》与《唯物史观通论》两部著作内容简介 ⋯⋯⋯⋯⋯⋯⋯⋯ 57

　《问道》（第一版）卷首语 ⋯⋯⋯⋯⋯⋯⋯⋯⋯⋯⋯⋯⋯⋯⋯⋯ 59

　《问道》（第二版）再版的话 ⋯⋯⋯⋯⋯⋯⋯⋯⋯⋯⋯⋯⋯⋯⋯ 63

《问道》（第三版）序言 65
《唯物史观通论》结束语 67

第三篇　社会主义的理论与现实　71

落后国家率先进行社会主义革命的理论思考 73
科学地历史地评析社会主义 85
社会主义初级阶段理论与实践的断想 94
改革与社会主义社会基本矛盾
　　——邓小平对社会基本矛盾理论与实践的新贡献 102
对社会主义及其优越性与消极现象的思考 112
沉沦—奋起—伟大复兴
　　——跨世纪中国经济社会发展的思考 123
缩小贫富差别，逐步实现共同富裕 129

第四篇　改革的道路与理论导向　143

现阶段建设有中国特色社会主义教育的几点思考 145
对现阶段社会主义民主建设的思考
　　——兼谈两种民主制度的比较 159
坚持和完善人民代表大会制度探析 171
当代西方政治思潮的几个问题 179
北欧民主社会主义浅析 191
东西方国家民主发展的本质差异 196
坚持和完善共产党领导的人民民主制度
　　——对鼓吹西方多党制思潮的回答 202
国有制企业改革的社会主义方向 210
国有企业能退出竞争领域吗 216
对我国基本经济制度中"公有制为主体"的看法
　　——访清华大学马克思主义学院林泰教授 220

第五篇　人生价值观的理论思考　227

社会主义市场经济与集体主义价值观 229
弘扬集体主义精神的理论思考 238
个人主义和人性自私的理论失误 247

对个人主义的历史思考 ……………………………………… 256
"经济人假设"与人性自私论
　　——兼谈国企管理层激励机制的改革 ………………… 265
当前社会利他行为研究的意义及其多层次表现 …………… 275
正确理解"价值""个人的社会价值""自我价值"概念的科学内涵 …… 284

第六篇　意识形态若干问题辨析　291

党性和科学性的统一 ………………………………………… 293
对待传统文化要坚持马克思主义的分析方法 ……………… 297
评"真理多元论" ……………………………………………… 299
两种价值与真理的统一观 …………………………………… 304
历史唯物主义与人道主义 …………………………………… 311
对精神文明建设形势的科学分析 …………………………… 317

第七篇　教育的继承与创新　321

对大学生思想政治工作继承与创新问题的探索 …………… 323
新时期思想工作的几点理论思考 …………………………… 343
马克思主义教育怎样"自立立人" …………………………… 355
思想政治理论课改革的几点思考 …………………………… 360
思想政治教育学科科学发展的几个问题 …………………… 368
思想政治教育学科进一步发展的几个问题 ………………… 373
一个中国特色社会主义学科建设的艰辛历程与本质特色 … 380
法学切莫随人后　自成一家始逼真
　　——清华大学法学院院史访谈 ………………………… 387
对文化素质教育的思考 ……………………………………… 390
清华大学文科复建的回顾与思考 …………………………… 394
清华大学政治辅导员制度的特色及其发展 ………………… 401
为立德树人奉献一生
　　——清华大学团委的工作形成了我人生的底色 ……… 411

附录　学术活动与成果评价　415

我的学术探索与追求
　　——《社会思潮理论前沿求索》自序 ………………… 417

永远做青年人的良师益友
　　——记清华大学马克思主义学院教授林泰 ················· 424
躬耕六十载　问道新时代
　　——清华大学林泰教授先进事迹 ························· 427

第一篇 **01**

**新时代党的精神引领下的
思考与成果**

坚持和加强党的全面领导

党的建设是习近平新时代中国特色社会主义思想"八个明确"和"十四个坚持"的重要内容，也是党的十九大报告贯穿通篇的主旋律、主基调，有许多新思想、新概括需要深入学习和研究。

一、中国特色社会主义最本质的特征和最大优势

"中国特色社会主义最本质的特征是中国共产党领导"，这句话是习近平新时代中国特色社会主义思想"八个明确"最后一个"明确"中表述的，它体现了科学社会主义、中国特色社会主义的本质要求，体现了中国共产党执政方式与西方多党制执政方式的根本区别。

在现代政党政治中，执政党对国家权力都起着核心作用。其一，执政党要提出自己的施政纲领和重大决策，按法定程序审议通过，使之成为国家法律和决定。其二，推荐自己最优秀的人才，通过依法民主审议，使之掌握立法、司法、行政等国家权力，这是世界上任何执政党都不会放弃的权力。但是，西方国家执政党的执政方式与共产党领导的国家的执政方式有着根本区别。西方国家的执政方式是"以党辅政"，他们实行"多党竞争，轮流执政"，政党的主要任务是提出施政纲领，组织竞选。一旦成为执政党，就依靠当选的总统、内阁、议会实行执政权力，党在执政方面只起辅助作用。苏联戈尔巴乔夫照搬西方多党制，通过竞选当选总统后，立即建立总统委员会，取代苏共中央政治局对执政权力的政治领导。结果导致苏联解体，苏联共产党丧失执政地位，社会主义被颠覆，他本人也成为苏联第一位也是最后一位总统。

共产党的执政方式是"以党领政"，党对政府工作中的重大原则、重大方向、重大决策进行领导，协调立法、司法、行政，但不包办国家事务的具体工作，体现了"党是最高政治领导力量"。不仅如此，共产党还要统领整个社会，使党、政、军、民、学各方，企业、文化、社会团体各界，政府、市场、社会各种力量协调动作，运行在同一轨道上，形成巨大的向心力和战斗力。"党政军

民学，东西南北中，党是领导一切的"①，西方的执政党是不可能做到这一点的。此外，党还要管党，全面从严治党，以加强党的长期执政能力、先进性和纯洁性建设，这些和西方政党松散的要求是根本不同的。

列宁说过："对于从封建制度中生长起来的资产阶级革命来说，还在旧制度内部，新的经济组织就逐步形成起来，它逐渐改变着封建社会的一切方面。资产阶级革命面前只有一个任务，就是扫除、摈弃并破坏旧社会的一切桎梏。任何资产阶级革命完成了这个任务，也就完成了它所应做的一切。"因此，通常资产阶级革命以夺取政权宣告结束。而"社会主义革命却处在完全另外一种情况中，由于历史进程的曲折而不得不开始社会主义革命的那个国家愈落后，它由旧的资本主义关系过渡到社会主义关系就愈困难。这里除破坏任务以外，还加上一些空前困难的新任务，即组织任务"②。也就是说，在旧制度内，社会主义的经济基础、上层建筑不可能自发地形成、发展、壮大，社会主义革命，除了摧毁旧政权、建立新政权外，还要在新政权下，在共产党的领导下，在发展和解放生产力的基础上，社会主义的经济基础和上层建筑才能逐步形成、巩固、发展、完善和壮大起来。开始社会主义革命的国家越落后，这方面的任务就越重。正如毛泽东同志所说："夺取全国胜利，这只是万里长征走完了第一步。如果这一步也值得骄傲，那是比较渺小的，更值得骄傲的还在后头。在过了几十年之后来看中国人民民主革命的胜利，就会使人们感觉那好像只是一出长剧的一个短小的序幕。剧是必须从序幕开始的，但序幕还不是高潮。中国的革命是伟大的，但革命以后的路程更长，工作更伟大，更艰苦。这一点现在就必须向党内讲明白，务必使同志们继续地保持谦虚、谨慎、不骄、不躁的作风，务必使同志们继续地保持艰苦奋斗的作风。""我们不但善于破坏一个旧世界，我们还将善于建设一个新世界。"③

中国共产党经过长期的革命斗争，1949年建立了新政权。之后，在共产党领导下，1956年初步建立了社会主义制度，坚持建设独立自主的工业体系和大规模的农田基本建设。1978年，在共产党领导下实行了改革开放，经过四十多年艰苦奋斗，形成了中国特色社会主义的道路、理论、制度和文化，成为世界第二大经济体。之后三十年，中国共产党还要在复杂的国内外环境中领导中国

---

① 习近平. 决胜全面建成小康社会夺取新时代中国特色社会主义伟大胜利[M]. 北京：人民出版社，2017：20.
② 中共中央马克思恩格斯列宁斯大林著作编译局. 列宁全集：第34卷[M]. 北京：人民出版社，1985：3-4.
③ 毛泽东. 毛泽东选集：第4卷[M]. 北京：人民出版社，1991：1438-1439.

人民建成富强、民主、文明、和谐的社会主义现代化强国，实现中华民族伟大复兴。这个目标实现后，还要领导中国人民向更高、更成熟的社会主义方向前进，完全实现解放生产力，发展生产力，消灭剥削，消除两极分化，最终实现共同富裕。此后，还要领导中国人民向着"代替那存在着阶级和阶级对立的资产阶级旧社会的，将是这样一个联合体，在那里，每个人的自由发展是一切人的自由发展的条件"① 的共产主义社会前进。总之，只有深刻理解科学社会主义的奋斗目标及其过程的长期性和艰巨性，才能"明确中国特色社会主义最本质的特征是中国共产党的领导……"的科学内涵。

在党的十九大报告中，"中国特色社会主义制度的最大优势是中国共产党领导"和"中国特色社会主义最本质的特征是中国共产党领导"相衔接，写进"八个明确"最后一个"明确"，一句话两个方面的内容共同体现了习近平新时代中国特色社会主义思想新的科学理论概括。

在理论界，近年来已经有一些学者探讨中国共产党领导的政治体制的优势。新加坡《联合早报》2010年就发表了宋鲁郑《中国一党制何以优于西方多党制》的文章，从六个方面探讨中国政治制度的比较优势。2013年，笔者在《问道》一书中也设专节探讨了中国政治制度的比较优势。这些探讨都认为中国的政治制度可以制定国家长远规划并保持政策的连续性和稳定性，不受政党轮替的影响，决策效率高，能够集中力量办大事，避免过度分权的弊端，更好地代表人民的根本利益，不为金钱政治左右等。2019年，党的十九届四中全会决议又从政治、经济、文化、社会、生态、外交、军事、"一国两制"等十三个方面阐明了中国特色社会主义制度的"显著优势"。不论从哪些方面概括中国特色社会主义的比较优势，所有这些优势都是由党的十九大所概括的"中国特色社会主义制度的最大优势是中国共产党领导"这个本质特征派生出来的。美国霸权主义者炮制新的"中国威胁论"，集中力量攻击中国共产党领导是"一党专政""不民主的威权体制"，从反面说明中国共产党领导是中国特色社会主义的命根子。2020年，防控新冠疫情的战役中，中国举全国之力抗"疫"，社会井然有序地战胜疫情，进一步从正面阐明了"中国特色社会主义制度的最大优势是中国共产党领导"这一理论概括的真理性。我们要十分珍视这一制度优势，并进一步把制度优势转化为治理体系和治理能力的优势，使中国特色社会主义制度不断发展完善。

---

① 中共中央马克思恩格斯列宁斯大林著作编译局. 马克思恩格斯选集：第1卷 [M]. 北京：人民出版社，1995：294.

二、关于"坚持和加强党的全面领导"

党的十九大报告关于新时代党的建设总要求,第一句就是"坚持和加强党的全面领导",这是个新提法。过去我们讲"坚持和完善党的领导",这次十九大报告也用了这个提法,"必须毫不动摇坚持和完善党的领导,毫不动摇地把党建设得更加坚强有力。"应当理解这样讲的内涵是指完善共产党领导的重点是加强党的全面领导。

这样的理解,其实已蕴含在第一节的论述之中。《光明日报》2019年7月7日发表的《以坚持和加强党的全面领导为统领——深入学习贯彻习近平总书记在深化党和国家机构改革总结会议上的重要讲话系列评论》中指出:"办好中国的事,关键在党。中国共产党,是中国特色社会主义事业坚强的领导核心。党的领导,是中国特色社会主义最本质的特征,是中国特色社会主义制度的最大优势。充分发挥我国社会主义制度优越性,就要加强党的全面领导,只有实现党对各领域各方面工作的领导,实现党的领导全覆盖,才能确保党的领导坚强有力。也只有提高党把方向、谋大局、定政策、促改革的能力和定力,把党作为最高政治领导力量的地位和作用进一步制度化,才能为实现伟大复兴梦想提供强有力的保障。"充分体现了新时代对坚持和加强党的全面领导提出了更高的要求。

我们现在已经进入"两个一百年"奋斗目标的历史交汇期,迎来实现社会主义现代化和中华民族伟大复兴的新时代。行百里者半九十,愈接近实现社会主义现代化和中华民族伟大复兴的目标,我们面临的风险和挑战就愈多。党的十九大报告对党要实现的伟大斗争、伟大工程、伟大事业、伟大梦想及其面临的风险、挑战做了全面深入的论述,并提出"我们党要团结带领人民有效应对重大挑战、抵御重大风险、克服重大阻力、解决重大矛盾,必须进行具有许多新的历史特点的伟大斗争,任何贪图享受、消极懈怠、回避矛盾的思想和行为都是错误的",重申"我们必须深刻认识党面临的执政考验、改革开放考验、市场经济考验、外部环境考验的长期性和复杂性,深刻认识党面临的精神懈怠危险、能力不足危险、脱离群众危险、消极腐败危险的尖锐性和严峻性",并提出"四个自觉"应对风险挑战的要求,"以确保党在世界形势深刻变化的历史进程中始终走在时代前列,在应对国内外各种风险和考验的历史进程中始终成为全国人民的主心骨,在坚持和发展中国特色社会主义的历史进程中始终成为坚强领导核心"①。

　　改革开放四十年，成就举世瞩目。但改革进入深水区，比较容易做的改革已经做了，将进行的改革多是难啃的硬骨头。中国日益接近世界舞台的中心，为适应新时代要求，共产党必须进一步坚持和加强党的全面领导。扶贫是实现全面小康的关键任务，也是世界性难题，只有在共产党大力扶贫、造血式扶贫、精准扶贫等方针的指引下，才可能创造近八亿人脱贫的历史奇迹。搞市场经济、权钱结合的腐败高发，也只有在共产党领导下，对腐败零容忍，老虎苍蝇一起打，受贿行贿一起抓，教育干部、查大案要案和制度建设三管齐下，才能大见成效。中国共产党坚持"以人民为中心"是反腐败能够成功进行的根本保证。另外像环境保护问题，一些发展中国家往往为了GDP，不惜损害资源环境，只有在共产党领导下，坚持人民长远利益和根本利益，不走"先污染、后治理"的老路，才能使绿水青山真正成为金山银山。美国对中国发动贸易战，企图扼制中国的发展，乌云压城，但是我们国家在党的领导下，有理、有利、有节地反对单边主义和贸易保护主义，必能顶住压力，维护好国家的核心利益。总之，愈接近实现"两个一百年"奋斗目标和中华民族伟大复兴，风险和挑战就愈多，迫切需要坚持和加强共产党的全面领导，在把方向、定决策、促改革，统筹全局、协调各方等方面更好地发挥领导作用。

　　1986年，邓小平同志讲坚持和完善共产党领导时，强调政治体制改革的内容"首先是党政要分开"②，1987年，党的十三次代表大会的报告讲政治体制改革，专门有一节讲党政分开，"政治体制改革的关键首先是党政分开，党政分开即党政职能分开"。对这个问题怎么看？应当承认，上述论述与当时所处的历史条件是分不开的。譬如，党的十三大报告规定："今后，各级党委不再设立不在政府任职但又分管政府工作的专职书记、常委。……与政府机构重叠对口的部门应当撤销"，是符合当时的实际情况的。但也应当承认，当时对如何坚持和改善共产党的领导在认识上是有历史局限性的。譬如，党的十三大报告规定："政府各部门现有的党组各自向批准它成立的党委负责，不利于政府工作的统一和效能，要逐步撤销。"实践了一段时间后，证明它不利于加强党对政府工作的领导，又恢复了政府各部门党组设置。党组的设置有利于党的总书记和政治局常委会对改革开放现代化建设中的重大原则、重大方向、重大全局问题进行深入

---

① 习近平. 决胜全面建成小康社会 夺取新时代中国特色社会主义伟大胜利［M］. 北京：人民出版社，2017：15，60，17.
② 邓小平. 邓小平文选：第3卷［M］. 北京：人民出版社，1993：177.

调研、决策、部署，有利于加强党的政治领导。习近平担任总书记之后，又进一步设置了全面深化改革领导小组、全面依法治国领导小组等，进一步加强了党的全面领导。党的十九大以后，又把这些领导小组升格为全面领导的委员会，这些都是坚持和加强党的全面领导的重大举措。

三、跳出"其兴也悖焉，其亡也忽焉"的政权兴亡周期率，构建党和国家全方位的监督体系

（一）全面从严治党，不断提高党的执政能力和领导水平

党的十九大报告对全面从严治党进行了全面的总结。其中专门论述了"健全党和国家监督体系"，强调"增强党自我净化能力，根本靠强化党的自我监督和群众监督。要加强对权力运行的制约和监督，让人民监督权力，让权力在阳光下运行，把权力关进制度的笼子"，把任何公权力都要受到监督这一重要原则确立起来。毛泽东同志回答黄炎培同志的提问，强调让人民来监督政府，才不会人亡政息的思想是正确的。但为什么一段时间没能真正落实？其根本原因是没有建设好依法监督执政权力的制度保障。习近平总书记指出："只要公权力存在，就必须有制约和监督。不关进笼子，公权力就会被滥用。"[1] 他在治国理政过程中十分重视制度建设，特别是监督制度的建设，在全面从严治党中，始终把制度建设贯穿于党的政治、思想、组织、作风、纪律建设的全过程中。譬如，党委（党组）落实全面从严治党主体责任制度；坚定维护党中央权威和集中统一领导，突出政治监督，严格政治责任担当制度；在意识形态领域中责任担当以及加强新老媒体融合、网络媒体监督制度；坚持和完善党要管党，实践中锻炼，推选忠诚、干净、担当的优秀人才制度；围绕整治"四风"，落实中央八项规定和监督执纪的"四种形态"制度；构建不敢腐、不能腐、不想腐，"打虎""拍蝇""猎狐"一体推进制度；深化政治巡视巡察制度，实现一届任期巡视全覆盖；向党和国家机关与一些中管国企、金融单位派驻纪检组，强化日常监督制度；防止"灯下黑"制度；建立国家、省、市、县监察委员会，整合行政监察部门，预防腐败机构，明确检察机关反腐败职责，优化党内监督同国家监督，依规治党同依法治国有机统一，健全党和国家监督体系等一系列制度等，对执政权力的监督建立了切实可行的制度保障。

习近平总书记指出："党内监督在党和国家各种监督形式中是最根本的、第一位的，但如果不同有关国家机关监督、民主党派监督、群众监督、舆论监督

---

[1] 习近平. 在新的起点上深化国家监察体制改革 [J]. 求是，2019（5）：4-9.

结合起来，就不能形成监督合力。"① 下面对如何形成公权力的监督合力做出探讨。

(二) 健全人民当家作主制度体系，发展社会主义民主政治

党的十九大报告指出："坚持党的领导、人民当家作主、依法治国有机统一。党的领导是人民当家作主和依法治国的根本保证，人民当家作主是社会主义民主政治的本质特征，依法治国是党领导人民治理国家的基本方式，三者统一于我国社会主义民主政治伟大实践。"改革开放以前，由于人治思想的影响，法治建设成了以上三方面结合的短板。改革开放以后，法治建设有了长足进步，特别是以习近平同志为核心的党中央于2014年10月在十八届四中全会上通过的《中共中央关于全面推进依法治国若干重大问题的决定》，第一次以党的决议的形式全面阐述了我们党关于依法执政、依法治国的基本思想。习近平同志还把全面依法治国列入其治国理政的"四个全面"战略布局中，推动了党的领导、人民当家作主、依法治国有机统一新的重大的发展。

加强对执政权力的监督是全面推进依法治国的重要思想内容，如在立法方面，加强宪法实施和监督，推进合宪性审查工作，维护宪法权威性；推进科学立法、民主立法、依法立法，以良法促进发展，保障善治。在建设法治政府、推进依法行政方面，规定行政机关要坚持法定职责必须为，法无授权不可为，不得法外设立权力；推进政府权力清单制度，精简行政审批，全面推进政务公开，消除权力设租寻租空间；建立重大决策终身责任追究制度及责任倒查机制，强化对行政权的制约和监督；等等。在深化司法体制改革方面，强调要建立独立、公正行使审判权和检查权制度；完善确保依法建立领导干部干预司法活动，插手具体案件处理的记录通报和责任追究制度；健全行政机关依法出庭应诉，支持法院受理行政案件，尊重并执行法院生效裁判制度；健全公安机关、检察机关、审判机关、司法行政机关各司其职，侦查权、检查权、审判权、执行权相互配合、相互制约的体制；建立超越地区行政权限的巡回法庭或专项法庭制度；等等。这些，对克服个别领导人的话高于法律、行政权力高于司法的弊端起到了制度性的保障作用。

"人民代表大会制度是坚持党的领导、人民当家作主、依法治国有机统一的

---

① 习近平. 在党的十八届六中全会第二次全体会议上的讲话 [J]. 求是，2017 (1)：3-10.

根本政治制度安排，必须长期坚持、不断完善。"① 人民代表大会是国家最高权力机关，在共产党领导下，行使立法权、决定权、任免权、监督权，这种民意机关高于行政、司法的制度体现了社会主义国家人民当家作主的本质，也可以使决策更有效率。改革开放以来，人民代表大会在行使立法权、决定权、任命权方面，已逐步规范化并不断完善，但比较薄弱的是监督权还没有真正落实。经过多年的讨论思考，全国人大2006年终于通过《监督法》，对人大加强对行政、司法的监督提出了明确的要求。2020年5月第十三届全国人大三次会议上，栗战书作《全国人民代表大会常务委员会工作报告》，专设一节"依照法定职责围绕重大改革发展任务推进监督工作"，对依法开展计划和预算监督工作，推进人大预算审查监督重点向支出预算和政策拓展；加强国有资产管理监督；扎实做好专项工作监督；加强司法工作监督；遵照法律规定开展执法检查等方面做了全面汇报，并对今后健全监督制度机制，依法做好监督工作做了具体部署。人大依法行使监督权取得了长足的进展。党的十九大以后，党中央要求在中央、省、市、县组建监察委员会，实现对所有行使公权力的公职人员监察全覆盖，这也是健全党和国家监督体系的最新探索。

（三）完善共产党领导的多党合作和政治协商制度

中国共产党领导的多党合作和政治协商制度，是中国的一项基本政治制度。中国共产党和其他民主党派的关系是执政党与参政党的关系，实行"长期共存，互相监督"的方针，这是符合中国国情的一种新型政党制度。

由于共产党是长期执政的大党，"长期共存，互相监督"主要是请各民主党派对共产党执政进行监督。改革开放以来，特别是党的十八大以来，在这方面逐渐形成了许多有效的制度。2014年12月29日，中央政治局会议审议通过了《关于加强社会主义协商民主建设的意见》，勾勒了中国特色社会主义协商民主是一个"6+1"的体系。2015年5月18日，中共中央颁布了《中国共产党统一战线工作条例（试行）》，首次以党内法规形式明确规定了政党协商的总体要求、基本形式和主要内容。2015年—2017年，中共中央办公厅相继印发《关于加强政党协商的实施意见》《关于加强人民政协协商民主建设的实施意见》《关于加强和改进人民政协民主监督工作的意见》。2019年，在中央政协工作会议暨庆祝中国人民政治协商会议成立70周年大会上，习近平总书记发表重要讲话，为新时代人民政协事业发展指明了前进方向，政协工作在建言资政和凝聚共识

---

① 习近平. 决胜全面建成小康社会 夺取新时代中国特色社会主义伟大胜利［M］. 北京：人民出版社，2017：36.

上双向发力,取得了新进展。

政协工作不断丰富协商形式,提高建言质量。由中共中央负责人邀请各民主党负责人与无党派人士,以协商座谈会的形式,对关于党和国家重大决策征求意见,改革开放以来,在中央层面已召开一百余次,在省、市层面也已多次运用。委员们通过参加双周政治协商座谈会、专题议政性常委会、专题协商会议、远程协商会议等方式,就国家中长期科技发展规划、国民经济和社会发展"十四五"规划、乡村发展战略以及各种专题问题,向国家机关提出政策性建议,其中很多建议被国家采纳。党的十七大提出:"要选拔和推荐更多的非党干部来担当领导职务",现在已经有80%以上的省、市、县有非中共人士担任领导副职,个别还担任正职。各民主党派还设立了政策调研机构,围绕党和国家工作重心,结合自己所联系的社会阶层和人才优势,有计划地进行建言资政的调查研究。

(四)舆论监督

舆论监督是非常重要的,改革开放以来,这方面有了很大进展,例如,中央电视台的《焦点访谈》节目,主要进行舆论监督,现已扩展到省、省辖市、县一级,其都开设了类似"焦点访谈"的节目。

网络是新媒体,21世纪以来,发展迅速,在党的领导下,新老媒体融合已经形成制度,各大报刊均已设置独立的网络宣传阵地。网络是一把双刃剑。我们实行"阳光民主"建设,要求政府各部门,除国家机密、安全的要求外,全部实行政务公开,使人民有知情权,便于老百姓对政府工作进行监督。这个制度已初步建立,对揭露腐败线索、克服官僚主义等有一定积极作用,但有的也流于形式,亟待完善。另外,我们对在网络上散布政治谣言、发表错误政治言论、传播黄色淫秽内容等行为,也开始建立了监管、屏蔽等制度,代表社会主旋律的网络平台和作家、编辑队伍建设也在逐步加强。

(五)人民群众直接监督与基层民主制度建设

要健全人民群众来信来访制度,这是直接民主的一种重要形式。2005年修订后的《信访条例》加强和完善了人民群众信访制度,在各个环节规定了明确的责任,走向了法治化、规范化,但还有一些问题需要进一步探索、完善。

党的十七大把基层民主自治制度列入中国特色社会主义的政治发展道路。几亿农民靠自己投票选出自己的村委会治理农村,这是改革开放后一个重要的制度创新,并在不断完善之中。

如何在共产党领导下,更好地发挥工会、共青团、学生会、妇联等群众团体的作用,也是需要探讨的问题。从党和政府来讲,不能执政前依靠群众,执政后只相信和依靠行政权力，不能不重视群众组织，甚至害怕提出不同意见。各群众组织也要克服行政化、官僚化的倾向，更好地成为党联系特定群体的纽带。

党的十九大报告提出，要"构建党统一指挥、全面覆盖、权威高效的监督体系，把党内监督同国家机关监督、民主监督、司法监督、群众监督、舆论监督贯通起来，增强监督合力"。这是深化政治体制改革的关键，也是执政党建设的关键。从根本上来说，它是回答毛泽东与黄炎培政权兴亡周期率之问的关键。

新加坡东亚研究所所长郑永年在《中国崛起开启新的世界历史》一文中说："在政治领域，西方的'三权分立'体系为党争提供了无限的空间，造就了今天无能政府的局面。相反，中国在十八大以来，以制度建设为核心，通过改革而融合了新中国成立以来的基本制度和传统制度因素，形成了'以党领政'之下的'三权分工合作'制度，即决策权、执行权和监察权，为建设稳定、高效、清廉的治理制度奠定了基础。"① 当然他也承认，这种三权分工合作体系"仍然有很大的改进空间，但它们已经构成了中国最根本的制度"。

坚持和加强共产党的领导，构建党统一领导的全面覆盖的权力监督体系是一项长期、艰巨、系统的改革创新工程，需要几代人贯穿整个新时代的努力。如果说我们的经济建设需要经过全面建成小康社会到基本实现社会主义现代化，再向富强、民主、文明、和谐的社会主义现代化强国前进；我们全面从严治党，构建党统一指挥、全面覆盖、权威、高效的监督合力体系，也需要经历从初步建立、到比较完善、到根本实现的长期过程。值得欣慰的是，在以习近平同志为核心的党中央领导下，这个监督合力体系已经初步建立起来，并在逐步完善之中，这是习近平新时代中国特色社会主义思想对破解并最终跳出"其兴也悖焉，其亡也忽焉"的政权兴亡周期率的历史性贡献。

四、中国梦的实现，关键在党，在培养接班人

我们正处在实现两个百年奋斗目标的历史交汇期，已经进入全面建成社会主义现代化强国、实现中华民族伟大复兴的新时代。我们能不能坚持和加强党的全面领导，坚持和发展中国特色社会主义，成功实现新时代的奋斗目标？能不能培养一代又一代中国特色社会主义事业可靠接班人？成了最重要的历史课题。

---

① 参考消息.世界纵论新中国70年 | 郑永年：中国崛起开启新的世界历史［EB/OL］.新浪财经，2019-09-12.

第一篇 新时代党的精神引领下的思考与成果

我们党的领导人,非常重视培养无产阶级事业的可靠接班人问题。1964年,毛泽东同志就曾经说过:"帝国主义说,和平演变对于我们的第一代、第二代没有希望,第三代、第四代怎么样?有希望。帝国主义的讲话灵不灵?我不希望它灵,但也可能灵。"① 没想到毛主席同志"可能灵"的谶语,最后竟落在第一个社会主义国家苏联头上。如果按20~25年算一代,1991年,苏联解体、苏共丧失执政地位,就发生在俄国十月革命七十多年之后第三、第四代人的时候。1992年,邓小平南方谈话中讲道:"中国要出问题,还是出在共产党内部。"这是对苏联的问题出在共产党内部的总结,也是对中国共产党的警示。"要按照'革命化、年轻化、专业化、知识化'的标准,选拔德才兼备的人进班子。我们党的基本路线要管一百年。要长治久安,就要靠这一条。"他还说:"要选人,人选好了,培养帮助,让更多的年轻人成长起来。他们成长起来,我们就放心了。现在还不放心啊。说到底,关键是我们共产党内部要搞好,不出事,就可以放心睡大觉。十一届三中全会确立的这条中国的发展路线,是否能够坚持得住,要靠大家努力,特别是要教育后代。"② 在这里,邓小平同志用"放心"与"不放心",表达了对培养接班人的高度关切和重视。"不放心",一是苏联刚出问题,要以"苏"为鉴,二是中国改革开放以来,受到资产阶级自由化等错误思潮的严重干扰,甚至导致了1989年的社会动乱。"放心",是对共产党解决这个问题充满希望。习近平总书记在党的十八大后,反复多次讲到对青年的期望,如"青年兴则国家兴,青年强则国家强。青年一代有理想、有本领、有担当,国家就有前途,民族就有希望。中国梦是历史的、现实的,也是未来的;是我们这一代的,更是青年一代的。中华民族伟大复兴的中国梦终将在一代代青年的接力奋斗中变为现实"③。谈到接班人时,他说:"我们中国共产党人能不能打仗,新中国的成立已经说明了;我们中国共产党人能不能搞建设搞发展,改革开放的推进也已经说明了;但是,我们中国共产党人能不能在日益复杂的国际国内环境下坚持住党的领导,坚持和发展中国特色社会主义,这个还需要我们一代一代共产党人继续作出回答。"④ 习近平总书记没有讲"不放心",也没

---

① 逄先知. 回顾毛泽东关于防止和平演变的论述 [M] //中共中央党史学会. 中共党史研究优秀论文选. 北京:中共党史出版社,1992:12.
② 邓小平. 邓小平文选:第3卷 [M]. 北京:人民出版社,1993:380-381.
③ 习近平. 决胜全面建成小康社会 夺取新时代中国特色社会主义伟大胜利 [M]. 北京:人民出版社,2017:69.
④ 中共中央文献研究室. 习近平关于社会主义文化建设论述摘编 [M]. 北京:中央文献出版社,2017:31-32.

有说已经解决了，而是寄希望于一代又一代共产党人今后的实践。

培养中国特色社会主义接班人是千百万人的事业。苏联解体、苏共丧失执政地位是戈尔巴乔夫、叶利钦等少数人背叛社会主义事业造成的，但是苏共党内为什么没有强有力的反抗？为什么大多数老百姓会跟着他们走？戈尔巴乔夫、叶利钦不是独立几个人的现象，而是代表一种社会思潮、一种社会势力。说起来让人吃惊，不到二十万人的苏联共产党把俄国十月革命搞成功了。几百万人的苏联共产党依靠人民就打赢了希特勒的法西斯战争。但这么一个伟大的党，在共产党员达到一千多万时却自毁长城。为什么？是这个党的思想搞乱了。习近平总书记曾语重心长地指出："苏联为什么解体？苏共为什么垮台？一个重要原因是意识形态领域的斗争十分激烈，全面否定苏联历史、苏共历史，否定列宁，否定斯大林，搞历史虚无主义，思想搞乱了，各级党组织几乎没任何作用了，军队都不在党的领导之下了。最后，苏联共产党偌大一个党就作鸟兽散了，苏联偌大一个社会主义国家就分崩离析了。这是前车之鉴啊！"①

中国共产党和当时苏共情况根本不同，改革开放四十年来，我们一以贯之地高举中国特色社会主义伟大旗帜，既不走封闭僵化的老路，也不走改旗易帜的邪路，形成了中国特色社会主义道路、理论、制度、文化，这是我们取得伟大成就的根本原因，也为培养中国特色社会主义事业的接班人创造了良好的社会环境。但是中国特色社会主义事业的可靠接班人是不能自发的成长的，要看到中国特色社会主义每前进一步都存在着国内外各种风险挑战，都伴随着对"左"或右的错误倾向的斗争，而且越接近实现我们的目标，这种风险挑战越多。习近平总书记在庆祝改革开放四十周年大会的讲话中是这样描述当前我们党所处的历史环境的："我们现在所处的，是一个船到中流浪更急、人到半山路更陡的时候，是一个愈进愈难、愈进愈险而又不进则退、非进不可的时候。"甚至说："改革开放每一步都不是轻而易举的，未来必定会面临这样那样的风险挑战，甚至会遇到难以想象的惊涛骇浪。"② 中国特色社会主义事业的可靠接班人正是要在这种风险挑战、惊涛骇浪中锻炼、考验、选拔出来，成为党和国家各行各业的骨干，乃至能为国家把方向、谋大局的领导人，才能从根本上杜绝戈尔巴乔夫、叶利钦之流篡夺党和国家最高领导的可能性。

高校在培养中国特色社会主义事业的接班人上有着重要的责任，习近平总

---

① 中共中央文献研究室. 十八大以来重要文献选编：上 [M]. 北京：中央文献出版社，2014：113.

② 习近平. 在庆祝改革开放40周年大会上的讲话 [N]. 人民日报，2018-12-19 (2).

书记在有关教育工作的讲话中反复强调，要把培养中国特色社会主义事业的建设者和接班人作为根本任务，就是从党和国家大局的高度提出来的。我相信中国绝大多数的大学生都能做到热爱祖国，拥护中国共产党，愿意跟着中国共产党走中国特色社会主义道路，这符合习近平总书记"教育就是要培养中国特色社会主义事业的建设者和接班人，而不是旁观者和反对派"①的基本要求。但这是普遍的、基本的要求，更重要的还要把大学生中的共产党员、积极分子培养成为能"进班子"的骨干人才。要帮助他们更好地学习马克思主义理论，懂得什么是共产主义，什么是科学社会主义，什么是中国特色社会主义，什么是党的最高纲领和近期纲领；懂得什么是中国特色社会主义，什么是僵化封闭的教条主义，什么是改旗易帜的资产阶级自由化。要帮助他们到最基层、最艰苦、改革开放最前沿的地方去锻炼，了解中国的国情、民情，真正懂得"以人民为中心"的内涵；还要给他们一定的思想政治工作和管理工作的锻炼，培养科学的思想方法和工作方法。高校是为培养人做基础性工作的地方，如果我们能培养出一部分大学生不仅有较高的科技文化素质，还有较高的思想政治素质，毕业后走向社会，再经历改革开放各种风险挑战的考验，就有可能成为中国特色社会主义事业的可靠接班人，有了一代一代的年轻人接班，中国共产党两个一百年的奋斗目标和中华民族伟大复兴必将胜利实现。

---

① 习近平. 会见清华大学经济管理学院顾问委员会海外委员和中方企业家委员[N]. 人民日报，2017-10-31（03）.

十八大以来中国共产党对社会思潮的引领

——就《问道》再版访清华大学马克思主义学院林泰教授

改革开放以来，社会大变革在意识形态领域集中表现为各种社会思潮的交锋，对社会大众的思想走向及改革开放的历史进程有着不容忽视的影响。在学界，关于社会思潮和引领社会思潮的研究日渐兴起，自20世纪80年代初，清华大学马克思主义理论与思想政治教育学科建设就把"当代社会思潮和青年教育"作为重点研究方向之一，一批教师长期从事这方面的研究和教学工作，取得了一批有价值的成果。由林泰教授主编，于2013年出版，并于2017年3月再版的《问道——改革开放以来的社会思潮与青年思想政治教育研究》一书，就是一部全面系统深入地研究改革开放以来的社会思潮，并把引领社会思潮的理论研究与思想政治教育工作的研究相结合的厚重之作。围绕如何清晰把握十八大以来我们党对坚持发展中国道路、正确引领社会思潮这一重大意识形态领域问题的思想脉络，代红凯与林泰教授进行了深入交流。

代红凯：

林老师，您好！《问道——改革开放以来的社会思潮与青年思想政治教育研究》（以下简称《问道》）一书再版最重要的一点是新增了党的十八大报告和习近平总书记对坚持发展中国道路、科学引领社会思潮的系列论述，其中包括对改革开放三十多年社会思潮演变发展的理论总结，请您谈谈这方面的内容。

林泰教授：

党的十八大对改革开放三十多年的历史，实际上也包括社会思潮发展演变的历史，进行了深刻总结。党的十八大报告指出："道路关乎党的命脉，关乎国家前途、民族命运、人民幸福。""在改革开放三十多年一以贯之的接力探索中，我们坚定不移高举中国特色社会主义伟大旗帜，既不走封闭僵化的老路，也不走改旗易帜的邪路。"① 习近平总书记指出："改革开放以来，我们总结历史经验，不断艰辛探索，终于找到了实现中华民族伟大复兴的正确道路，取得了举世瞩目的成果。这条道路就是中国特色社会主义。""全党同志必须牢记，道路决定命运，找到一条正确的道路多么不容易，我们必须坚定不移走下去。"② "党的十八大精神，说一千道一万，归结到一点，就是坚持和发展中国特色社会主义。"③ 这些讲话告诉我们这样一些道理。

第一，道路决定命运。20世纪80年代，中国和苏联先后走上改革道路。戈尔巴乔夫选择五百天向市场经济过渡的方案和美国哈佛大学设计的新自由主义改革方案，结果导致苏联解体，苏共丧失执政地位。其后叶利钦又在俄罗斯推行由美国经济学家杰弗里·萨克斯提出的新自由主义的"休克疗法"方案，使俄罗斯在经济转型的十年里，陷入了前所未有的社会经济危机和政局混乱。而中国特色社会主义道路则越走越宽广。1989年前，俄罗斯GDP是中国的两倍，十年后，是中国的1/3。2003年，俄罗斯科学院某院士痛切地说，"把苏联送入停尸间的不是别人，而是我们苏联人自己。我们俄罗斯人以我们自己的沉痛灾难为代价，成为耶稣，悲壮地走上祭坛，向世人和历史宣告：苏联的'民主化''私有化'完全是一条绝路、死路。个别超级大国绝对没有安好心，其他国家民族千万不要重蹈我们的覆辙。我是苏共党员，现在箱底仍放着党证。但苏共垮台时，我也是抱着欢迎的态度。十多年来给国家、民族带来的巨大灾难，使我对我们国家和民族常怀负疚、负债、负罪之感。但我们从中国看到了社会主义灿烂的希望。"④

第二，中国特色社会主义是在同"左"的封闭僵化和右的资产阶级自由化改旗易帜等错误思潮的斗争中发展起来的。1982年党的十二大上，邓小平同志在开幕中提出了"建设有中国特色社会主义"这个历史命题。1987年，党的十三大总结了十一届三中全会以来的实践和理论成果，提出了社会主义初级阶段理论和"一个中心，两个基本点"的基本路线。"以经济建设为中心"纠正了以阶级斗争为纲的"左"的路线，纠正了脱离生产力发展状况、急于求成、盲目追求"一大二公"的失误，从社会主义初级阶段的基本国情出发，实行改革

---

① 中共中央文献研究室. 十八大以来重要文献选编. 上 [M]. 北京：中央文献出版社，2014：8-9.
② 中共中央文献研究室. 十八大以来重要文献选编：上 [M]. 北京：中央文献出版社，2014：83-84.
③ 习近平谈治国理政 [M]. 北京：外文出版社，2014.
④ 李慎明. 苏共的蜕化变质是苏联解体的根本原因 [J]. 山东社会科学，2011（7）：10.

开放；而"坚持四项基本原则"，明确反对"全盘西化"等右的资产阶级自由化的错误思潮，坚持改革开放的社会主义方向。1992年，根据邓小平南方谈话精神，党的十四大提出了社会主义市场经济的改革方向，既要纠正过去认为社会主义不能搞市场经济的"左"的僵化思想，又要坚持公有制为主体、国有经济为主导、多种经济成分共同发展和社会主义国家对市场进行宏观调控的基本经济制度，反对新自由主义"全面私有化，完全市场化，绝对自由化"的错误主张。1997年，党的十五大系统总结了邓小平理论对马克思主义中国化的创造性发展，划清了中国特色社会主义与"左"的僵化思想和右的资产阶级自由化的界限。2002年，党的十六大提出了"全面建设小康社会"的奋斗目标和"三个代表"重要思想，着重总结了社会主义国家执政党建设的历史经验，探讨了执政党建设的规律。2007年，党的十七大提出了"以人为本"的科学发展观和构建和谐社会的新思想，全面加强经济、政治、文化、社会、生态文明建设，纠正了片面追求GDP标准和不重视社会、生态建设等倾向。2012年，党的十八大则系统论述了中国特色社会主义道路、理论体系、制度的科学内涵，全面总结了改革开放三十多年来坚持和发展中国特色社会主义的历史经验。从以上简要的回顾可以看出，改革开放以来的历次党代会，都是一以贯之地以中国特色社会主义为主题，从未有丝毫偏离，每次党代会都从某一方面为中国特色社会主义作出新贡献，都在与"左"的僵化思想和右的资产阶级自由化的斗争中取得新进展，而党的十八大则对此做了全面总结。

第三，改革开放三十多年来，尽管各种社会思潮纷纭激荡、复杂多变，但有一些社会思潮是反复出现的，构成了社会思潮的基本面貌。这些思潮包括主张全面私有化、完全市场化、绝对自由化的新自由主义思潮，主张改良资本主义的民主社会主义思潮，鼓吹西方"宪政民主"的社会思潮，以及与上述思潮相对立的僵化、教条的马克思主义和"新左派"思潮。这些社会思潮直接以回答改革开放向何处去的政治思潮形式出现，与之相伴的还有历史、文化领域的历史虚无主义和文化保守主义的思潮，人生观、价值观领域的"人性自私"和形形色色的个人主义思潮，哲学领域的抽象人性论和"普世价值论"的思潮，与中国和平、迅速发展有关的国际思潮，国内外的民族主义、民粹主义思潮，等等。尽管这些社会思潮的形式复杂多样，但其核心都是改革开放走什么道路的问题。在与上述社会思潮的比较、鉴别和斗争中，马克思主义中国化的中国特色社会主义理论体系和道路始终是社会思潮的主流，以坚持和不断发展的马克思主义引领社会思潮前进的方向。

代红凯：

《问道》一书再版，直接用党的十八大报告和习近平总书记有关讲话的精神充实了原稿，着重引用习近平总书记有关意识形态工作的论述以及对有关错误思潮的批评分析，使论述更为有力，大大提高了本书的科学性，请您谈谈这方面的情况。

林泰教授：

一部马克思主义发展史，就是一部同各种非马克思主义、反马克思主义社会思潮斗争的历史。同样，中国特色社会主义理论体系和道路发展的历史，也是同各种错误思潮斗争的历史。只有在社会思潮的比较和斗争中研究，才能真正理解马克思主义中国化的历史脉络以及中国特色社会主义理论体系和道路的实质，并为坚持和发展这一理论作出新的贡献。党的十八大以来，习近平总书记特别强调"经济建设是党的中心工作，意识形态工作是党的一项极端重要的工作"[1]，要旗帜鲜明地宣传中国特色社会主义道路，要敢于同错误思潮斗争。并批评有的干部过分爱惜自己的羽毛，想当开明绅士，对错误思潮不敢"亮剑"，或者是"千呼万唤始出来，犹抱琵琶半遮面"。习近平总书记在对各种错误思潮的批评上为我们作出了表率。

第一，对民主社会主义思潮的批评分析。

民主社会主义是当代社会党的意识形态和思想体系的总和，它的实质是资产阶级改良主义。民主社会主义与科学社会主义这两种思想体系，理想不同、旗帜不同、指导思想不同，对资本主义制度的政治态度也不同。我们党在领导中国社会主义建设和改革的历史进程中一直重视与民主社会主义思潮进行斗争，坚持和发展马克思主义，保证了党的工人阶级政党性质和科学社会主义的正确方向。

党的十八大，进一步高举坚持科学社会主义原则的中国特色社会主义旗帜。十八大报告指出："中国特色社会主义，既坚持了科学社会主义基本原则，又根据时代条件赋予其鲜明的中国特色，以全新的视野深化了对共产党执政规律、社会主义建设规律、人类社会发展规律的认识，从理论和实践结合上系统回答了在中国这样人口多底子薄的东方大国建设什么样的社会主义、怎样建设社会主义这个根本问题，使我们国家快速发展起来，使我国人民生活水平快速提高

---

[1] 习近平在全国宣传思想工作会议上强调：胸怀大局把握大势着眼大事，努力把宣传思想工作做得更好［N］.人民日报，2013-08-21（1）.

起来。"① 习近平总书记反复强调:"道路问题是关系党的事业兴衰成败第一位的问题,道路就是党的生命。中国特色社会主义,是科学社会主义理论逻辑和中国社会发展历史逻辑的辩证统一,是根植于中国大地、反映中国人民意愿、适应中国和时代发展进步要求的科学社会主义,是全面建成小康社会、加快推进社会主义现代化、实现中华民族伟大复兴的必由之路。""中国特色社会主义是社会主义而不是其他什么主义,科学社会主义基本原则不能丢,丢了就不是社会主义。一个国家实行什么样的主义,关键要看这个主义能否解决这个国家面临的历史性课题。历史和现实都告诉我们,只有社会主义才能救中国,只有中国特色社会主义才能发展中国,这是历史的结论、人民的选择。"② 他指出:"中国特色社会主义是改革开放新时期开创的,也是建立在我们党的长期奋斗基础上的,是由我们党的几代中央领导集体团结带领全党全国人民历经千辛万苦、付出各种代价、接力探索取得的。"③

第二,对新自由主义思潮的批评分析。

自20世纪80年代以来,新自由主义思潮在我国兴起并对我国的社会经济生活产生了相当的影响。新自由主义主张经济全面私有化、完全市场化、绝对自由化,反对国家对经济的任何干预和调控,其在我国的具体表现是:鼓吹"市场万能论",称我国宏观调控扼杀了市场效率和活力;反对公有制,称我国国有企业是"国家垄断",效率低下,破坏了市场经济秩序,应该"全面私有化"。这些论调的实质是要改变我国基本经济制度,削弱政府对国民经济命脉的控制,把改革引向资本主义化的邪路。

党的十八大以来,党中央高度重视将中国的改革发展与新自由主义划清界限。习近平总书记指出:"中国是一个大国,决不能在根本性问题上出现颠覆性错误,一旦出现就无法挽回、无法弥补。我们的立场是胆子要大、步子要稳,既要大胆探索、勇于开拓,也要稳妥审慎、三思而后行。"④ "改革是社会主义制度自我完善和发展,怎么改、改什么,有我们的政治原则和底线,要有政治定力。"⑤ 对于那些不能改的,再过多久也不能改。在农村土地改革方面,要坚

---

① 胡锦涛. 坚定不移沿着中国特色社会主义道路前进 为全面建成小康社会而奋斗 [N]. 人民日报, 2012-11-18 (1).
② 习近平. 习近平谈治国理政 [M]. 北京:外文出版社,2014:21-22.
③ 习近平. 习近平谈治国理政 [M]. 北京:外文出版社,2014:7.
④ 习近平. 深化改革开放 共创美好亚太 [N]. 人民日报,2013-10-08 (3).
⑤ 中共中央文献研究室. 习近平关于全面深化改革论述摘编 [M]. 北京:中央文献出版社,2014:41.

持土地公有制性质不改变、耕地红线不突破、农民利益不受损三条底线。

党中央始终强调国有企业的重要地位。在党的十八届三中全会提出"积极发展混合所有制经济"后，舆论界围绕混合所有制和国有企业改革问题展开争论，有人误读十八届三中全会精神，认为应以新自由主义为指导，把混合所有制作为私有化国有企业的工具。习近平总书记在十八届三中全会上对《中共中央关于全面深化改革若干重大问题的决定》作说明时强调："提出要积极发展混合所有制经济，强调国有资本、集体资本、非公有资本等交叉持股、相互融合的混合所有制经济，是基本经济制度的重要实现形式，有利于国有资本放大功能、保值增值、提高竞争力。这是新形势下坚持公有制主体地位，增强国有经济活力、控制力、影响力的一个有效途径和必然选择。"① 习近平总书记指出："国有企业是中国特色社会主义的重要物质基础和政治基础，是党执政兴国的重要支柱和依靠力量。新中国成立以来特别是改革开放以来，国有企业发展取得巨大成就。我国国有企业为我国经济社会发展、科技进步、国防建设、民生改善作出了历史性贡献，功勋卓著，功不可没。"② 习近平总书记还指出："国有企业是国民经济发展的中坚力量。对国有企业要有制度自信。深化国有企业改革，要沿着符合国情的道路去改，要遵循市场经济规律，也要避免市场的盲目性。"③ "要通过加强和完善党对国有企业的领导、加强和改进国有企业党的建设，使国有企业成为党和国家最可信赖的依靠力量，成为坚决贯彻执行党中央决策部署的重要力量，成为贯彻新发展理念、全面深化改革的重要力量，成为实施'走出去'战略、'一带一路'建设等重大战略的重要力量，成为壮大综合国力、促进经济社会发展、保障和改善民生的重要力量，成为我们党赢得具有许多新的历史特点的伟大斗争胜利的重要力量。"④

2008年国际金融危机以来，受国际市场疲软等影响，中国经济出现增速下降和国内产能过剩局面，中央提出"供给侧结构性改革"，围绕这个问题的解读成为一个热点。有学者把"供给侧改革"与新自由主义的一个流派——"供给学派"混为一谈，认为中央提出的供给侧结构性改革的理论源自供给学派，中

---

① 习近平. 关于《中共中央关于全面深化改革若干重大问题的决定》的说明 [N]. 人民日报, 2013-11-16 (1).
② 习近平在全国国有企业党的建设工作会议上强调：坚持党对国有企业的领导不动摇，开创国有企业党的建设新局面 [N]. 光明日报, 2016-10-12 (1).
③ 习近平长春考察聚焦国有企业 [EB/OL]. 新华网, 2015-07-17.
④ 习近平在全国国有企业党的建设工作会议上强调：坚持党对国企的领导不动摇 [EB/OL]. 人民网, 2016-10-11.

国应该向新自由主义当年在英、美的代表人物学习，推进改革，大幅度减少税收，推进国有企业私有化，减少政府干预，构建小政府，等等。针对将中国的供给侧结构性改革与供给学派政策主张混为一谈的错误做法，习近平总书记指出："我们讲的供给侧结构性改革，同西方经济学的供给学派不是一回事，不能把供给侧结构性改革看成是西方供给学派的翻版，更要防止有些人用他们的解释来宣扬'新自由主义'，借机制造负面舆论。"①

第三，对西方多党制"普世价值"社会思潮的批评分析。

鼓吹中国政治体制改革必须搞西方多党制的思潮把西方民主、自由、人权的理论及其多党轮流执政制度说成具有"普世价值"的模式，说中国的政治改革"必须向美国的宪政学习"，要"清理一党专政，废除宪法序言"，实行"多党竞选的民主政体"。总之是要把西方，特别是美国的政治制度模式作为"普世价值"下的"普适模式"搬到中国，废除我国宪法中关于中国共产党领导的条款，否定中国特色社会主义政治发展道路和政治体制改革的模式。

事实上，东方发展中国家与西方发达国家在民主发展的历史条件上有很大的差别，因而在民主发展的内容、重点、形式和进程方面也必然有很大的不同。离开这些历史条件的本质差别，把西方自由、民主、人权理论作为"普世价值"，把西方，特别是美国的政治制度作为"普适模式"，是根本错误的。近二三十年来，亚非拉和东欧有几十个国家主动或被动地实行了西方多党制（仅非洲就有三十七个国家），几乎没有成功的例证。绝大多数国家都面临腐败高发和社会动乱的后果。

相反，中国和新加坡依据时代特征和本国国情，探索自己的政治发展道路和宪政模式，取得了很大成绩。习近平总书记讲："1911年，孙中山先生领导的辛亥革命，推翻了统治中国几千年的君主专制制度。旧的制度推翻了，中国向何处去？中国人苦苦寻找适合中国国情的道路，君主立宪制、复辟帝制、议会制、多党制、总统制都想过了、试过了，结果都行不通。最后，中国选择了社会主义道路。""世界是多向度发展的，世界历史更不是单线式前进的。中国不能全盘照搬别国的政治制度和发展模式，否则的话不仅会水土不服，而且会带来灾难性后果。2000多年前中国人就认识到了这个道理：'橘生淮南则为橘，生于淮北则为枳，叶徒相似，其实味不同。所以然者何？水土异也。'""独特的文化传统，独特的历史命运，独特的国情，注定了中国必然走适合自己特点的

---

① 习近平. 在省部级主要领导干部学习贯彻党的十八届五中全会精神专题研讨班上的讲话[N]. 人民日报，2016-05-10（2）.

发展道路。中国走出了这样一条道路,并且取得了成功。"① "照抄照搬他国的政治制度行不通,会水土不服,会画虎不成反类犬,甚至会把国家前途命运葬送掉。"②

第四,对历史虚无主义社会思潮的批评分析。

进入新的历史时期,历史虚无主义作为资产阶级自由化的一种表现形式,开始在中国泛起。改革开放三十多年来,历史虚无主义思潮时隐时现,但从未止息和退落。历史虚无主义思潮不仅表现在史学研究中,而且也表现在涉及历史事件和历史人物的文学、艺术和影视等领域的某些作品中,影响面大,危害至深。

习近平总书记多次强调要深刻认识历史虚无主义的危害,旗帜鲜明地反对历史虚无主义。他说:"我之所以强调这个问题,是因为这个重大政治问题处理不好,就会产生严重政治后果。古人说:'灭人之国,必先去其史。'国内外敌对势力往往就是拿中国革命史、新中国历史来做文章,竭尽攻击、丑化、污蔑之能事,根本目的就是要搞乱人心,煽动推翻中国共产党的领导和我国社会主义制度。苏联为什么解体?苏共为什么垮台?一个重要原因就是意识形态领域的斗争十分激烈,全面否定苏联历史、苏共历史,否定列宁,否定斯大林,搞历史虚无主义,思想搞乱了,各级党组织几乎没任何作用了,军队都不在党的领导之下了。最后,苏联共产党偌大一个党就作鸟兽散了,苏联偌大一个社会主义国家就分崩离析了。这是前车之鉴啊!"③ 在新进中央委员会的委员、候补委员学习贯彻党的十八大精神研讨班上,习近平总书记指出,改革开放前和改革开放后两个历史时期,本质上都是我们党领导人民进行社会主义建设实践的探索,"不能用改革开放后的历史时期否定改革开放前的历史时期,也不能用改革开放前的历史时期否定改革开放后的历史时期"④。之后,在主持中共中央政治局第七次集体学习时,习近平总书记又进一步指出:"历史虚无主义的要害,是从根本上否定马克思主义指导地位和中国走向社会主义的历史必然性,否定中国共产党的领导。要警惕和抵制历史虚无主义的影响,坚决抵制、反对党史

---

① 习近平. 在布鲁日欧洲学院的演讲[N]. 人民日报,2014-04-02(2).
② 中共中央文献研究室. 十八大以来重要文献选编:上[M]. 北京:中央文献出版社,2014:60.
③ 习近平谈反对历史虚无主义[EB/OL]. 中央党史和文献研究院官网,2015-09-25.
④ 习近平. 习近平谈治国理政[M]. 北京:外文出版社,2014:22.

问题上存在的错误观点和错误倾向。"① 习近平总书记的讲话旗帜鲜明地批评了历史虚无主义，要求大家毫不动摇地坚持和发展中国特色社会主义，在实践中有所发现、有所创造、有所前进。

历史教育是爱国主义教育的重要途径，直接影响着公民对国家、民族的认同和情感，关系到公民的思想道德素质和人文修养，关系到一个国家执政党的历史合法性。所以，要高度重视历史教育，特别是中国近现代史教育和党史教育，才能克服历史虚无主义的消极影响。我们党有学史、治史、鉴史的优良传统。党的十八大后，新当选的中央政治局常委第一次公开活动就是历史的学习教育到国家博物馆参观《复兴之路》基本陈列。习近平总书记表示，这个展览回顾了中华民族的昨天，展示了中华民族的今天，宣示了中华民族的明天，给人以深刻的教育和启示。"全党同志必须牢记，道路决定命运，找到一条正确的道路多么不容易，我们必须坚定不移走下去。"② 号召全党同志承前启后、继往开来，继续朝着中华民族伟大复兴的目标奋勇前进。历史和现实都告诉我们，只有坚持不懈地科学地进行历史和历史观的教育，才能有效地抵制历史虚无主义思潮的影响，真正懂得"没有共产党就没有新中国，只有社会主义才能救中国，只有中国特色社会主义才能发展中国"的道理，从而凝聚各族人民，共同为实现中华民族伟大复兴而奋斗。

第五，系统论述了继承弘扬中华优秀传统文化的问题。

在主持中共中央政治局第十八次集体学习时，习近平总书记强调："我们共产党人是坚定的马克思主义者，我们党的指导思想就是马克思列宁主义、毛泽东思想和中国特色社会主义理论体系。同时，我们不是历史虚无主义者，也不是文化虚无主义者，不能数典忘祖、妄自菲薄。""一个国家的治理体系和治理能力是与这个国家的历史传承和文化传统密切相关的。"③ 在纪念孔子诞辰2565周年国际学术研讨会上的讲话中，他再次强调："中国共产党人是马克思主义者，坚持马克思主义的科学学说，坚持和发展中国特色社会主义，但中国共产党人不是历史虚无主义者，也不是文化虚无主义者。我们从来认为，马克思主义基本原理必须同中国具体实际紧密结合起来，应该科学对待民族传统文化，科学对待世界各国文化，用人类创造的一切优秀思想文化成果武装自己。"④ 同

---

① 习近平在中共中央政治局第七次集体学习时强调在：对历史的深入思考中更好走向未来，交出发展中国特色社会主义合格答卷［N］.人民日报，2013-06-27（1）.
② 习近平.习近平谈治国理政［M］.北京：外文出版社，2014：36.
③ 习近平谈反对历史虚无主义［EB/OL］.中央党史和文献研究院官网，2015-09-25.
④ 习近平谈反对历史虚无主义［EB/OL］.中央党史和文献研究院官网，2015-09-25.

时他指出:"传统文化在其形成和发展过程中,不可避免会受到当时人们的认识水平、时代条件、社会制度的局限性的制约和影响,因而也不可避免会存在陈旧过时或已成为糟粕性的东西。这就要求人们在学习、研究、应用传统文化时坚持古为今用、推陈出新,结合新的实践和时代要求进行正确取舍,而不能一股脑儿都拿到今天来照套照用。要坚持古为今用、以古鉴今,坚持有鉴别的对待、有扬弃的继承,而不能搞厚古薄今、以古非今,努力实现传统文化的创造性转化、创新性发展,使之与现实文化相融相通,共同服务以文化人的时代任务。"① 他还对"创造性转化、创新性发展"做了明确概括:创造性转化,就是要按照时代特点和要求,对那些至今仍有借鉴价值的内涵和陈旧的表现形式加以改造,赋予其新的时代内涵和现代表达形式,激活其生命力。创新性发展,就是要按照时代的新进步、新进展,对中华优秀传统文化的内涵加以补充、拓展、完善,增强其影响力和感召力。

此外,习近平总书记还对"普世价值论"、对国际思潮中的"逆全球化"的民粹主义和保护主义倾向进行了公开的批评和分析。《问道》一书此次再版的一个重要特点就是直接引用党的十八大报告和习近平总书记对有关意识形态领域,包括对错误思潮的批评分析的讲话精神充实了原稿,使本书的论述更为有力,大大提高了本书的科学性和社会影响力。

代红凯:

随着中国改革开放发展成就的扩大,深层矛盾的突显,国际环境的日益复杂,社会思潮在新形势下的历史走向将会如何?

林泰教授:

上述社会思潮绝不会自动退出历史舞台,而且会在新的历史条件下,以新的形式继续表现自己。

第一,围绕"两个一百年"和中华民族伟大复兴的奋斗目标,习近平总书记提出并实行"四个全面"的治国理政思想和实践,今后社会思潮的斗争必将更多地和全面深化改革的矛盾相结合。

譬如,深化国有企业改革、积极发展混合所有制经济,是放大国有资本功能,增强国有经济活力、控制力、影响力,还是变相搞私有化?搞供给侧结构性改革,是推行西方新自由主义供给侧学派的主张,还是完善中国特色社会主义基本经济制度?我们"依宪治国、依法治国"与"西方宪政"的本质区别是

---

① 习近平. 在纪念孔子诞辰2565周年国际学术研讨会暨国际儒学联合会第五届会员大会开幕会上的讲话 [N]. 人民日报, 2014-09-25 (2).

什么？全面从严治党能否解决一党执政下对执政权力的监督？这些表面看似政策性的争论，反映的却是改革的方向道路问题。而党中央朝着正确的方向推进改革开放的政策，使引领社会思潮的导向和政策导向同向而行，对克服错误思潮将有更大的说服力。

第二，面对中国和一些新兴国家的崛起，美国等一些西方大国的相对衰落，国际思潮及其研究将更加活跃。

一方面，中国日益接近世界舞台的中心，日益站上了引领世界历史的潮头；另一方面，美国等某些政治势力"遏制中国"的呼声和主张日益增强，西方发达国家中民粹主义、狭隘民族主义思潮的影响日益扩大，逆全球化的贸易保护主义和孤立主义倾向日益发展。英国公投脱欧、美国特朗普当选总统和一些发达国家右翼势力的胜选，就是这一思潮发展的佐证。2017年1月17日，习近平总书记在世界经济论坛2017年年会开幕式上的主旨演讲中就对西方国家的逆全球化思潮进行了直接的回应，强调："经济全球化确实带来了新问题，但我们不能就此把经济全球化一棍子打死，而是要适应和引导好经济全球化，消解经济全球化的负面影响，让它更好惠及每个国家、每个民族。"[①] "人类历史告诉我们，有问题不可怕，可怕的是不敢直面问题，找不到解决问题的思路。面对经济全球化带来的机遇和挑战，正确的选择是，充分利用一切机遇，合作应对一切挑战，引导好经济全球化走向。"[②] 这为今后经济全球化发展指引了正确的方向。今后国际形势将更加纷纭激荡，对包括民粹主义、民族主义在内的国际思潮的研究和引领必将成为社会思潮研究的一个新的重要领域。

第三，信息时代网络新媒体对社会思潮的传播将会引起革命性的变化。

进入21世纪以后的中国，各种社会思潮激烈碰撞达到了前所未有的程度。而互联网的兴起和普及，使社会思潮传播的主要阵地从传统媒体向网络转移，社会思潮出现的频率更高，传播的速度更快，相互间的碰撞也更加直接。

"新媒体"是一个相对的不断发展的概念，广播对于报刊是新媒体，电视对于广播又是新媒体。现在我们讲的新媒体，主要是指信息时代互联网及相关数字信息技术手段的兴起和普及，它已成为社会思潮舆论形态传播的一个主要渠道和阵地。这种新媒体使各种形态的社会思潮的传播更加迅速，世界上任何一个地方发生的热点事件，几个小时就可以传遍全世界，任何的"舆论封锁"已

[①] 习近平. 共担时代责任共促全球发展在世界经济论坛2017年年会开幕式上的主旨演讲[EB/OL]. 新华网，2017-01-18.

[②] 习近平. 共担时代责任共促全球发展在世界经济论坛2017年年会开幕式上的主旨演讲[EB/OL]. 新华网，2017-01-18.

经不再有效。新媒体的传播面是非常广的，中国的网民、手机用户均居世界首位，往往一条消息刚刚出现，立即就会引来无数跟帖，其观点也随之迅速地为网民们所知晓。传统媒体对社会思潮的传播往往是单向灌输式的，而网络所形成的舆论则是互动式的，普通大众不再是被动的接受者，而是平等参与思想交流的主体。这些变化使社会思潮的传播在迅速、广泛、热烈的程度上超越了任何传统传播方式。

网络是一把双刃剑，它可以弘扬正能量，也可以散播错误思潮和虚假信息；它言简意赅，但也会呈碎片化传播。所以，如何引导网络信息是以社会主义核心价值观引领社会思潮的又一重要课题。现在，我们已经注意到了网络阵地建设，这是完全正确的。但如何真正形成主流社会网络思潮的意见领袖（编辑、作家），建设代表社会主义主旋律的"网军"，如何使新老媒体优势互补、融合发展，维护社会主义核心价值观的主导方向，是亟待解决的问题。

总之，随着国内、国际形势的发展，围绕中国改革开放、和平发展走什么道路的问题，各种社会思潮还会以不断变化的新形式或不变的形式顽强地表现自己，中国特色社会主义事业所面临的社会思潮的斗争将是长期的、复杂的、曲折的，以社会主义核心价值观引领社会思潮仍将面临各种挑战，马克思主义思想理论工作者任重而道远。

代红凯：

高校是意识形态工作的前沿阵地，也是引领社会思潮的前沿阵地，请您谈谈高校如何做好这方面的工作。

林泰教授：

高校是意识形态工作的前沿阵地，因而也是引领社会思潮的前沿阵地。知识分子是社会思潮形成、传播的主要载体，社会思潮一般总是沿着部分知识分子群体到青年大学生群体、再到社会民众的渠道向社会扩展。高校知识分子集中，可以说是社会思潮的集散地和论辩、斗争的前沿阵地。大学生是对社会思潮最敏感的群体，是社会思潮发酵、扩散的肥厚土壤，各种思想文化势力都企图影响大学生，从而影响整个社会和国家的未来。可以说，大学生是社会思潮的寒暑表和主要争夺对象。

习近平总书记在全国思想政治工作会议中指出："我国高等教育肩负着培养德智体美全面发展的社会主义事业建设者和接班人的重大任务，必须坚持正确政治方向。""高校立身之本在于立德树人。只有培养出一流人才的高校，才能够成为世界一流大学。办好我国高校，办出世界一流大学，必须牢牢抓住全面提高人才培养能力这个核心点，并以此来带动高校其他工作。"① "我们的高校是党领导下的高校，是中国特色社会主义高校。办好我们的高校，必须坚持以马克思主义为指导，全面贯彻党的教育方针。要坚持不懈传播马克思主义科学理论，抓好马克思主义理论教育，为学生一生成长奠定科学的思想基础。"② 高校党委要自觉贯彻习近平总书记对教育工作和意识形态工作的重要讲话精神，坚持马克思主义指导，真正把立德树人放在首位，成为正确引领社会思潮的坚强堡垒。

高校思想政治教育应当高度关注社会思潮对知识分子和大学生的影响，紧密结合大学生思想的热点、难点和疑点问题，科学有效的进行工作。面对积极、进步的社会思潮的影响，要在大学生中开展引导和鼓励，帮助他们从心理层面或不完整理论层面提升到科学、完整的理论层面来认识社会思潮；面对错误、片面的社会思潮的影响，要在大学生中开展引导和教育，使大学生的认识向积极、科学的方向发展；面对西方敌对势力散布的反动的社会思潮，则需要摆事实、讲道理，开展旗帜鲜明的、科学的思想斗争，揭穿其西化、分化中国的本质。高校思想政治理论课是思想政治教育的主渠道、主阵地，要善于把马克思主义基本理论教学与改革开放中的社会矛盾及社会思潮的热点、难点、疑点相结合，因为这些都是大学生极为关心和感到困惑的问题。现在的高校思政理论课课堂上，常常见到一些学生带其他课程的资料去上课，边听课边做其他作业。但是，当有些讲课讲得好的教师讲到学生心坎上时，许多学生都会停下手中的其他功课，开始认真听讲，而且教师边问、学生边答，甚至抢着答，非常生动。当然更重要的是能够以马克思主义理论科学地分析问题，才能有说服力。如果只提出问题而不能科学分析，那就等于在为错误思潮助力；如果只是简单化地"大批判"，也会适得其反。清华大学在思想政治理论课中倡导"研究型"教学：研究马克思主义基本原理及其时代化、中国化的发展，科学地把握教学内容的根本；研究改革开放以来的社会矛盾、社会思潮，使理论联系实际的问题聚焦于中国道路；围绕教学中的重点难点问题开展科学研究，力图对人们的思想困惑给以科学的、有说服力的分析。坚信，"理论只要说服人，就能掌握群

---

① 习近平在全国高校思想政治工作会议上强调把思想政治工作贯穿教育教学全过程，开创我国高等教育事业发展新局面[N].人民日报，2016-12-09（1）.
② 习近平在全国高校思想政治工作会议上强调把思想政治工作贯穿教育教学全过程，开创我国高等教育事业发展新局面[N].人民日报，2016-12-09（1）.

众，而理论只要彻底，就能说服人。所谓彻底，就是抓住事物的根本"。①

高校党委要统筹马克思主义学院、学工部（处）、团委、教务处等机构，统筹思想理论教学课堂、社团活动、社会调查、社会实践、网络、音像等教育手段，统筹思想政治理论课教师、政治辅导员、班主任、党团工作者、教书育人群体等队伍，形成思想政治教育的合力。高校党委要切实把加强教师，特别是青年教师队伍的思想政治建设作为一个重大而紧迫的问题来抓。教师是人类灵魂的工程师，传道者首先要明道、信道。高校教师要坚持教育者先受教育，努力做到教书和育人相统一。要认真研究和掌握当前知识群体和青年教师的思想政治状况，采取符合他们特点的培养、教育措施。要引导他们认真学习中国特色社会主义理论体系，掌握马克思主义的世界观和方法论，树立中国特色社会主义共同理想，自觉抵制各种错误思潮的影响。这是各类教师教书育人形成合力的基本保障。高校党委要对人文社会科学学科的教学研究工作给予特殊的关注。人文社会科学学科作为上层建筑观念的一部分，具有很强的意识形态性质，从事这些学科教学和研究工作的教师，在工作中是否坚持党的四项基本原则，是否具有正确的思想政治导向，对各种社会思潮采取什么样的态度，关系到整个学校的教书育人氛围。人文社会科学课程的思想导向要与思想政治理论课同向而行，形成协同效应。如果在事关社会主义核心价值的导向上，你唱这个调，他唱那个反调，就不可能形成教书育人的有效合力。高校是教育青年、培养社会主义事业的建设者和接班人的重要阵地，把一部分青年骨干培养成真学、真信、真用的青年马克思主义者，是高校义不容辞的历史责任。培养青年马克思主义者的途径主要是理论联系实际地学习马克思主义理论。一是理论和现实结合，扎根基层，真正懂得中国的国情和广大人民群众的需要。二是要在社会思潮的比较、鉴别、斗争中学习马克思主义理论，经得起各种风浪的考验。

总之，高校是意识形态工作的前沿阵地，高校思想政治工作能否坚持以马克思主义为指导引领社会思潮，关乎国家的长治久安、改革的得失成败，关乎中国特色社会主义事业可靠接班人的培养。

代红凯：

林老师，《问道》一书是您研究社会思潮"二十年磨一剑"的心血之作，最后请您谈谈关于《问道》一书写作及再版的感想。

---

① 中共中央马克思恩格斯列宁斯大林著作编译局. 马克思恩格斯文集：第1卷［M］. 北京：人民出版社，2009：11.

传道与解惑 >>>

林泰教授：

这本书立项于党的十七大之后，完稿于党的十八大前夕。党的十八大上"道路关乎党的命脉，关乎国家前途、民族命运、人民幸福"以及"在改革开放三十多年一以贯之的接力探索中，我们坚定不移高举中国特色社会主义伟大旗帜，既不走封闭僵化的老路，也不走改旗易帜的邪路"①的论述，一语道出我们写《问道》这本书的指导思想和全部目的。

多年的社会思潮研究，使我深深感到党的思想建设、党对意识形态领导的重要性。可以说，过去我们取得的各项胜利，首先来源于党在道路、思想上的凝聚力。现在，我们党有八千多万党员，这方面状况究竟如何？一方面，我们庆幸我们党有了中国特色社会主义道路、理论体系和制度，愈来愈多的共产党员和爱国人士凝聚在中国特色社会主义的旗帜下，对党和国家的未来充满希望；另一方面，极个别很有影响的老共产党员和舆论阵地又不断散发与中国特色社会主义相悖的声音，包括身边一些党员在内的人们的政治信仰，从白发老人到青年学子，受现实社会问题和各种社会思潮的影响，困惑很多、差异很大，有时观点甚至根本对立，总是发生激烈的思想论辩。我们不得不想，今后十几年、几十年，我们党的思想建设是什么样子。可以预料的是，我们的事业越前进、越发展，新情况和新问题就会越多，面临的风险与挑战就会越多，面对的不可预料的事情就会越多。因此，今后十几年、几十年，关于改革开放的道路，各种社会思潮的论辩可能比现在更为激烈，那将是党的思想建设的关键时期。我们迫切希望进一步加强党对意识形态的领导，加大正确引领社会思潮的力度，切实加强以理想信念为核心的党的思想建设，培养一代又一代的马克思主义者、中国特色社会主义事业的可靠接班人。

1992年，在总结苏共亡党、苏联解体的历史经验教训时，邓小平同志语重心长地指出："中国要出问题，还是出在共产党内部。对这个问题要清醒，要注意培养人，要按照'革命化、年轻化、知识化、专业化'的标准，选拔德才兼备的人进班子。我们说党的基本路线要管一百年，要长治久安，就要靠这一条。"②"要选人，人选好了，帮助培养，让更多的年轻人成长起来。他们成长起来，我们就放心了。现在还不放心啊！说到底，关键是我们共产党内部要搞好，不出事，就可以放心睡大觉。十一届三中全会确立的这条中国的发展路线，

---

① 胡锦涛. 坚定不移沿着中国特色社会主义道路前进 为全面建成小康社会而奋斗 [N]. 人民日报，2012-11-18（1）.

② 邓小平. 邓小平文选：第3卷 [M]. 北京：人民出版社，1993.

是否能够坚持得住，要靠大家努力，特别是要教育后代。"① 习近平总书记也强调："历史和现实都告诉我们，青年一代有理想、有担当，国家就有前途，民族就有希望，实现我们的发展目标就有源源不断的强大力量。""实现中华民族伟大复兴的中国梦，需要一代又一代有志青年接续奋斗，广大青年要以国家富强、人民幸福为己任，胸怀理想、志存高远，积极投身中国特色社会主义伟大实践，并为之终生奋斗。"② 他还指出："我们中国共产党人能不能打仗，新中国的成立已经说明了；我们中国共产党人能不能搞建设搞发展，改革开放的推进也已经说明了；但是，我们中国共产党人能不能在日益复杂的国际国内环境下坚持住党的领导、坚持和发展中国特色社会主义，这个还需要我们一代一代共产党人继续作出回答。"③ 总之，中国今后几十年的历史走向，关键在党，希望在青年。我们期待也坚信在以习近平同志为核心的党中央的坚强领导下，我们一定能做好接班人的培养工作，使中国特色社会主义事业一代又一代的薪火相传，到中国共产党成立一百年时全面建成小康社会的目标一定能实现，到新中国成立一百年时建成富强、民主、文明、和谐的社会主义现代化国家的目标一定能实现，中华民族伟大复兴的中国梦一定能实现。

---

① 邓小平. 邓小平文选：第 3 卷 [M]. 北京：人民出版社，1993：380-381.
② 这些年，习近平总书记对青年的青春寄语 [EB/OL]. 人民网，2016-05-04.
③ 中国共产党的领导是中国的最大国情、最本质特征 [EB/OL]. 新华网，2016-12-07.

在理论联系实际中立德铸魂

——在全国学校思想政治理论课教师座谈会上的发言

1954年,我在清华大学做学生政治辅导员。1959年,我开始从事思想政治理论课的教学。1999年退休后,我一直坚持为学生入党积极分子、党支部书记讲党课,参加各种活动与同学们面对面交流,与年轻的思政课教师探讨怎样上好思政课。我所写的学术文章和著作也都是与思政课和学生思政工作紧密相关的。我今年八十七岁了,精力大不如前,但只要一上讲台就还会像过去一样有精神。能为青年学生做些有益的工作,这是我一生的追求。

六十年的教学和研究让我体会到,理论必须联系实际,只有将思政课教学与学生思想紧密结合,才能真正把课讲到学生心里去。

我讲课采取的是置疑式教学方式,先把正确和错误的观点同时提出来,启发学生思考辨别。改革开放是伟大的社会变革,利益主体、社会思潮的多元化、多样化,势必影响大学生对改革开放道路和人生价值的看法。我备课时,不仅要学懂中国特色社会主义的精神实质,而且要研究新自由主义、西方宪政民主、历史虚无主义等众多错误思潮的实质和表现,及其对大学生思想影响的疑点和难点,在讲课时把传道、授业和解惑相结合,有的放矢地进行教学。因为讲的都是学生关心的问题,他们就不会觉得是身外之物,愿意认真听讲。

光提出问题是不够的,关键还要对问题进行科学的回答。改革开放之后,我们逐步形成了中国特色社会主义道路、理论、制度和文化,这为科学讲授理论奠定了坚实基础。我很重视自身的学习和科学研究,把"当代社会思潮与青年思想教育"作为主要研究方向,对教学有很好的促进作用,如有的学生误以为照搬西方多党制就可以更好地监督改善党的领导,则通过对中国的历史现状和那些照搬西方多党制国家的历史现状的对比研究,得出具有内在科学逻辑、能够使这些学生认同的结论:在政纲根本对立的政党之间搞多党竞争、轮流执政是不现实的,其结果只能是社会动乱或原有制度被推翻。我们三十多年教学与研究相结合的成果,集中体现在了《问道》一书中。

在教学中，我还尽力做到寓教于知，把理论与鲜活具体的知识相结合。大学生是追求真知的，思政课如果能让学生感到知识上有收获，他们就会欢迎。讲课好的教师在这方面都有自己的长处，我在这方面也是努力追求的。除了理论刊物，我现在还订了四五份政治和文化信息量大的报纸，每天花两三个小时来阅读。过去在国内外访问或旅游时，我都会做一些社会调查，以求不断更新和丰富自己的知识储备，努力跟上时代发展的步伐。

现在的青年是幸福的。1937年日本侵略中国时，我才五岁半，当时和哥哥在上学的路上曾经议论过"中国真的会亡国吗？"没有答案，只有惆怅。当代青年面对的不是亡不亡国，而是要亲身参与去实现中华民族伟大复兴，我真的很羡慕他们。但是行百里者半九十，越接近实现这个目标，风险挑战也会越多。中国梦的实现，关键在党，希望在青年。我相信，在习近平新时代中国特色社会主义思想的指引下，当代青年一定能够完成肩负的历史使命，而思政课也一定能够在为青年一代培根铸魂中发挥更加重要的作用。我作为一名老教师，愿意为此继续努力、奋斗终生。

为大学生思想政治理论教育奉献一生

前些日子我的老朋友任大奎告诉我,《思想理论导刊》开设了一个"如何讲好思政理论课"的专栏,希望我总结多年教学经验写一篇文章。本来我也在犹豫,在2019年3月18日,习近平总书记召开的学校思想政治理论课教师座谈会上,我认真总结讲思政课的心得,做了7分钟发言,要不要扩展成文章?特别是在聆听习近平总书记在座谈会上的讲话和学习《求是》刊物上习近平总书记的文章后,认识上又有一些新的提高。现就学习习近平总书记"3·18"讲话谈一点体会。

在"3·18"座谈会上,我发言时讲到,我采用的是辨析式的教学方式,讲课一开始就把正确和错误观点同时提出来,启发学生思考辨别。因此,我在备课时,首先要努力学懂马克思主义的基本理论和中国特色社会主义理论的精神实质,同时还要研究各种社会思潮的实质、表现及其对大学生思想影响的疑点、难点;在讲课时,把传道、授业和解惑相结合,有的放矢地进行教学。当时,我认为这种教学方式是我的一个特长和特色。1954年,我做政治辅导员,1956年,我担任校团委副书记,分管学生思想教育工作。这段经历使我在1959年转教育思政理论课后,能更好地把握学生的思想脉搏,从而把理论教学和学生思想实际更好地结合。改革开放四十年来,我又把"当代社会思潮与青年教育"作为主要研究方向,并主编了《问道》一书,这对教学有很好的促进作用。

习近平"3·18"讲话中指出思政课改革创新要"坚持建设性和批判性相统一",明确提出"彻底的批判精神是马克思主义本质特征,马克思主义就是在同各种错误思潮的不断斗争中开辟前进道路的。思政课要在传播马克思主义立场、观点、方法的基础上用好批判的武器,直面各种错误观点和思潮,旗帜鲜明进行剖析和批判"。把对错误观点和思潮的彻底批判精神提高到"马克思主义本质特征"的高度,这就不是个人教学方式的特色,而是对所有思政课教师的共性要求了。我们在马克思主义理论学科建设中,在思政课教师的评价标准中都应当把体现马克思主义本质特征的科学批判思维作为重要的内容。

有一种观点认为"我们党的理论宣传工作是正面教育为主，有必要管那么多错误思潮吗"？我认为，这是对正面教育的误解。正如习近平总书记指出的，"思政课的任务是传导主流意识形态，建设性是其根本。"但是要"坚持建设性和批判性相统一"，而不是相对立，"真理从来是在诘问和辩难中发展起来的"。习近平总书记还讲过：坚持问题导向；宣传思想战线的同志要当战士、不当绅士，不做"骑墙派"和"看风派"；对错误思潮要敢于亮剑，不要"千呼万唤始出来，犹抱琵琶半遮面"。

"3·18"座谈会上我还说道："光提出问题是不够的，关键是对问题要进行科学的回答。"但如何科学地回答问题？习近平总书记提出了要"坚持政治性和学理性相统一，政治引导是思政课的基本功能。要强调思政课的政治引导功能，并不是要把课讲成简译的政治宣传，而要以透彻的学理分析回应学生，以彻底的思想理论说服学生，用真理的强大力量引导学生"。也就是马克思说的："理论只要彻底，就能说服人。所谓彻底，就是抓住事物的根本。"马克思主义就是这种彻底的理论。"政治性和学理性相统一"要求我们从马克思主义经典著作中学会从根本上透彻地讲明真理的思维方式。

譬如，资产阶级思想家认为，社会是众多利己个人的简单集合，从而得出人的本质都是自私的结论。如何分析其错误？有的学者提出：人的本质不只有自私的一面，还有利他的一面，这就没有抓住事物的本质。亚当·斯密鼓吹人性自私，也不否认人有利他的一面。马克思主义认为，"人的本质并不是单个人所固有的抽象物，在其现实性上，它是一切社会关系的总和"，要求从社会关系的本质分析人性。马克思还讲："各个人的出发点总是他们自己，不过当然是处于既有的历史条件和关系范围之内的自己，而不是玄想家们所理解的'纯粹的'个人。"吴琼花从南霸天奴役下逃出，投奔红色娘子军，是为自己求解放，但这个"为自己"，是和众多丫鬟们的命运联系在一起的，是反对南霸天奴役妇女的社会制度。南霸天要把吴琼花抓回来，是"为自己"，也是为了维护奴役妇女的社会制度。这两个"为自己"，社会关系本质是根本不同的。一个是极端自私、奴役人的，而另一个是反自私、反奴役的。由此可见，必须从社会关系的总和中去分析，才能说明自私并不是单个人所固有的抽象物，而是一种在损害社会和人民利益中谋私利的社会关系的本质属性。

再譬如，一度有人认为，俄国十月革命和中国革命都搞早了，违背了生产力决定生产关系的理论，因而，东欧剧变和苏联解体是必然的。这种观点对大学生有一定的迷惑性。对此，必须认真学习马克思列宁主义的有关文献，资本主义发展到帝国主义时代，生产力与生产关系矛盾的焦点已经转移到落后国家，上层建筑统治的薄弱环节也在落后国家，从这种大视野出发，才能从根本上透彻地说明某些相对落后的国家率先进行社会主义革命的必然性及其在取得政权后，革命和建设进程的长期性、艰巨性。

习近平总书记还强调"坚持价值性与知识性相统一"，"知识是载体，价值是目的，要寓价值观引导于知识传授之中"。他提出，"思政课教师视野要广，有知识视野、国际视野、历史视野，通过生动、深入、具体的纵横比较，把一些道理讲明白，讲清楚。"大学生在校的主要任务是追求真理知识，培育社会主义核心价值观，我们的教学如果能让大学生在知识的耕耘、收获中接受真理，才会真正入脑入心。我在"3·18"发言中也讲了，在教学中，要尽力做到寓教于知，把理论与鲜活的知识相结合。学习习近平总书记"3·18"讲话，使我对"坚持价值性和知识性相统一"的内涵更明确，也更自觉了。

习近平总书记"3·18"讲话对思政课创新提出要坚持八个"相统一"。总的体会是，思政课的教学必须和时代脉搏、学生思想紧密结合，在答时代之问、解学生之惑中不断增强思政课的思想性、理论性、亲和力、针对性。照本宣科、空洞说教不可能入脑入心，也不可能受学生欢迎；而提出问题，又不能科学回答，或简单化地进行批判，则可能助长错误思潮、观点，引偏教学方向。

高校思政课面对的是知识层次比较高，而价值观又处在拔节抽穗期的大学生。大学生是整个社会中最坦诚、最具朝气的一个阶层。他们在改革开放的时代洪流中，充满朝气，追求新事物，但有时也会受以新事物面目出现的错误思潮、观点的影响；他们努力奋进，但遇到困难挫折时，也会产生各种思想困惑，当然，他们也会坦诚地提出来和你讨论。这时，他们最需要得到包括思政课教师在内的党的思想政治工作者的帮助。这个工作做好了，培养中国特色社会主义事业的合格建设者和可靠接班人的重任就能有效推进，中华民族伟大复兴的中国梦就能顺利实现。

我一生从事大学生思政课教学和思想政治教育工作，从来不认为这是单向的付出。和大学生多接触，会感染朝气，回答大学生提出时代变革中的问题，使我总是处在积极的思维状态，这是我的思想能老而不僵的一个重要原因。我愿意为大学生思想政治理论教育继续努力，奉献终生。

为社会主义建设者和接班人培根铸魂

——学习习近平总书记在学校思想政治理论课教师座谈会上讲话的体会

习近平总书记这样全面深入地对思想政治理论课建设发表讲话，在我们党的历史上是第一次。如果说毛泽东同志的《改造我们的学习》《整顿党的作风》《反对党八股》是新民主主义革命时期教育干部"以马克思主义之矢射中国革命之的"的整风文献；习近平总书记的讲话就是新历史时期以马克思主义及其中国化理论，教育培养中国特色社会主义事业的建设者和接班人的重要历史文献。希望把发言印发给所有思想政治理论课教师学习，这对搞好思想政治理论课将有极为重要的推动作用。对于培养接班人，习近平总书记讲过，"我们中国共产党人能不能打仗，新中国的成立已经说明了；我们中国共产党人能不能搞建设搞发展，改革开放的推进也已经说明了；但是，我们中国共产党人能不能在日益复杂的国际国内环境下坚持住党的领导，坚持和发展中国特色社会主义，这个还需要我们一代一代共产党人继续作出回答。"[①] 这说明，培养中国特色社会主义事业的建设者和接班人是习近平新时代中国特色社会主义思想要进一步回答的重要内容。习近平在学校思想政治理论课教师座谈会上，正是从这一历史高度来谈思想政治理论课的重要作用的。

现在的青少年代表着国家的未来，他们将亲身参与我国实现社会主义现代化和中华民族伟大复兴的伟业。他们的总体状况是向上的，绝大多数都是爱国的，愿意跟着共产党走中国特色社会主义道路。但是面对纷纭激荡的国际形势和改革开放的深层矛盾，面对意识形态领域的各种错误思想、思潮，他们还有许多思想困惑需要我们帮助引导。要培养将来能在各种风险挑战中坚持发展中国特色社会主义的接班人，还需要党性和科学性相结合的更高质量的思想理论教育。习近平总书记对思想政治理论课教师提出"六个要"，对思想政治理论课

---

① 中国共产党的领导是中国的最大国情、最本质特征 [EB/OL]. 新华网，2016-12-07.

教学提出八个"相统一",就是从实践中提炼出来的很高很明确的要求。

比如,八个"相统一"中第一个就是"要坚持政治性和学理性相统一,以透彻的学理分析回应学生,以彻底的思想理论说服学生,用真理的强大力量引导学生"。我体会到政治性和学理性这两者的统一是马克思主义的本质特征。马克思、恩格斯的《资本论》《共产党宣言》,列宁的《帝国主义论》,毛泽东同志的《实践论》《矛盾论》《关于正确处理人民内部矛盾的问题》等著作,都是政治性和学理性相结合的经典科学著作,而这些马克思主义经典作家本人也都兼具政治家和学者的品质。现在,思想政治理论课教师讲马克思主义和中国特色社会主义基本理论,就应当把党性和科学性相结合,把马克思主义这个本质特征讲出来。思想政治理论课教师也应当按照兼具革命思想家和学者的方向来要求和培养。在学术研究领域中曾经有要严格区分政治问题与学术问题的提法,我一直不太赞成,因为在人文与社会科学领域中,许多学术问题是不能脱离政治的。马克思主义理论学科、政治学、法学等学科必然有很强的政治属性。资产阶级自由化思想渗透,有时也以学术形式出现,也必须用学术形式回答。大学生是追求真知的,思想政治理论课如果能让学生感到知识上有收获,他们就会欢迎。讲课好的教师在这方面都有自己的长处,我在这方面也是努力追求的。

习近平总书记还强调:推动思想政治理论课改革创新,"要坚持建设性和批判性相统一,传导主流意识形态,直面各种错误观点和思潮"。我讲课采取的就是质疑式的教学方式,先把正确和错误的观点同时提出来,启发学生思考辨别。改革开放是伟大的社会变革,利益主体、社会思潮的多元化、多样化,势必影响大学生对改革开放道路和人生价值的看法。我备课时,不仅要学懂中国特色社会主义理论体系的精神实质,还要研究新自由主义、西方宪政民主、历史虚无主义等众多错误思潮的实质和表现,及其对大学生思想影响的疑点和难点;在讲课时,把传道、授业和解惑相结合,有的放矢地进行教学,如有的学生误以为照搬西方多党制就可以更好地监督改善党的领导,则通过对中国的历史现状和那些照搬西方多党国家的历史现状进行对比研究,得出具有内在科学逻辑、能够使这些学生认同的结论:在政纲根本对立的政党之间搞多党竞争、轮流执政是不现实的,其结果只能是社会动乱或原有制度被推翻。我们三十多年对此进入了深入的理论思考,并贯彻到教学实践之中,其成果集中体现在了《问道》一书中。我觉得思想政治理论课教师每一个都应当认真领会八个"相统一",并付诸实践。

最让我高兴的是,很多中青年的教师正在按习近平总书记的要求成长起来。我的学生有不少人是在各高校从事思想政治理论课教学的,而且成了骨干教师。

其中，不少人在思想政治理论课的教学上都获得了大学生和各界党政干部的欢迎。长江后浪推前浪，一代代坚持中国特色社会主义理想，有才华的年轻教师政治正在不断涌现，他们是我们的希望。同时，我也深感现在的青年是幸福的。1937年，日本侵略中国时，我才五岁半，当时和哥哥在上学的路上曾经议论过："中国真的会亡国吗？"没有答案，只有惆怅。当代青年面对的不是亡不亡国，而是要亲身参与去实现中华民族的伟大复兴，我真的很羡慕他们。但是行百里者半九十，越接近实现这个目标，风险挑战也会越多。中国梦的实现，关键在党，希望在青年。培养一代又一代拥护中国共产党领导和我国社会主义制度、立志为中国特色社会主义事业奋斗终身的有用人才，这是我们思想政治理论课教师应该肩负起的历史担当和时代职责。尽管这些年来，我们的思想政治课已经有很大进展，但是距离习近平总书记的要求还是有不少差距的。在教学中还有一些形式主义的做法需要改进，也有一些创新形势需要总结。但我相信，在习近平新时代中国特色社会主义思想的指引下，当代青年一定能够完成肩负的历史使命，而思想政治理论课也一定能为青年一代培根铸魂发挥更加重要的作用。我们深感责任重大、光荣，要为贯彻落实习近平总书记的期望付出更辛勤的努力，我作为一名老教师，愿意为此继续努力、奋斗终生。

高校思政课教学怎样坚持八个"相统一"

1954年,我在清华大学做政治辅导员,1959年,开始从事思想政治理论课教学。改革开放以后,我参与清华大学文科复建,主要是马克思主义理论与思想政治教育学科。1999年我退休后,也从未离开讲台,一直继续为学生入党积极分子、党员、党支部干部讲课;参加各种活动与同学们面对面交流;旁听思政课,与其他教师探讨怎样上好思政课。我写的理论文章和著作也都和学生思想理论教育紧密相关。我今年八十七岁了,精力大不如前,但只要一上讲台,就还会像过去一样有精神。六十年的教学和研究中,我亲身经历了高校思想政治理论课的发展、改革、完善。见证了中国共产党党史课向中国近代史纲要转化,更好地凸显出中国共产党在领导民族救亡、建立新中国、改革开放、社会主义现代化建设和中华民族伟大复兴中的决定性作用;见证了马克思主义基本原理对大学生世界观、人生观、价值观和方法论形成的重要影响;见证了中国特色社会主义理论体系的形成及其在新时代的发展,成为思政课的核心内容;见证了社会主义核心价值观、法律、道德教育在思政课程中的加强。能为大学生成长成才做些有益的工作,已经成为我一生的追求。

2019年3月18日,我以退休教授的身份参加了学校思想政治理论课教师座谈会,直接聆听习近平总书记关于思政课建设的讲话。这样的会议,在我们党的历史上是第一次。习近平总书记的讲话全面系统而深刻,直面问题的同时又提出明确的解决路径,为推进思政课建设提供了重要遵循,我听后倍感亲切。下面结合自己教学、研究的经历,就习近平总书记在讲话中提出的推动思政课改革创新要做到八个"相统一",谈谈认识与体会。

习近平总书记指出:"推动思想政治理论课改革创新,要不断增强思政课的思想性、理论性和亲和力、针对性。"我的体会是这是要求将马克思主义、中国特色社会主义基本理论的教学与学生思想实际紧密结合,科学地、有针对性地回答时代提出的重大理论和现实问题。因为讲的是学生真正关心的问题,他们就会觉得有亲和力,而不是身外之物,从而把课讲到学生心里去。

因此，习近平总书记提出坚持八个"相统一"的教学要求。八个"相统一"，第一个就是"坚持政治性和学理性相统一"，要求在教学中"以透彻的学理分析回应学生，以彻底的思想理论说服学生，用真理的强大力量引导学生"。马克思说："理论一经掌握群众，也会变成物质力量。理论只要说服人，就能掌握群众；而理论只要彻底，就能说服人。所谓彻底，就是抓住事物的根本。""政治性和学理性相统一"，要求从根本上彻底地讲明马克思主义理论的真理性。

譬如，有人认为，俄国十月革命和中国革命都搞早了，违背了生产力决定社会发展的理论。这种观点对大学生有一定的迷惑性。因此，在教学中必须从资本主义在世界发展的大视野出发，深入剖析帝国主义时代生产力和生产关系矛盾的焦点已经转移到落后国家，上层建筑统治的薄弱环节也在落后国家的事实和道理。透过这些本质特征，才能透彻地向学生说明某些相对落后的国家率先进行社会主义革命的必然性、艰巨性、曲折性。

再譬如，曾经是社会热点、也被大学生广泛关注的人性本质的讨论。资产阶级思想家把抽象的、孤立的人类个体看成社会的基本单位，认为"利己目的是人们思想行为唯一原始出发点"，从而得出人性自私的结论。马克思主义则坚持从社会关系中考察人性的本质，它不否定个人利益，但不承认脱离一定经济、社会关系的抽象的、孤立的个人利益。马克思说："各个人的出发点总是他们自己，不过当然是处于既有历史条件和关系范围之内的自己，而不是玄想家们所理解的'纯粹的'个人。"从而说明自私并不是单个人所固有的抽象物，而是在私有制基础上损害社会和他人利益的社会关系属性。社会主义集体主义是社会化大生产条件下，在集体解放中实现每个人的解放的社会思想。从这种分析方法出发，就可以科学地分析不同人性的历史演变，自私在人类史上的作用以及社会主义初级阶段为何、如何倡导集体主义；批判地分析人性自私论，克服其消极影响，从本质上讲明马克思主义的人性理论。"政治性和学理性相统一"也是马克思主义的本质特征。马克思的《资本论》《共产党宣言》，列宁的《帝国主义是资本主义的最高阶段》，毛泽东的《实践论》《矛盾论》等著作都是政治性和学理性相结合的科学经典著作，马克思主义经典作家们都兼具政治家和学者的品质。在思政课的讲授中，应当把马克思主义这个本质特征讲出来。

"坚持价值性和知识性相统一"，要求教学中注意把价值观引导寓于知识传授之中。价值性讲的是人们的利益关系是否有积极意义，知识性讲的是知识事实是否科学。我们党一贯强调价值性和科学性的统一，把以人民利益为中心的价值观和实事求是、尊重客观规律相统一。西方学术界把两者截然对立，主张价值中立，是很虚伪的。大学生在学校主要是追求真理知识，如果思政课不是空洞说教，而是把价值性和知识性相结合，让同学们在学习理论的同时在知识上也有所收获，就会受到欢迎。习近平总书记在讲话中也提出，"思政课教师视野要广，有知识视野、国际视野、历史视野，通过生动、深入、具体的纵横比较，把一些道理讲明白、讲清楚"。讲课好的教师都是具有比较广博的知识素养的，我在这方面也一直在努力追求，以求不断更新和丰富自己的知识储备，努力跟上时代发展的步伐和思政课内容更新的需要。

"坚持建设性和批判性相统一"，要求教学中注重传导主流意识形态，直面各种错误观点和思潮。多年来，我一直在努力这样做。改革开放是伟大的社会变革，在社会变革中，利益主体、社会思潮多元化、多样化，势必影响大学生对改革开放道路和人生价值的看法。我始终把"当代社会思潮与青年思想教育"作为主要研究方向，用以促进教学。在备课时，我努力学懂马克思主义基本理论和中国特色社会主义理论体系的精神实质，同时积极研究新自由主义、西方宪政民主、历史虚无主义、普世价值论等错误思潮的实质和表现，及其对大学生思想影响的重点、疑点。在讲课时，我在旗帜鲜明地批判错误思潮、帮助大学生解除思想困惑的同时，传中国特色社会主义之道，如东欧剧变和苏联解体以来，把西方多党制奉为"普世价值"的思潮泛滥，有的学生误以为照搬西方多党制就可以更好地监督和改善共产党的领导，我就通过对中国的历史、现状和世界上那些照搬西方多党制国家的历史、现状进行对比研究，得出具有内在科学逻辑、能够让学生真心认同的结论：在政纲根本对立的政党之间搞多党竞争、轮流执政是不现实的，其结果只能是社会动乱或原有制度被推翻。在此基础上，进一步阐明中国共产党领导是中国特色社会主义最本质的特征和最大优势，同时对中国共产党依法治国、依规全面从严治党、加强对执政权力监督的理论和实践进行阐述，大大增强同学们对共产党领导和走中国特色社会主义道路的信心。

"坚持理论性和实践性相统一"，要求在教学中用科学理论培养人，重视思政课的实践性，把思政小课堂同社会大课堂结合起来，引导学生了解社会、服务国家。据我了解，有的思政课教师不但在课堂讲授中经常引用社会大课堂的案例论证理论教学，还会开放课堂，结合授课内容把一些先进人物请进来讲课，同时组织大学生到企业、农村参观实践，推动他们利用假期回家结合理论课教学内容做社会调查，等等。这些做法活跃了课堂、丰富了教学内容，使理论接地气，增强了思政课的亲和力和针对性，取得很好的效果。我的一位同事现在已经退休了，但是，她仍然怀念这样的教学。她对我说，现在晚上还常梦见自己为同学们讲课，与同学们一起参观、讨论的情景。

"坚持统一性和多样性相统一",要求在教学中既落实教学目标、课程设置、教材使用、教学管理等方面的统一要求,又因地制宜、因时制宜、因材施教。思政课教学在大纲、教材等方面的要求是统一的,但讲课的形式、方法却可以因课、因老师特长和学生特点而异。有的教师善于精准、通俗地讲解马克思主义经典著作;有的教师善于从现实提出问题,把理论和实践相结合进行回答;有的教师善于把中华优秀传统文化与马克思主义理论相结合,实现创造性转化和创新性发展;有的教师善于在与西方学术思想、社会思潮的比较中,阐述马克思主义理论的真理性;有的教师善于利用网络进行教学方式的创新;还有的教师善于把马克思主义理论教学与学生的专业结合起来。这些都是非常好的教学实践。清华大学美术学院开设的中国近代史纲要课,每年都有一批体现中国革命传统的绘画、雕塑、书法作品作为结业成果,然后以主题展览的形式展出,并受到学生的欢迎。有的教师还针对美学领域里的各种艺术思潮,进行建设性与批判性相结合的分析;有的教师还能把马克思主义原理与毛泽东同志的诗词、革命歌曲的感人内涵相结合,都取得了很好的效果。实践表明,思政课在坚持统一性的基础上,完全可以以百花齐放的形式展现出来。

"坚持主导性和主体性相统一",要求思政课教学中教师起到主导性作用,同时加大对学生认知规律和接受特点的研究,发挥学生主体性作用。现在的思政课教学,早已改变了过去老师讲学生听的满堂灌的方式,注重互动性,采用课堂讨论、社会调查、小组研学、情景展示等丰富多样的形式,充分调动学生主体的能动性,让他们参与到课程中来。但是,学生主体的积极性要在教师的主导下才能更好地发挥出来。互动主题的设定、经典著作的导引、研学讨论的总结等等,都要在教师主导下,才能达到教学相长的预期效果。

"坚持灌输性和启发性相统一",要求教学中注重启发性教育,引导学生发现问题、分析问题、思考问题,在不断启发中让学生水到渠成地得出结论。马克思主义是科学,科学是对事物本质和内在规律的认识,是不能自发形成的只能从外部灌输给人们。列宁曾说过,工人本来也不可能有社会民主主义的意识,这种意识只能从外面灌输进去。任何科学,包括自然科学和社会科学,都不会自发地在人们头脑中形成,都要经过灌输才能为人们接受。但是,灌输是原则,在实际教学中,必须以启发学生积极思考、主动参与,而不是填鸭、硬灌的方法进行,才能被学生所接受。

"坚持显性教育和隐性教育相统一",要求教学中挖掘其他课程和教学方式中蕴含的思想政治教育资源,实现全员全程全方位育人。思政课毫无疑问是高校思想政治教育的显性课程,是大学生思想政治教育的主渠道和主阵地。我们是社会主义国家，办的是社会主义教育，培养的是中国特色社会主义事业的建设者和接班人，必须讲好思政课。但学校的思想政治教育工作，不能全是思政课教师的事，其他专业课程中同样蕴含着丰富的思想政治教育内容。我认识的一位教师就说过，老师们应该加强思想政治教育的责任意识，寻找思想政治教育的载体，减少思想政治教育的痕迹。他是一位工科教师，但是在他讲授的课程及各种专题学术讲座中，无不渗透着丰富的思想政治教育内容，学生每每听过后，都会在思想境界和专业知识上获得双重的收获。思政课教学如果能和其他课程中蕴含的思想政治教育内容相辅相成，形成合力，同向而行，就会取得更大的效果。

习近平总书记是站在培养一代又一代拥护中国共产党领导、自觉坚持和发展中国特色社会主义、能够担当起中华民族伟大复兴大任的时代新人的高度谈思政课的重要意义的。我的少年时代，是在日本侵华战争中度过的，那时忧虑的是中国会不会亡国，永远受人欺负。现在的青年是令人羡慕的，他们身处伟大的时代，正亲身参与着实现中华民族伟大复兴的历史征程。中国梦的实现，关键在党，希望在青年。我相信，在习近平新时代中国特色社会主义思想指引下，当代青年一定能够完成肩负的历史使命，而思政课也一定能为青年一代培根铸魂发挥更加重要的作用。作为一名老教师，我愿为此继续努力、奋斗终身。

如何办好高校思想政治理论课

——求是网访谈录

编者按：

2019年3月18日，习近平总书记在学校思想政治理论课教师座谈会上的讲话为推进思政课建设提供了重要遵循，为帮助大家更好理解习近平总书记此次讲话精神，求是网特邀请清华大学马克思主义学院林泰教授为我们解读。

求是网：

林教授您好，欢迎您来到求是访谈。2019年3月18日，习近平总书记在学校思想政治理论课教师座谈会上强调，思想政治理论课是落实立德树人根本任务的关键课程。您参加了这次座谈会并在会上做了发言。作为一名在高校长期从事思政课教学的教师，请您谈谈应如何认识思政课的重要性？

林泰：

我们党就一门课程专门由中央召开座谈会，在历史上还是第一次，这说明习近平总书记对这个事情是非常重视的。我认为他这次讲话出发点还是为了更好地培养中国特色社会主义事业的接班人。

习近平总书记关于新时代思想政治教育的思想，核心内容之一就是培养中国特色社会主义事业的接班人。习近平总书记讲过，"中国共产党人能不能打仗，新中国的成立已经说明了；中国共产党人能不能搞建设搞发展，改革开放的推进也已经说明了；中国共产党人能不能在日益复杂的国际国内环境下坚持住党的领导、坚持和发展中国特色社会主义，这个还需要我们一代一代共产党人继续作出回答。"[①] 这说明了培养中国特色社会主义事业接班人的重要性。

习近平总书记正是从培养中国特色社会主义事业的建设者和接班人的角度来谈思政课的重要性的。现在的大学生百分之九十几以上都是拥护中国共产党、

---

① 习近平.习近平新时代中国特色社会主义思想学习纲要[M].北京：人民出版社，2019：78-79.

拥护建设中国特色社会主义的。但是面对复杂的国内外形势，他们还有许多的思想困惑，需要我们给予科学的有说服力的回答。

另外，我们要培养能够坚持中国共产党领导，坚持和发展中国特色社会主义的接班人，需要在青年中间培养新一代的马克思主义者，才能完成这个事情，而思想政治理论课是高校思想政治教育的主渠道和主阵地，在这方面，起着最主要的作用。我认为它的重要性就在这个地方。习近平总书记的讲话实际上是一个如何在高校更好地培养中国特色社会主义事业的接班人的重要的历史文献。

求是网：

您从事思政课教学已经有六十年了，经历了新中国成立后历次思政课的改革。我们想请您着重谈谈思政课程设置演变的脉络。

林泰：

我是1951年上大学的，新中国成立之后，我们就很重视马克思主义的学习，但是在1952年院系调整以前，全国还没有统一的思想政治理论课的方案。

1952年到1957年，当时全国统一设了三门马克思主义理论课：中共党史和联共党史、马克思主义政治经济学。当时我是作为学生参加的，通过学习我才懂了马克思主义的剩余价值学说的科学性。

到了1959年以后，在第二次恢复马克思主义课的时候，做了一个改动，增加了马克思主义哲学，去掉了联共党史。这样子，第一，马克思主义原理全面了，哲学经济学都有。第二，更中国化了，联共党史是作为非必读物了。我就是在这个时候开始从事马克思主义哲学教学的。到了"文化大革命"，马克思主义理论课中断了。1978年以后恢复。

1978年，清华大学带头试点，做了一个改动，把中共党史改成了中国近现代史。这个改动的好处是放在中国现代史的大背景下来讲中国共产党，能把共产党的决定性作用讲得更清楚。因为从鸦片战争中国逐步沦落成为半殖民地半封建社会的过程，许多志士仁人都曾探索救亡的道路，诸如"师夷长技以制夷"、洋务运动、戊戌变法、孙中山先生领导的辛亥革命等。辛亥革命推翻了清王朝是巨大的历史进步，但是也还没能改变中国落后挨打的面貌。只有到后来，十月革命一声炮响，我们找到了马克思主义，成立了中国共产党。这以后，中国面貌焕然一新，一直到完成了救亡任务，建立了新中国。

所以在中国近现代史的背景下来讲中国共产党党史，更容易讲清楚没有共产党就没有新中国的道理。而且只有站在近现代史角度上，才能够更好地讲清共产党在中国人民站起来、富起来，在中国人民以后强起来这方面的决定性作用，这是一次改变。

到了20世纪末，适应社会主义市场经济和依法治国的需要，又增加了一门思想道德修养与法律基础的课程。这门课程是因为在社会主义市场经济条件下，精神文明建设成了越来越重要的问题，也因为依法治国成为我们国家的前进道路上一个重要问题。所以在这个时候设立了这门课。当然在有了社会主义核心价值体系和社会主义核心价值观之后，这门课的内容、大纲更明确了，质量也明显改善了。

2005年之后，我们实行的就是现在的课程。现在这个大纲的特点是把马克思主义哲学和马克思主义政治学、马克思主义政治经济学合并成了一门课叫马克思主义原理，同时加强了中国特色社会主义的内容，讲中国特色社会主义道路、理论体系。

经过了若干年的发展，现在我们党已经形成了中国特色社会主义道路、理论、制度和文化。党的十八大以来，逐步形成了习近平新时代中国特色社会主义思想。所以现在中国特色社会主义已经成为思想政治理论课的最核心的内容，越来越能够回答中国的重大理论和现实问题，越来越能够引导大学生的前进方向。课程体系比以前完善多了。

求是网：

通过您的介绍，我们已经对思政课的重要性和课程设置的脉络有了清楚的认识。那么具体到思政课教学，教师们反映难教，学生们觉得难学，您认为症结在什么地方？

林泰：

我觉得教好思想政治理论课确实是不容易的。当然了，在高校教好任何一门课，也都不容易，但思想政治理论课有它特殊的要求。

习近平总书记指出："推动思想政治理论课改革创新，要不断增强思政课的思想性、理论性和亲和力、针对性。"[1] 怎么把严肃的思想理论做到能有亲和力和针对性呢？我认为必须把马克思主义基本理论、中国特色社会主义基本理论的教学和学生思想紧密结合，科学地、有说服力地回答时代提出的重大理论现实问题。这里我自己的体会有以下三点。

第一，理论课教学必须和学生思想相结合。理论课的教学要理论联系实际，要回答学生的思想困惑。我在备课的时候，不仅要学懂我所教的马克思主义的基本理论、中国特色社会主义基本理论，还要弄懂当前存在的错误思潮，如新自由主义、西方宪政民主、历史虚无主义等这些错误思潮的实质和表现；还要

---

[1] 习近平. 论党的宣传思想工作［M］. 北京：中央文献出版社，2020：382.

弄懂这些思潮对大学生思想上产生了什么疑惑。这样我在讲课的时候，就采用置疑式的教学方式，就是把这些疑问放在那儿，把正确的观点和不正确的观点同时提出来，请同学思考，然后再来分析。韩愈说过："师者，传道授业解惑者也。"传中国特色社会主义之道需要和解除学生的困惑相结合，才有效果。我讲课从来都是这样的。学生听课之后，一上来就感觉你讲的是他关心的问题，就不会觉得跟他没关系，就会觉得有亲和力，有针对性，愿意去听。

第二，就是你还得科学地、有说服力地回答学生提出的问题。习近平总书记提出坚持八个"相统一"，第一个就是要把政治性和学理性相结合，习近平总书记提出来要能透彻地讲明理论，彻底地回答学生的问题，用真理的力量去引导学生。

马克思说过，"理论只要有说服人［ad hominem］，就能掌握群众，而理论只要彻底，就能说服人［ad hominem］。所谓彻底就是抓住事物的根本。"[①] 什么叫彻底地讲明理论？就是得抓住理论的本质，抓不住理论的本质，就不能说服人，抓住理论本质就能说服人。

比如说，西方有一种观点，人的本性是自私的，来源就是说社会是由众多的、孤立的抽象个人组成的，他们每个人都是为自己，所以人的本性是自私的。那公共利益谁管呢？国家管。市场呢？可以调节。主观为自己，客观为社会为他人，它是这么一个理论体系。

我们有一位学者到美国从事了一个新自由主义学派研究，回来就拼命宣传人性自私理论，而且认为只有满足自私的需要，才能搞好企业，所以企业家都应该是能掌握社会价值的人。这样一种理论影响相当大。还有一位自称是马克思主义学者，甚至说过，"人为财死，鸟为食亡"是两千多年的历史不证自明的公理。我认为这是错误的。但是怎么回答才叫抓到事物的本质呢？我们还有一位马克思主义学者的回答是，人不只有利己的一面，还有利他的一面。这样的回答是不是抓住了事物的本质呢？我认为没有。亚当·斯密也懂得人有利他的一面，资产阶级学者也懂得人有利他性，甚至于资产阶级学者还有利他主义学说。

那马克思主义理论跟人性自私论根本区别在哪里呢？在于马克思是从人的社会关系的本质中间，来看待人的本质和人性的。马克思说过，人的出发点总是他们自己，不过是处于既有历史条件和关系范围内的自己，而不是玄想家们

---

① 中共中央马克思恩格斯列宁斯大林著作编译局. 马克思恩格斯选集：第1卷[M]. 北京：人民出版社，2009：9.

所设想的"纯粹的"个人。马克思在这里没有否定人的出发点是自己，而且说总是他们自己，但是不是孤立的、抽象的自己，而是社会关系中的自己。有什么含义呢？我举一个例子，不同社会关系中人为自己本质是不同的。大家看过的《红色娘子军》这个舞蹈和电影，吴琼花从南霸天的魔掌下逃出来投奔红色娘子军，是为自己，但是她这为自己是要摆脱一种社会关系，摆脱南霸天奴役、压迫的社会关系。南霸天要把吴琼花抓回来，也是为自己，但这个为自己，是要维持奴役压迫、奴役丫鬟们命运的那种制度。所以这两个"为自己"，社会性质完全不同。吴琼花那个不是自私，相反是被自私的制度所束缚的，而南霸天才是自私的和奴役人的。

为自己并不一定是自私，要看是在什么关系中间，不同社会关系中为自己是不同质的。这样就得出一个结论来：自私，不是个人所固有的抽象物，而是一种社会关系的现象。我认为这才是抓住了人性自私的错误本质，才能说明马克思主义和西方人性自私论的区别。

第三，就是习近平总书记讲的价值性和知识性相统一。有了本质上的正确理论，还得用科学的价值事实、科学的知识来说明你的理论，这样子人家才信服。比如，你说中国不能搞西方多党制，或者是世界有些国家不能照搬西方多党制，你得有事实作根据。

习近平总书记在讲话中提出，"思政课教师视野要广，有知识视野、国际视野、历史视野，通过生动、深入、具体的纵横比较，把一些道理讲明白、讲清楚。"[①] 讲课好的教师都是有比较广博的知识的。高校大学生有一个最大的特点，他们来学校主要的任务是追求真理和知识。对于工厂，你要做思想工作，你得和物质利益结合，工厂发展得越好，工人越有前途，待遇也越高，工人就愿意去做。大学生这个团体，其重点不在于现实的物质利益，而是在学校能不能真正学到真理性的知识。所以一个讲课好的教师不但要理论正确，而且要能用丰富的历史知识、国际知识来论证你的思想观点，让大学生觉得是这么回事儿，大学生就爱听。

我接触过的讲课好的教师，也都是有比较广博的知识的。我自己在这方面也很努力去汲取。现在我八十七岁了，我每天除了理论刊物之外，要阅读政治文化信息量很大的报纸和刊物，如《光明日报》《参考消息》《环球时报》《报刊文摘》《文摘报》等。作为教师，你没有知识的储备，你就不可能把思政课讲

---

① 陆永胜. 新时代"思政课的本质是讲道理"的四个维度 [J]. 南昌大学学报（人文社会科学版），2023（4）：120-128.

得很生动。所以习近平总书记讲价值性和知识性相统一，就是要用知识来论证价值性，这也是很重要的。

求是网：

习近平总书记强调，办好思想政治理论课关键在教师，关键在发挥教师的积极性、主动性、创造性。作为思政课资深教师，您的课堂如此受学生欢迎，您认为主要原因是什么？对于现在的年轻教师们，您觉得他们应该在哪些方面努力？

林泰：

我的讲课，我自己只能说是比较受欢迎。满意率呢，就是非常满意和满意的有96%，也还有4%，人家没说满意。当然这是比较高一点的满意率。要让所有学生百分之百满意呢，我还没敢说。现在面对的情况是，改革开放四十年来，中国特色社会主义事业取得了举世瞩目的成就。不管是赞成我们的人，还是反对我们的人，谁都不能否认中国改革开放和中国特色社会主义取得的成就。所以在现在的条件下来讲思想政治理论课，环境还是比较好的。

但是习近平总书记也说了，行百里者半九十。越接近实现我们的目标，风险和挑战越多，面临的国际国内形势越复杂。实际上大家现在也看到，国际上有一股势力在疯狂地扼制中国。国内的改革，碰到的也都是一些深层的矛盾。所以在这个时候，怎么样讲好思想政治理论课呢？应该在充分肯定我们的成绩基础上，深入地去研究我们国内改革、国际环境中间的深层的矛盾，给出更科学的回答。

思政课的改革和创新，首先是内容上要更科学，更有力量。希望青年教师们在这上面也花出最大的精力。清华大学的马克思主义学院，一贯倡导研究性教学，就是要把时代提出的难点、疑点问题，学生思想困惑的疑点、难点问题，用科学研究的方法，做出科学地、有说服力地回答。这是我们改革思想政治理论课的重点。

求是网：

您在文章中也谈到了您童年时代的难忘经历，今昔对比，已经发生翻天覆地的变化。对现在的青年学子，您想对他们说些什么？

林泰：

我们这一代人是从旧社会走过来的。我是1932年1月出生的，1939年，日本发动卢沟桥事变，我和我的哥哥（他八岁，我五岁多），在上小学的路上就曾经议论过，中国真的会亡国吗？中国人真的永远是"东亚病夫"吗？中国真的永远是一盘散沙吗？没有答案，只有惆怅。

所以作为过来人，我对现代青年是非常羡慕的，因为他们生活的时代不是亡不亡国的问题，而是要亲身去实践中国的社会主义现代化和中华民族伟大复兴。他们不是在接受耻辱，而是要以崭新的面目屹立于世界民族之林。很可能在现在的青年人少年人手中，中国就实现了现代化和中华民族伟大复兴，这是多么值得高兴的事情啊！他们很可能掀开中华民族历史上最光辉的一页。

但是，还是习近平总书记讲的，行百里者半九十，越接近实现我们的目标，风险挑战越多。习近平总书记在庆祝改革开放四十周年大会的讲话中，甚至说道，"船到中流浪更急，人到半山路更陡"，我们未来还会面对各种风险，包括难以想象的惊涛骇浪。我就想习近平总书记讲的难以想象的惊涛骇浪是什么？现在能看得到的，由于中国的强大，引起了霸权主义的嫉妒，在扼制我们。国内也还有一些深层的矛盾。我们这代青年人，他们现在二十多岁，到21世纪中叶，富强、民主、文明、和谐的社会主义现代化国家可能在他们手里建成。但是在这中间也有很多风险挑战，他们能不能正确应对？这是对新一代青年的要求。也就是说，我们希望青年一代能够出现一批骨干，能够坚持住中国共产党的领导，能够坚持住中国特色社会主义的发展，把中国的改革开放事业进行下去。

中国梦的实现关键在党，希望在青年，要对青年寄予巨大的希望，要清醒地帮助他们能经受各种环境的锻炼，把接力棒接好。把中国的事业推向前进。

为立德树人奉献一生

——学习习近平总书记在学校思想政治理论课教师座谈会上讲话的体会

尊敬的各位领导，同志们：

大家上午好！

我叫林泰，今年八十七岁，是清华大学马克思主义学院退休教授，是一名党龄超过六十九岁的老党员。1954年，我在清华做学生政治辅导员，1959年，我开始从事思想政治理论课教学，1999年退休。六十年来一直做高校思想政治理论课和思想政治工作。

1937年，日本侵略中国时，我才五岁半，记得和哥哥在上小学的路上曾经议论过"中国真的会亡国吗"？对于当时处在幼年的我来说，心里没有答案，只有惆怅。现在的青年面对的不是亡不亡国，而是要亲身实践去实现中华民族伟大复兴。中国梦的实现，关键在党，希望在青年。所以，我从未忘记作为一个老党员、思政课教师"为党育人、为国育才"的使命。

第一，坚守三尺讲台，将课堂作为传播马克思主义的阵地。我为清华大学学生入党积极分子和新党员讲党课一直讲了二十二年，累计听课人数超过五万人，一直讲到八十岁。现在学校的政治辅导员和中层以上干部，大多数都听过我讲的党课。清华大学成立学生马克思主义学习研究协会，二十四年来我一直担任指导教师，至今我仍然在指导学生开展学习研究。八十岁以后还坚守着这个讲台，为大学生党支部"领雁工程"讲党课，为学生"求索杯"党的知识竞赛做指导。我的党课也向校外拓展，为高校学生部部长和宣传部部长讲党课，为全国共青团骨干培训讲课，为高校学生党员和入党积极分子讲党课，为北京高校思政课教师经验交流作报告，还担任过北京市研究生骨干培训班导师。二十多年来，讲课近百场，受众近万人。

多年来，我每年为香港、澳门特区青年讲国情研讨课，帮助他们了解中国国情和中国共产党；为香港特区高级公务员讲国情研究课一百多期、受众近三千人。时任新华社香港分社负责同志专门写信给我，感谢清华"对1997年香港回归祖国的平稳过渡做了极为有益的贡献"。2016年，我还获得了香港特区政府颁发的"望重杏坛"奖杯。

第二，坚持授业解惑，让真理的光芒深入人心。六十年来，我始终坚守思想政治教学研究一线，始终把答时代之问、解学生之惑、传中国特色社会主义之道作为自己义不容辞的责任，坚持将马克思主义理论教学与社会现实相结合、与学生思想实际相结合，创新讲课方式方法，采取质疑启发讨论的教学方式，润物细无声地将马克思主义真理光辉洒入学生心田。

为了让更多大学生了解接受马克思主义原理和中国特色社会主义，我精心备课，想方设法讲好课。在讲授《历史唯物主义专题研究》《中国特色社会主义专题研究》等课程时，我坚持阅读马克思主义原著。不仅要学懂马克思主义、中国特色社会主义的基本理论和精神实质，还要研究新自由主义、民主社会主义、西方宪政思想、历史虚无主义、普世价值论、"中国威胁论"等错误思潮的实质、表现及其对大学生思想影响的疑点和难点；同时认真梳理平时掌握的学生反映的疑难问题，反复思考提炼总结，形成精品课件。上课时，我精心设置讨论议题，把握课堂节奏，首先把正确和错误的观点同时提出来，把传道、授业和解惑相结合，有的放矢地进行教学。因为讲的都是学生关心的疑难问题，他们都积极参与其中，如针对有的学生受西方宪政民主思潮的影响，误以为照搬西方多党制可以更好地监督党的领导，我则通过对中国历史现状和那些照搬西方多党制国家的历史现状的对比研究，经过反复辩难讨论，有效引导学生走出了思想误区。

第三，致力潜心问道，在理论研究上有所贡献。我体会到，仅提出问题是不够的，关键是必须要对提出的问题进行科学的回答。我长期从事思想政治理论课教学研究，有义务发挥理论优势，对学生提出的问题进行科学回答。我不仅要学马克思主义基本理论，还要花费大量的时间来研究学生关心的热点难点话题，对学生进行疏导，引导学生直面各种错误思潮。退休后，我花更多的时间和心血从事这项工作，以从根本上提高思政教育的质量。

随着改革开放的不断深入，各种社会思潮涌动，对年轻人影响很大，亟须从理论上正本清源。在三十多年教学研究的基础上，我和同事对改革开放以来的重要社会思潮进行系统深入的研究，用了五年时间，写成了近七十万字的《问道》一书，对如何引领社会思想、坚持走中国特色社会主义道路进行系统疏理、介绍、分析和评论，并对以社会主义核心价值体系引领社会思潮科学有效地进行青年教育也做了深入研究阐释。2013年出版后，社会反响非常好。很快第一版3000册售罄。我们进一步提升著作的质量，充实习近平总书记关于意识形态工作和有关社会思潮的论述，于2017年再版。这本心血之作获得学术界和思想政治教育界广泛的好评。2014年、2015年，先后获全国高校思想政治教育学科研究著作一等奖、北京市哲学社会科学优秀成果二等奖。不少老同志说，"能有这样一批学者，坚持马克思主义，旗帜鲜明地批判错误思潮，写出这样有分量的著作，感到非常高兴，非常感谢，非常激动。"

习近平新时代中国特色社会主义思想是当代中国的马克思主义，十九大后，我立刻投入这一思想的学习研究。2018年，我写了《坚持和加强党的全面领导——中国政治制度的比较优势》的文章，对"中国共产党领导是中国特色社会主义最本质的特征，是中国特色社会主义制度的最大优势"等做了深入的研究，并在校内外做了一些专题讲座。2019年3月18日，我参加了中央召开的学校思想政治理论课教师座谈会，汇报了从事思政教育的历程和思考，并聆听了习近平总书记的重要讲话。我听后倍感亲切，也感到自己还应当更加努力。

2019年，我有幸荣获了"首都市民学习之星"，这是对我加强学习的鞭策和鼓励。现在我常常感到精力大不如前，但是只要我一站上讲台，面对聚精会神的青年学生，就会和过去一样精神百倍。为青年学生做些有益的工作，让我感受到老年生活的价值，也更让我体会到马克思主义理论对祖国未来的意义。这已成为我的终身追求。

第二篇 02
主要著作內容簡介

《问道》与《唯物史观通论》
两部著作内容简介

我的研究方向主要有两个：一个是历史唯物主义，一个是社会思潮与青年思想政治教育。这两个方向的科研成果集中体现在《唯物史观通论》与《问道》两本著作中。

《唯物史观通论》2001年出版，是教育部思想政治工作司组编的思想政治教育专业系列教材之一。该书吸收了新时期历史唯物主义界的研究成果，围绕历史观的基本问题，按照历史结构系统、社会运动系统、社会人的系统建立逻辑体系、对社会有机体诸要素及其内在联系、社会运动的客观规律及作为历史主体人的历史作用等进行全面的研究。和以往的历史唯物主义教材相比，它的特点和新意主要体现在：

第一，把"人类社会发展的基本动力——社会基本矛盾"单独成章。关于人类社会发展的基本动力，马克思、恩格斯有许多论述，其中最简练深刻的概括是在《政治经济学批判序言》中讲到的：社会生产力、生产关系、上层建筑三个层次、两对矛盾推动社会发展变革的思想。但是，他们没有把这概括为社会基本矛盾。毛泽东同志1957年2月在《关于正确处理人民内部矛盾的问题》一书中，提出了"在社会主义社会中，基本矛盾仍然是生产关系和生产力之间的矛盾，上层建筑和经济基础的矛盾"。在马克思主义发展史上，第一次把这两对社会矛盾合称为社会的基本矛盾。"仍然"二字，说明毛泽东同志把这两对社会的基本矛盾看成是推动人类一切社会发展的基本矛盾。毛泽东同志还对社会主义社会基本矛盾的特点做了简要论述。邓小平同志引领的中国改革开放是对社会主义社会基本矛盾理论和实践的重大发展。该书对这些设专章进行了论述。

第二，把马克思主义关于"人"的基本理论，包括"人的本质与人性""人的历史作用""人的需要与利益""人的价值""人的解放——人的自由而全面的发展"等，用三章做了全面的论述，占了全书近三分之一的篇幅。

第三，突出唯物史观的方法论意义，用以分析当代世界和中国的社会矛盾和社会思潮。因此，这部文集选入了《唯物史观通论》的结束语和第四章——人类社会发展的基本动力；第七章——人的本质与人性；第九章——人的需要、价值和人的解放的目录，作为这本书的简介。

《问道》2013年出版后，受到了与马克思主义理论学科相关的学术界、思想政治教育界的广泛好评，2015年，第一版3000册基本售罄。2017年，在充实习近平总书记有关意识形态和社会思潮的论述后再版，进一步提升了这本书的质量。2019年，由于市场的需求又刊印了第三版。这部文集选用了该书第一版的卷首语、第二版的再版的话和第三版的序言，作为该著作的简介。

《问道》(第一版) 卷首语

改革开放以来,社会大变革在意识形态领域集中表现为各种社会思潮的交锋,这极大地影响了人们的思想和社会的进程。20世纪80年代初,清华大学马克思主义理论与思想政治教育学科建设就把"当代社会思潮和青年教育"作为重点研究方向之一,有一批教师长期从事这方面的研究和教学工作,并取得了一些有价值的成果。21世纪以来,改革进入攻坚阶段,一方面改革开放的伟大成就世人瞩目,另一方面国内一些深层次的社会矛盾日益凸显,国际环境更加复杂多变,社会思潮更加纷纭激荡。在这种历史条件下,党的十六届六中全会和党的十七大提出"以(用)社会主义核心价值体系引领社会思潮"的历史任务。我们一些教师就想系统地梳理、总结多年社会思潮与青年教育研究的经验,升华为理论专著,为以社会主义核心价值体系引领社会思潮做点贡献。教育部人文社会科学重点研究基地清华大学高校德育研究中心对此给予了极大的支持,并把"改革开放以来的社会思潮和青年思想政治教育"列为中心的重大项目,希望我们拿出高质量的研究成果。

改革开放以来,广大理论工作者在分析、批判错误思潮方面做了大量的工作,但是,全面系统深入地研究改革开放以来的社会思潮,并把引领社会思潮的理论研究与思想政治教育工作的研究相结合的成果仍然不多。本书希望在这方面有所贡献,有所创新。为此,我们对本书的结构做了如下的设计,共分三编:

第一编的第一章,"社会思潮形成发展的一般规律和特点"。对社会思潮的定义,社会思潮形成和发展的历史条件、经济社会基础、本质特征、表现形式、演化的轨迹、传播的方式、社会思潮的斗争和研究社会思潮的主要原则等做了系统、全面的探讨。就我们所知的,已有的社会思潮研究著作缺乏这方面系统阐述的内容,即使涉及某个个别方面,如社会思潮的定义,也是众说纷纭,各抒己见。希望我们在这方面的研究能起到抛砖引玉的作用,引起对社会思潮形成、发展一般规律和特点更深入的探讨。

第一编的第二章,"改革开放以来社会思潮的走向"。对改革开放三十多年来社会思潮斗争的历史脉络,分四个时期进行梳理。对每个时期社会思潮斗争的历史背景、主要内容和表现形式做了简要介绍,使人们对改革开放以来社会思潮斗争的轮廓和表现形式有一个历史的、简明的了解和把握。这对于认识改革开放新时期社会思潮斗争的长期性、艰巨性、复杂性,探讨社会思潮斗争的规律和未来的走向都具有重要的意义。

第二编,"改革开放以来若干重大社会思潮评析"。我们从纷纭复杂的社会思潮中选择若干在改革开放过程中反复出现、事关改革开放方向道路、对青年大学生影响较大的社会思潮,集中在这一编中,共设十章从理论上进行专章分析,把从总体上把握社会思潮的斗争与对个别社会思潮的分析相结合。每一章的作者都是对该章所涉及内容长期研究、颇有建树的学者,这对保证本书的科学性和理论深度有重要作用。

本书研究的这些社会思潮,大都是在 20 世纪 80 年代改革开放初期就已经出现,后来又在新的历史条件下以新的形式反复出现,产生过重大影响,事关改革开放方向道路的社会思潮,如新自由主义思潮、民主社会主义思潮、鼓吹西方宪政思想的思潮、从"左"的方面否定改革开放和中国特色社会主义的思潮、历史虚无主义思潮、文化保守主义思潮、"普世价值"论和抽象人性论思潮、鼓吹个人主义反对集体主义的思潮和我国和平、迅速发展面临的国际思潮等。这些社会思潮的反复出现说明,改革开放以来,各种错误思潮在反对马克思主义中国化的指导思想,反对中国特色社会主义的理想、道路,反对社会主义的人生观、价值观等方面是和社会主义核心价值体系完全对立的。中国特色社会主义道路、理论体系和制度以及与之相适应的社会主义核心价值体系正是在与上述思潮的比较、鉴别和斗争中不断发展并且日益成为引领社会思潮的主流的。党的十七届四中全会指出:"加强党的意识形态工作和思想政治工作,引导党员、干部增强政治敏锐性和政治鉴别力,筑牢思想防线,自觉划清马克思主义同反马克思主义的界限,社会主义公有制为主体、多种所有制经济共同发展的基本经济制度同私有化和单一公有制的界限,中国特色社会主义民主同西方资本主义民主的界限,社会主义思想文化同封建主义资本主义腐朽思想文化的界限,坚决抵制各种错误思想影响,始终保持立场坚定,头脑清醒。"就是要求我们高举中国特色社会主义伟大旗帜,用社会主义核心价值体系引领思潮,有力抵制错误思潮的思想影响,本书对此做了有益的尝试。

第二编的各章的设置都是从青年思想政治教育角度出发,选择对青年大学生影响较大的社会思潮进行专章分析,这也是本书的一个特色。邓小平同志关于反"左"反右有系统的论述,他引领中国改革开放是从反对"左"的、对马克思主义采取僵化的教条主义开始的,而且强调"几十年'左'的思想纠正过来不容易,我们主要是反'左','左'已经形成了一种习惯势力"①。但当全盘西化的右的思想泛滥时,他又旗帜鲜明地强调:"在整个改革开放的过程中,必须始终注意坚持四项基本原则……资产阶级自由化泛滥,后果极其严重。""当前思想战线首先要看重解决的问题,是纠正右的,软弱涣散的倾向。"② 当谈到对青年的教育时,邓小平同志特别强调要克服右的倾向的。他强调:"开放也会带来一些坏的东西,影响人们的思想,特别是青年的思想,所以我们同时必须反对资产阶级自由化。"③"对青年人来说,'右'的东西值得警惕,特别是他们不知道什么是资本主义,什么是社会主义,因此要对他们进行教育。"④ 本书总论及有关章节中,力求全面贯彻邓小平同志在这方面的论述。我们都是多年在高校从事马克思主义理论教育和思想政治教育的,对邓小平同志在这方面的论述感同身受,所以我们选择专章分析的社会思潮主要是对青年影响比较大的资产阶级自由化思潮,并力求针对青年大学生的思想困惑给予科学的、有说服力的分析。同时注意,"批评或自我批评都要站在马克思主义的立场上,不能站在'左'的立场上。""都要进行充分的说理和实事求是的科学分析"⑤。

如果说第二编的重点是从内容上展开用社会主义核心价值体系引领社会思潮的理论研究,那么,第三编"引领社会思潮与思想政治教育"的重点则是从加强和改进思想政治教育工作的角度探索用社会主义核心价值体系引领社会思潮的有效途径。把引领社会思潮的理论研究与思想政治教育,特别是高校对青年大学生的思想政治教育的研究相结合,这也是本书的一个特色。

第三编的第一章,全面、简要介绍了"以社会主义核心价值体系引领社会思潮"的科学内涵及其相关的思想阵地和队伍建设。

第三编的第二章是"引领社会思潮与高校思想政治教育"。从高校在引领社会思潮中的历史地位,到高校党委正确引领社会思潮的作用,在引领社会思潮中增强高校思想政治理论课的实效性,组建思想政治教育合力的有效机制,培养青年马克思主义者等多方面,全面系统地进行探讨。这是我们高校思想理论工作者最熟悉的领域,希望能为探索引领社会思潮的有效途径做出有益的贡献。

---

① 邓小平. 邓小平文选:第3卷 [M]. 北京:人民出版社,1993:228.
② 邓小平. 邓小平文选:第3卷 [M]. 北京:人民出版社,1993:47,379.
③ 邓小平. 邓小平文选:第3卷 [M]. 北京:人民出版社,1993:211.
④ 邓小平. 邓小平文选:第3卷 [M]. 北京:人民出版社,1993:229.
⑤ 邓小平. 邓小平文选:第3卷 [M]. 北京:人民出版社,1993:47.

第三编的第三章"引领社会思潮相关的理论是非辨析",对影响人们正确开展引领社会思潮的模糊认识,如"'不争论'的内涵与'百家争鸣'的方针","引领社会思潮与反对'左'和右的错误倾向","尊重知识分子与知识分子思想改造"等六个问题,集中起来分析,这对于克服思想战线的软弱涣散现象有重要的价值,对引领社会思潮的学术研究也是一种有益的探索。

我们一向主张把引领社会思潮的研究作为马克思主义理论建设工程和马克思主义理论一级学科建设的重要研究方向之一,希望一代又一代年轻的理论工作者从事这方面的研究,也希望本书能为推动和深化这方面的研究起一点积极的作用。

《问道》（第二版）再版的话

《问道》一书在2013年7月出版，受到了与马克思主义理论学科相关的学术界、思想政治教育界的广泛好评。到2015年，第一版3000册基本售罄。作为一本意识形态问题研究的学术专著，有这样的销量，说明了它的学术价值与社会价值。出版社提出稍做修改再版的要求，我们慨然允诺。

《问道》的原稿是2012年10月交出版社的，当时党的十八大尚未召开。十八大召开后，让我们感到欣慰的是，这本书和党的十八大及习近平总书记系列重要讲话精神高度一致，以至于被中国社会科学出版社推荐为党的十八大精神学习的辅导读物。《问道》再版修改的重点，就是要直接引用党的十八大报告和习近平总书记有关讲话的精神充实原稿。譬如，在第一编的第二章讲改革开放以来社会思潮的走向，引用"道路决定命运"，"道路问题是关系党的事业兴衰成败第一位的问题"，"在改革开放三十多年一以贯之的接力探索中，我们坚定不移高举中国特色社会主义伟大旗帜，既不走封闭僵化的老路，也不走改旗易帜的邪路"等论述进行总结，画龙点睛，使文章脉络清晰；在第二编的各章中，引用习近平总书记对有关错误思潮的批评分析，使论述更为有力；全书有关章节中引用习近平总书记和党中央关于意识形态工作的论述和其他重要论述。这种修改和充实必将大大提高这本书的科学性和社会影响力。

随着形势的发展和认识的深化，我们还对某些章节的内容进行了修改、补充或删减。如在第一编的第一章中，对社会思潮定义有争议的观点进行了更深入的分析；在"研究社会思潮的意义及基本原则"一节中，增加了"坚持'百花齐放、百家争鸣'的'双百'方针"的专门论述；在第二编的第十章中，增加了在复杂多变的国际形势下"中国威胁论"的最新表现形式，以及以习近平同志为核心的党中央高举和平、发展、合作、共赢的旗帜从容应对的有关内容；在第三编的第一章中，增加了社会主义核心价值观的内容；在第三编的第三章中，增加了对"公共知识分子"思潮的分析；对第三编的结构进行了微调，删减了一些有重复的论述；等等。我们对全书的文字表述也进行了推敲，修正了个别文字，力图使之更加准确和精炼。

　　以上修改主要由林泰、冯虞章分工合作在各章作者配合下完成；梁柱、杨瑞森、张再兴、吴潜涛、王雯姝几位教授对修改稿进行了审阅，提出了宝贵意见，左鹏教授对引文注释进行了认真审校。资深编辑张林主任对再版做了精心的安排。《问道》第一版3000册印的都是精装本，这次再版增加了平装本，以适应大学生和青年学子购买的需求。随着国际形势的发展和国内全面深化改革的推进，意识形态领域的斗争将更加复杂和深化。社会思潮的斗争是改革开放时期意识形态领域斗争的集中表现，以社会主义核心价值体系引领社会思潮任重而道远。希望《问道》的再版能为这方面的研究和实际工作，继续做出有益的贡献。更希望《问道》在意识形态领域长期的斗争中，能够经得起历史的检验，为坚持和发展中国特色社会主义增添科学的力量。

《问道》（第三版）序言

清华大学林炎志校友决定在2020年清华颁发林枫辅导员奖时向学校捐赠800本《问道》。这促成了《问道》这本书的第三版。

林枫辅导员奖是以人大常委会原副委员长、中央党校校长林枫的名字命名的。林枫和夫人郭明秋在"文化大革命"中受到四人帮的严重迫害，并经历了牢狱之灾，"文化大革命"后他们将赔偿金捐赠给清华大学，设立林枫辅导员奖，用于鼓励一代又一代青年马克思者主义者的成长。现在已经到了第26届。在每年向获奖者颁奖的同时，都向清华大学全体政治辅导员赠送几本能帮助青年深入学习马克思主义的著作。2020年，林炎志校友（林枫、郭明秋之子）选了《问道》作为赠书之一，认为这本书可以帮助青年更好地识别马克思主义及其时代化、中国化的理论——中国特色社会主义和"左"的僵化的教条主义与右的资产阶级自由化思潮的界限，在纷繁复杂的意识形态斗争中锻炼坚持和发展中国特色社会主义的思维能力。

《问道》2013年7月第一版，2015年基本售罄。之后，充实了习近平总书记有关意识形态导向，以中国特色社会主义理论引领社会思潮的论述，大大提高了这本书的科学性和影响力，于2017年3月再版。

三年来，国际国内的社会矛盾和社会思潮又有了很多新的变化。国际上"世界百年未有之大变局"的画卷进一步展开，社会矛盾错综复杂，社会思潮风云激荡。特朗普的当选及其"美国优先"的施政、英国"脱欧"的振荡、某些民粹主义右翼政党在多国选举中扩张得势——民粹主义、单边主义、贸易保护主义等逆全球化思潮兴起。另外，美国霸权主义势力掀起新的"中国威胁论"，把中国特色社会主义歪曲成"权贵资本主义"；攻击中国共产党领导是"反民主的威权体制"，是一党专政；攻击"一带一路"倡议是"债务扩张"的"新殖民主义"；污蔑华为、中兴等高科技产业是"国家窃取情报的工具"；利用关税等手段打响全面的贸易战；多方面支持"台独""港独""藏独""疆独"势力；等等，采取一切可用的手段，企图全面遏制中国的发展。在不断扩张的风险挑战面前，以习近平同志为核心的党中央站在历史的潮头，深化改革，扩大开放，以构建人类命运共同体的思想引领全球化的正确发展方向，进行多方面的有理有利、有节的斗争。

在国内，全面深化改革，中国特色社会主义事业不断取得新的胜利，中国共产党人的道路、理论、制度、文化自信不断增强，并努力坚持和完善中国特色社会主义制度，推进国家治理体系和治理能力的现代化。原来曾喧嚣一时的一些错误思潮的影响不断衰退，甚至不能称其为"思潮"了。这是中国共产党一以贯之地高举中国特色社会主义伟大旗帜，对"左"和右的错误思潮进行斗争的结果。另外，也是在实践中错误思潮自身不断暴露其错误本质的结果。2008年以来，新自由主义造成的金融、经济危机，西方多党制思潮在世界各国结出的动乱之果，历史虚无主义在苏联东欧剧变中提示给人们的反面教材，也使人们逐渐认清这些错误思潮的本质而逐渐地抛弃了它们。当然，我们要看到，这些错误思潮的代表人物并没有放弃他们的观点，他们也还有一些潜在的市场，有的还妄想等待时机卷土重来，我们应当更好地利用中国特色社会主义道路、理论、制度、文化的优势，把引领社会思潮的斗争深入地进行下去。

经本书主编、副主编和林炎志校友以及中国社会科学出版社张林编审商量，认为，《问道》一书总体上和以习近平同志为核心的党中央的精神高度一致，但个别论述有历史局限性，需要完善。这次再版，对《问道》第二版原有的结构及论述不作修改，对习近平新时代中国特色社会主义思想要有进一步的体现。第一，对习近平总书记坚持和加强党的全面领导的思想做专题论述，加深对习近平新时代中国特色社会主义核心思想的理解。第二，全面深入论述习近平总书记有关意识形态工作方面的思想，增强《问道》这本书的理论引导作用。新增两篇文章以"附录"的形式放在全书的最后。

社会思潮是社会变革时期社会道路向何处去在意识形态领域的集中反映。习近平总书记反复强调，行百里者半九十，越接近实现我们的目标，风险挑战会越多，甚至会出现难以想象的惊涛骇浪。中国梦的实现绝不是一帆风顺的，我们要以清醒的头脑，正确观察世界"百年未有之大变局"的社会矛盾如何展开，不断坚持和发展中国特色社会主义，正确引领社会思潮的前进方向。

《唯物史观通论》结束语

在分章学习历史唯物主义之后，有必要从总体上对历史唯物主义的科学体系进行思考，以更好地把握这一科学理论的框架及内在逻辑。

我们认为历史唯物主义的科学体系可以做如下概括：

它以社会存在和社会意识的关系为基本问题，依此问题第一性和第二性的关系，划分历史唯物主义与历史唯心主义的界限。历史唯物主义各章都是围绕这一主线展开的。

以劳动（生产实践）为逻辑起点，这一问题在历史唯物主义中具有本体论的意义。

以自由王国（共产主义）和人的自由而全面的发展作为逻辑的终点。

按照社会结构系统、社会运动系统、社会的人的系统建立逻辑体系，对社会有机体诸多要素的内在联系及其发展规律以及人在历史中的作用进行全面的研究。

第一，社会结构系统：指社会有机体的各基本要素之间内在联系和相互作用，即社会结构。其中经济关系是决定整个社会结构的物质关系。具体说，可分为生产力系统、生产关系（经济基础）系统、社会政治结构系统（主要是政治上层建筑）和社会意识系统（包括社会心理和社会意识形式，社会意识形式又包括意识形态上层建筑和其他社会意识形式）四个层次。社会有机体的各种要素及其相互联系所形成的概念，如生产方式、社会形态、阶级、国家、社会革命、物质文明、精神文明等都可以在这四个层次及其联系中得到科学的说明。本书第一章到第三章侧重论述社会结构的一些基本问题。

第二，社会运动系统：研究社会有机体各基本要素之间的内在矛盾如何形成客观规律，推动社会向前发展。具体说，可分为三个层次：（一）社会与自然的矛盾运动系统，主要表现为生产力的内在矛盾如何推动物质生产和社会的发展。（二）社会基本矛盾运动系统，主要表现为生产力与生产关系、经济基础与上层建筑的矛盾如何推动社会形态的变革和发展，社会基本矛盾是社会历史发展的根本动力。阶级斗争和社会革命、人们的利益冲突及两类不同性质的矛盾、人民群众的历史作用等都应当从社会基本矛盾运动规律中得到科学的说明。（三）社会意识运动系统，研究社会意识形成发展的规律。主要体现为社会存在决定社会意识的内容，社会意识的相对独立性决定社会意识发展的形式，两方面相互作用推动社会精神文明（包括科学技术文化与思想道德）的发展。本书第四章到第六章侧重论述社会运动规律问题。

上述三个运动系统全面推动物质文明建设、社会制度的进步和精神文明建设的发展。

第三，社会的人的系统：从社会运动系统中把人的主体性问题单独提炼出来进行研究。中心是研究历史客观规律与作为历史主体的人的历史作用和自身的解放问题。具体说，包括：（一）人的本质问题。从现实的人的社会关系总和中研究人的本质和人性。（二）人的历史作用问题。包括历史客观规律与人的创造性、选择性的关系；人民群众和个别人物在历史上的作用；历史必然性与人的自由；历史必然性与偶然性；等等。（三）人的需要和物质利益。人们历史活动的动因问题。（四）人的价值，研究人生的意义问题。（五）人的解放，研究在社会历史发展中如何实现人自身的解放，最高目标是人的自由而全面的发展。本书第七章到第九章集中论述作为历史活动主体的人的问题。

在三个社会系统中，最重要的是社会运动系统，它揭示了社会历史发展的内在矛盾和客观规律。本书把社会基本矛盾问题单独作为一章，在历史观教材中是一种新的尝试，有助于更深入地探讨社会历史发展规律。在历史必然的基础上，把作为历史主体的人的专章进行系统研究，可以更好地克服历史唯心主义和把历史唯物主义歪曲成历史宿命论的种种错误思想，是对历史唯物主义科学体系的重要发展。这在历史观的教材中也是一种新的尝试。

历史唯物主义对思想政治教育学科具有特殊重要的意义。由于历史唯物主义是观察社会历史问题唯一科学的历史观和方法论，因而它也是我们正确分析各种社会矛盾、社会思潮唯一科学的理论武器；由于它是党和国家制定方针、政策和法律的理论基础，因而也是科学地理解、分析、宣传这些方针、政策和法律的理论基础；由于历史观对人生观、价值观有很大的指导作用，因而对人们如何树立积极的、科学的人生观，创造真、善、美的人生价值也有重要的指导作用。长期的实践证明，历史唯物主义是思想政治工作和思想政治教育学科建设的理论基础。很多自然科学技术出身又从事思想政治教育工作的人，把历史唯物主义称为思想政治教育学科的"物理学"，这样的比喻是有道理的。

对思想政治工作者要特别重视历史观教育。历史观教育的目的是帮助人们掌握唯物史观的基本观点，并能把这种历史观作为方法论，用以分析社会和人生的种种问题。为了达到这个目的，这本书的写作根据邓小平同志"学马列要精，要管用"，和理论与实际相结合的原则，特别注意以下三点。第一，突出基本的理论和概念，不求过细，但要划清唯物史观和各种唯心史观的界限，特别是对我国有较大影响的历史唯心主义流派，要着重给予分析，以求在矛盾中真正把握历史唯物主义的基本观点。这本书是研究生教材，对哲学界有争议的不同学术观点，如对经济基础、生产方式、生活方式、人的价值等概念科学内涵的不同理解，也要给予客观的介绍，并阐明我们的观点，这对于培养学生的研究能力和创新意识有积极的意义。第二，突出唯物史观在当代社会主义实践中的发展，特别是毛泽东思想和邓小平理论对唯物史观的新贡献，如毛泽东同志、邓小平同志对社会主义社会基本矛盾理论的贡献；马克思主义社会形态理论与社会主义初级阶段理论；科学技术是第一生产力的理论对马克思主义的发展；社会主义现阶段的阶级斗争与社会革命；等等。这样，可以使人们更好地把握唯物史观的基本理论及其在当代的发展，也可以帮助人们全面、正确地理解毛泽东思想，特别是邓小平理论的科学实质。历史唯物主义学界近年来有价值的成果，也力求在教材中有所反映，如近代科学对社会发展决定力量理论的贡献；生产方式与生活方式的科学内涵；社会三形态与五形态论；历史的主体与客体；真理论与价值论；等等。第三，突出唯物史观的方法论意义，各章都有专节运用唯物史观的基本观点，针对人们思想的疑点、难点，剖析当代世界，特别是中国社会主义改革和建设所面临的重大社会矛盾和社会思潮。这些问题如如何科学地把握生产力标准；如何运用社会形态统一性和多样性的原理分析近代中国社会形态的发展；两种制度趋同论的理论失误；某些相对落后的国家为何率先进行社会主义革命；如何用社会主义社会基本矛盾理论分析现阶段我国社会主义社会的优越性与消极现象；在社会主义现阶段如何正确地运用阶级分析和社会矛盾分析的方法；如何运用社会意识形态形成、发展规律的原理分析改革中的"观念变革"及"意识形态多元化"问题；如何看待关于人民群众创造历史的争论；如何运用历史必然与偶然、必然与自由的观点正确看待历史机遇与个人在历史上的作用；历史唯物主义与人道主义；如何科学地剖析"人的本质是自私的"观点；个人本位主义的理论失误；人的社会价值与自我价值的关系；历史唯物主义与实用主义的原则区别；等等。这样的写作方法对提高思想政治工作者运用唯物史观分析解决问题的能力可能更有帮助。

陈先达教授在《论社会主义实践中的唯物史观》一文中，特别强调唯物史观与社会主义实践的结合。他认为"搞社会主义建设必须正确处理唯物史观与社会主义的关系。如果说，在马克思和恩格斯时代，没有唯物史观就没有科学社会主义学说，那么在当代我们可以说，没有唯物史观就没有正确的卓有成效的社会主义实践"。完全可以说，邓小平同志建设有中国特色社会主义理论是历史唯物主义与中国社会主义实践结合的突出表现。所谓解放思想、实事求是的路线，就其内容来说都是有关历史唯物主义的根本问题。这是自十月革命以来的社会主义实践、中国五十年来的社会主义实践正反两方面经验的结晶。没有历史唯物主义与社会主义实践的这种结合，就没有当前中国这种生机勃勃的发展局面。他还讲："现实问题是历史唯物主义的最重要的方面。缺少现实性，历史唯物主义就没有生气，就没有灵魂。""如何用历史唯物主义分析我们面对的问题是极为需要的。……如果历史唯物主义理论工作者对此一概不感兴趣，那就不成其为历史唯物主义，而是倒回到一般的历史哲学，从最抽象的角度探讨社会历史的形而上问题的学说，这不能说是历史唯物主义研究的正确方向。"我们完全同意陈先达教授的观点。而且，这种观点正是我们写这本书的重要指导思想，在阐明唯物史观基本原理基础上，力图用历史唯物主义观点和方法分析社会主义实践中的重大问题，在探讨社会主义实践现实问题中坚持和发展历史唯物主义。希望我们在这方面的努力和尝试能对历史唯物主义的教学、研究和思想政治教育工作有所贡献。

第三篇 03
社会主义的理论与现实

落后国家率先进行社会主义革命的理论思考

经济较为落后的国家为什么率先取得社会主义革命的胜利？落后国家该不该率先进行社会主义革命？这是一个带有根本性的问题，它关系到现实存在的社会主义是不是具有历史的合理性和必然性，是不是符合社会发展的客观规律，它关系到现实社会主义国家的历史命运。

马克思、恩格斯原先曾经估计，社会主义首先将会在英、美、法等先进资本主义国家同时取得胜利。19世纪70年代期开始，也曾设想俄国等国家有可能跨越艰险的"卡夫丁峡谷"而走上社会主义道路。20世纪，列宁根据资本主义经济、政治发展不平衡规律，提出社会主义革命将首先在资本主义体系的薄弱环节——东方落后国家突破的新的科学论断。在这一理论指引下，俄国、中国等一系列经济比较落后的国家率先走上了社会主义道路。而先进的资本主义国家不但没有爆发社会主义革命，而且根本没有革命形势，相反地，却把自身的资本主义制度发展到更高的阶段。于是，当今世界便出现了一种奇特的格局，在经济落后的国家建立了先进的社会主义制度，而在经济发达的国家却保存着相对落后的资本主义制度，处于幼年时期的、不成熟的、相对较弱的社会主义国家同成熟、强大的资本主义国家共处而又斗争。社会主义国家面临严重的挑战和考验，出现了大起大落，历经种种坎坷曲折，并出现了苏联解体、东欧剧变的状况。正因为如此，经济较为落后的国家率先进入社会主义是否正确？是伟大的创举还是历史的失误？已经建立的社会主义制度能否巩固？社会主义建设能否胜利？这些问题反复出现在人们的面前，成为使人们感到困惑的深层问题。

一、问题的提出

围绕这一问题，在20世纪，国际共产主义运动曾发生了几次重大争论，至今仍在继续。第一次争论发生在列宁和普列汉诺夫之间。1917年，俄国"二月革命"取得胜利之后，列宁和普列汉诺夫相继从国外回国。列宁于四月提交了

"四月提纲"，给布尔什维克党和俄国无产阶级制定了由民主革命向社会主义革命过渡的方针和策略。这一提纲遭到普列汉诺夫的反对。普列汉诺夫认为社会主义有两个必不可少的条件：一是生产力的高度发展，二是劳动群众具有极高的觉悟水平。俄国不具备这样的条件，企图在俄国搞社会主义只会给俄国带来历史性的灾难。他攻击列宁的四月提纲是"无政府主义""布朗基主义"，是"说梦话"。高尔基在半孟尔什维克的《新生活》报上也说列宁是拿俄国工人阶级的力量孤注一掷，只会以酿成社会灾难而告终。在布尔什维克党内，加米涅夫、季可夫等人也反对列宁的四月提纲，认为社会主义革命只能从西欧开始，首创社会主义的荣誉不应该属于俄国。列宁发表了《无产阶级在我国革命中的任务》等著作进行反驳，明确指出："除无产阶级革命外，没有别的出路。"十月革命的胜利证明了列宁路线是正确的，但争论也并未因此而止，在十月革命成功后的第三天，普列汉诺夫发表了一封致彼得堡格勒工人阶级的公开信，说俄国发生的事变使他"痛心"，他断言：十月革命终将把俄国无产阶级"推上最大的历史灾难的道路"。

第二次争论发生在列宁和考茨基之间。十月革命胜利后，第二国际的精神领袖和理论权威考茨基于1918年发表了《无产阶级专政》一书，写道："只有靠资本主义所带来的生产力的大规模发展，只有靠资本主义创造的并且集中在资本家阶级手里的巨额财富，社会主义……才会成为可能。"他认为只有生产力高度发达的资本主义国家，才能建立社会主义，而且可以"和平长入社会主义"。十月革命是用"实行专政来代替他们所缺乏的条件"，并攻击十月革命是"布尔什维克党相信意志与力量万能"。他还提出了"社会主义早产论"，说十月革命好比是"一个怀孕的妇女为了缩短她所不堪忍受的妊娠期，竟然极其愚蠢地剧烈的运动，以致早产"。其结果"照例是生下一个没有生命力的孩子"。考茨基认为，俄国应当进行的是"最后一次的资产阶级革命，而不是首先一次的社会主义革命"。1918年，列宁在病中写了《无产阶级革命和叛徒考茨基》这部著作，批驳了考茨基的谬论。指出俄国首先进行了资产阶级民主革命，但革命不能停留在这里，而要进行社会主义革命。"企图在这两个革命中间筑起一道人为的万里长城，企图不用无产阶级的准备程度、无产阶级同贫农联合的程度而用其他什么东西来分开这两个革命，就是极端地歪曲马克思主义，把马克思主义庸俗化，用自由主义代替马克思主义。"

1923年，列宁还写了《论我国革命》一书，进一步批判了俄国小资产阶级政论家苏汉诺夫在《革命札记》中所说的"俄国生产力还没有发展到足以实现社会主义的水平"等错误的观点。列宁问道："你们说，为了建设社会主义就需要文明。好极了。那么,我们为什么不能首先在我国创造这种文明的前提如驱逐地主,驱逐俄国资本家,然后开始走向社会主义呢?我们究竟在哪些书上看到,说通常的历史顺序是不容有或不可能有这类变化的呢?"

第三次争论发生在斯大林和托洛茨基之间。在十月革命的影响和列宁的号召下,从1918年至1920年,芬兰、匈牙利、德国巴伐利亚地区的无产阶级曾一度夺取了政权。但由于阶级力量对比悬殊,最终都失败了。没有欧洲无产阶级国家的援助,苏维埃俄国能否坚持下去?一国能否建成社会主义?联共(布)党内以斯大林、布哈林为一方,以托洛茨基、季诺维也夫和加米涅夫为另一方,又发生了重大争论。在托洛茨基看来,"没有欧洲无产阶级的直接的国家援助,俄国工人阶级就不能保持政权,就不能把现在暂时的统治变成长期的社会主义专政",散布悲观情绪。斯大林则提出一个重要论断,即经济文化较落后的俄国依靠自己的力量,一国能够建成社会主义,但一国建成社会主义不等于社会主义最终胜利。

第四次争论始于20世纪80年代初,社会主义改革与发展遇到严重的困难,国际共产主义运动处于低谷之时。波兰学者亚当·沙夫在1981年发表著作《处在十字路口的共产主义运动》中,引证了马克思、恩格斯在《德意志意识形态》中的一段话:搞社会主义如果没有生产力的高度发展为前提,"那就只会有贫穷,极端贫穷的普遍化;而在极端贫困的情况下,必须重新开始争取必需品的斗争,也就是说,全部陈腐污浊的东西又要死灰复燃。"沙夫感叹说:"今天听起来真是太有预见性了!"他得出结论:"在一个尚不具备建立社会主义制度客观条件的国家里,人们必须本着马克思主义的观点放弃建立社会主义的行动,尽管旧制度崩溃后的混乱使得马克思主义政党有可能掌握政权。"他在《波兰的教训》一书中,还借用《圣经》中的典故,把社会主义制度在落后的国家建立说成是"原罪",由此才造成今天的种种危机。东欧剧变和苏联解体之后,一些苏联、东欧国家的共产党人错误地总结历史经验,认为苏联东欧社会主义失败有主客观的原因。客观原因是俄国十月革命后,苏联并不具备建成社会主义的条件,经济文化太落后,考茨基、普列汉诺夫、苏汉诺夫都指出过这一点,但列宁认为可以先夺取政权,利用苏维埃政权发展经济文化,创建成立社会主义的条件。保加利亚前最高领导人在反思东欧剧变和苏联解体时说:"为什么看起来十分强大和可靠的社会主义制度一下子就崩溃了呢?这首先是因为忘记了马列主义奠基者的结论,即只能在发达的资本主义国家里社会主义才能取得胜利。各个阶段都是不可逾越的。"

在20世纪20年代,陈独秀曾提出过"二次革命论",也是说中国首先要搞的不是无产阶级的革命,而是资产阶级领导的民主革命,待这一革命成功了,发展到一定阶段,无产阶级再搞社会主义革命。改革开放以来,"社会主义早产论""资本主义补课论"始终存在着。《河殇》第四集重提当年普列汉诺夫同列宁争论所划的大问号,说这个大问号"半个多世纪以来,始终缠绕着社会主义的阵营";金观涛在北京大学演讲时也说20世纪最大的实践之一就是社会主义的尝试及其失败;作家张贤亮也提出"资本主义历史阶段不可逾越"。由此可见,如何用历史唯物主义原理,用社会基本矛盾的理论来正确地分析落后国家率先进行社会主义革命的历史必然性,是一个极为重要的问题。

二、相对落后国家率先进行社会主义革命的历史必然性

经济落后的国家率先进入社会主义,而发达资本主义国家却保留着资本主义制度,这种现象同历史唯物主义所讲的生产关系一定要适应生产力状况,上层建筑一定要适应经济基础状况的规律是不是背道而驰了呢?对于这个问题,必须对现实和历史做科学的研究,才能得出正确的结论。

第一,生产关系一定要适合生产力状况,上层建筑一定要适合经济基础状况的规律。其中的生产力状况,不单是指水平,还是指性质、水平和发展要求等几个方面。在考察它们之间的关系时一定要几个方面都考察。

生产关系一定要适合生产力状况,首先应该是和生产力性质相适应。马克思说过:"手推磨产生的是封建主的社会,蒸气磨产生的是工业资本家的社会。"就是讲生产关系要与生产力性质相适合。斯大林用"生产关系一定要适合生产力性质"来概括这一规律是否很准确,可以研究。但是它确实说明了二者之间最本质的关系。没有一定性质的生产力,没有社会化大生产的发展,就不会有资产阶级和无产阶级,更不会有社会主义革命的要求。单靠农民起义,只能在封建社会范围内改朝换代,不可能建成资本主义,更建不成社会主义。因为它没有代表与社会化大生产这种新的生产力相适应的生产关系和阶级。同样,世界上有些国家比较落后,社会化大生产不发达,工人阶级力量极弱,因而也就不可能形成社会主义革命的领导力量。当然生产力水平也要讲,质是需要一定量来保证的,没有一定的现代生产力作物质基础,在落后的国家也不可能取得社会主义革命的胜利。生产关系的性质要与生产力的性质相适应,生产关系的一定形式也要与生产力的一定发展水平相适应。此外,在生产力性质和水平的基础上,还要看它进一步发展的要求和方向。要全面地考虑这几方面的关系,才能正确认识和处理生产关系与生产力之间的矛盾。社会革命的形势总是由生产力的发展要求所引起的,但哪里生产关系与生产力的矛盾最尖锐,能够形成

革命形势，要全面看生产力性质、水平、发展要求及其与生产关系、阶级关系之间的状况，生产关系与生产力之间矛盾最尖锐的地方并不一定是生产力发展水平最高的地方，正确认识生产关系一定要适合生产力状况，上层建筑一定要适合经济基础状况的规律。是正确运用社会基本理论的前提。

第二，社会主义革命形势必然发生在生产力与生产关系矛盾的集合点，或矛盾集中的地区。而这个矛盾集合点，在帝国主义时代，往往发生在经济比较落后的国家。

分析这个问题必须对世界作总体考察。人类社会发展到资本主义社会，特别是发展到帝国主义阶段，它把世界各国连成了一个整体，组成了一个世界体系。马克思、恩格斯在《共产党宣言》中就曾经说过："资产阶级，由于开拓了世界市场，使一切国家的生产和消费都成为世界性的了。……过去那种地方的和民族的自给自足和闭关自守状态，被各民族的各方面的互相往来和各方面的互相依赖所代替了。"到了19世纪末20世纪初，资本主义发展到垄断阶段，这种特点就更明显了。这时，西方资本主义国家通过经济、政治、军事等手段把它们的势力伸展到世界各地，"资本主义已成为极少数'先进'国对世界上大多数居民施行殖民压迫和金融扼制的世界体系。"在这个体系中，发达资本主义国家处于中心和主宰的地位。落后国家的经济日益被卷入为发达国家服务的轨道。过去资本主义社会基本矛盾主要在国内展开，而现在，这种矛盾已扩展到整个世界资本主义体系，成为一种"普照的光"。世界上任何国家的内部矛盾都受到发达资本主义国家内在矛盾的影响和制约。这是我们观察资本主义，特别是垄断资本主义时代社会基本矛盾运动的一个基本出发点。

资本主义社会的基本矛盾是生产的社会化和生产资料的资本主义私人占有之间的矛盾。这一矛盾的集合点，到了帝国主义时代恰恰是表现在落后国家，而不是在发达的资本主义国家。生产的社会化讲的是生产力，生产资料的资本主义私人占有讲的是生产关系的所有制形式。这两者之间的矛盾在自由资本主义发展阶段表现为周期性的经济危机和资本主义国家内资产阶级与无产阶级之间的矛盾。到了帝国主义，即垄断资本主义阶段，又扩展为帝国主义宗主国与殖民地、半殖民地的矛盾（第二次世界大战以后是发达资本主义国家与发展中国家的矛盾），以及帝国主义之间，发达资本主义国家之间的矛盾。而所有这些矛盾的集合点，不是在发达国家，而是被转移到经济相对落后的国家。

垄断资本主义阶段，由于世界经济全球化趋势增强，发达资本主义国家总是不择手段地把经济危机转嫁给落后国家，如对中国，它们用"炮舰外交"攻破中国的"关税壁垒"，过剩商品倾销中国，发达资本主义国家经济危机缓解

77

了，中国民族经济却被扼杀了。另外，发达国家内部的两极分化也在向落后国家转移，落后国家的劳动人民不仅受本国剥削阶级剥削，也是发达资本主义国家的廉价劳动力，还是殖民地向宗主国割地赔款的主要受害者，它们受到多重的残酷剥削，处于资本主义世界的最底层。落后国家的阶级矛盾尖锐化了，相对的发达国家的阶级矛盾反而有所缓解，甚至在其工人阶级内部还可能出现一个工人贵族阶层。由于发达国家的经济危机和残酷剥削都转嫁到落后国家，生产关系与生产力之间的矛盾以及反映这种基本矛盾的阶级矛盾就也转移到了落后国家，因此，也就把革命形势转移到了落后国家。比如中国，由于帝国主义的入侵，再加上清政府的腐败无能，签订了一系列不平等条约，割让土地，大量赔款，如《中日马关条约》，中国赔款2.3亿两白银，相当于当时清政府三年的财政开支，还割让了一个台湾；八国联军入侵，庚子赔款额是4.5亿两白银，再加上利息，总计超过10亿两白银，相当于清政府十二年的财政开支。这样一来，发达资本主义国家中的剥削程度减轻了，危机缓解了，而中国的老百姓则处于水深火热之中。如果中国人不起来革命，不改变旧的生产关系和上层建筑，就没有活路，这就是资本主义世界性的社会基本矛盾在中国形成的革命形势。直到今天，发达资本主义国家仍然用另一种方式把经济危机和阶级剥削转嫁给落后国家。中国台湾一教授写了《邪恶的帝国》这篇文章，对这种现象进行了生动的描述。他说美帝国主义攫取世界经济利益的"狮子份"，剩下的利益沿着Rickle down system（余沥落下体系）让每个美国人分一杯羹。由于美国能从世界获得廉价汽油，所以，美国买口香糖和冰激凌也要开汽车去，烧上两三加仑汽油。这是美国剥削全世界后所形成的一种特殊的美国生活方式。

另外，由于帝国主义国家之间的经济、政治发展不平衡，导致了帝国主义国家间的战争。在战争中，仍然是落后国家倒霉。老牌的帝国主义和后起的帝国主义，由于争夺原料和市场，必然要争夺殖民地，重新瓜分世界。在战争中，殖民地和半殖民地国家是最倒霉的，如第一次世界大战后，德国战败，其在华特权不是还给中国，而是要转给日本，这就激起了中国人民的反抗。在帝国主义国家之间，第一次世界大战中，也是相对落后的德国和俄国倒霉。德国是战败国，损失严重；而俄国经济也遭到了严重的破坏，约有40%的工人和农民被拉去当炮灰，几百万人丧命，工厂倒闭，农田荒芜，交通瘫痪，供应奇缺，物价飞涨，所有这些都激起工人、农民、士兵和知识分子的强烈不满，因此才会爆发二月革命和后来的十月革命。

由以上分析我们不难看出，生产力和生产关系之间这一最基本的矛盾的集合点，随着发达国家的转嫁剥削和转嫁危机，革命形势由发达国家转移到了落后国家。在这种历史条件下,无产阶级革命的重心就由发达国家转移到了经济比较落后的国家。其中一个——帝国主义中最落后的沙俄,另一个——半殖民地半封建社会的最大的中国,便成了革命风暴的源泉。

第三,社会主义革命,只能在资产阶级旧统治的薄弱环节,即旧上层建筑的薄弱环节,取得突破和胜利。

如前所说,生产力与生产关系之间矛盾的解决,离不开经济基础和上层建筑之间矛盾的解决。只有在旧统治力量相对薄弱的环节上,才可能取得上层建筑领域革命的胜利,然后才能使社会主义的生产关系占统治地位,从而解放和发展生产力。

关于这个问题,列宁有一段十分精彩的论述。他指出,"历史……演进得如此奇特,到1918年竟产生了社会主义的分开的两半,互相毗邻着,正如在国际帝国主义一个蛋壳中两个未来的鸡雏一样。德国和俄国在1918年再明显不过地体现了实行社会主义的物质条件:一方面是经济、生产、社会经济等条件,另一方面是政治条件。"但在德国"蛋壳是由最好的钢料构成,因此不是任何鸡雏的力量所能击破的"。列宁的意思是,当时德国和俄国都具备了社会主义革命的物质条件和社会条件,但德国旧的上层建筑统治太强,所以,德国无产阶级的革命未能成功,社会主义的鸡雏只能从旧统治相对薄弱的俄国那里突破蛋壳(即旧的上层建筑)生长出来。

中国革命之所以能取得成功,毛泽东同志说一个重要原因是各省的军阀割据,在各省交界的地方,革命有回旋余地,革命根据地也才可能存在、发展、壮大直至胜利。这也是讲旧的上层建筑统治存在薄弱的环节,革命力量才有可能突破。

所谓帝国主义链条的薄弱环节,必须具备两个条件:一是资产阶级的统治比较薄弱,二是无产阶级的力量比较成熟。所以,也不是任何一个落后国家都能成为社会主义革命的突破口。非洲许多国家社会矛盾极尖锐,资产阶级统治也薄弱,但无产阶级力量更弱,缺乏马克思主义政党的正确领导,所以社会主义革命不可能从那里开始。沙皇俄国和中国反动派统治相对比较薄弱,又有列宁、毛泽东同志为代表的无产阶级的正确领导,所以才能取得社会主义革命的成功,这不是偶然的。帝国主义时代,社会主义革命既不可能在资本主义统治很强的发达国家突破,也不可能在资本主义基本没有发展的最落后的国家突破,突破口只能是资本主义发展程度"不是最高的","统治""比较薄弱"的国家。

有人认为社会主义首先在落后国家胜利违反历史的"常规"。其实,历史上新制度常常不是在旧制度最发达的地方诞生,因为旧制度发展得愈充分、愈成熟、愈完善，新制度的突破就愈困难。整个人类社会历史的发展证明了这一点。

古希腊和古罗马把奴隶制度推向了鼎盛时代。而奴隶制度不发达的中国却远远先于（将近一千年）古希腊和古罗马过渡到封建社会，而且这种过渡所引起的社会震荡也要小得多。中国封建社会制度发展得极为完备、充分，但资本主义却在封建制度发展不充分、不完备、不典型的西欧首先诞生，而且是在封建势力比德、法相对薄弱的英国率先取得资产阶级革命的成功。北美几乎没有封建势力，但美国却后来居上，成了资本主义发展最快、最典型的地区。奴隶制的光彩在古希腊和古罗马，封建制的光彩却在中国，而资本主义的光彩又在西欧和北美。这些正说明，社会革命在经济不甚发达，旧的统治比较薄弱的地方开始，是新旧制度更替过程中的常规现象。实际上，一个国家生产力越发达，生产关系越完备，上层建筑越强大，其上层建筑对生产关系的调节能力就越强，对新生产关系的压抑就越厉害，新生力量击破旧制度的外壳就越困难，社会革命也就愈难以成功。相反，一些社会基本矛盾比较尖锐，旧制度的统治比较薄弱的不甚发达的国家，新生力量较易发展，有可能率先推翻旧政权，跨入新制度。这种普遍现象是否应当概括为规律，尚待进一步研讨，但至少可以说明，社会主义在资本主义发展不太充分，统治比较薄弱的国家首先放射出光彩，后来居上，不是违反历史常规，而恰恰是合乎历史常规的普遍现象。

综上所述，落后国家率先进入社会主义并不是历史的反常现象，而是符合社会基本矛盾的原理的，它是社会基本矛盾两对矛盾共同作用的必然结果。

第四，相对落后的国家在社会主义革命胜利后，必然要经历一个相当长的经济比较落后、制度逐步完善、在曲折中前进的初期发展阶段。

社会主义国家诞生至今，在各方面都取得了举世公认的巨大成就，但也面临严峻的现实。国家处在初期发展阶段，经济仍不发达，制度、体制不够完善，曾有过严重失误，一些国家还发生了严重的倒退。于是有人感到迷惘，既然社会主义革命是历史必然，为何还有如此多的磨难？既然社会主义高于、优于资本主义，为何经济上还不如发达资本主义国家？在他们看来，似乎新的社会形态一旦产生，就会在各方面超过旧的社会形态。最后他们又归结到，原来还是不该搞社会主义革命，现在不该坚持社会主义。

其实，从历史长河看，文明社会，即阶级社会以来的社会形态更替，新的社会形态大都要经历一个经济相对落后，制度不够完善，在曲折中前进的初期阶段，并不是只有社会主义才有这种状况。

首先，新社会形态初期的经济大都暂时落后于旧社会形态的发达国家。如前所述，新社会形态往往在经济相对落后的国家起步，而解放和发展生产力必须有一个由量变到质变的过程,这就决定了新的制度在相当长时期内经济上落后于旧制度的发达国家。当中国步入封建社会门槛时,经济不如奴隶制高度发达的古希腊。资本主义在英国诞生时,其经济水平与实力不如封建制发展的中国,直至一百年后发生了产业革命,才最终改变了落后的地位。社会主义在经济相对落后的国家率先取得胜利,也要经历这个过程。社会主义的优越性,并不是她一产生就在经济上高于发达资本主义国家,而是能以比资本主义更高的速度发展生产力,最终赶上并超过资本主义国家。社会主义,特别是中国的社会主义,不是已经创造了这种速度?并强烈地显示着这种趋势吗?

其次,新社会形态的初期,制度与体制都是不完善的,其生产关系、上层建筑的完善都要经历一个历史过程。英国确立资本主义生产关系后,经历了一百多年的与自耕农这种前资本主义经济形式相并存的时期。政治上,英国革命后所建立的,并不是民主制,而是克伦威尔的独裁统治。经过四十多年的动荡,其资产阶级的统治秩序才得到稳定,但也只是形成资产阶级和土地贵族联合的君主立宪制。从整个世界看,资本主义制度产生二百多年后才进入了它的成熟期。以一种剥削制度代替另一种剥削制度尚且如此,社会主义以公有制代替私有制,以人民政权代替剥削阶级统治,其制度和体制的完善需要一个过程,更是自然的事。

再次,新旧社会形态更替时期,两制或多制并存是普遍现象。以典型大国的兴亡时间计算,封建制与奴隶制并存长达近千年。资本主义与封建社会同处也有二百七十多年。同样,社会主义与资本主义也要经历一个长期共处而又斗争的历史时期。在这个过程的初期,旧制度的发达国家,在力量对比上往往强于新制度的国家,新制度遭受挫折,甚至导致旧制度暂时复辟不是个别的现象。英国资产阶级革命后发生的斯图加特王朝复辟长达二十八年。法国革命后出现两次王朝复辟。资本主义取代封建主义如此,那么社会主义在其前进过程中,出现一些挫折和局部、暂时倒退,也不是违反历史的常规的现象。

最后,新的社会形态都要经历一个经济相对落后,制度不够完善,曲折前进的初期发展阶段,然后才能进入比较高级的阶段。古希腊经过了城邦制,才发展到大奴隶制。古罗马经过了王朝制,才发展到共和制再到帝制。中国封建社会几经兴衰分合,才步入高度发达的阶段。资本主义也历经原始积累、自由竞争,才进入垄断阶段。从低级到高级,逐级而上,是任何社会形态发展的客观规律,社会主义社会在经历一个相当长的初级阶段后再向高级阶段发展,也是合乎历史发展规律的现象。

当然,社会主义社会形态代替资本主义社会形态,与文明社会以来社会形态的更替相比，除了有共性之外，还有本质上的区别。以往的社会形态更替是一种私有制代替另一种私有制，新旧剥削阶级之间往往有某种妥协、承继的关系。而社会主义是要以公有制取代私有制，最终消灭阶级和剥削，实现共同富裕，其变革的深度要大得多。所以，新社会实现形式的探索要困难得多，旧制度的抵抗和阻力，也比以往大得多。而且，由于社会主义革命不是最先发生在世界资本主义体系的心脏部位（西欧、北美），而是发生在边远部位，所以现在世界资本主义体系虽受到沉重打击，但不是致命的打击，集历史上一切剥削阶级统治经验于一身的资产阶级，还有相当强大的力量，甚至联合力量来对付社会主义。所以，社会主义比以往社会形态更替面临更大的难题。具体说，经济相对落后的国家取得社会主义革命胜利以后，面临几个根本性的困难：（1）最根本的困难是生产力状况的落后。资本主义把社会基本矛盾的集合点在经济相对落后的国家，发达资本主义国家把经济危机、阶级剥削转嫁给落后国家，从而把革命风暴的焦点也转移到落后国家。但是落后国家取得社会主义革命胜利以后，却不能把发达国家的生产力"转移"到自己国家，她只能在经济落后的基础上建设社会主义，但没有先进的生产力是不能建成社会主义的，这就决定了社会主义建设的长期性和艰巨性。由于社会主义国家在这方面往往认识不够，曾经发生过因急于求成而导致的错误。（2）生产力状况落后，决定了社会主义制度必须经历一个较长的初级阶段。生产关系的公有化程度不能很高，公有化的具体实现形式还需要探索，还必须保留和适度发展多种经济成分，必须大力建设社会主义市场经济；上层建筑的巩固和完善也需要一个很长的过程。正如恩格斯所说的："要处在较低经济发展阶段的社会解决处在高得多的发展阶段的社会产生的和才能产生的问题和冲突，这在历史上是不可能的。"所以在社会主义初级阶段，社会主义制度的优越性还不能全面充分地体现出来。由于落后国家率先取得社会主义革命胜利，这就形成了发达、强大、成熟的资本主义制度与不发达、不够强大、不很成熟的社会主义制度（当然还有众多不发达的资本主义国家）共处而又斗争"一球两制"的历史格局。在这个阶段，虽然社会主义总体上是在前进，其经济发展速度总的来看也比资本主义国家快，但是发达资本主义国家在经济、科技、文化上还强于社会主义国家，现实的社会主义，特别是在经济、科技发展和人民生活水平这些主要方面，还很难令人信服地展示其优越性。另外，发达资本主义国家的政治、军事、意识形态力量也强于社会主义国家，它们还对社会主义国家实行"扼杀""遏制"与"超越遏制"即"和平演变"的战略。在这种历史条件下，社会主义国家一方面要学习、借鉴、利用人类社会，包括资本主义发达国家的一切文明成果，与它们建立和平共处的外交关系和经济文化交流关系;另一方面,又要警惕、反对资本主义敌对势力的干涉、渗透和演变。这时,社会主义国家中必然会有一些人羡慕甚至追随资本主义,而且执政的共产党内也会存在机会主义的条件和土壤。而在处理与发达资本主义国家关系中,我们也犯过"左"与右的错误。以上几个方面的困难,就注定了社会主义前进的道路是充满风险、崎岖坎坷的历程。所以,它的革命形势的成熟是资本主义社会基本矛盾发展的必然结果,但是革命胜利后所面临的却是比较落后的生产力状况,不成熟、不完善的社会主义制度和强大的资本主义制度的包围,巩固和发展社会主义必须经历一个长期、艰巨、充满曲折风险的历史阶段,这也是历史的必然性。对于这一点,列宁是有预见的。他说:"一个落后的国家开始革命比较容易,因为在这个国家里敌人已经腐朽,资产阶级没有组织起来,但是要使革命继续下去,就要万分谨慎、小心和坚韧不拔。西欧情况将会不同,那里开始革命要困难得多,要继续下去却容易得多。这是必然的,因为那里的无产阶级在组织和团结方面要高得多。"他还说:"现在我们俄国无产阶级,无论在政治制度方面或在工人政权的力量方面,比任何美国或任何德国要先进,但在组织像样的国家资本主义方面,在文化程度方面,在'施行'社会主义在物质上生产上的准备程度方面,比西欧最落后的国家还要落后。"又说:"很明显,在一个比其他国家更早地反对帝国主义战争的国家中,在一个落后的国家中(正是由于这个国家的落后,各种事件使得这个国家在短时期内,在个别问题上大大超过其他比较先进国家),革命必然要经历最艰难困苦的时候,而且在不久的将来还要经历最凄惨的时刻。"毛泽东同志在七届二中全会的报告中也说过:"夺取全国胜利,这只是万里长征走完了第一步。如果这一步也值得骄傲,那是比较渺小的,更值得骄傲的还在后头。在过了几十年之后来看中国人民民主革命的胜利,就会使人们感觉那好像只是一出长剧的一个短小的序幕。剧是必须从序幕开始的,但序幕还不是高潮。中国的革命是伟大的,但革命以后路程更长,工作更伟大、更艰苦。这一点现在就必须向党内讲明白,务必使同志们继续地保持谦虚谨慎、不骄不躁的作风,务必使同志们继续地保持艰苦奋斗的作风。"在社会主义革命和建设问题上,要反对两种错误倾向,一种是认为落后国家根本不该进行社会主义革命,勉强进行社会主义建设也不能成功。另一种是认为社会主义革命胜利后,能够很快发展到社会主义高级阶段,全面超过、优于资本主义,当这种想法遭到挫折后,有些人又会走向第一种错误。

所幸的是,经过几十年的艰苦探索,中国共产党人已经初步掌握了巩固和建设社会主义的锐利武器,这就是邓小平建设有中国特色社会主义的理论。邓小平理论坚持历史唯物主义基本原理，以解放和发展生产力为中心，改革一切与生产力发展要求不相适应的生产关系与上层建筑，同时又坚持改革开放的社会主义方向，初步回答了如何认识社会主义，如何坚持和发展社会主义的一系列根本问题。它已经指导中国社会主义开始了历史腾飞，可以预见，它也必将引导中国社会主义披荆斩棘，奔向光明灿烂的未来。

科学地历史地评析社会主义

近年来，自由化思潮中最突出的表现是"社会主义失败论"。1988年12月初，金观涛在北京大学"未来学会"成立会上讲："社会主义的尝试及其失败是20世纪人类两大遗产之一"，社会主义是"乌托邦工程"，"乌托邦幻想"。会上加上戈扬的帮腔，产生了极坏的影响。方励之近年来也在港台报刊上多次散布中国社会主义"三十多年来没干什么好事"，"四十年的惨败""四十年幻想的破灭""证明社会主义根本原则是错误的"，"大陆的出路在于资本主义化"，……《河殇》和《球籍》也散布"1960年我国国内生产总值和日本相当，到1985年则只占日本的五分之一"，据此说明中国与发达资本主义国家的"差距愈拉愈大"。在钦本立主持的《球籍》讨论中甚至连"中国人民站起来了""从今走向繁荣富强"也受到了批判。

"社会主义失败论"是一股国际思潮。美国前国家安全顾问布热津斯基写了一本书《大失败——20世纪共产主义的兴亡》，妄言"到下个世纪，共产主义将不可逆转地在历史上衰亡"，并幻想于2017年在莫斯科办展览会，展览社会主义"百年虚度"的罪恶。1989年5月，美国一领导人在某警官学校讲话中也说："你们这一代人将成为共产主义事业最后结束的历史见证人。"这位美国领导人访问波兰、匈牙利后，在西方七国首脑会议上又讲："要打好一场没有硝烟的新的世界大战"，"要用二十到三十年的时间来融化社会主义，从而建立以西方文明为指导的新世界……"。这股思潮在其它社会主义国家也有反应。波兰团结工会掌权后，瓦文萨"要为80%的公有制财产找到买主"，搞私有化，干一个"史无前例的事业"。匈牙利多党制"和平过渡"到什么道路上去，发人深思。前一个时期，苏联某些舆论对社会主义的历史也得否定很厉害。苏联社会主义的七十二年，斯大林领导了二十九年，几乎全否定了；勃列日涅夫的十八年也否定了；赫鲁晓夫的十一年有肯定有否定；没完全否定的只有列宁领导的六年。其中三年是对付国内战争，因此只有新经济政策这一段没有否定。国内外这样一股思潮必然引起人们的思想上的混乱。当然，对于这种思想混乱，不是一次思想工作或几次报告讨论就能根本解决的。社会主义首先是在比较落后的国家取得胜利,她虽然已经取得了很大成就,但从总体上看,经济、科技水平在一定时间内仍然要比西方发达资本主义国家落后。在这种历史格局没改变之前,这种思潮总会出现。20世纪六七十年代以来,资本主义世界经济相对稳定,而社会主义国家在改革中又都遇到了一些困难,甚至出现动乱,在这种情况下,否定社会主义的思潮就更容易泛滥了。

世界社会主义的七十二年和中国社会主义的四十年到底是"社会主义的尝试及其失败",还是一个伟大的新制度在地球上诞生,并且在艰难曲折中不断前进呢?我们应该用历史的眼光来评析。正如江泽民同志在庆祝中华人民共和国成立四十周年大会讲话中指出的那样:"新生的社会主义制度在其发展过程中会有迂回和曲折,但是历史已经证明并将继续证明,社会主义制度具有强大的历史活力和蓬勃生机。仅仅看见某些漩涡和逆流而看不到历史长河的奔腾,只能说明观察者的政治短视。"

一、社会主义是在严酷的战争和阶级斗争环境中站住了脚跟,并且形成世界体系的

1917年,在第一次世界大战的间隙中,沙皇俄国的国旗换成了镰刀和斧头,世界上第一个社会主义制度的国家诞生了。但是苏联和中国革命不一样,她是城市起义,开始只在莫斯科、彼得格勒等几个大城市取得政权,大多数城镇和农村仍在沙皇势力和白匪军手里。当世界资产阶级从惊慌中清醒过来时,马上由十四国联合对苏维埃政权进行武装干涉,叫嚷要"把苏维埃扼杀在摇篮里"。日本军队从苏联东方登陆,英国也派了几千名士兵。白匪头子邓尼金叫嚣:"布尔什维克政权将像鸡蛋壳一样被碾得粉碎。"顿巴斯的资本家悬赏百万卢布准备奖给最先开进莫斯科的部队。西方资产阶级的报纸甚至提前庆祝他们的"胜利"。连西方国家里同情十月革命的进步人士面对严酷的现实也只好表示"即使苏维埃灭亡了,她也在人类历史上留下了光荣的一页"。在那种极其困难的条件下,列宁号召所有的工作人员上前线,开展了征收共产党员周,谁入党就要上前线。在党的领导下,靠着工人阶级、共产党员和革命者的英勇奋斗,经过三年的艰苦斗争,硬是打垮了国内外反动势力的联合进攻,创造了一个使西方资产阶级困惑不解的奇迹。社会主义在苏联站住脚跟第一次证明了这个制度的生命力。但是在这之后,苏联一直处在战争阴云的笼罩之下,历史没有给苏维埃多少和平的时机,第二次世界大战的风暴又降临到她的头上。当德军逼近莫斯科时,希特勒叫嚷要"把社会主义从地球上抹掉"。戈倍尔也已下令让《柏林

报》留下最显赫的版面准备登载"特大新闻"。但是，最后灭亡的不是社会主义而是法西斯主义。对这个问题，美国记者路易斯·斯特朗（尽管她在斯大林时期曾被怀疑成间谍，直到斯大林逝世才获释）在《斯大林时代》一书中写道："我们难道能够忘记1940年的欧洲吗？那时法国军队在希特勒面前十一天就垮了，那时欧洲害怕要有一个新的长达千年的黑暗时代。我们难道能够忘记那些自称为相对于所有奴隶种族的一个主宰种族的人们对全人类的进攻，能够忘记这一进攻是怎样在斯大林格勒的儿女们面前被粉碎的吗？他们狂热地、浪费地建设着，但是他们建成了当全世界摇摇欲坠时依然能够昂然屹立的力量，为此全世界都应该感激他们。"第二次世界大战的胜利，苏联做出了最大的贡献，这是社会主义制度诞生后对人类做出的一次非常伟大的贡献。

新中国成立不久，就经历了一场抗美援朝战争，中国人民与朝鲜人民并肩和世界头号帝国主义进行了直接较量。我们不但派出了志愿军去朝鲜，还从苏联购买武器。第一个五年计划苏联援助我国一百五十六项大中型建设项目的贷款是五十六亿元人民币，而我们抗美援朝购买武器也花了五十六亿元人民币。这是在新中国成立后不久，我们的经济还相当困难的情况下进行的。但是最后，我们顶住了帝国主义的进攻，把美军从鸭绿江赶到了"三八"线附近，形成了现在朝鲜半岛北部的朝鲜和南部的韩国这样的历史格局。

历史一次又一次的考验了社会主义的生命力。第二次大战后在世界上形成了"一球两制"的格局。社会主义从理论到实践，从一国到多国，其间虽然有许多曲折、斗争，但在几十年中总的是前进、发展的，有什么理由说社会主义失败了呢？

朝鲜战争后，美国总结了经验教训，认为从军事上不能摧毁社会主义，所以在20世纪50年代，杜勒斯等就提出了"和平演变"的思想，并逐渐形成美国的一种国际战略。1983年，美国召开促进共产党国家民主化会议，研究如何利用共产党国家人民和领导之间的矛盾，加强经济、政治和文化等方面的渗透，促使共产党国家向"民主""自由"方向发展。这标志着，"和平演变"已成为资本主义对社会主义采取攻势战略的系统的实际行动。最近美国又把"和平演变"战略具体化为两条：一是通过政治多元化瓦解共产党领导，二是通过完全市场经济搞私有化，瓦解社会主义。我国动乱后美国兰德公司和美国中央情报局各向美国政府提供了一份报告，具体策略上两者虽然有所不同，但基本点是一致的，就是要打好一场没有硝烟的世界大战，以达到融化社会主义的目的。所以，社会主义虽然在残酷的战争和阶级斗争面前站住了脚，但是今后还不会风平浪静，仍然面临着一种新的无形战线上的斗争，搞不好仍然有复辟资本主义的可能,"如果我们现在不是这样地提出问题和认识问题,我们就要犯极大的错误。"最近东欧各社会主义国家出现的曲折动荡充分证明了这一点。

二、科学地评价社会主义在经济建设上的历史成就

社会主义国家几十年来在经济建设上取得了巨大成就,但为什么那些搞资产阶级自由化的人却说我们和资本主义国家的差距越来越大了呢?这主要是因为他们在国情比较中间制造了思想混乱。他们把历史原因形成的社会主义国家的落后,把其它经济、政治、地理条件等方面的差异和社会制度是否优越混在了一起。社会主义国家几乎都是在比较落后的国家取得胜利的。旧中国的工业只相当于资产阶级产业革命前的水平。全国工业的固定资产总数只有一百多亿元,洋钉、火柴、洋油……连这些都要依赖外国。这是帝国主义、封建主义长期掠夺压榨造成的。例如,八国联军入侵,清政府赔款4.5亿两白银,分39年还清,加上利息达到9.8亿两,再加上地方赔款,一共超过10亿两白银,相当于清政府12年的财政收入。中国老百姓的血汗被帝国主义国家吸去了,自己的生产力却不能发展。还有一个问题,就是中国的人口太多,11亿人,占世界人口1/5以上。因此,尽管我国国民生产总值在世界上占第8位,已位居前列,但一讲人均就变得相当落后,在世界128个有统计数字的国家中只占第105位。我国的煤产量已占世界第1位,但人均产量只有美国的24%。粮食产量也是世界第1位,但人均产量还略低于世界平均水平。油菜籽产量占世界第1位,但人均产量只有占世界第2位的加拿大的3.6%。(1985年统计数字)这里有个问题应该认真想一下,中国是否应当处处拿人均产值去跟发达国家相比,以此作为我们经济发展的现实奋斗目标?我们认为这样做不合中国人口太多这一国情,容易在人们心目中造成过高的期望,也容易造成悲观失望的情绪。1985年,世界能源的消耗量,包括煤、石油、天然气、核能、水电等,折合成标准煤,全世界总消耗量为91.3亿吨,其中美国为22.76亿吨,占世界总消耗量的24.9%。如果要求我国人均能源消耗量赶上美国,我们人口是美国的4倍多,那么,全世界的能源都归我们还不够。上面所说的历史原因、人口原因所形成的差异,都不应算到社会主义制度是否优越的账上。社会制度是否优越在经济方面主要应当看两条:第一,要看生产力发展的速度。第二,要看在这个制度下人民生活质量提高的状况。毛泽东同志在《关于正确处理人民内部矛盾问题》中说:"所谓社会主义生产关系比较旧时代生产关系更能够适合生产力发展的性质,就是指能够容许生产力以旧社会所没有的速度迅速发展,因而生产不断扩大,因而使人民不断增长的需要能够逐步得到满足的这样一种情况。"邓小平同志在

1980年也讲："社会主义制度优于资本主义制度。这要表现在许多方面，但首先要表现在经济发展的速度和效果方面。"如果按照这样的指导思想来比较社会主义和资本主义，那么，社会主义虽然在其发展中有过不少失误，但在总体上仍然初步显示出它的优越性。

从生产力发展速度和人民生活质量提高两方面做些分析，如从1950年到1987年，在中国、印度、巴西、墨西哥、苏联、美国6个国家的粮、钢、煤、电4项主要产量的人均增长速度共24个指标中，我国除人均粮食增长速度低于巴西，人均煤增长速度低于墨西哥，其余22项指标都居第一位。而墨西哥、巴西是在借债一千亿美元或更多的情况下发展的，我们没有这个条件。改革开放十年，我国国民生产总值平均每年增长9.6%，绝大多数国家是2%-4%（美国约2%，日本约4%）。再如世界银行1987年提供的世界发展报告：1980年到1985年，在所统计的119个国家中，中国国内生产总值增长率位居世界第二，仅次于博茨瓦纳；农业增长率位居世界第二，仅次于阿联酋；工业增长率位居世界第五；服务业增长率位居世界第一；投资额增长率位居世界第二；居民消费年增长率7.7%，提高幅度位居世界第一。所以从生产力发展速度看，中国在世界上是名列前茅的。另外，再看人民生活质量的提高。根据《求是》1989年第16期李成瑞的文章提供的数字，中国人均生活质量指标在世界上128个有统计数据的国家中处于43位到65位之间，比人均国民生产总值的105位提前了40位到60位。其中，如人均每日摄取热量为2602大卡，居世界第65位，接近世界中等收入国家2731大卡水平。人均预期寿命为69岁（1985年统计），居世界第43位，超过中等收入国家人均62岁许多。其它，如人均医生数、成人识字率等我们也都略高于中等收入国家，婴儿死亡率低于中等收入国家。所以，虽然我们的人均国民生产总值在发展中国家中还处于中下水平，但在基本生活质量上已经相当于中等收入国家的水平。这证明在一定生产力水平下，在社会主义制度下人民能得到较多的实惠。美国一位社会学家曾在上海调查了一个较富裕的工人家庭，这个家庭一个月买的东西折合75美元，而这些东西在美国密歇根州相当于400美元，因此，中国人民在基本生活条件方面实际购买力可能比货币值反映的要高5倍多。再如拿中国、印度、巴基斯坦、印尼、几内亚、加纳、肯尼亚、苏丹等8个国家做比较，按人均国民生产总值我国排在第4位，但所有人均生活质量我们都是第一位。

因此，无论在生产力发展速度方面，还是在人均生活质量提高方面，社会主义制度都表现出了它的优越性。这个指导思想明确了，我们还可以进一步和我国条件相近的国家进行具体比较。

进行具体比较，最主要的应是同国情相近的国家进行比较，如印度和我们都是有着几千年历史的文明古国。1947年，印度独立，1951年，开始第一个五年计划，比我们早两年。现在人口约8亿，位居世界第2。她的经济条件在独立前和我们比较接近，甚至还略好一些。例如，耕地面积我们只有印度的70%，人均要差近1倍。主要工农业产品总产值，1949年时，除了粮食我们比印度多不到一倍，煤、电接近以外，其它指标印度都相当于我国的2～9倍。但到1987年，电我们已是印度的2.5倍，煤近5倍，原油、钢4倍多，水泥4倍，棉花3倍多，粮食近2.5倍。美国学者费正清在《美国与中国》中写道："中国的经济就比印度的经济出色得多。从1952年到1976年，中国经济的增长平均每年为6%到7%，按人口平均计算是印度增长率的2～3倍。尽管印度还接受了130亿美元的外援和贷款，而中国接受的苏联贷款不足10亿美元，同时还拿出大约70亿美元去援助其它国家。"从生活质量指标上看，印度每日人均摄取热量为2189大卡；人均预期寿命为57岁；城市失业率为30%；文盲约占全国人口的40%，也都和我国有很大差距。当然，印度也有比我们先进的方面：印度的铁路比我们长；工业劳动生产率比我们高；高等学校学生人数比我们多……但总的讲，社会主义中国的发展比印度要快得多。

再一个问题是比较指标的科学性问题。不科学的指标完全可以把国情扭曲到荒谬的地步。苏晓康等人写的《河殇》和钦本立主持的"球籍讨论"都散布这样的观点：1960年时，中国国内生产总值和日本相当，到1985年只占日本的1/5；1960年，我国国内生产总值同美国差4600亿美元，到1985年相差36800亿美元。据此，他们说：社会主义和资本主义差距愈来愈大，"中华民族已经到了生死存亡的关头"。这种比较是极不科学的。目前进行国际比较，主要是比国民生产总值，传统的方法是用官方汇率将本国货币换算成美元。但汇率的变化在进行国际比较时可以产生极大的误差。如1978年，我国国民生产总值为3742亿元，1987年，为8421亿元，增长了1.25倍。但是，如果分别按当年汇率换算成美元，1987年的国民生产总值反而比1978年下降了10%，这显然是不真实的。在和日本比较时，由于日元对美元的升值和人民币的贬值，这种误差就更大。如1980年到1986年，中国国民生产总值每年平均增长为9.2%、日本增长3.7%，但由于日元升值，汇率从203调到159.1，人民币贬值，汇率从1.49调到3.54，GDP换算成美元后，便出现了下述情况：1980年中国国民生产总值是日本的1/4，1985年成了1/5，1986年成了1/6（根据国务院政策研究室提供的资料）。《河殇》和《球籍》就是用这种不科学的方法，夸大社会主义和发达资本主义国家差距，为鼓吹社会主义失败论制造论据。

当然，我们清醒地看到，虽然现在我们的发展速度超过发达资本主义国家，但由于起点低、基数小，我们在年增长绝对值上现在还小于美国、日本等发达资本主义国家。然而，两个正向变动率中，较大的一个最终将产生较大的绝对值，这是一个简明的真理。只要我们坚持较高的速度，经过若干年，在年增长绝对值方面，再经过若干年，在生产总值方面，我们必将赶上和超过发达资本主义国家。人均国民生产总值也将日趋接近，而不是差距愈拉愈大。当然，这需要一个相当长的过程。西方的一些科学家曾做过一个计算，如果发展中国家每年以5%的速度发展，发达国家以每年2.5%的速度发展，那么赶上发达国家需要150年。这个计算是否准确，虽然需要研究，但赶超发达国家需要相当长的时期是没有疑问的。所以，我们一方面要反对社会主义失败论，坚定我们搞好社会主义建设的信心；另一方面也要清醒地看到，真正赶超发达资本主义国家是相当艰巨的、长期的过程，需要我们好几代人的艰苦奋斗，付出比发达国家人民更多的劳动，才能使我们国家真正位居世界前列。

三、社会主义是在自身的矛盾、困难以至失误中间不断前进的

社会主义的七十年，我国社会主义建设的四十年，如果用历史的眼光来看，还处在一种社会制度的幼年时期。像一个孩子从不会走路到学会走路以至学会跑步，总是要摔若干跤一样。社会主义的历史也并非篇篇锦绣，其中也有许多沉痛的教训。例如，"文化大革命"的十年浩劫。在民主革命时期，我们经过了多次"左"倾和右倾的错误，才有了新民主主义革命理论。今天，建设有中国特色的社会主义，也同样要在不断总结历史经验中逐步完善、发展。挫折会使我们变得更聪明些。这种代价也是任何社会制度在前进道路中难以避免的。以法国为例，从1789年爆发资产阶级革命到1871年，八十多年中间就没有安定过。它经历了三次共和、两次帝制的反复动荡，其中包括封建势力和资本主义势力的较量，波旁王朝封建复辟长达十七年；也包括资本主义对帝制和共和制的探索，各种政治势力纷纷登台表演。这和我国的现状有某些相似，既有封建主义、资本主义势力与社会主义的较量，也有社会主义对自身体制的探索，各种力量都从自己利益出发登台表演。美国在其发展中没有遇到多少封建障碍，但美国的奴隶制是在其建国八十多年后，经过南北战争才废除的。奴隶制废除后，黑人也还没有取得与白人同样的公民权利，没有平等的选举权，不能与白人同校上学、同区居住、一起坐车等。直到20世纪60年代，美国建国已近二百年，黑人经过长期的斗争，才获得了法律上与白人同等的公民权利。

当前，社会主义面临着许多矛盾，有些问题的解决是不可能一蹴而就的，其中比较突出的问题有：

第一，社会主义国家转到以经济建设为中心后，都还没有形成以科学技术进步和劳动生产率提高为动力的生产体制。革命刚胜利后，原来的基础太落后，主要靠扩大基建来发展生产，靠"蚂蚁啃骨头"的精神攻克技术难关，动力是革命热情。那种奉献精神是极其宝贵的，新一代也应继承这种革命精神。但在新的历史时期，更需要从科技进步和劳动生产率的提高上去推进生产力的发展。如何形成这种推动力，是经济体制改革中的核心问题。

第二，如何在公有制条件下，发展商品经济。过去我们采用的是过分集中的计划体制，对商品经济和价值规律的作用重视不够。但是，近年来注意发展商品经济后，又有人想在我国搞私有化为主体的市场经济，忽视甚至否定社会主义有计划按比例发展的规律。有些人主观上也许以为这样搞可以摆脱政府对经济不必要的干预，但实际上，在中国的条件下，这样搞却削弱了政府对经济的宏观控制，也造成腐败现象的蔓延滋长，现在，许多商品供不应求，又存在两种价格，如1吨铝，前几年平价0.6万元，议价高达1.8万到2.4万元。谁能以平价搞到这些短缺物资呢？就要通过权力关系，其中有人再用议价倒出去。这就是权钱结合的腐败现象。因此应当是计划经济与市场调节相结合，这是非常正确的，但是具体怎么搞，还要进行摸索，这是一个很复杂的问题。

第三，民主建设。中国搞民主建设有两个难题。一个是封建的、小生产的、半殖民地的影响。中国封建影响太深，阻碍民主建设；小生产势力很强，往往把民主理解为不要法制的无政府主义。那些坚持资产阶级自由化立场的人，一谈民主，就要照搬西方资产阶级三权分立、多党、两党轮流执政那一套。"文化大革命"是封建主义的思想、无政府主义的形式。因此，中国的民主建设搞不好就容易出现动乱。另外，民主建设要受到经济文化发展的制约。经济现代化、社会化、商品化程度愈高，文化愈发展，民主也就愈发展。我们不能超越经济文化的发展，而对民主建设操之过急。否则，欲速则不达，甚至会适得其反。

第四，执政党的建设问题。执政党掌权以后，入党已不再像战争年代那样有冒牺牲、坐牢的风险，倒是有可能变成个人晋升的阶梯。再加上近年来商品经济的发展，价值规律的影响和钱的作用也在一定程度上侵蚀到我们的党。随着对外开放，资产阶级民主、实用主义、个人主义等资产阶级的意识形态也不断影响到我们党内。这一方面滋长了一些权钱结合、以权谋私的腐败现象；另一方面也在党内产生了政治思想上的部分混乱。党中央旗帜鲜明地反对资产阶级自由化，同时下定决心惩治腐败，就是为了解决这两方面的问题。

第五，青年教育的问题。青年是国家的未来、国家的希望。十年、二十年以后,我们的国家究竟是比较顺利地向前发展,还是会再经过一些不必要的曲折动荡,取决于青年一代成长的状况。怎样做好青年一代的教育工作,完善有关的政策,使之能够吸引广大青年为社会主义祖国服务,这方面也存在不少矛盾。现在大学生中有一种出国热,过去叫"托派",现在叫"铁托派",铁了心要考"托福"出国。出国学习先进科学技术报效祖国本来是件好事,但问题是现在有些人有一种政治上的失落感,认为只要能出国,到哪里都比中国好,这就不对了。所以应该加强和改进思想教育工作,使青年们真正感到,自己的价值在祖国和人民中,愿意为改革、为社会主义现代化建设事业贡献自己的青春和毕生精力。当然,从根本上讲,我们对青年一代是有信心的,因为青年的绝大多数是爱国的,即便有问题,也主要是思想认识问题。一旦他们在实践中认识到什么是正确的,他们就会与党和人民站在一起的。老一代的成长过程也是曲折的,应当允许青年经过自己的实践去接近真理。我们应当十分关心他们的成长,对他们满腔热情、严格要求,深入细致地做好教育引导工作,相信会有一大批青年人成为未来社会主义事业的骨干,把老一代开创的社会主义事业继续向前推进。

诸如以上提到的问题,在社会主义建设中还有许多,需要我们认真地探索、解决。社会主义制度是通过自身的基本矛盾运动不断发展、完善的,我们必须从国情出发,从实际出发,坚持改革,不断调整生产关系中与生产力不相适应的部分,不断调整上层建筑中与经济基础不相适应的部分,才能不断焕发社会主义内在的活力和生机,保证社会主义事业在我国能更加蓬勃、兴旺的发展。

社会主义初级阶段理论与实践的断想

一

党的第十三次代表大会对社会主义初级阶段的理论与实践作出了科学地阐述，这将对人们正确认识我国现在处于什么历史阶段和它所面临的任务，从而正确理解以经济建设为中心，坚持四项基本原则，坚持改革开放的基本路线起重要的作用。现在，许多干部已经开始注意对这个问题的学习和研究，但是，相当多的人对社会主义初级阶段的基本特征还缺乏科学的认识。有些同志说："初级阶段是个筐，怎么理解怎么装"，把改革开放后出现的许多不能理解的社会现象统统往"初级阶段"这个"筐"里一装，抱着一种消极情绪。甚至说："难道这些就是我们要为之奋斗的社会主义？"反映出某些同志对社会主义初级阶段本质特征和改革开放的方针理解不够到位。其实这些社会现象是很复杂的。有些是反映社会主义初级阶段社会发展要求、促进生产力发展、但与传统的社会主义模式不相符的积极的社会现象，如各种承包、租赁生产经营责任制，以及某些有利于生产发展的靠个体经营甚至雇工经营的致富现象。有些是社会主义初级阶段不可避免的，长期存在下去会阻碍社会进步的，需要逐步克服但在短期内又不能根除的社会现象，如官僚主义、某些不正之风、商品经济自发性和盲目性造成的消极影响等。还有些是在改革开放取得巨大的积极成果的同时，难以完全避免的消极现象，如新旧两种体制并存，某些环节出现漏洞和问题。实行对外开放，学习外国先进的科学技术、管理经验，汲取其有益文化成分的同时，受外来的资产阶级落后、腐朽思想，生活方式的影响。这些是需要认真克服的前进中的问题。其中，有些是非法活动，需要立即取缔甚至严厉打击的，如严重以权谋私、贪污盗窃、偷税漏税、哄抬物价等，我们应当对这些社会现象进行具体分析，科学地阐明社会主义初级阶段的本质特征，区分推动社会发展的积极因素和现实存在但又阻碍社会进步的消极因素。既不能用僵化的或过于理想的社会主义模式来衡量这个历史阶段，把起积极作用的因素当消极因素；

也不能从所谓"现实的……就是合理的"哲学出发，把社会主义初级阶段说成是包容一切消极现象，对消极现象无可奈何，甚至是为消极现象辩护的倒退的历史运动。

二

对社会主义初级阶段的基本特征，许多文章都是从生产力、生产关系、上层建筑三方面进行探讨的。多数文章对经济方面的特征探讨比较深入，但对上层建筑和经济、政治综合方面的探讨比较笼统。下面，我想就后一方面谈三点粗浅的看法。

（一）社会主义初级阶段的阶级、阶层结构问题

和旧中国及过渡时期相比，在社会主义初级阶段，剥削阶级在中国已经被消灭了，阶级斗争虽然在一定范围内还存在，但已经不是社会的主要矛盾。城乡、工农、脑体之间的对立已经被基本消灭，但还存在着三大差别。人民内部阶级、阶层间是根本利益一致基础上的矛盾关系。它比在旧中国以及资本主义社会里存在的阶级对抗关系要平等得多。但是在社会主义初级阶段，经济关系是多层次的，因而社会结构也是多层次的。人民内部阶级、阶层、社会集团以及它们之间利益关系的差别、矛盾是很明显的。过去，某些传统的社会主义理论认为：社会主义社会在剥削阶级被消灭以后，只剩下工人、农民、知识分子三个阶级、阶层，而且它们之间的完全一致是社会发展的动力。后来，虽然承认三者之间有差别，但仍认为全民和集体两种公有制日趋接近，脑体差别日益缩小，社会结构愈来愈单一化。但是社会主义初级阶段的实际状况却不是这样。由于存在多种公有制形式和多种经济成分，存在以社会主义商品交换关系为主体的多种商品交换关系，以及大量的自给半自给经济，存在以不完全的按劳分配为主体的多种分配形式，脑体差别仍然很大。在这种经济、文化关系基础上建立起来的社会结构只能是多层次的、充满矛盾的，而不是完全一致的。例如，全民、集体两种公有制并不简单地体现为只有两种企业形式，更不是趋向单一化。实际情况往往是全民包含集体，集体包含个体，甚至三种所有制互相渗透，综合于一个企业或企业联合体中。这样在全国就形成多样化的企业所有制形式，它们之间的利益关系是很复杂的。再例如，政治体制改革与经济体制改革综合进行，实行政企分开，所有权、经营权、行政权分离，实行各种承包、租赁生产经营责任制，开始出现一批新型的不当官的企业家，将来就会形成一个新的企业家阶层。他们与政府（还有产权所有者，这点在目前还不明显）在责、权、利的关系上与过去的厂长、经理是完全不同的。此外，个体经济从1978年的十

几万人发展到1987年的一千八百多万人，现在也形成了一个几千万人的小生产者阶层。这个阶层有它的合法利益需要保护，也有不合法的经营活动需要引导和限制。近几年，雇工经营有所发展，他们有促进生产力发展的一面，又有剥削的一面，他们和劳动者之间的矛盾有非对抗的一面，也有对抗的一面。总之，人民内部阶级、阶层、社会集团之间的关系是很复杂的，随着改革的深化，这种趋势还在发展，绝不是某些传统社会主义理论模式所描述的那样，只有工人、农民、知识分子三个阶级、阶层，而且他们本身及他们之间的关系日益单一化。如何正确认识社会主义初级阶段人民内部阶级、阶层、社会集团的合理结构和它们之间的利益关系，是社会主义初级阶段理论研究中的一个重大课题。

正确认识当前历史阶段的社会结构有助于我们加深对改革的认识。改革的每一步都会影响到社会结构和人们利益关系的变化，人民内部矛盾更加突出。有些同志对此不甚理解，往往把这些矛盾笼统地看成消极现象。这不能不说是和某些传统的社会主义模式理论的影响有关。正确认识这些矛盾可以帮助我们了解人们对改革为什么会有不同态度，并帮助我们正确处理这些矛盾。为什么会有"端起饭碗吃肉，放下筷子骂娘"的现象？前半句说明改革使人们生活普遍提高；后半句则说明改革虽然总的对人民有利，但具体说，总有人得大利，有人得小利，有人的利益还暂时受到影响，一些人就可能有牢骚。邓小平同志讲："企业的改组就会发生人员的去留问题；国家机关的改革，相当一部分人要转做别的工作，有些人就会有意见；等等。这些问题很快就要出现，对此我们必须有足够的思想准备。"这里讲的就是利益问题。作家刘心武同志在《公共汽车咏叹调》这篇作品中也具体地揭示了这方面的矛盾。我们应当正视这些矛盾，研究哪些利益要求是促进生产力发展和社会进步的，哪些是妨碍改革和建设的。然后采取正确的措施。这样，这些矛盾就可以成为社会发展的动力。反之，如果我们不能正确认识和处理这些矛盾，那就会阻碍改革的发展，甚至会出现影响安定团结的现象。

正确认识现阶段阶级、阶层、社会集团的结构和关系，有助于我们理解共产党领导的多党合作制为什么能长期存在和发展。每个民主党派都代表着某个阶层或社会集团的利益，并在共产党领导下沿着社会主义方向前进。有些社会团体，如工会、学生会、个体劳协……也有类似的性质和情况。人民内部不同阶级、阶层、社会集团的利益差别和矛盾，反映到共产党内，成为党内产生不同意见的重要原因之一。当然，这些都是人民利益根本一致基础上的矛盾，不能再以"阶级斗争为纲"，搞党内斗争了。但是也不能掩盖和不承认这些矛盾。正是由于这些矛盾存在，在现阶段才更需要继续加强共产党的领导。因为只有共产党才能超越狭隘的阶级、阶层、社会集团的利益，代表人民的整体利益，并服务于全体人民。只有共产党才能完成解放全人类，实现共产主义的历史使命。

(二) 关于民主法治建设

社会主义初级阶段政治上层建筑的基本特征十分什么呢？

我们已经剥夺了剥削者的统治并且建立了人民民主专政制度，实现了劳动人民当家作主。尽管我们的人民民主很不健全，但我们的政权是真正代表劳动人民的。美国等发达资本主义国家尽管有较完善的民主形式，但他们的政权是代表垄断资产阶级的。美国的历任总统都是垄断资产阶级的代理人或本身就是大资本家。艾森豪威尔内阁二百七十二名高级官员中，一百五十人是大资本家，一百二十二人是大资产阶级的代理人，被称为"富豪内阁"。美国的议院里没有工厂工人、农业工人或店员的代表，是地道的"富翁俱乐部"。从本质上看，我们的民主制度比资本主义要优越得多。

但是在社会主义初级阶段人民民主制度还很不健全。

我们的政治体制脱胎于民主革命和高度集中的经济体制，它的主要弊端是权力过分集中。表现为党政不分、政企不分，基层没有自主权；重"人治"而轻"法治"，民主法制传统非常薄弱；权力制衡和人民对政府的监督很弱。党的十一届三中全会以来，建设有了较大进展，但是，以"人治"代"法治"的现象仍时有发生。

在社会主义初级阶段，民主、法治建设受到极大的限制。首先，是经济文化发展条件的限制。马克思说，权利永远不能超出社会的经济结构以及经济结构所制约的文化发展。民主权利也是这样，现代的民主本来是社会化大生产的要求（封建制和小生产只要求家长制和无政府主义）。社会主义初级阶段生产现代化、社会化、商品化程度很低，个体手工劳动和自给半自给经济还占很大比例，文化上也很落后。在这样的基础上，是不可能有高度民主的。另外实行对外开放以后，民主思想的影响又有不断增加的趋势。这些也使社会主义民主、法治建设遇到极大的困难。在我国一强调发扬民主，有些人就要搞无政府主义和资产阶级个人主义，"想怎么干就怎么干"。盲目崇拜西方的"三权分立"，"两党、多党轮流执政"等资产阶级议会民主制度，否定党的领导和民主集中制。严重时甚至影响安定团结，干扰改革和建设的正常发展。所以在社会主义初级阶段，社会主义民主法治建设、政治体制改革又有着极大的艰巨性，需要用很长的时间，克服种种障碍，逐步前进。

整个社会主义初级阶段都面临着民主法治建设的迫切性、艰巨性、长期性的矛盾，民主法治建设只能是一个从不完善到逐步完善的长期的过程。这就是社会主义初级阶段民主法治建设的基本特征。正因为如此，政治体制改革一定要在党的领导下，有领导、有步骤地进行。评价民主建设和政治体制改革成败的标准，还是邓小平同志讲的：第一，看政局是否稳定。第二，看是否能增进人民团结，改善人民生活。第三，看生产力是否得到持续发展。我们切不可抽象地谈论民主或提出不切实际的目标。那样，就有可能破坏安定团结，干扰改革和建设事业的持续发展。

此外，在社会主义初级阶段，我们还要注意民主法治建设的多层次性。在经济比较发达、生产现代化、社会化、商品化程度比较高的地方，在教育、文化比较发达的地方和单位，采取一些切实的、灵活的，区别于落后地方和单位的措施，把民主法治建设得更好。选举、监督、人民参政、民主生活等都应当更为生动活泼，并以此带动整个民主建设的发展。但是不能把在这些地方的做法作为适应于全国各地的救国良方，那样可能取得适得其反的效果。

（三）关于精神文明建设

在我国，马克思主义的指导地位已经确立，这是我国社会主义性质的一个重要标志。

但是，在社会主义初级阶段，社会主义意识形态不是很成熟。关于社会主义发展客观规律的许多方面我们还没有掌握，需要随着科技革命，社会主义改革和建设事业的发展不断探索。在这方面还有许多学科处在"空白"或"贫血"的状态。社会主义意识形态的成熟是一个很长的科学研究、探索的过程。

另外，在社会主义初级阶段，几千年封建的、小生产的和近代资产阶级的落后、腐朽思想的影响是很大的。商品经济本身又存在着自发性、盲目性的消极方面，容易滋长"一切向钱看"等坏思想；在对外开放的环境下，发达资本主义国家与我国经济发展水平的对比，将会使某些人对社会主义制度优越性有错误的认识；西方资产阶级政治观点、价值观、性解放等东西会以各种精巧的形式影响人们；国内外企图在中国搞资产阶级自由化的人总是企图把知识分子和大学生作为他们思想渗透的主要对象，幻想从中寻找和培养民主个人主义者，以影响、改变我国的社会主义方向。以上这些，都会使社会主义意识形态的发展遇到极大的困难和挑战。它的前进必将是一个曲折的、长期的过程。

在这种情况下，人们的觉悟必将是多层次的。在政治理想上存在着爱国主义、社会主义、共产主义三个层次，并且必将出现极个别反对社会主义的分子。在道德观、价值观上存在着遵守社会公德、职业道德、社会主义集体主义和大公无私、勇于献身的共产主义道德三个层次，并且必将存在极少数极端自私自利的人。在这种情况下，在思想道德建设上，我们应当从实际出发，鼓励先进，团结多数，引导不同觉悟层次的人们，沿着社会主义方向各按步伐、共同向上。不能一律要求，也不能放任自流。

大学生是国家未来的骨干，思想觉悟在人民中应当属于较高层次。我们应当把政治理想上登上社会主义台阶，道德观、价值观上达到社会主义集体主义，作为培养大学生的共同要求。还要从他们中间培养出一批具有共产主义觉悟的先进分子，新一代的马克思主义者，期望他们将来成为我国社会主义事业的中坚力量。因此，高校思想政治教育必须加强和改善，不能削弱。高校党的建设应当从严要求。这对我国社会主义事业能否长治久安、长盛不衰将会产生深远的影响。

在社会主义初级阶段，我们应当把马克思主义理论的学习，共产主义思想的宣传与社会主义初级阶段的政策更好地结合起来。我们在现阶段实行以按劳分配为主的分配政策，发展社会主义的商品经济和竞争机制，而且允许一些有利于生产力发展的非社会主义经济成分存在和发展，在共同富裕的目标下鼓励一部分人先富起来。这些政策是马克思主义和现阶段中国实际相结合的产物，是我们向社会主义、共产主义方向前进的一个必经阶段。我们不能因为实行社会主义初级阶段的政策就不注意扩大共产主义思想的宣传，加紧马克思主义理论的学习，没有这种宣传和学习，不但不能引导我们走向社会主义的更高阶段，而且也不能指导社会主义初级阶段改革和建设事业的胜利。但是，我们还应当把对于共产主义的思想体系和共产主义理想，成熟的社会主义模式的宣传和社会主义初级阶段的行动纲领的实践区别开来，把作为观察问题、研究学问、处理工作、训练干部的共产主义的理论和方法与社会主义初级阶段的方针、政策区别开来。不能把二者混为一谈。在宣传工作中，我们容易产生两种片面倾向。有些马克思主义理论、共产主义思想宣传的文章不能科学地阐述与现行政策的连接和区别，有时甚至把某些能促进生产力发展但不符合社会主义理想模式的因素看作不正当的；有时在现行政策的宣传中又模糊了社会主义、共产主义的方向。在新民主主义阶段我们尚且能注意正确处理共产主义思想宣传与新民主主义政策的关系。在现阶段，我们更应当注意正确处理马克思主义理论的学习、共产主义思想的宣传和社会主义初级阶段政策的实践的关系，更好地兼顾这几个方面。

在教育科学文化建设方面，社会主义初级阶段总的状况是不发达，但也是大面积的落后状况与最先进的教育科技文化并存的多层次结构。既有两亿多文盲、半文盲，最原始的机器和手工劳动，又有世界第一流的教育和最先进的科学技术和文化，发展极不平衡。从这种实际状况出发，我们应当将普及与提高相结合，在努力提高全民族的教育科技文化水平的同时，在某些重要方面迎头赶上世界最发达的国家。对于一个历史文化悠久，十亿人口的大国采取这样的方针是有可能做到的。尤其是教育和科学技术，关系到我们民族的生死存亡，关系到现代化建设是否有足够的后劲。应当把它们作为战略重点，在政策上、资金上给予更大的扶持，并且动员社会各方面的力量支持这些事业，做到以更快的速度发展。

三

正确认识一个社会处于什么历史发展阶段和她所面临的任务，从来都是革命的立足点和出发点，是革命的首要问题。在民主革命阶段，对我国半殖民地半封建社会的经济，政治状况和她所面临的任务的认识上，我们付出过血的代价。陈独秀搞二次革命论，要先搞资产阶级领导的民主革命，等资本主义充分发展了，再搞社会主义革命。在革命发展阶段问题上犯了右倾机会主义错误，使革命遭到了失败。王明则要搞民主革命，社会主义革命"毕其功于一役"，结果超越了历史发展阶段，犯了"左"倾机会主义错误，更使革命遭到连续的挫折、失败。毛泽东同志总结"左"倾、右倾机会主义的历史教训，提出新民主主义革命的理论，搞工人阶级领导的、以社会主义为前途的、反帝反封建的民主革命。结果民主革命迅速发展，并取得了胜利。社会主义阶段也是这样。正确认识我国处在什么历史发展阶段和她所面临的任务，同样是建设具有中国特色社会主义的首要问题。在这方面，我们同样也已付出了极大的代价。1957年以后，我们急于向高级的社会主义阶段甚至急于向共产主义过渡。在生产力发展上急于求成，认为靠人的革命热情就无所不能，搞"人有多大胆，地有多大产"①；在生产关系改造上急于求成，搞"一大二公"②，认为"立即进入共产主义"③；后来，又错误地搞"无产阶级专政下继续革命"④，进行"整所谓'党内走资本主义道路的当权派'运动"，结果犯了超越历史阶段的"左"倾错

---

① 中共中央文献研究室. 关于建国以来党的若干历史问题的决议注释本（修订）[M]. 北京：人民出版社，1985：320.
② 中共中央文献研究室. 关于建国以来党的若干历史问题的决议注释本（修订）[M]. 北京：人民出版社，1985：326.
③ 中共中央文献研究室. 关于建国以来党的若干历史问题的决议注释本（修订）[M]. 北京：人民出版社，1985：25.
④ 中共中央文献研究室. 关于建国以来党的若干历史问题的决议注释本（修订）[M]. 北京：人民出版社，1985：376.

误，造成20世纪60年代初经济困难和后来"文化大革命"十年动乱。党的十一届三中全会以后，拨乱反正，逐步纠正"左"的错误。正是在总结历史经验的基础上，在《关于建国以来党的若干历史问题的决议》中，提出了社会主义初级阶段的论断。说明我们搞的是社会主义，但不是发达的、成熟的、完善的社会主义。在党的十一届三中全会以后，又出现了否定四项基本原则、主张全盘西化、搞资产阶级自由化的主张。认为中国要倒退回去，"补资本主义的课"，否定改革、建设的社会主义方向。这是对革命发展阶段认识上的右倾错误，对国家的安定团结和社会主义事业的发展也造成了一定干扰。社会主义初级阶段的理论和基本路线正是在总结上述历史经验中形成和发展的。如果说，新民主主义革命的理论对于民主革命的胜利起了决定性的指导作用；那么可以说，社会主义初级阶段的理论和基本路线必将对社会主义改革和现代化建设的胜利起决定性的指导作用。我们正在用我们的实践和理论写社会主义初级阶段这篇文章。这篇文章的骨骼已经形成，并在党的第十三次代表大会上被阐述。我们面临的任务是把党中央关于社会主义初级阶段的理论和基本路线变为全体干部、党员和群众的精神财富，并且对许多问题继续进行探讨、研究，以求得更为深入的科学的认识，用我们的实践和理论丰富和发展这篇具有历史意义的文章。我们相信，经过几代人几十年的艰辛劳动，我们一定能写好这篇文章，创造出全面优于资本主义制度的，具有中国特色的社会主义制度，创造出社会主义运动历史上极为光辉灿烂的一页。

改革与社会主义社会基本矛盾

——邓小平对社会基本矛盾理论与实践的新贡献

邓小平同志继承发展毛泽东思想的一个重要方面就是对社会基本矛盾理论的继承和发展。毛泽东同志对社会基本矛盾理论有伟大的贡献。他明确提出"在社会主义社会中，基本的矛盾仍然是生产关系和生产力的矛盾，上层建筑和经济基础之间的矛盾"，克服了世界社会主义运动中长期存在的，认为在社会主义社会生产关系与生产力完全适合的形而上学思想。他还论述了社会主义社会的基本矛盾"不是对抗性矛盾，它可以经过社会主义制度本身，不断地加以解决"。科学地分析了社会主义社会基本矛盾的特殊性和社会主义制度的优越性。他还深入地阐述了与社会基本矛盾相关的敌我和人民内部之间的两类不同性质矛盾等，丰富和发展了马克思主义。但是由于历史的局限，毛泽东同志对社会主义社会生产关系与生产力之间的矛盾，上层建筑和经济基础之间的矛盾以及如何解决这些矛盾，还缺乏具体的分析，1979年3月30日，邓小平同志在党的理论工作务虚会上明确指出，"关于基本矛盾，我想现在还是按照毛泽东同志在《关于正确处理人民内部矛盾的问题》一书中的提法比较好。……当然，指出这些基本矛盾，并不就完全解决了问题，还需要就此做深入的具体的研究。"[①] 在这里，邓小平同志一方面肯定了毛泽东同志关于基本矛盾的提法，纠正了理论界某些同志一度对此所持的怀疑、否定态度；另一方面又要求理论工作者继续前进，对我国社会基本矛盾进行更深入、具体的研究。另外，毛泽东同志在提出社会主义社会基本矛盾理论之后不久，又重提"阶级斗争为纲"，重新认定社会主义社会的主要矛盾是无产阶级和资产阶级的矛盾。这就和他在《关于正确处理人民内部的矛盾的问题》中所讲的，社会主义社会的基本矛盾与旧社会的基本矛盾"具有根本不同的性质和情况""它不是对抗性矛盾，可以通过社会主义制度本身不断地得到解决"的科学论断相悖，并在实践中把中国引向了错误

---

① 邓小平. 邓小平文选：第2卷 [M]. 北京：人民出版社，1994：181-182.

的方向。

邓小平同志继承了毛泽东同志关于社会主义社会基本矛盾的科学思想，并在中国开展了改革的伟大实践，在实践中进一步丰富、发展了社会主义社会基本矛盾的理论，为建设有中国特色的社会主义，实现社会主义现代化开辟了道路。邓小平同志这方面的贡献可以概括为以下几个方面：

一、改革是解放生产力

改革是解放生产力是贯穿邓小平改革思想的核心内容。1985年3月7日，邓小平同志在全国科技工作会议上的讲话又指出："经济体制、科技体制、这两方面的改革都是为了解放生产力。"1985年10月23日，邓小平同志在接见美国高级企业家代表团时又讲："把计划经济和市场经济结合起来，就更能解放生产力，加速经济发展。"[①] 在1992年，南方谈话，邓小平同志再次明确指出："革命是解放生产力，改革也是解放生产力。推翻帝国主义、封建主义、官僚资本主义的反动统治，使中国人民的生产力获得解放，这是革命。所以革命是解放生产力。社会主义基本制度确立以后，还要从根本上改变束缚生产力发展的经济体制，建立起充满生机活力的社会主义经济体制，促进生产力的发展，这是改革，所以改革也是解放生产力。过去，只讲在社会主义条件下发展生产力，没有讲还要通过改革解放生产力，不完全。应该把解放生产力和发展生产力两个讲全了。"[②] 解放生产力讲的是改变束缚生产力发展的生产关系和上层建筑，发展生产力讲的是生产力自身的问题，这是两个相互联系而又不尽相同的范畴。"革命是解放生产力"是马克思主义的基本观点，是人们比较熟悉的。1956年1月，在社会主义改造的高潮中毛泽东同志还讲过："社会主义革命的目的是为了解放生产力"，讲三大社会主义改造"必然使生产力大大地获得解放"。但在社会主义改造完成后，毛泽东同志却只讲保护和发展生产力，没有再讲解放生产力。邓小平同志讲"改革也是解放生产力"，说明他对社会主义基本制度建立以后，生产关系与生产力，上层建筑与经济基础之间的矛盾，社会主义经济、政治体制存在的问题有了更深刻的认识，从而在理论上做出了新的概括，为社会主义社会基本矛盾理论做出新的贡献。

邓小平同志一贯把解放和发展生产力看作改革的出发点。为什么要改革，是要通过解放生产力，发展生产力，从而改善人民的生活。判断改革得失成败

---

① 邓小平. 邓小平文选：第3卷 [M]. 北京：人民出版社，1993：148-149.
② 邓小平. 邓小平文选：第3卷 [M]. 北京：人民出版社，1993：370.

的标准是什么，也是首先看能否解放和发展生产力。这是历史唯物主义把生产力作为推动社会历史前进的最终因素和动力在现实中的具体运用。邓小平同志还把解放生产力，发展生产力提到社会主义本质的高度。因为不解放生产力，使生产力高度发展，就不可能"消灭剥削，消除两极分化，最终达到共同富裕"。改革是解放生产力是邓小平改革理论的核心内容。

二、改革是社会主义制度自我完善的发展

邓小平同志"改革是社会主义制度的自我完善"的科学论断是对毛泽东同志社会主义社会的基本矛盾"可以经过社会主义制度本身不断地得到解决"的继承和发展。它继承了毛泽东同志社会主义社会基本矛盾非对抗性质的论述，又指出了改革经济、政治等体制的具体制度，可以使社会主义基本制度更加完善，从而促进生产力的发展。实际上把社会主义社会的基本矛盾概括为经济、政治体制与生产力状况之间的矛盾。

邓小平同志敢于揭露社会主义具体制度弊端的同时，又会把社会主义基本制度和具体制度（社会主义基本经济、政治制度与经济、政治体制）相区别。过去，我们不懂得这二者的区别，要么不敢承认社会主义制度还存在着弊端，要么一讲社会主义具体制度的弊端，就被认为是否定社会主义制度。这种思维模式长期束缚了人们的思想。

早在1980年8月，邓小平同志在《党和国家领导制度的改革》中就指出："我们过去发生的各种错误，固然与某些领导人的思想作风有关，但是组织制度、工作制度方面的问题更重要。这些方面的制度好可以使坏人无法任意横行，制度不好可以使好人无法充分做好事，甚至会走向反面。""不是说个人没有责任，而是说领导制度、组织制度问题更带有根本性、全局性、稳定性和长期性。这种制度问题，关系到党和国家是否改变颜色，必须引起全党的高度重视。"而且讲"制度问题不解决，思想作风问题也解决不了"。并且具体指出我国的官僚主义"它同我们长期认为社会主义制度和计划管理制度必须对经济、政治、文化、社会都实行中央高度集权的管理体制有密切关系"。"这可以说是目前我们所特有的官僚主义的一个总病根"，尖锐地提出社会主义制度中存在的问题。但是邓小平同志揭露社会主义具体制度中的弊端，要通过改革具体制度，巩固和完善社会主义基本制度。他反复强调，"改革党和国家领导制度及其他制度，是为了充分发挥社会主义制度的优越性，加速现代化事业的发展。"还说："现在我们搞经济改革，仍然要坚持社会主义道路，坚持共产主义的远大理想。"并且批评那些想抛弃社会主义基本制度的主张，说："我们脑子里的四化是社会主义的四化。他们只讲四化，不讲社会主义，这就忘记了事物的本质，也就离开了中国的发展道路。"说明邓小平同志认为社会主义基本制度是与生产力发展要求相适应的，所以要改革的是这一制度的具体形式，即与生产力发展要求不相适应的具体制度、或者说是经济、政治体制。

邓小平同志还运用了"模式"一词，批评了"僵化的模式"，代之以有活力的社会主义"模式"。这说明同样是社会主义制度，其具体制度，即经济、政治等体制可以有不同的结构形式，不是僵死不变的，哪一种"模式"好，要以能否促进生产力发展作为根本标准。

邓小平同志"改革是社会主义制度自我完善"的思想，既和"左"的僵化思想，也和"全盘西化"的资产阶级自由化思想划清了界限。

三、明确了社会主义现阶段主要矛盾、基本矛盾和阶级矛盾的关系

什么是社会主义现阶段的主要矛盾，1979年3月，邓小平同志在《坚持四项基本原则》中讲基本矛盾之后接着讲："至于什么是目前时期的主要矛盾……由于三中全会决定把工作重点转移到社会主义现代建设方面来，实际上已经解决了。我们的生产力发展水平很低，远远不能满足人民和国家的需要，这就是我们目前时期的主要矛盾，解决这个矛盾就是我们的中心任务。"① 在这以后，中央文件和领导人讲话都是围绕："现阶段我国社会的主要矛盾，是人民群众日益增长的物质文化需要同落后的社会生产之间的矛盾"。正是根据对当前社会主要矛盾的正确分析，我们才纠正了以阶级斗争为纲的错误，把经济建设作为中心，集中力量发展生产力。

怎样发展生产力呢？要迎接世界科技革命的挑战，使我国的经济增长方式由粗放型转变为集约型，这是从生产力内部的因素着手。但是更为根本的是改革，通过正确处理社会基本矛盾推动生产力的发展。党的十二届三中全会《关于城市经济体制改革的决定》说："社会主义社会基本矛盾仍然是生产关系和生产力、上层建筑和经济基础之间的矛盾。我们改革经济体制，是在坚持社会主义制度前提下，改革生产关系和上层建筑中不适应生产力发展的一系列相互联系的环节和方面。"不仅是就生产力论发展生产力，而是通过改革解放生产力。运用社会基本矛盾原理，把改革作为社会发展的根本动力。

改革是社会主义制度的自我完善，它要解决的是原有经济、政治体制与生产力之间的非对抗性矛盾。这本身不是阶级斗争。但是，由于国际国内的复杂

---

① 邓小平. 邓小平文选：第2卷[M]. 北京：人民出版社，1994：182.

原因，阶级斗争在一定范围内仍然存在，在改革问题上就表现为改革的两种方向道路之争。苏联的改革主要教训之一就是戈尔巴乔夫之流把改革引向了资本主义道路。我国也有一种社会势力，总想否定共产党的领导和社会主义制度，把改革引向资产阶级自由化的道路，这就是当前阶级矛盾和阶级斗争的主要表现。

党在社会主义初级阶段的"一个中心、两个基本点"的基本路线，生动、准确地说明了主要矛盾、基本矛盾和阶级矛盾的关系。以经济建设为中心是社会主要矛盾的体现；坚持改革开放，是社会基本矛盾推动经济社会发展的表现；坚持四项基本原则，是坚持改革正确道路和方向的阶级斗争的体现。不以经济建设为中心，不坚持改革开放，是"左"的思想，不坚持四项基本原则是右的表现。

四、全面改革

改革是要正确处理生产关系与生产力、上层建筑与经济基础之间的矛盾，它必然要涉及生产关系与上层建筑的一系列相互联系的环节和方面。经济体制改革是中心，但同时必然涉及政治、科技、教育、文化、军队乃至党自身建设等各个方面的改革。经济体制改革也是包括投资、生产、计划、金融、财政、税收、价格、分配、社会保障等所有方面。也就是说，配合经济体制改革，经济基础和上层建筑的所有方面都要进行配套改革，改革才能成功，才能真正达到解放生产力的目的。所以邓小平同志讲："现在我们搞以城市经济体制改革为中心的全面改革。"邓小平同志关于全面改革的论述涉及政治、科技、教育、文化、军队等许多方面。其中谈的最多的是政治体制改革。早在1978年12月，邓小平同志针对我国政府机关中存在的官僚主义现象就指出："如果现在再不实行改革，我们的现代化事业和社会主义事业就会被葬送。"1980年8月，针对党和国家领导制度上存在的弊端又讲：只有"进行有计划、有步骤而又有坚决彻底的改革，人民才会信任我们的领导，才会信任党和社会主义，我们的事业才有无限的希望"。城市经济体制改革开展后，他又多次讲："我们提出改革时，就包括政治体制改革。现在经济体制改革每前进一步，都深深感到政治体制改革的必要性。不改革政治体制，就不能保障经济体制改革的成果，不能使经济体制改革继续前进，就会阻碍生产力的发展，阻碍四个现代化的实现。""政治体制改革同经济体制改革应该相互依赖，相互配合。只搞经济体制改革，不搞政治体制改革，经济体制改革也搞不通，因为首先遇到人的障碍。事情要人来做，你提倡放权，他那里收权，你有什么办法？从这个角度来讲，我们所有的改革最终能不能成功，还是决定于政治体制的改革。"

但是，邓小平同志所讲的政治体制改革，依然是社会主义制度的自我完善，他明确讲："我们的政治体制改革是有前提的，即必须坚持四项基本原则。""我们必须进行政治体制改革，而这种改革又不能搬用西方那一套所谓的民主，不能搬用他们的三权鼎立，不能搬用他们的资本主义制度，而要搞社会主义民主。"苏联放弃共产党领导和社会主义制度的所谓政治体制改革，自食苦果，这也从反面证明邓小平同志政治体制改革主张的正确。

五、改革是一场新的伟大革命

改革也是革命，是邓小平改革思想体系中的又一个重要内容。这个论断深刻地揭示了改革的深刻性质及其伟大意义。

早在1978年10月，邓小平同志在中国工会第九次全国代表大会上的致词中指出：实现四个现代化"是一场根本改变我国经济和技术落后面貌，进一步巩固无产阶级专政的伟大革命。这场革命既要大幅度地改变目前落后的生产力，就必然要多方面地改变生产关系，改变上层建筑，改变工农业企业的管理方式和国家对工农业企业的管理方式，使之适应于现代化经济的需要"。在这里，已经包含了改革是革命的思想。1984年，邓小平同志同联邦德国总理科尔谈话时讲："我们把改革当作一种革命，当然不是'文化大革命'那样的革命"。1985年，同日本二阶堂进行谈话中讲："改革是中国的第二次革命。"1986年，在《答美国记者迈克·华莱士问》时又讲："现在我们搞的实质上是一场革命。"在其他场合，邓小平同志也多次讲过类似的话。

如何理解改革也是革命？从历史唯物主义角度，狭义地讲，社会革命是指社会形态的质的飞跃，是新的社会制度代替旧的社会制度。从广义的角度，或从哲学的意义上说，革命就是质变，就是事物由旧的社会制度向新的社会制度的飞跃。改革是旧体制向新体制的变革，譬如，从计划经济体制向社会主义市场经济体制变革，不是细枝末节的变化，而是"从根本上改革束缚生产力发展的经济体制"，"建立起具有中国特色的，充满生机和活力的社会主义经济体制"。是根本性的体制上的革命。所以，从广义的角度讲，改革是革命比较容易理解。从狭义的角度讲，改革是社会主义的制度的自我完善，是经济、政治体制的局部变革，当然不属于社会形态的根本质变。但是从社会主义初级阶段向社会主义高级阶段前进，然后再向共产主义前进，是社会形态的质的飞跃，而这种质的飞跃是要经过多次部分的质变，即多次改革才能完成的，而每一次改革都向社会形态质的飞跃前进的一个阶段，都带有质变的性质。从这个意义上讲，也可以说："当前的改革是一场革命性变革。"邓小平改革也是革命的思想，正是对无产阶级取得政权后，在不改变基本经济、政治制度前提下，继续进行社会革命理论的发展。

相对于无产阶级夺取政权，建立社会主义制度来说，改革是一场新的革命，或者说是第二次革命。两次革命虽然有相同之处，但也有重大差别。第一，第一次革命是根本否定旧制度，建立新制度的革命。第二次革命不是要根本改变社会主义制度，而是革旧体制的命，是要建立充满生机与活力的新体制，解放生产力，是社会主义制度的自我完善与发展。第二，第一次革命的矛盾是对抗性的，是用激烈的阶级斗争的形式通过夺取政权去解决的。第二次革命的矛盾是非对抗性的，是在共产党领导下，在坚持无产阶级专政的条件下，有计划、有步骤、有秩序地进行的。

六、改革与开放

邓小平的改革理论是与对外开放密不可分的。对内搞活是改革，对外搞活是开放。

邓小平对外开放思想是基于这样的认识，"现代的世界是开放的世界""任何一个国家要发展，孤立起来，闭关自守是不可能的"。"总结历史经验，中国长期处于停滞和落后状态的一个重要原因是闭关自守。经验证明，关起门来搞建设是不能成功的，中国的发展离不开世界。"

历史唯物主义告诉我们，人类社会的更迭是包含了继承的否定。每一个新的社会形态总是在否定前一社会的生产关系和上层建筑的同时，又继承前一社会的文明成果，在此基础上进行创新和发展。马克思说："历史不外是各个时代的依次交替。每一个时代都利用以前各代遗留下来的材料、资金和生产力；由于这个缘故，每一代一方面在完全改变了的条件下继续从事先辈的活动，另一方面又通过完全改变了的活动来改变旧的条件"[①]，社会主义也不能例外。但是长期以来，由于帝国主义对我国实行封锁政策，也由于我们自己认识的原因，我们对一些发达资本主义国家采取简单排斥、对立的态度。正是针对这种状况，邓小平同志反复强调对外开放的必要性，并且说："总之，社会主义要赢得与资本主义相比较的优势，就必须大胆吸收和借鉴人类社会创造的一切文明成果，吸收和借鉴当今世界各国包括资本主义发达国家的一切反映现代社会化生产规

[①] 中共中央马克思恩格斯列宁斯大林著作编译局. 马克思恩格斯全集：第3卷 [M]. 北京：人民出版社，1960：51.

律的先进经营方式、管理方法。"①

必须清醒看到，社会主义革命是在相对落后的国家率先取得胜利的，因此，社会主义国家是在生产力相对落后的基础上进行社会主义建设，资金、技术、管理等方面的优势都在资本主义发达国家方面。我们只有大胆吸收借鉴他们这方面的文明成果，才能加快社会主义改革和建设的步伐。当然，我们这样做是为了"赢得与资本主义相比较的优势"，而不是拜倒在资本主义的石榴裙下。邓小平同志强调："我们要利用外国的资金和技术，也要大力发展对外贸易，但是必须以自力更生为主。""任何外国不要指望中国做他们的附庸，不要指望中国人吞下损害我国利益的苦果。"他还强调："开放政策会是有风险的，会带来一些资本主义的腐朽东西。但是，我们的社会主义政策和国家机器有力量去克服这些东西。"② 正因如此，他特别强调物质文明建设与精神文明建设、改革开放与打击经济犯罪活动"两手抓，两手都要硬"。

学习、借鉴资本主义的文明成果，为发展社会主义服务，这就是邓小平同志的历史辩证法。

七、社会基本矛盾与人民内部矛盾

社会基本矛盾表现为复杂的利益矛盾。生产关系、上层建筑就是人们的经济关系和政治、思想关系，改革生产关系和上层建筑，就是调整人们经济、政治、思想等社会关系，促进生产力的发展。所以，从一定意义上可以说，改革是对人们利益关系的调整。在社会主义社会，生产关系与生产力、上层建筑与经济基础之间是既相适应又相矛盾的，在人与人的关系上就表现为人民内部利益根本一致基础上的矛盾；改革是社会主义制度的自我完善，在人与人的关系上就表现为大量的人民内部，而不是对抗性的阶级斗争。从总体上说，改革通过解放生产力，发展生产力，绝大多数人民都得到好处，但是实际上，改革中人们的利益是不平衡的，每一步改革对不同的人都有大利与小利、得利与失利之分。邓小平同志在谈到政治体制改革时就讲过："这个问题太困难，每项改革涉及的人和事都很广泛，很深刻，触及许多人的利益，会遇到很多的障碍，需要审慎从事。"③ 这种利益矛盾在各个方面的改革中都存在。而且，在改革中，解决旧的矛盾的过程中，又会产生新的矛盾。克服平均主义，又会产生分配不

---

① 邓小平. 邓小平文选：第3卷 [M]. 北京：人民出版社，1993：373.
② 邓小平. 邓小平文选：第3卷 [M]. 北京：人民出版社，1993：139.
③ 邓小平. 邓小平文选：第3卷 [M]. 北京：人民出版社，1993：176.

公、贫富过分悬殊；利用市场搞活经济，又会出现各种违法经营。为什么我国改革的成就举世瞩目，而"端起饭碗吃肉，放下筷子骂娘"的现象比比皆是，不少阶层都有牢骚？就是因为人们利益关系不平衡。在新旧体制转换时期，产业结构大变动时期，这种利益矛盾特别突出，因为体制、结构的变动直接涉及人们利益关系的变动。如果不注意正确处理复杂的人民内部矛盾，这种矛盾在一定时间和范围内就有可能激化，甚至转化为对抗。

改革中大量矛盾是人民内部矛盾，但也还有阶级矛盾。这是因为国内在一定范围内还存在着阶级斗争，帝国主义国家的某些政治势力也想利用我们国内矛盾，实行"西化""分化"的政策，搞和平演变。两类矛盾的交织增加了利益矛盾的复杂性，甚至增加了改革的风险。

正是针对上述情况，邓小平同志讲："压倒一切的是稳定""中国不允许乱"，并反复强调改革一定要在共产党领导下，有计划、有步骤地进行。如何通过正确处理各种利益矛盾，正确处理发展、改革和稳定的关系，在社会稳定的基础上推进改革、发展，是邓小平改革的理论和实践中的一个大课题。

具体分析现阶段改革中人与人之间的矛盾，大致有以下五种性质情况：（一）一定范围内的阶级斗争，这是对抗性的矛盾。（二）阶级斗争在人民内部的反映、影响。如帝国主义和平演变与资产阶级自由化主张对人们的影响，对这种矛盾必须按人民内部矛盾处理，否则就要出现阶级斗争扩大化。（三）人民内部的利益矛盾。这是改革过程中最大量的矛盾。（四）对改革、建设认识上的不同，这是认识上是非的矛盾。（五）道德、生活方式等行为规范方面的矛盾。

如何正确处理这些矛盾？首先要分清敌我和人民内部两类不同性质的矛盾，绝不能再搞阶级斗争扩大化。对人民内部矛盾也要具体分析，区别对待。总的原则是要以邓小平同志"是否有利于发展社会主义社会的生产力，是否有利于增强社会主义国家的综合国力，是否有利于提高人民生活水平"三个"有利于"的标准，作为我们判断各种利益主张是非得失的标准，由此确定我们的基本态度。在此基础上，对复杂的人民利益矛盾要采取多样化的方式综合协调予以化解。譬如，对人民内部思想上是非的矛盾要采用"团结—批评—团结"的方法；对人民内部利益的矛盾要靠政策，对经济利益"统筹兼顾"，予以适当的调节，还要靠法制、纪律、道德等行为规范的约束；对科学、文化上的不同主张、不同流派要实行"双百"方针；对生活习俗，宗教信仰方面的矛盾，要互相尊重对方的生活方式，"和而不同"；共产党和民主党派之间则要"长期共存，互相监督"；等等，切忌简单化。在人民内部矛盾中，要特别注意处理好党群、干群矛盾。毛泽东同志讲："我们的政府是真正代表人民利益的政府，是为人民服务的政府。但是它同人民群众之间也有一定矛盾。这种矛盾包括国家利益、集体利益同个人利益之间的矛盾，民主同集中的矛盾，领导同被领导之间的矛盾，国家机关某些工作人员的官僚主义作风同群众之间的矛盾。"一般说，这种矛盾的主要方面是领导，关键在于推行正确的路线、方针、政策和端正党风。

总之，如何从社会基本矛盾角度，观察和处理利益矛盾以及反映利益矛盾的思想矛盾，是邓小平改革理论中的一篇大文章，有许多需要深入研究的问题。

邓小平同志所倡导、设计的改革理论与实践丰富发展了社会主义社会基本矛盾的理论，为历史唯物主义做出了新的巨大贡献，上面的概括和阐述也许还不够完整准确，希望能抛砖引玉，为进一步的学习、研究提供一孔之见。

对社会主义及其优越性与消极现象的思考

一、什么是社会主义？

改革以来，我们对什么是社会主义进行了再认识，纠正了"左"的错误，系统地、初步地形成了建设有中国特色社会主义的理论。邓小平同志讲："问题是要把什么叫社会主义搞清楚，把怎样建设和发展社会主义搞清楚。"掌握社会基本矛盾原理可以帮助我们把这些根本问题搞清楚。建立在唯物史观和剩余价值学说基础上的科学社会主义学说，作为一种理想是完全正确的，但由于它只是为社会主义勾画了一个轮廓，在社会主义制度的具体实践中，人们对它的理解出现了歧义，历史上，对社会主义存在着以下四种错误认识：

（一）僵化的社会主义：受苏联实行的社会主义模式的影响，过去我们把将来可以实现的社会主义理想作为现实的模式，因而把马克思主义著作中的个别论断做了教条式理解，在生产力还不是很发达的状况下，就要消灭一切私有制，就要限制和消灭商品经济，违反了生产关系一定要适合生产力状况的原理，犯了超越阶段的错误。

（二）空想社会主义：把社会主义理解为正义、人道和一切美好愿望的化身，并以此裁判社会生活。而当社会生活中出现社会矛盾和消极现象的时候，就不理解，甚至动摇了对社会主义的信仰。这种思想不能不说是受到了斯大林社会主义生产关系与生产力完全适合思想的影响。他们不懂得正是在社会基本矛盾运动中，在先进与落后的斗争中，随着生产力的发展，社会才能不断进步。

有些对社会主义理解的空想色彩来自小生产者的平均主义，把社会主义理解为绝对的平均，这种"理想"是手工工具生产力和自然经济条件下小生产者一种不能实现的空想，是违反了社会化现代化生产力的发展要求的。

（三）歪曲的社会主义：不是社会主义，却打着"社会主义"的旗号，如"文化大革命"中，以阶级斗争为纲，"四人帮"对广大干部、群众进行迫害。这不是社会主义，是封建专制，是法西斯主义。其结果，不仅扭曲了人与人之间的社会关系，而且严重破坏了生产力的发展。

（四）民主社会主义：其实质是改良的资本主义。它主张实行以私有制为主的混合经济，资产阶级政党主导的多党制和人道主义为主导的多元意识形态。实质是在维护资本主义制度的前提下，在分配上实行某些比较公平的社会政策。在某些生产力较发达的资本主义国家，现在没有革命形势。实行这种政策，有某种改良的社会进步意义。但是，在已实现社会主义的国家，这种主张往往成为从社会主义向资本主义演变的桥梁，苏联解体、东欧改革的历史经验充分说明了这一点。这种思潮原来对我国影响不大，但是在改革以后，由于戈尔巴乔夫等人的影响，这种思潮影响一度增大。应当指出，在相对落后的发展中国家，民主社会主义没有成功的范例，因为落后国家的阶级矛盾特别尖锐，没有阶级调和的社会土壤；另外，在落后的生产力条件下，改良的社会公平也缺乏生产力的基础。

以上种种对社会主义的错误认识性质虽然并不相同，但是它们都有一个共同点，那就是脱离生产力的状况，空谈社会主义，违背了"生产力是社会发展的最终决定力量，生产关系和上层建筑一定要适合生产力的状况"的历史唯物主义原理。邓小平同志正是针对上述种种错误认识，总结历史经验，提出"社会主义的本质是解放生产力，发展生产力，消灭剥削，消除两极分化，最终达到共同富裕"的科学论断，把社会主义的基本特征建立在解放和发展生产力的基础之上。

也正是在这种认识的指导下，我们才得出了我国现在处于社会主义初级阶段，或初级阶段社会主义的科学认识。它从我国生产力不发达、不平衡的状况出发，把集中力量发展社会生产力摆在首要地位；与生产力状况相适应，实行以公有制为主体、多种所有制共同发展的基本经济制度；在社会主义条件下发展市场经济；实行以按劳分配为主体的多种分配方式；逐步推进人民民主政治、建设社会主义法治国家；同时建设中国特色社会主义的文化。形成了党在社会主义初级阶段"一个中心、两个基本点"的基本路线。这是经过几十年的实践，付出了极大的代价，对"什么是社会主义"得出的现实的、科学的认识。这是正确运用生产关系一定要适应生产力状况，上层建筑一定要适应经济基础状况原理的结果。

江泽民同志在党的第十五次全国代表大会报告中指出："我们讲要搞清楚'什么是社会主义，怎样建设社会主义'，就必须搞清楚什么是初级阶段的社会主义，在初级阶段怎样建设社会主义。"对社会主义初级阶段的认识是我们对"什么是社会主义"认识上取得的一个重大成果。它既克服了那些超越生产力发展要求的错误观念和政策，又抵制了抛弃社会主义基本制度的错误主张。"在中国，真要建设社会主义，那就只能一切从社会主义初级阶段的实际出发，而不能从主观愿望出发，不能从这样那样的外国模式出发，不能从对马克思主义著作中个别论断的教条式理解和附加到马克思主义名下的某些错误论点出发。"

当前，特别需要指出的是，作为世界社会主义运动经历曲折动荡处于低谷时期的副产品，作为纠正对社会主义种种错误认识物极必反的表现，现在还有一种我们称之为"空想资本主义"的思潮。这种思潮把资本主义制度看得一切都好，认为中国实行资本主义制度，一切问题都将迎刃而解。他们不了解资本主义社会基本矛盾所决定的资本主义制度的种种危机、苦难和罪恶；不了解发达资本主义与不发达资本主义的两极对立；更不了解资本主义发展到今天，如果中国搞资本主义，就只能是附庸于发达国家的买办资本主义，只能权力转化为资本的腐败的官僚资本主义，只能是把老百姓重新推向苦难的道路。由于这种思潮只是一种幻想，我们姑且称之为"空想的资本主义"。这种思潮的极少数代表人物极力主张照搬资本主义私有化的经济制度，多党竞争轮流执政的政治制度和自由主义、个人主义的意识形态，他们往往借口反"左"，反对社会主义基本制度和马克思主义基本原则。这些错误主张一度在有所收敛后，又以新的形式抬头，有的甚至出版后成为畅销书，值得人们特别注意。

二、怎样看社会主义的优越性和消极现象

（一）运用社会基本矛盾原理，社会主义的优越性首先表现在社会主义制度能更好地解放和发展生产力，同时，在发展生产力的基础上使人民的物质、文化生活水平不断得到提高。

判断社会主义制度或其他任何社会制度是否优越，都要以解放生产力还是束缚生产力的发展作为根本标准，这是矛盾的普遍性。我们说新中国社会主义制度优越，是因为新中国建立以来，生产力能够以旧社会所没有的速度发展。改革开放以前一段时间，我们脱离解放和发展生产力这一根本标准，用抽象的原则和空想的模式来对待社会主义，结果生产力遭到破坏，社会主义的优越性也发挥不出来。改革开放以后，恢复了这一根本标准，生产力大大得到解放，社会主义制度也充满了生机与活力。这是历史唯物主义关于社会基本矛盾运动规律的体现，也是新中国几十年历史经验的总结。

社会主义制度的优越性，只说到这里还不完全。社会主义制度，即社会主义的生产关系和上层建筑，和其他社会制度相比较，是真正开始体现人民性的生产关系和上层建筑。因此在解放和发展生产力的基础上，应当能比其他社会

制度更好地满足人民的需要，使人民的生活不断得到改善。生产力标准与人民利益标准的统一，只有在社会主义制度中才能真正得到体现，这是矛盾的特殊性。毛泽东同志和邓小平同志从来都是把这两方面统一起来的。毛泽东同志在建国以前就讲："中国一切政党的政策及其实践在中国人民中所表现的作用的好坏、大小，归根到底，看它对中国人民的生产力发展是否有帮助及其帮助之大小，看它是束缚生产力，还是解放生产力的。"① 同时又讲："共产党人的一切言论行动，必须以合乎最广大人民群众的最大利益，为最广大人民群众所拥护为最高标准。"② 新中国成立后，在《关于正确处理人民内部矛盾的问题》中，毛泽东同志又明确指出："所谓社会主义生产关系比较旧时代生产关系更能够适合生产力发展的性质，就是指能够容许生产力以旧社会所没有的速度迅速发展，因而生产不断扩大，因而使人民不断增长的需要能够逐步得到满足的这样一种情况。"

邓小平同志继承和发展了毛泽东同志的这一思想。他强调："马克思主义最注重发展生产力。""社会主义阶段的最根本的任务就是发展生产力，社会主义的优越性归根到底要体现在它的生产力比资本主义发展得更快一些，更高一些，并且在发展生产力的基础上不断改善人民的物质文化生活。""马克思主义的基本原则就是要发展生产力。马克思主义的最高目的就是要实现共产主义，而共产主义是建立在生产力高度发展的基础上的。社会主义是共产主义的第一阶段，是一个很长的历史阶段。社会主义的首要任务是发展生产力，逐步提高人民的物质和文化生活水平。"在论述建设中国特色社会主义理想时，邓小平同志总是把发展生产力同实现共同富裕联系在一起。他说："社会主义财富属于人民，社会主义的致富是全民共同致富。社会主义的原则，第一是发展生产力，第二是共同致富。我们允许一部分人先好起来，一部分地区先好起来，目的是更快实现共同富裕。"这方面的思想最集中地体现在他关于社会本质中的论述，即"社会主义的本质，是解放生产力，发展生产力，消灭剥削，消除两极分化，最终达到共同富裕"。"判断的标准，应该主要看是否有利于发展社会主义社会的生产力，是否有利于增强社会主义国家的综合国力，是否有利于提高人民的生活水平。"③

学习社会基本矛盾原理使我们可以更好地理解毛泽东同志和邓小平同志的

---

① 毛泽东. 毛泽东选集：第3卷 [M]. 北京：人民出版社，1991：1079.
② 毛泽东. 毛泽东选集：第3卷 [M]. 北京：人民出版社，1991：1096.
③ 邓小平. 邓小平文选：第3卷 [M]. 北京：人民出版社，1993：372.

上述思想。生产关系和上层建筑能否解放和发展生产力，是衡量一个社会制度是否优越的根本标准，社会主义社会也是如此。这是历史唯物主义最基本的原理。能否在解放和发展生产力的基础上，更好地满足人民的物质文化需要，这是社会主义的经济基础和上层建筑特有的优越性。坚持"生产力标准"与"人民利益标准"的统一，是社会主义制度优越性的全面表现。脱离生产力标准或者脱离人民利益标准，空谈社会主义的优越性都是错误的。

（二）社会主义的优越性还表现在社会主义社会消极现象的性质及克服消极现象的途径、方法与旧社会不同。

社会主义的优越性不是表现为它没有消极现象。社会主义社会的基本矛盾"仍然是生产关系和生产力之间的矛盾，上层建筑和经济基础之间的矛盾"，在社会主义社会内部，仍然存在着代表生产力发展要求的社会积极力量、因素和束缚生产力发展的社会消极力量、因素之间的斗争。但是，由于社会主义社会的基本矛盾"不是对抗性的矛盾，它可以经过社会主义制度本身，不断地得到解决"。所以，社会积极力量、因素和社会消极力量、因素之间的矛盾大量地表现为人民内部的矛盾，而且在公有制为主体和人民政权日益巩固的条件下，在共产党的正确领导下，社会主义内部有足够的社会积极力量，在不改变社会制度的条件下，逐步克服并最终战胜社会的消极因素，使社会主义制度进一步完善和发展。这也是社会主义制度优越性的重要体现。改革开放以前，我们对社会主义优越性的某些宣传有片面性，把社会主义说成一切都好，一片玫瑰色，谁要说社会主义制度本身还有阴暗面，就被认为是否定社会主义制度的优越性，把社会上的消极现象一概归结为旧社会遗留的残余，不敢承认社会制度自身内在的矛盾，以及代表矛盾对立双方的社会积极力量与消极力量之间的斗争。而当社会现实中，消极现象有所蔓延扩大的时候，有的人又从一个极端走向另一个极端，把社会主义看成一片灰色，甚至丧失了对社会主义的信心。这种思维方法是违反社会主义社会基本矛盾原理的。社会主义社会内部矛盾是存在的，不是一片玫瑰色，也不是一片灰色，而是赤橙黄绿青蓝紫，丰富多彩而又充满差异和矛盾。多彩的社会中有黑有白，有光明有黑暗，有玫瑰色，也有灰色，有真、善、美，也有假、恶、丑。总之，有积极的社会力量又有消极的社会因素，他们之间的矛盾和斗争，此消彼长，有进有退，在反复的较量中，逐步推动社会前进。社会主义和其他社会制度的区别不在于没有阴暗面，而是在于社会矛盾的非对抗性和经过社会主义制度自身可以解决这些矛盾。在社会主义初级阶段，由于国际和国内、历史和现实的复杂的原因，社会上的消极因素还有相当的力量。在非对抗矛盾为主的情况下，还有一些对抗性的阶级矛盾存在。

116

社会主义制度还不完善，社会主义生产关系，上层建筑还不够强大，因而社会主义内部的积极力量也还不够强大。这就增加了矛盾的复杂性、艰巨性。但是，我们毕竟已经进入了社会主义社会，公有制和人民的政权已经是社会主导力量，社会主义社会基本矛盾的运动规律已经在推动我国社会前进，我们应当相信人民中的积极因素最终总会克服和战胜社会中的消极力量。当然，这中间会有风险，会有曲折，搞得不好，也可能还有暂时、局部的倒退。我们应当有信心，并且投身到社会积极力量的行列中，为克服社会中的消极力量，完善社会主义制度贡献自己的力量。

（三）科学地分析"社会消极现象"。社会主义社会，特别是社会主义初级阶段，社会消极现象是一种客观存在，问题在于弄清什么是社会消极现象。这里仍然要坚持"生产力标准"和"人民利益"标准的统一。首先要看它是解放生产力还是束缚生产力的，解放生产力的就是积极因素，束缚生产力的就是消极因素；其次要看它是对绝大多数人有利还是不利，有利的就是积极因素，反之就是消极因素。这是社会主义本质的体现。用这个标准，结合过去的经验教训，在这一问题上要注意区别以下三种状况：

（1）不是社会的消极现象，却被当作消极现象批判了。譬如，市场机制、股份制等，资本主义可以用，社会主义也可以用，却被当作资本主义的坏东西批判了。再譬如，私营经济、个体经济等非社会主义经济成分，在社会主义初级阶段有解放和发展生产力的积极面，却当作资本主义尾巴给割掉了。而人民公社等一些"一大二公"的、破坏生产力发展和人民利益的东西，却被当作社会的新生事物加以宣扬。正如党的第十三次全国代表大会报告中所说的那样，"许多束缚生产力发展的，并不具有社会主义本质属性的东西，或者只适合于某种特殊历史条件的东西，被当作'社会主义原则'加以固守；许多在社会主义条件下有利于生产力发展和生产商品化、社会化、现代化的东西，被当作'资本主义复辟'加以反对。"这些失误的根本问题都是违反了生产关系、上层建筑一定要适合生产力发展状况的原理。违背了"生产力标准"与"人民利益"标准的统一。

（2）由于社会主义初级阶段经济文化发展程度和社会主义体制不完善的制约而存在的社会消极现象，如剥削的存在，平均主义或分配不公，市场机制的二重性，民主法制不健全，一部分人民文化道德素质低下，等等，这些是社会消极现象。它只能随着生产力的发展和社会主义改革的深入逐步解决，不可能很快完全克服。

（3）两种体制转换期间出现的社会消极现象。在改革开放过程中，旧的体制开始破了，但又没有完全破，新的体制开始建立了，但又极不完善，两种体制的消极因素，如传统计划经济体制管得过死和市场经济自发性、盲目性等可能结合，加上法规、政策、管理体制和运行机制不完善，执法监督力量薄弱，经济管理漏洞很多，这些都会给各种社会消极力量以可乘之机。如重复建设，地方部门保护主义，严重地破坏生产力和人民整体利益，但这些还可能属于非对抗性矛盾；至于各种腐败犯罪行为，如红（以权谋私、贪污腐化）、黄（卖淫贩黄）、蓝（走私贩私）、白（吸毒贩毒）、黑（黑社会、假冒伪劣商品）等不法行为的蔓延则使矛盾走向对抗。

对这种消极现象，从根本上说要靠改革，要通过建立健全社会主义市场经济体制和相应法规、政策、管理机制解决。1992年，邓小平同志讲："恐怕再有三十年时间，我们才会在各方面形成一套更加成熟、更加定型的制度，在这个制度下的方针、政策，也将会更加定型化。"① 看到一些社会消极现象就丧失信心，或者以为可以很快克服这些消极现象都是片面的。当然，正因为如此，我们在改革过程中，更要与各种消极现象斗争，特别是加大对非法犯罪活动的打击力度，以保护生产力的发展和人民的利益。

三、"社会主义全面异化"论评析

20世纪80年代初，发生了关于人道主义的争论，伴随着对"社会主义全面异化"理论的不同看法，以周扬、王若水为代表的一些理论家，把马克思在《1844年经济学哲学手稿》中揭露资本主义剥削的异化理论搬到社会主义社会中来，用以概括社会主义的消极现象，说是"经济、政治、思想各方面的全面异化"，"异化是社会主义一切弊端的集中表现，是对社会上大量存在的丑恶现象所能给予的最科学的说明"，还说"改革就是克服异化"。我们应该如何看待这种理论呢？

第一，"异化"，在近代西方是一个哲学和社会学的概念，有事物向对立面转化的意思，不同学者曾在不同含义上使用过。如黑格尔用异化说明主体和客体（包括劳动者和产品）的分裂、对立，并把绝对理念向自然界和社会的两次转化，称为外化或异化；费尔巴哈批判宗教时说"神是人的异化"；马克思在《1844年经济学哲学手稿》中则用"劳动异化"理论揭露资本主义的剥削。在唯物史观和剩余价值规律发现以前，马克思主义不是从资本主义的经济矛盾和历史发展规律来批判资本主义，而是用人性和异化理论，把资本主义的剥削揭

---

① 邓小平. 邓小平文选：第三卷 [M]. 北京：人民出版社，1993：372.

露为人的本质的异化，认为劳动异化是人的本质异化的核心，是资本主义全部罪恶的集中点。同样，共产主义对马克思来说也不是资本主义社会基本矛盾发展的必然结果，而是人的本质力量的全面实现和发挥，是通过对人的本质异化的扬弃，达到"合乎人的本性的人的自身的复归"。这时，马克思还没有完全摆脱抽象人性论的影响，当他发现了历史唯物主义和剩余价值学说之后，就从根本上抛弃了异化理论的分析方法，因为唯物史观和剩余价值学说能够揭露资本主义社会的本质，而异化理论则不能。例如，劳动异化或异化劳动最多只能说明工人阶级被剥削的现象，而用剩余价值或雇佣劳动来表述，则能揭露资本剥削劳动的本质和根源。所以后来，马克思仅仅在揭露资本主义剥削现象的意义上，还少量使用过异化这个词。如马克思和恩格斯在1845年至1846年合写的《德意志意识形态》中，只是把"异化"作为当时"哲学家易懂的话"来使用，并且申明只是"暂时还用一下"。在《政治经济学批判》1957年至1958年草稿中的一个小标题也用了"随着资本主义发展，劳动条件同劳动相异化"。而在1848年发表的《共产党宣言》中，马克思和恩格斯不仅没有使用异化概念，而且批评了德国"真正社会主义者"在法国社会主义文献下面写上"人的本质的外化"之类的"哲学胡说"，使它们变为"关于实现人的本质的无谓思辨"。而且，就是作为揭露资本主义剥削现象的词语，马克思也不是认为非用"异化"这个词不可。在1867年完成的《资本论》第一卷中，马克思只有四处用了异化这个词，而在他1872年至1875年亲自校改的法文版《资本论》第一卷中，只有一处保留了异化，其他三处都改换了表述方式，就是明证。即使在这种意义上使用时，马克思也把它严格限制在资本主义社会，在有关社会主义的论述中没有使用过。因为马克思认为劳动异化现象是雇佣劳动与资本对抗的产物，是私有制而不是公有制的产物，不是永恒的历史现象。

把马克思用以揭露资本主义剥削现象的概念，套在社会主义头上。说社会主义"全面异化"，这就容易混淆两种制度的本质区别，使人以为社会主义与资本主义一样，不断从自身产生对抗的力量，这就严重歪曲了社会主义社会基本矛盾的非对抗性质，下面我们就具体分析一下"社会主义全面异化"理论的错误。

第二，20世纪80年代初，主张"社会主义全面异化"理论的人是这样定义"异化"概念的，所谓异化"就是主体在发展的过程中，由于自己的活动而产生出自己的对立面，然后这个对立面又作为一种外在的、异己的力量而转过来反对或支配主体本身"。或者说是："本来是属于自己的东西，脱离了自己，变成了异己的敌对的东西。"而且以父母养育了忤逆儿子为例。在这个定义中，异化不是对立统一体中对立面转化的同义语,而是对立面转化的一种对抗形式。如果按照这个定义来解释"社会主义异化",那就是:(一)主体(社会主义)在发展的过程中,由于自己(社会主义)的活动而产生出自己(社会主义)的对立面。(二)这种对立面还是"敌对的""异己的"力量,而且是要"转过来反对或支配"主体(社会主义)本身的。社会主义自己不断产生反对或支配自己的敌对力量?这和前节所讲社会主义社会基本矛盾是非对抗性的,(在社会主义初级阶段主要也是非对抗性的)可以经过社会主义制度本身,不断地加以解决的立论,是根本对立的。

不但说社会主义有异化,而且还说是经济、政治、思想各方面都有异化,是"全面异化",说"异化是社会主义一切弊端的集中表现,是对社会上大量存在的丑恶现象所能给予的最科学的说明"。照这样的说法,社会主义存在的各种消极现象都是社会主义自身产生的,而且都是对抗性的,这样讲,社会主义和资本主义还有什么区别?

我们再具体分析一下他们罗列的社会主义种种"全面异化"现象。所谓经济上的异化。说"工人阶级不能支配自己的产品",这是不是说社会主义也在剥削工人呢?实质上,除了小生产者以外,没有哪一种生产的劳动者能支配全部劳动产品的。社会主义的生产,正如《哥达纲领批判》所分析的,在做了各种扣除之后,才能按劳动量进行分配,但是生产性的扣除是为了扩大再生产,非生产性扣除也是取之于民,用之于民,这怎么能用"异化"来概括。片面追求高速度,片面发展重工业,当然是错误的,这是领导主观失误造成的,但不是工人受剥削,就像一家人因购买住房等高档商品而影响了日常生活一样,是不能用"劳动异化"来概括的,而且这种失误是可以靠自己纠正错误或事后调节来解决的,不是对抗性的,不是自己制造的敌对的、异己的力量来反对和支配自己。

他们把一些人"由人民的公仆变成人民的老爷"的现象概括为政治上的异化。这种现象确实存在,它的滋生蔓延关系党的生死存亡。但是腐败的根源是剥削阶级,是封建的、资本主义的影响在破坏社会主义制度,而不是社会主义主体自身演化出来的异己力量,社会主义正是要去克服这种现象的力量,把这种现象说成是社会主义异化,这能说"是对社会上大量存在的丑恶现象所能给予的最科学的说明"吗?

他们还把个人迷信说成是思想上的异化,个人迷信确实给我们的国家和人民带来很大的不幸,应当批判。但是,个人迷信的主要根源是我国封建制度的影响根深蒂固,不是社会主义制度自身的"异化"。

他们还把"昔阳县的西水东调工程""云南森林大火，毁林开荒"等破坏生态平衡方面的失误也说成是社会主义的异化。这是人们在改造自然过程中认识、实践上的失误。这种失误在各种制度中都可能产生，到社会主义也难以完全避免，它和社会主义制度没有必然联系，也不是和社会主义相对抗的。把它概括成社会主义异化，未免过于牵强。这样异化就变成一切消极现象的代名词，过于宽泛且缺乏具体内容。例如，你去看病，医生说你有病，或者说你的身体异化了，但是什么病，什么原因，怎么治都没有说，这是不能解决问题的。

第三，坚持社会主义社会基本矛盾的科学分析方法，纠正社会主义全面异化论的理论失误。

社会主义制度自身是有矛盾的，是有对立面的，因而也是有积极力量和消极力量的，甚至可以说是充满了各种积极现象和消极现象的斗争。但是，这种矛盾本质上是非对抗性的，它可以经过社会主义制度本身，不断得到解决，解决的结果是社会主义制度的自我完善，而不是自己制造敌对的、异己的力量来反对或支配社会主义制度。

现实的社会主义也会遇到一些对抗性矛盾，那是在一定范围内存在阶级斗争的结果，是新的社会主义力量与封建的、资本主义力量的较量，不是社会主义自身异化出来的敌对力量与社会主义相对抗。在社会主义初级阶段，封建的、资本主义的影响会渗透到社会主义的生产关系和上层建筑中，因而带来一些消极现象，表面上看这些消极现象是社会主义主体异化出来的，实质上它是受到了刚从旧社会脱离的社会主义制度中旧制度因素的作用，而不是社会主义制度本身的异化。社会主义制度正是在不断与这些旧制度因素的斗争中逐步得到完善和发展。

所以，把改革说成"克服异化"也是不科学的，改革是社会主义制度的完善与发展，是用非对抗性的方法，改革生产关系、上层建筑与生产力状况不相适应的环节和方面。用对抗性的异化概念来概括改革，只会模糊人们对社会主义改革性质的认识。

西方哲学流派中，有的也以"异化"作为他们的一个理论基础。存在主义者萨特就认为，资本主义也有异化，社会主义也有异化，只要有权力就有异化，资产阶级专政、无产阶级专政都是不好的。社会的发展就是"异化——造反——再异化——再造反"的反复的历史。他明确表示："我骨子里是无政府主义者"，我的理想是"没有权力的社会"。所以，他支持"文化大革命"中"造反有理"的红卫兵运动，而且在法国也支持"造反有理"的群众运动。

所以，无论你主观意愿如何，异化论都会把人们引向否定一切权力、权威和社会主导力量。社会主义全面异化论就会把人们引向否定社会主义的领导力量，表面非常抽象的哲学思辨，它的现实指向就是如此。

至于有人说，是否可以在非对抗性的意义上，在一定条件下使用社会主义异化的概念，我认为可以作为一个学术问题继续讨论。

沉沦—奋起—伟大复兴

——跨世纪中国经济社会发展的思考

一、跨世纪的历史轮廓

世纪之交，审视中国近现代的历史，展望未来，大致可以勾画出这样一个历史轮廓：

19世纪是沉沦的世纪。1840年以后，面对世界列强的侵略，中国签订了几十个不平等条约，割地赔款，丧权辱国，备受屈辱，最后沦为半殖民地半封建社会。

20世纪是奋起的世纪。前半个世纪，从1900年到1949年，时代的主题是救亡、独立。历经孙中山先生、毛泽东同志领导的两次革命，最终在中国共产党领导下，建立了中华人民共和国。中国人民从此站起来了。后半个世纪，从1949年到2000年，时代的主题是建设、改革。经过艰苦反复的探索，在总结社会主义建设成功与失误历史经验的基础上，在改革开放现代化建设的伟大实践中，终于形成了建设有中国特色社会主义的理论，即邓小平理论。她系统、科学、初步地回答了中国这样一个基础落后的大国如何实现社会主义现代化的历史课题，并在世纪之末取得了世人瞩目的成就。

21世纪将是中华民族伟大复兴的世纪。要在中国特色社会主义理论的指引下，振兴中华，到21世纪中叶基本实现社会主义现代化并最终完成祖国统一的大业。可以预见，21世纪下半叶将是中华民族全面复兴，再现历史辉煌的时代。

勾画这样的历史轮廓，只是要说明我们面临的历史机遇和可能实现的历史走向。这种设想是有现实依据的。

邓小平同志为中国设计了经济社会发展三步走的战略目标，前两个目标（温饱与小康）已经实现了。我国原计划从1980年到2000年国内生产总值翻两番，即增长四倍，这个目标在1995年已提前实现。后来又提出到2000年人均国内生产总值翻两番的目标，这个目标也提前实现了。当前，以江泽民同志为核心的第三代领导集体正在领导中国人民向实现第三个战略目标奋进，即到下世纪中叶，我国基本实现现代化，人均收入达到中等发达国家水平，正在逐步具体化为可操作的行动纲领。

二、中国经济发展总量何时能赶上美国

现在世界各国几乎没有人怀疑中国能实现第三步走的战略目标，在21世纪实现经济的腾飞。美国一些人甚至认为在21世纪只有中国的国内生产总值能赶上美国。不同的意见只是，中国的经济社会发展何时能达到什么程度，以及中国改革发展带来的社会后果是什么？各国都在对此进行研究预测，并从本国的利益出发提出对策。譬如，对中国的国内生产总值何时能赶上美国，就众说纷纭。有的认为2010年就可以做到；有的认为在2025年左右（新加坡资政李光耀）；也有的认为，"2020年中国的国内生产总值将仅次于日本和美国，成为居世界第三位的经济强国。"；还有的认为赶上美国估计要到2050年甚至21世纪下半叶才能做到。由美国五角大楼资助，前参议员沃伦·拉德曼（共和党人）和加里·哈特（民主党人）任主席的一个专家小组，1999年9月，发表了第一份有关美国未来的报告，预测"至少在2025年以前，美国仍将是世界上首要的政治、军事和文化力量"，此前，"不大可能出现在全球与美国竞争的国家"，但"越来越大地限制美国的选择……抑制美国战略影响的'新兴国家'中，最重要的可能是中国"，这份报告对"中国什么时候会赶上美国""说不准"。但是英国一些专家对此项研究结果的分析是"设想人民币和美元之间汇率不变，中国经济平均年增长率超过美国六个百分点，中国将在三十七年后超过美国，成为世界上经济实力最强的国家。"

各种预测之所以出现如此大的差距，重要原因之一是测算方法不同。现在世界上通行国际经济比较方法主要有两个：一个是汇率比较法，即将各国用本国货币计算的国内生产总值，按国际汇率折算成美元进行比较；另一个是购买力平价办法，即选择几百种典型商品，统计他们在不同国家的不同价格（适当乘以质量系数），然后进行比较。这两种方法各有其作用，前者能够更准确地反映国际贸易竞争中各国的经济实力，后者能接近实际地反映各国人民的实际生活质量。对中国来说，两种比较方法计算的结果约相差4倍左右。譬如，20世纪80年代初，按汇率比较法计算的人均国内生产总值为300美元左右，但按购买力平价办法计算，人均国内生产总值可高达1200美元—1500美元；另据统计，1993年，中国人均GDP，按汇率比较法计算为440美元，而按购买力平价办法计算为1400美元（美国按两种方法计算均为24740美元）1997年，中国人均 GDP 达 860 美元，而按购买力平价办法计算则可高达 3000 美元左右。另外，用汇率比较法计算，美国国内生产总值占全世界国内生产总值的 29% 左右（其人口约占全世界人口的 4.6%），而中国只占全世界国内生产总值的 3.4% 左右（其人口约占全世界人口的 21.2%），但按购买力平价办法计算，中国在全世界国内生产总值中约占 12% 左右（见附表 1）。两种不同经济比较法的差异说明，中国的劳动力和物价比较便宜，在国际经济竞争中实力较弱。凡是认为在 21 世纪 20 年代左右，中国国内生产总值能赶上美国的，大多数是用购买力平价办法计算的。我们认为这种计算方法夸大了中国在国际竞争中的实力，不能准确地反映中国经济的实际发展状况。

美国五角大楼资助的研究报告和英国专家的分析都认为应当按国际汇率比较法衡量各国的经济实力。前面已谈到，他们按这种汇率比较法预测，经过 37 年中国国内生产总值将赶上美国。我们认为这个研究结果不准确。因为它的两个前提条件都是不科学的。其一是"设想人民币和美元之间的汇率不变"，这是没有科学根据的。实际上他们也认为，"采取将人民币贬值 10%（再高一点儿更好）……，可以给出口工业增加活力，对付通货紧缩，使利率大大下降"，"接受这种逻辑看来只是时间问题"；其二是认为"中国经济平均年增长率超过美国六个百分点"。确实，近二十年来，中国经济的年增长率达百分之九点七，而美国为百分之三点几，中国年增长率比美国约快 6%，但是这种状况不能永远持续下去。有人估计今后十年到二十年美国经济年增长率为 3% 左右，中国为 7%—8%，二十年后，中国的经济发展速度还会再低一些，这可能是比较接近实际的。按照这种估计，中国经济能逐渐赶上美国是没有疑问的。因为虽然中国年均增长的绝对值在相当长时间内仍低于美国，但两条不平行线向前延伸，斜率大的一方面最终总要赶上和超过斜率小的一方，但这个时间要比预测的三十七年长得多。我们曾经做过一个计算，假设今后美国经济年增长率为 3%，中国经济年增长率在比美国快 6%、5%、4%、3%、2% 的情况下，中国的 GDP 赶上美国的 GDP 所需的时间，其结果分别约为 38 年、45 年、56 年、75 年和 111.4 年，如果考虑到人民币有一定的贬值，那么中国的 GDP 赶上美国的 GDP 的时间还要更长些（见附表 2）。我们不是算命先生，下个世纪几十年到上百年时间国际形势和中美两国国内形势的变化复杂难测，因此，没有必要也不可能对中国的 GDP 何时能赶上美国的 GDP 做出准确估计。但是，通过上述的计算可以对中国 GDP 赶上美国 GDP 的"可能历史空间"得出轮廓式的看法：即在一般情况下，在 21 世纪中叶前，中国 GDP 可以接近，但不太可能赶上美国；如果搞得好，在 21 世纪下半叶的某个时间，中国的 GDP 有可能赶上美国；如果搞得不好，这个历史进程可能还会更长些。对这个问题，我们一定要保持头脑清醒，既要看到中国面临的历史机遇，增强中国人民的历史责任感，又要充分估计前进中可能遇到的困难和挑战。譬如，中国的经济增长方式正在从粗放型向集约型、从速度型向效益型转变，在经济增长中要力求减少泡沫的成分，不宜单纯追求过高的经济发展速度。中国正在从计划经济体制向社会主义市场经济体制过渡，伴随体制转型带来的深层经济社会矛盾，如国有企业改革中的阵痛；权力与市场不正当结合所带来的社会腐败；利益调整所引发的贫富差距扩大；加入WTO所带来的挑战；等等，都会给经济社会发展带来一些困难。加上国际上某些政治势力还会给中国的经济发展、体制改革制造一些干扰和障碍……，宁可对困难估计得更充分些。只有这样，我们才能在争取最好的可能的同时，防止最坏的可能，立于不败之地。切不可盲目乐观，头脑发热，做出欲速则不达的蠢事。当然，即使到21世纪下半叶，中国国内生产总值才能赶上美国，在一个国人曾被称为"东亚病夫"的落后的中国，用一百多年的时间建设成为世界一流强国，这在人类历史上也将是了不起的成就。

三、经济发展总量与经济社会全面协调发展

即使是中国的国内生产总值赶上了美国，那么，中国的人均国内生产总值大约也只有美国的1/4，甚至还要少一些。根据中国人口专家的估计，到22世纪中叶，中国的人口将达到16亿，那时中国人口有可能实现零增长。而美国人口增长率比中国低，那时人口总数不可能超过4亿。所以中国的人均国内生产总值只能达到中等发达国家的水平，在世界上的排序仍然是靠后的，从某种意义上说，"五十年后中国仍然是发展中国家"。人口众多，资源相对不足，是历史赋予中国的不同于世界上多数国家的特殊负担，我们只能正视这个现实，在这个基础上前进。当然，即使到那时，中国的劳动力仍然会是相对便宜的，物价也会是相对较低的，按购买力平价办法计算的人均国内生产总值仍会比按汇率比较办法计算的高一些，也就是说中国老百姓的实际生活水平虽然仍低于发达国家，但其差距会比汇率比较法显示的小一些。也正是因为如此，中国需要更为公平的分配制度，避免资本主义两极分化的恶果，使广大人民能更多享受到经济发展所带来的实惠。这也是中国为什么要选择社会主义发展道路的一个重要原因。

国内生产总值赶上美国，总体经济实力接近了，还不等于综合国力已经并驾齐驱。综合国力是国家经济、政治、科技、文化、国防实力和民族凝聚力等的全面体现，其中经济是基础，但还包括国防、外交、民主法治建设、科技教

育发展、卫生医疗保健、社会福利、环境、资源、人口、城乡地区差距、民族团结等多方面的综合因素。中国是大国，又实行社会主义制度，可以更好地集中力量办大事，在综合国力比较中有优势方面。但几千年封建专制、愚昧和小生产习惯势力；一百多年的半殖民地导致国民崇洋媚外，缺乏民族自尊、自信；人口太多带来的资源相对不足和社会负担过重；历史长期形成的地区、城乡差距过大；科技教育文化基础薄弱；等等，又给中国的综合全面发展带来许多困难。所以从总体经济实力单项到综合国力全面赶上发达大国，还将是一个历史过程。正因如此，我们认为，虽然到21世纪中叶中国可以基本实现现代化，初步建成富强、民主、文明的社会主义国家，但是要达到高度繁荣、高度民主、高度文明的发展状况，还需要21世纪后半叶乃至更长时期的艰苦奋斗。因此，我们预计21世纪下半叶才是中华民族全面复兴，再现历史辉煌的时代。

中国富强，中华民族伟大复兴，它的国际影响不是新的霸权主义的再生，而是促进世界多极化的发展，增强遏制霸权主义的力量。中国的富强不是靠掠夺殖民地、贩卖黑奴、剥削第三世界而来，她没有必要谋求经济霸权，只要求国际各国间平等互利的合作和竞争；政治是经济的集中表现，因而她也不会谋求政治的霸权，特别是中国在近现代饱受列强侵略欺凌之苦，这段历史也使中国人的民族性格与被压迫民族心心相连；中国也不会谋求文化霸权，21世纪，中国文化、东方文化将会摆脱过去受鄙视、压迫的地位，发扬光大，在世界上占应有的地位，但是她没有必要去贬低、压制其他文化的发展，相反会促进东方文化与西方文化、中华民族的文化与世界各民族文化的广泛交流，并互相吸收借鉴。中国将从世界文化的优秀成果中受益，也将对世界文化做出自己的贡献。总之，中国从半殖民地而来，从发展中国家而来，向富强、民主、文明的目标而去，她的发展只会给历史上殖民地的国家和现实中的发展中国家带来希望，促使他们奋起。可以预见，在21世纪多极化世界发展的格局中，中国和其他发展中国家一起，将成为世界上有巨大影响的一极，为和平共处、平等互利的新国际关系做出自己应有的贡献。真正感到中国富强会带来"威胁"，甚至进一步制造"中国威胁论"的只能是霸权主义者，而不是世界各国的人民。

站在迈向21世纪的门槛上，进行历史的回顾与前瞻，我们可以清晰地看到，对于中华民族来说，19世纪是沉沦的世纪；20世纪是奋起的世纪；21世纪将会是伟大复兴的世纪。一个古老的民族，在近代历经沧桑之后，终于有了再次走向历史辉煌的希望。

附表1　中美两国所占全世界国内生产总值的比例

	汇率比较法	购买力评价办法	占世界人口比例
全世界国内生产总值	293000 亿美元	391000 亿美元	
美国所占比例	29%		4.6%
中国所占比例	3.4%	12%（近3.5倍）	21.2%

1997年中国与美国GDP和人均GDP的比较

	GDP	人均GDP	
		汇率比较法	购买力评价法
美国	76901 亿美元	28740 美元	28740 美元
中国	10554 亿美元	860 美元	3570 美元（约4.16倍）

1993年中国与美国GDP和人均GDP的比较

	GDP	人均GDP	
		汇率比较法	购买力评价法
美国	62599 亿美元	24740 美元	24740 美元
中国	4256 亿美元	440 美元	1400 美元（约3倍）

资料来源：《参考消息》1999年10月3日；《世界经济》1999第3期，1996年第3期

附表2　计算中国GDP赶上美国所需时间的公式及结果

一、计算公式：

$$G_1(1+P_1)^n = G_2(1+P_2)^n$$

其中：G_1、G_2分别为美、中两国现在的GDP值，计算时假定$G_1:G_2$为8.5:1；

P_1、P_2，分别为美、中两国的年增长率，计算时假定P_1为3%；

n为美、中两国GDP相等所需的时间，单位为年。

二、计算结果如下表所示：

中国比美国高出的年增长率		2%	3%	4%	5%	6%
中国GDP赶上美国GDP所需的时间	N_1（年）	111.44	74.95	55.98	44.91	37.93
	N_2（年）	116.41	78.24	58.51	46.96	39.60

注：N_1为人民币不贬值情况下中国GDP赶上美国所需的时间；

N_2为10年后人民币贬值10%情况下中国GDP赶上美国所需的时间。

资料来源：《参考消息》1999年10月3日；《世界经济》1999第3期，1996年第3期

缩小贫富差别,逐步实现共同富裕

改革开放以来,我国实行让一部分地区、一部分人先富起来,带动人们共同富裕的政策,收入分配发生了巨大的变化。一方面,打破平均主义,调动了人们的积极性,居民收入普遍提高,生活有了很大改善;另一方面,城乡、地区、行业、居民收入差距和贫富分化不断扩大。多项社会调查表明,收入差距问题已成为人们最为关注的社会问题之一。如何正确看待这一社会现象?如何改革收入分配制度,缩小贫富差距,逐步走向共同富裕?

一、我国基尼系数的变化

基尼系数是1922年意大利经济学家首先提出的,用来反映居民收入分配差异状况的重要分析指标,是根据英语Gini coefficient翻译而来的。其经济含义是:在全部居民收入中,用于进行不平均分配的那部分收入占总收入的比重。基尼系数最大为"1",最小为"0"。前者表示居民之间的收入分配绝对不平均,即100%的收入被一个人占有了;而后者表示居民之间的收入分配绝对平均,即人与人之间收入完全平等,没有任何差异。

在实际生活中,基尼系数介于0—1之间。按照目前国际惯例,基尼系数在0.2之下,表示居民之间收入分配"高度平均";0.2-0.3之间表示"相对平均";在0.3-0.4之间为"比较合理";国际通常把0.4作为收入分配贫富差距的"警戒线",认为0.4-0.6为"差距偏大",0.6以上为"高度不平均"。有的社会学者认为,超过0.45为极度不平均,易引起社会不稳定甚至动荡,也有的社会学者认为,依据世界形势的变化和各国国情的不同,这个临界点是有区别的。

反映居民收入分配差距的方式方法和指标较多,基尼系数从数量经济学的角度给出了反映居民之间贫富差异程度的数量界线,可以较客观、直观地反映监测居民之间的贫富差距,预报、预警和防止出现贫富两极分化和社会动荡,因此,得到各国的广泛认同和普遍采用。

不同时期的基尼系数的国际比较（见表1、表2）

表1 20世纪90年代中期各国基尼素数

巴西	墨西哥	委内瑞拉	美国	南非	菲律宾	俄罗斯
0.60	0.54	0.47	0.40	0.59	0.43	0.48

表2 2002年挪威、瑞典、芬兰三国基尼系数

挪威	瑞典	芬兰
0.258	0.250	0.256

目前，我国的基尼系数是多少？贫富差距有多大呢？官方估计的数字和一些学者的测算是有差别的。根据国家统计局测算，1990年，我国的基尼系数为0.343，1995年，我国的基尼系数为0.389，1999年，我国的基尼系数为0.397，2000年，我国的基尼系数为0.417。而一些社会学者经过社会调查测算，中国城乡居民个人收入的基尼系数自1996年以后已超过0.45。根据前者的测算，我国目前的收入差距还大体在合理边界的左右，但其趋势值得注意。根据后者的测算，我国世纪之交的收入差距已经太大，明显超过了国际公认的合理界限，社会上已经出现了贫富分化的现象。

我和一些学者认为，上述两种测算的差别在于，前者的主要依据是官方可以统计的居民正常收入，而后者则更多地考虑了非正常因素收入，包括体制外的非法收入和不规范收入。由于这些非正常收入都是通过非法的途径或者利用体制转型过程中制度不完善的漏洞所获取，具有很大的隐蔽性，因此，常规收入分配的统计资料中，一般难以统计这些非正常收入。

上海复旦大学出版社1999年出版的陈宗胜所著《改革、发展与收入分配》一书，曾对非法收入对全国收入分配的影响做过测算，认为，包括各种非法收入在内的1988年全国总收入分配差别，其基尼系数约为0.3888，其中正常收入差别约占76%，各种非法收入近24%，在全国范围内它大约使收入分配基尼系数由0.2691上升到0.3888，上升31%；在农村范围内由0.2898上升到0.3727，上升29%；在城市范围内由0.1689上升到0.2747，上升63%。

经济学家刘国光在一篇文章中也讲到，"一项测算表明，如果把1999年全国居民基尼系数0.397作为正常收入差异程度，若把垄断租金、非法经营收入以及政府公务人员'租金'收入、社会成员偷漏逃骗税收入、公共投资及公共支出转移形成的非规范和非法收入等估算在内，居民基尼系数将达0.45左右。

另一项测算认为，1998-1999年我国正常收入的基尼系数基本处于0.3-0.4之间，属于比较合理的收入差距范围，但如考虑非正常收入因素基尼系数则进入0.4-0.5的差距较大的空间。"

以上的分析说明，非正常收入因素对我国收入差距的影响是不可小视的，它可以使我国居民收入基尼系数从接近合理变为不合理甚至极不合理。由此，我们可以悟出：

第一，随着社会主义市场经济体制改革的深入，通过按劳分配和按生产要素分配所获得的收入及其差距的扩大，总的看它有利于克服平均主义，鼓励人们积极进取，有利于提高经济效益，发展生产力。这说明邓小平同志让一部分地区、一部分人先富起来，带动人们共同富裕的政策是完全正确的。当然，现在即使按国家统计局统计的数字，我国的基尼系数也已超过0.4，值得注意，应当更加重视社会公平，在防止贫富进一步分化方面做必要调整，在全面建设小康社会的进程中，使经济社会更协调地发展，逐步向着共同富裕的目标前进。

第二，真正引发人民群众不满的是政治腐败和社会腐败造成的非法收入，利用体制转型漏洞获得的不规范、不合理收入，以及由此而形成的暴富者。这种不合理的收入是基尼系数过大的主要原因。所以，治理收入差距过大，首先应当放在打击非法收入和规范不合理收入方面，这个问题解决好了，我国居民收入基尼系数仍可接近较为合理的界限。

我国基尼系数测算中的另一个问题是城乡差距问题。刘国光认为，在我国"基尼系数涵盖城乡居民，而城乡之间的收入差距扩大幅度明显大于城镇内部和农村内部居民收入差距扩大幅度。1978年到2000年城镇内部居民收入差距的基尼系数由0.16上升到0.32；农村内部由0.21上升到0.35。基尼系数都小于国际警戒线，比较适中合理。但城乡之间居民收入差距幅度2000年已高于国际警戒线（0.417）"。有的社会学者如李强所测算的基尼系数虽明显高于上述统计数字，如认为1994年城乡居民收入基尼系数已达0.434，城镇居民收入基尼系数为0.370，农村为0.427，但城乡收入差距幅度大于城镇内部和农村内部居民收入差距幅度这种估计则是完全一致的。这说明，中国的贫穷人口集中在农村，而中国的富人在城市比农村多很多，所以只要城乡综合测算，基尼系数就会升高。因此中国全面建设小康社会，乃至进而实现社会主义现代化，重点难点都在农村，这是最为艰巨的历史任务。

造成城乡差别过大，有复杂的历史和现实原因，其中最重要的一个原因是几十年一贯地实行城乡二元结构体制。当然，这种分割也造成我国城乡居民两种根本不同的生活方式（包括劳动、收入、消费的不同方式），城乡生活的某些方面有不可比性，所以城乡混算的基尼系数，难以准确地反映城乡差距对社会的影响。因此，我国可能引发社会动荡的基尼系数警戒线，应比国际一般的标准高一些，不宜简单套用。究竟高多少合适，需要进一步研究。另外，随着改革的深入，城乡统筹发展的进程加快，城乡二元结构体制逐渐被打破，城乡统算的基尼系数的实际数值会愈来愈高，其收入分配的警戒线也会因此发生变化。

二、我国城乡收入差距

中国贫富差距最突出的是城乡差距。新中国成立以前，中国实行的就是城乡分割的二元结构；新中国成立以后，由于外部封锁和实行计划经济体制，国家通过工农业产品价格剪刀差，以取得工业化所需要的巨额资金，城乡居民生存和发展机会不平衡。中共十一届三中全会以后，以家庭联产承包责任制为契机，农村率先改革，农民率先受益，1982年到1984年，城乡差距一度有所缩小，但1984年城市经济体制改革全面推进后，城镇经济发展和居民收入增长明显高于农村，使城乡差距进一步扩大。1992年以后，社会主义市场经济体制改革全面展开，由于农村小生产和自然经济影响深，市场发育不完善，农村发展面临新的困难。

20世纪末，从1997年起农民收入增长率连年下滑，1996年曾达9%，1997年骤减为4.6%，1998年为4.3%，1999年为3.8%，2000年为2.1%，2001年因粮价上涨，回升到4.2%。2001年，我国城镇居民的人均可支配收入为6860元人民币，而农村人均可支配收入仅为2366元，约是城镇的34%，城乡收入差距近3：1，（2003年已达3.24：1）如果考虑到农民人均纯收入中四成是实物折抵的收入，还有两成用于预购化肥、种子、农药等生产资料，全年农民可自行支配的货币收入可能不超过1000元。与此同时，城市居民不必考虑生产性开支，还能享受医疗、失业、养老等多种福利补贴。国家统计局的学者认为，中国城乡居民实际收入差距可能达到6：1，而世界上多数国家的城乡收入比为1.5：1。1998年到2001年城镇居民人均可支配收入净增加1435元，而农村居民只增加206元，8亿多农民很少有钱消费，占全国人口2/3的农民消费只占全国的1/3。截至2000年底，农村还有近3000万人没有解决温饱问题（人均年收入在625元以下），还有6000万人徘徊在温饱线上（人均年收入825元）。所以江泽民同志说："全国实现小康，重点和难点都在农村。农村实现小康，关键是要增加农民收入。"按照国家统计局联合12个部门的研究人员结合我国实际、参考国际标准所提出的小康评价指标进行测算，到2000年底，包括经济水平、物质生活、人口素质、精神生活、生活环境五方面共十六个评价指标中已有十三个指标达到或超过了小康标准,只有农民人均纯收入、人均蛋白质摄入量和农村初级卫生保健基本合格县百分比这三个与农民直接有关的指标没有完全实现(分别实现了85%、90%和80%)。这一方面说明我国总体上已经进入小康社会,改革开放现代化建设成就巨大,另一方面也说明,全国建设小康社会重点难点都在农村。

为了解决上述问题,以胡锦涛同志为总书记的党中央和温家宝同志为总理的国务院把解决"三农"问题、增加农民收入、实现农村经济社会全面发展作为工作的重中之重,2004年春节刚过,就以一号文件的形式公布了《中共中央国务院关于促进农民增加收入若干政策的意见》,在战略发展、经济体制、政策措施、工作机制上提出一系列新思路,按照"多予、少取、放活"的原则,提出了许多增加农民收入的具体措施。"一号文件"中直接带有资金支持的政策占到相当大的比例,因而被人们称为"高含金量"的文件。其着力点放在增加粮食主产区农民收入上,抓住了多年来农民收入最难提高的部分。一系列实实在在的政策措施,将对当前和今后一个时期农业和农村工作产生重大的影响。事实上,经过新中国成立以来几十年的建设,我们的工业有了很大的发展,现在应当是变农业支持工业为工业反哺农业的时候了。世界上许多国家在人均GDP达到1000美元-3000美元的时候,大体都经历了这样一个转化的过程。发达国家对本国农业的支持水平(农业综合支持量AMS)都很高,1996年到1998年,美国的AMS为9.5%,欧共体为25%、日本为41%、加拿大为15%,属于发展中国家的墨西哥的AMS高达34%。日本农业生产者收入总额中有60%来自政府补贴。日本对山区、半山区的农民也实行直接支付政策,每个农户每年享受的最高补贴可达100万日元,折合7870美元,2000年,美国对每吨小麦的直接补贴为45.2美元,每吨玉米为27.6美元,欧盟对每吨谷物的补贴为55美元。而我国现实情况是,农民的可支配收入只有城镇居民的1/6,税赋却比城市还要重许多。"一号文件"规定"逐步降低农业税税率,2004年农业税税率总体上降低一个百分点,同时取消除烟草业外的农业特产税。有条件的地方,可以进一步降低农业税率或免征农业税"。十届全国人大二次会议关于《政府工作报告》进一步宣示,"五年内取消农业税",这将是纳税史上改变千古定制的一场革命。为贯彻落实中央一号文件和十届全国人大二次会议政府工作报告精神,国务院2004年出台了有关保护耕地、减免农业税、扩大良种补贴范围和规模、对种粮农民实行直接补贴等一系列政策措施,其中在减免农业税方面进一步决定,"今年在黑龙江、吉林两省先行免征农业税改革试点;河北、内蒙古、辽宁、江苏、安徽、江西、山东、河南、湖北、湖南、四川等11个粮食主产省(区)降低农业税率3个百分点,并主要用于鼓励粮食生产;其他地区降低农业税率一个百分点。沿海及其他有条件的地区也可以进行免征农业税试点。""一号文件"还提出将新增财政支出向"三农"倾斜,今年我国中央财政支持农业各方面的资金将达1500亿元,比去年增加300亿元。这些措施"为最终实现城乡税制的统一"的政策目标迈出了重要的一步。

中央一号文件继续强调发展农村二、三产业,壮大县域经济。现在农村劳动力由农业向非农业流动,由农村向城镇聚集,已有1/3的劳动力转移到非农产业。相应的农民收入由主要来自农业转向农业和非农业并举。目前,农民收入构成中来自非农产业的比重已经接近50%,工资性收入比重已超过1/3,对农民收入增长的贡献率达60%多,来自非农产业和进城务工的收入已成为农民收入增长的主要来源。

改革开放初期,有些人曾把民工潮称为"盲流",这反映我们对农业现代化的道路缺乏正确认识。我国的农村劳动力有4.7亿(也有人估计乡村从业人员为4.99亿),全国耕地19亿亩,若按每个劳动力耕种10亩算,仅需农业劳动力1.9亿。尚有2.8亿到3.09亿的农村剩余劳动力。(另一种计算,我国可耕地只要占世界耕地面积的7%,按照世界平均的农业生产率推算,我国的种植业最多只需要5000万人就够了。)现在在乡镇企业就业的劳动力约1.3亿,离乡外出就业的约9900万(2004年已达12 000万),仍远远不能满足农村劳动力的就业要求。世界各国的实践也说明,农民非农化是农民现代化的必由之路。

与大量农民非农化的过程相适应,必须加快城镇化建设。从20世纪50年代到80年代,农村只向城镇转移了0.5%,按这个速度,中国城镇化要四百年。改革开放后,农民民工潮冲击了这种制度,但一段时间内体制变革仍然滞后。近二十年来,在我国城镇化水平提高了近20%,经济年增长率约9%的速度中,劳动力转移的贡献是1.5%,到2002年,我国城镇总人口比重达39%,2004年达到42%,城镇化发展很快,但仍处于较低水平。预计2010年,我国城镇化率将超过45%,2020年,将达到50%-55%,这是全面建设小康社会的重要标志之一。到21世纪中叶,我国城镇人口将达到70%以上,这是我国实现现代化的一个基本条件。

伴随城镇化的进程,我国城镇以户籍制度为中心,涵盖就业、居住、子女教育、公共福利等一系列制度将发生根本变革。具体的措施,大中小城镇、经济发达程度不同的地区会有所不同,但是总的目标都是打破城乡二元结构体制,使大多数农民成为非农民,成为工人阶级的组成部分。新华社南京2003年5月1日报道:"对于4000万江苏农民来说,2003年的'五一'是一个特别的日子:

从这一天起，虽然还住在农村，但他持有的不再是'农业户口'，而是与城里人一模一样的'居民户口'。""这一改革彻底打破了城乡分割的户籍管理'二元结构'，全面建立了以居住地登记户口为基本形式，以合法固定住所或稳定生活来源为户口准迁条件的新型户籍管理制度。""从 1997 年起，江苏就开始逐步改革户籍管理制度。至 2003 年 4 月初，江苏 7400 万人口城镇化率已经达到 44.7%。"现在，中央文件已明确指出："进城就业的农村劳动力已经成为产业工人的重要组成部分"，2003 年 8 月初，中华全国总工会也已经宣布，将尽可能多地组织农民工入会，并将离开家乡到城镇打工的农民定义为职工队伍的成员，此后一个多月，全国就有 3400 万农民工加入了数以百计的打工地城镇工会组织。

从 1982 年起，中共中央连续五年发出五个"一号文件"，使中国农民获得了极大的解放，2004 年，中央关于促进农民增收入的一号文件，适应全面建设小康社会的要求，必将使中国的农民获得新的解放。有人认为，新中国成立以来，中国农民已经和将要经历三次大解放。第一次是 20 世纪 50 年代初期的土地改革，农民从封建剥削制度下解放出来，农民有了自己的耕地；第二次是 20 世纪 80 年代初实行的以家庭联产承包责任制为主体的双层经营体制，从以阶级斗争为纲和僵化的体制下解放出来，大部分农民自主耕种，自主经营，较快解决了温饱问题，奔向小康；现在，中央一号文件的发布，启动了农民的第三次大解放：城市支持乡村、工业反哺农业，农民将逐渐从城乡二元结构体制下解放出来，农业走向现代化、市场化，大量农民走向非农化，许多农村走向城镇化，中国农民将逐步获得和城市居民一样的经济社会发展权力，在生产力充分发展的基础上走向富裕之路。这是一个需要几十年艰苦奋斗的历史过程，但是中国的农民懂得，这是他们获得全面解放的唯一道路，他们一定会在共产党领导下，积极奋跑，奔向这条光明之路。

三、我国地区收入差距

中国贫富差别又一突出表现是地区差距问题，其最大难点在西部地区。西部地区包括 12 个省市（西南 5 个，中西部 5 个，加上广西、内蒙古）。我国 69% 的国土是山区，56% 的人口在山区，农村贫困人口主要集中在山区，而山区主要在西部。我国陆地边境主要在西部，少数民族也多聚居于西部，资源优势也多在西部。由于自然和历史的原因，我国西部地区长期处于比较落后的状态。改革开放之初，为了突破计划经济体制的束缚，按照发挥比较优势的原则，率先实行沿海开放战略。邓小平同志提出："一部分地区先发展起来，一部分地区发展慢点，先发展起来的地区带动后发展的地区，最终达到共同富裕"的战略思想，实施了非均衡的梯次发展模式，使具有经济发展地缘优势且得到国家政策支持的东部地区，先于中西部地区快速发展起来，极大地增强了我国的经济实力，带动了我国整个国民经济的腾飞。但是在这个过程中，在东西部都有所发展的状况下，地区的差距进一步扩大。据统计，西部地区面积占全国面积的71.3%，西部地区人口占全国人口的30%，而西部地区GDP却只占全国GDP的18%，而东部沿海5-6个省的GDP超过全国GDP的50%。1991年，东部地区与西部地区人均GDP差距为1.86倍，2001年，扩大为2.44倍。GDP最高的上海（4516美元每人每年）与GDP最低的贵州（347美元每人每年）相差13倍，在10年前的7.3倍的基础上扩大了5.7倍，而贵阳与上海的差距，还小于贵阳同本省最贫困地区的差距。2002年，国家统计局农调总队进行了"县（市）社会经济综合发展指数研究"，参加测算的县、市、旗2000个（未包括西藏自治区）。确定出全国400个欠发达县，西部地区就占了342个。从总体小康实现程度看，东部11省市全部实现小康，中部8省实现78%，西部12省市只实现了56%。邓小平同志在20世纪80年代就明确提出"两个大局"的战略思想，东部沿海地区加快对外开放，率先发展起来，发展到一定时期，就要帮助中西部地区发展。20世纪末，中共中央认为，加快中西部地区发展的时机已经成熟，做出了实施西部大开发战略的重大决策，国家加大了对西部地区开发的支持力度，2002年，发行1500亿建设国债，其中500亿专门用于西部地区建设，搞了西电东输、西气东送、青藏铁路、水库枢纽、交通干线、生态环境、能源体系、信息网络、公路等基础设施建设，教育投资明显增加。四年来，西部大开发取得重要进展。对扩大国内需求，调整经济结构，促进东西互动，保持国民经济持续、快速、健康发展，巩固全国改革发展稳定大局，作出了重要贡献。2002年，经济发展还呈现出东部最快、西部居中、中部较慢的增长趋势。但是由于西部地区基础设施、生态环境、教育卫生等方面的落后状况仍未根本扭转，经济社会发展的难度仍很大，总的看，一段时间内东西部差距还会继续扩大。我们全面建设小康社会，就要包括中西部的小康。看来，中国的改革开放和现代化，起步在东部，最后落脚点在西部，支持西部的开发是今后二十年乃至半个世纪以上的长期、艰巨的奋斗过程。

继西部大开发之后，中央最近又提出振兴东北老工业基地的战略部署，这是在我国沿海地区经济发展基础上，实行东西互动的重大举措。新中国成立初期，东北为国家战略物资储备和工业化建设奠定了扎实基础，是社会主义工业建设的摇篮。但由于历史原因，东北部地区工业结构和运行方式，大都是计划经济体制的产物，在改革开放的历史条件下，不再适应市场经济的要求，因此其经济社会发展遇到了严重的困难。但是，东北地区具有丰富的自然资源、坚实的工业基础、独特的产业优势和雄厚的科技实力，工人队伍也十分庞大。现在，面临国际制造业向发展中国家转移，我国工业发展由轻化工业向重化工业转移以及地区发展由东向西转移的历史机遇，东北地区具有装备制造业强以及接纳、吸收和转化东部地区资本、技术、项目、产业的优越条件，只要能向市场经济方向调整自己的产业结构和运行机制，提升自己的经济素质，并能利用好国家支持老工业基地发展的各项政策，就有可能成为继"珠三角""长三角""京津三角"之后，中国内地经济增长的第四级。

实施西部大开发和振兴东北老工业基地的战略，不是搞平均主义、杀富济贫，而是在继续发挥东部沿海地区优势，使之在率先基本实现现代化的基础上，支持中西部发展，逐步缩小差距，经过一个相当长的历史时期，最终实现共同富裕。实际上，只有东部地区更好地发展，才能更有力地支持西部地区的发展。同时，西部地区的开发搞上去了，资源优势充分发挥了，潜在的市场变为现实的市场，也才会有力地促进东部地区的经济社会发展。这就决定了中国区域经济发展必须选择梯度转移的路径，按"最有潜力者优先"的原则，通过东部率先发展，然后向中部、西部转移和扩散资源、产业，发挥先进地区对落后地区的带动和辐射作用，逐步形成东西互动、优势互补、共同发展的格局和东部领跑、中部崛起、西部提速、东北振兴的发展走势。在这个过程中，会有一些省市率先实现现代化，但是对于大多数省市来说，实现现代化还需要半个世纪甚至更长的时间。

四、我国居民收入差距

改革开放二十多年来，中国经济发展的速度，人民生活水平提高的幅度，在世界上都是领先的，这是举世公认的。但是，也出现了贫富分化日益扩大的问题。在经济、社会结构剧烈转型的过程中，在城乡、居民、地区、行业收入差别扩大的基础上，现在已经形成了一些具有较高收入的阶层和人群，如部分私营企业主和个体户；部分三资企业和涉外公司高级雇员；少数经营管理者；少数影视歌星、节目主持人、著名运动员、时装模特、作家；部分金融、证券和房地产经营管理人员；某些人才紧缺且有特殊专业技术的人员，如经济学家、律师、会计师、高校教师、高新技术领先者（在农村还有某些专业大户和乡镇企业的经理）。此外，实际上还有一些以权谋私或非法经营的暴富者，他们的年收入十几万、几十万，有的甚至几百万。这些新的阶层和富裕人群大多是与市场经济新兴经济成分或垄断行业有关，本人具有或是资金或是管理权或是专业技术等优势。但与此同时也出现了以贫困地区农户、部分亏损企业、下岗待业的职工、城市失业人员、部分无额外收入的早期退休人员、进城务工无着落的农民等构成的低收入阶层和人群。两者的收入差距达几十倍、上百倍，甚至几百倍。

对这种贫富分化现象应当怎样看待，要根据邓小平同志允许一部分地区、一部分人先富裕起来，带动人们共同富裕以及党的十六大提出的"既要提倡奉献精神，又要落实分配政策；既要反对平均主义，又要防止收入悬殊"的精神，给予实事求是的分析。首先，要看到我们党有关先富后富的论述是一贯的，始终强调一部分地区、个人先富起来是为了带动人们共同富裕，并且把最终实现共同富裕作为社会主义的本质特征，共同富裕的目标是坚定不移的。其次，要看到改革开放以来绝大多数人民生活水平是有明显提高的，收入差距扩大是在这个基础上的分化，而不是损害多数人利益的分化，这是许多人虽有意见，但仍坚定拥护改革开放的实践基础。更重要的是，党的第三代领导集体和以胡锦涛同志为总书记的党中央十分关心弱势群体，十分重视经济增长过程中的社会问题，包括贫富差距问题，已经在着力解决这方面的问题。特别是在全面建设小康社会的过程中，提出以人为本，全面、协调、可持续的科学发展观和"五个统筹"的方针，并且实行了一系列使经济社会全面、均衡、协调发展的政策，有些社会矛盾已经开始得到缓解。当然，从整个改革开放和社会主义现代化进程来看，由收入差距拉大到共同富裕将是一个相当长的历史过程，最终要靠社会生产力的发展和公共积累的增加，在此基础上，要更加重视社会公平，正确处理先富与共富的关系，共同富裕的目标最终是能够实现的。

具体说，我们对先富群体应当实行区别对待的政策。

（一）鼓励勤劳致富和集体致富

对于对国家有突出贡献，勤劳致富的人，如袁隆平、王选、王永志、刘东生等靠科学技术方面发明创造；如姚明、邓亚萍等靠勤奋拼搏加天才所获得的特殊才能。他们对国家的贡献是巨大的，因而他们获得高收入，获得国家、社会的奖励，应该得到人们的尊重。因为他们能激励人们奋发图强，推动经济和社会的发展，给人们以民族振兴的希望。这样的人愈多，对国家、对人民愈有利。对于集体致富的单位，要满腔热情地给予肯定，对带领大家脱贫致富的带头人，要给以充分的扶持。

（二）保护合法致富

中共十六大指出："确立劳动、资本、技术和管理等生产要素按贡献参与分配的原则,完善按劳分配为主体、多种分配方式并存的分配制度。""一切合法的劳动收入和合法的非劳动收入都应该得到保护。"因为只有这样,才能鼓励人们将资金用于扩大再生产、扩大就业、活跃市场经济方面,最终有利于发展生产力,造福于人民。为此,党的十六大要求"完善保护私人财产的法律制度"。十届全国人大二次会议通过的宪法修正案第十三条明确阐明"公民的合法的私有财产不受侵犯。国家依照法律规定保护公民的私有产权和继承权"。当然,在税收、财务、职工权益、安全生产、环境污染等方面要依法加强检查和监督,引导多种经济成分健康发展。

(三) 打击非法收入

经过二十多年的改革开放,绝大多数老百姓对勤劳和合法致富是认可的、尊重的,并没有简单的"仇富"心理。但是对于非法致富是非常痛恨的。他们把非法致富的黑色收入称为"五毒":红(贪污受贿)、黄(组织卖淫、贩黄)、蓝(走私、偷税)、白(制毒、贩毒)、黑(黑社会、制造假冒伪劣商品)。对于非法收入一定要按国法、政纪、党纪严肃惩处,其中的犯罪分子则要依靠人民民主专政,给予严厉打击。

(四) 规范不合理收入

在合法收入和非法收入之间,有一个灰色收入的中间地带,其中有些是合理的,需要规范;有些则是依靠权势或其他手段钻改革的空子,目前难说其非法,但很不合理,法制健全后也可能属于违法的收入。现在,我国社会主义市场经济体制正在建立和逐步完善的过程中,体制上有很多漏洞,这就给一些人以可乘之机。所以根本的办法是靠加强法治,改革现有体制,完善运行机制,堵塞漏洞。还要依靠多种形式的教育以及新闻、舆论的引导等促进正确政策、法规的形成。

对低收入群众,应当给予更大的关怀,因为他们是正确处理发展、改革社会稳定关系的关键因素,是全面建设小康社会走向共同富裕必须解决的问题,其中很多人对我国社会主义建设还曾做出过很大的贡献,或为改革的成功付出了一定的代价。对他们的实际问题则要通过社会的二次分配进行调节。

五、通过社会二次分配调节过高过低收入

中共十六大指出:"初次分配注重效率,发挥市场作用,鼓励一部分人通过诚实劳动合法经营先富起来,再分配注重公平,加强政府对收入分配的调节职能,调节差距过大的收入。"通过社会二次分配调节贫富差距是市场经济国家通用的做法。我国以中国特色社会主义理论为指导,以共同富裕为最终目标,这方面应当做得更好一些。

（一）要依靠税收调节收入差距

税收的作用：一是为国家财政提供资金，二是调控国民经济，使其稳定快速发展，三是调节过大收入差距。其中，个人所得税在调节收入差距方面起着十分重要的作用。1980年至今，我国征收个人所得税已有近24年了。1994年实施新税制以来，个人所得税收入连年高速增长，从1993年的46.8亿元到2001年的996亿元，年均增幅达47.5%，年均增收118亿元，大大高于同时期经济增长速度和税收收入增长速度，成为全国第四大税种。在个人所得税的征收中，工薪与利息所得税是比较规范的，据统计，2000年、2001年个人所得税中工薪所得税分别占42%、41%，利息税分别占28%、35%；这方面的漏洞是很小的。但是其它方面个人所得税的征收却不甚理想，特别是对某些高收入群体还不能实施充分有效的监控，个人所得税还没有全方位起到调节收入差距过大的作用。原因很复杂，有初步分配方面的问题，如初次分配中灰色收入品种多而混乱，现金支付量太大；有税制方面的问题，如在民营企业中，企业所得税与个人所得税界限不清，个人分类累进税率不尽合理，且难以征收；也有公民纳税观念的问题，更有人故意逃税等。近年来，国家税务部门加大了对高收入阶层个人所得税监控和征收的力度，情况有所改善，但是一些涉及分配制度、税收制度完善的问题，还需要一个过程。

（二）建立健全社会保障制度

克服贫富差距过大，还必须建立、健全社会保障体系，在社会二次分配过程中，使低收入群体有切实的生活保障。我国从计划经济体制下的社会保障体系向与社会主义市场经济体制相适应的社会保障体系过渡，仅有十年的时间，但已取得较大进展，养老保险、医疗保险和失业保险等三个险种参保人数都已超过1亿人，其中养老保险已超过1.5亿人。城市居民最低生活保障制度也已建立起来，首次实现了对城市贫困人口应保尽保。十届全国人大二次会议通过的宪法修正案第十四条增加了"国家建立健全同经济发展水平相适应的社会保障制度"，这必将推动社会保障制度更好发展。

在农村如何建立社会保障体系，比城市要复杂、困难得多，但由于我们把"三农"问题作为工作的重中之重，农村社会保障制度的建设也已提到日程上来。在经济发达地区，已经开始养老、医疗、低保等农村保障制度的试点。但由于农村人口特别多，地区发展不平衡，要全面建立农村的社会保障体系还需要很长的时间。当前重点是要开展农村最低生活保障工作，探索农村医疗保险的形式。另外，农民的社会保障最重要的是要确保农民的耕地，要实行最严格的耕地保护制度，对被征用土地的农民给予合理补偿，并尽可能安置失去土地的农民就业。劳动社会保障部门也正在探索把土地作为一种社会保障来入股等一些新机制。

如何保障进城务工的农民工的合法权益，是社会保障面临的新问题。要采取公正对待、加强引导、完善管理、搞好服务的方针。要清理近年来不利于农民工就业的不合理的政策规定，建立统一的劳动力市场；探索更加灵活，更加适合农民工参加的社会保障制度；突出解决用人单位拖欠或克扣农民工工资问题，清理陈欠，控制新欠，不要再发生拖欠，用三年时间基本解决建筑领域拖欠工程款和农民工工资问题；加大劳动监察执法力度，健全欠薪保障制度、工资支付制度等，用法制手段保护农民工合法权益。

（三）扩大就业渠道

据世界银行统计，1999年全球劳动力总量为28.92亿，中国的劳动力总量为7.4亿，占全球劳动力总量的25%以上，比欧美发达国家全部劳动力的4.3亿高出约3.1亿。在中国这样的人口大国，今后相当长时期内，如何实现较充分的就业是中国政府面对的极为严峻的课题。

最近几年，城镇中每年大约需要为2400万人安排工作，包括800万失业人员，600万下岗待业人员，另外每年新增劳动力1000万。此外，还有9000多万农民进城务工。中国城镇就业的压力很大。

在就业压力增大的同时，产业结构调整与升级又减少对劳动力的需求。据估计，20世纪80年代，GDP增长1%可增加约200万个就业岗位，到20世纪90年代已降为80万个。

在这种情况下，国务院向十届全国人大二次提出2004年新增城镇就业900万人，下岗失业再就业500万人，任务十分艰巨。但是也有出路，改革开放以来，我国第三产业有很大发展，20世纪最后10年，我国服务业新增就业7740万人，年均吸收就业700多万人，是工业建筑业（第二产业）的3.3倍。但是，到21世纪初（2001年到2003年），我国第三产业在国内GDP总值中刚刚超过30%，就业劳动力占全国就业总数不到30%，而发达国家和地区，第三产业占GDP和就业劳动力的比率达到60%-70%以上，因此大力发展各种服务业（产业、企业、社会中介组织、家庭、个人等）是就业的一条重要出路。另外，劳动密集型企业也能提供更多就业机会，所以，我国在新型工业化道路上，还要适度扶持劳动密集型企业的发展，并且对其实行优惠的税收差别政策，这对发挥我国在世界经济交往中劳动力价格较低的优势有益，也有利于扩大就业。我们还要扶植民营企业和中小企业的发展。据统计，我国中小企业就业职工约占全国职工的75%。此外，我们还要通过减免税、小额贷款等优惠政策，鼓励人们自主创业，以各种灵活的方式就业。还要看到，城镇化在吸纳农村劳动力方面的潜力也不小。"十五"期间，城镇化每年为农村劳动力提供650万个就业岗位，改革开放二十多年来，小城镇吸纳的劳动力比城市要多1/4左右。总之，多方面积极开辟就业渠道能够缓解就业压力。社会保障部门要层层落实就业目标责任和各项政策，加强职业介绍、培训等服务工作，完善就业体制、机制，千方百计搞好就业工作。当然对中国这样的人口大国来说，在今后几十年内，仍然会有一定的失业率，彻底解决这个问题，需要伴随经济、社会的发展逐步解决，这将是一个相当长的历史过程。

第四篇 04
改革的道路与理论导向

现阶段建设有中国特色社会主义教育的几点思考

一

党的十四大和邓小平南方谈话，标志着建设有中国特色社会主义的理论框架已经初步系统地形成，经济体制改革以建立社会主义市场经济体制为目标全面配套地进行，国民经济持续、快速、健康发展，我国改革开放和现代化建设已经进入一个新的阶段。

首先，新阶段国内形势的发展，加上国际形势的变化和前一段集中的社会主义教育，使大学生思想有了可喜的变化。总的看，他们对建设有中国特色社会主义理论和党的路线、方针、政策的认识进一步提高，对中央领导信心增强，在人生观、价值观取向上也有明显进步。但是，也有相当多的大学生走向只讲个人实惠，只关心与成才、择业、恋爱等与切身利益有关的问题，在政治上持冷漠态度。据此，有的同志提出大学生思想政治教育的重点应当转向人生观、道德观的教育。适应形势和学生思想的变化，加强人生观、道德观教育是完全正确的。但是，如果认为不要强调社会主义教育，却是完全错误的。这是因为：建设有中国特色社会主义理论的形成、社会主义市场经济理论的提出和实践是对科学社会主义理论的继承和重大发展，它深刻地回答了什么是社会主义的本质，一个基础相对落后的国家如何建设社会主义等根本问题。这为进行社会主义教育创造了有利的条件。

其次，部分学生政治上冷漠的表现，只是说明他们对涉及社会主义、资本主义道路等重大政治问题不愿深思、深谈，并不说明在这方面不存在思想认识问题。实际状况是，他们政治思想上一些深层次问题并未解决，政治冷漠正是政治困惑的一种表现。国家教育委员会统一部署，北京市教工委和高教局前一段进行的《首都大学生思想政治状况调查》表明："有22.2%的学生对21世纪的中国将会是什么制度'说不清'，16.4%的学生估计是'共产党领导下的资本主义'，32.5%的学生认为社会主义的发展前景是两种社会制度趋同。"调查还表明，有相当比例的学生认为中国特色社会主义的哲学基础是"实用主义"，管它姓"资"姓"社"，能发展生产力的就是"好主义"。就我们做要实际思想理论工作的感受而言，无论是教师还是学生，对现在搞的是"中国特色社会主义"还是"中国特色资本主义""说不清"的人数，还要高于上述调查的统计。存在这些思想问题的原因，一方面是许多人对由传统计划经济体制向社会主义市场经济体制转轨过程中面临的诸多深层矛盾和困难不理解，对党风社会风气败坏，各阶层利益关系扭曲等社会上大量存在、滋生的非社会主义的阴暗面感到困惑。另一方面也由于理论界、舆论界某些作品的误导。我们要培养的是德、智、体全面发展的社会主义事业的建设者和接班人，如果不针对上述思想进行社会主义教育，这个培养目标怎么可能实现呢？

最后，社会主义教育与人生观、价值观的教育是统一的，价值观本身包括对社会制度好坏的判断和选择，人生观包括社会理想和个人事业、职业理想等不同层次，个人具体事业的理想是建立在社会理想基础之上的。事实说明，在大学生中，社会主义信念明确的人，个人事业理想，或者说个人自我价值追求的目标就越高尚、越积极。另外，爱国主义、集体主义、社会主义主旋律的教育也是互相联系的。有的人认为：爱国主义教育是基础，集体主义教育是核心，社会主义教育是方向。这个表述是否十分准确可以研究，但它在一定意义上表达了三者之间的关系。爱国主义教育的内容是很宽的，但在现阶段如果不以社会主义的爱国主义为主导，它就失去了时代的精神支柱；我们提倡的集体主义是社会主义的集体主义，它以社会主义国家和人民利益为最高尺度。所以，我们在加强人生观、价值观、道德观教育的时候，一定要同时加强爱国主义、社会主义教育，并且把它们结合起来，这样人生观、价值观的教育才能有坚实的根基和正确的方向。

思想政治教育是一个科学概念，它表述的是以政治教育为主的，包括世界观、人生观、道德观和心理健康等全面的思想教育。思想教育的各个方面我们都要做好，但始终要把坚定正确政治方向的教育放在第一位。我国现在正处在经济大发展，社会大转型的历史时期，社会矛盾非常复杂，社会思潮纷纭激荡。这个历史时期，我们更要注意以政治教育为主导的全面思想教育。这样，我们才能完成培养跨世纪的社会主义事业的建设者和接班人的历史使命。

二

十一届三中全会以来，我们始终注意在克服"左"的和右的倾向中进行社会主义教育。但在改革开放的各个阶段，社会主义教育又都有它不同的特点。

"文化大革命"以后，拨乱反正，教育的重点集中在对毛泽东、毛泽东思想以及中华人民共和国历史的评价上。20世纪80年代，改革开放初期，重点集中在对借鉴、利用资本主义是担心拒斥还是盲目崇洋，对改革原有经济、政治体制是因循守旧还是鼓吹全盘西化等问题上。邓小平南方谈话和党的十四大以来，围绕建立社会主义市场经济体制，实行全方位开放和全面配套的改革，改革开放进入全面攻坚阶段。这时，新旧体制的矛盾仍未解决，但改革开放十几年，在取得巨大成就的同时，政策调整、社会结构转型和利益分化所带来的新的矛盾已日益突出，社会的消极面、阴暗面也在发展。在这种情况下，改革开放的方向道路之争，并不像有些人想象的那样，已经不存在了，但却不是简单地以是否需要改革开放和是否需要全盘西化的形式出现，而是表现在如何理解中国特色社会主义理论，如何解决向社会主义市场经济过渡的重点、难点问题上。可以说，改革的重点、难点，就是理论界有争论和人们思想有疑虑之所在。所以，在现阶段进行社会主义教育必须把中国特色社会主义理论的教育与回答改革开放、搞社会主义市场经济的难点、疑点相结合。这样，才能澄清人们的思想困惑、坚持中国特色社会主义的正确方向。

现阶段，改革的重点、难点、人们思想的疑点主要表现在：

(一) 国有企业的改革问题

改革开放以来，国有企业在工业产值中的比重由70%多降到40%多，企业亏损面超过40%，下岗待业人员达750万，不少企业处于非常困难的境地。面对这些困难，一些人对国有企业改革的信心不足，甚至认为只有搞"私有化"才有出路。针对这种情况，社会主义教育应当帮助人们解决以下几个根本认识问题。

首先，要明确，国有企业改革要着眼于搞活整个国有经济，而不是搞活现有的每一个企业。在传统计划经济体制下，企业盈利交国家，企业亏损由国家全包，国家对企业负无限责任，表面上没有亏损企业，但实际上以赢补亏，搞平均主义，资源得不到有效的配置。市场经济是竞争经济，优胜劣汰，但它可以使资源向高效益企业流动。西方发达国家每年要垮掉数以万计的企业，我国国有、三资、乡镇、私营企业的发展也都是有生有死，有兴有衰，有盈有亏，这并不妨碍各种企业的总体发展。所以国有企业改革要着眼于建立优胜劣汰机制，着眼于整个国有经济结构的优化，提高整个国有经济的效益，使整个国有经济充满生机活力而不是无条件地搞活每一个企业，我们的观念首先要从原有的模式中解放出来。正是在这种思想指导下，中央对国有企业改革实行"抓好大的，放活小的"的方针。首先集中力量抓好500—1000家对国民经济有举足轻重作用的国有大中型企业。据500家大企业提供的统计数据，它们只占整个国有企业户数的0.7%，但资产总额占37%，销售税金占46%，利润总额占63%。抓好了这些企业就抓住了国民经济的关键，还可以依靠这些骨干企业发挥"火车头"的作用，带动一批企业产业结构、企业组织结构的调整，使之新生，并使一些劣势企业的关停并转有了活动空间。在这个过程中，不可避免地会有一些国有企业被淘汰，甚至破产，但这和总体上搞活国有经济并不相悖，甚至是为总体上搞活国有经济而不可避免要付出的代价。当然部分企业被淘汰、工人失业半失业人数增加，会带来很大的社会问题。我们是共产党领导的人民政府，当然要对出现的社会问题采取负责的态度。正因如此，在改革中我们充分考虑人民的承受能力，采取了有领导、有计划、有步骤的改革方式，逐步地解决这些问题，并且采取了以兼并、转产为主，减少失业，尽量少搞破产的政策。同时，加快社会保障体制的改革，对失业、半失业职工的再就业也在力所能及的条件下采取负责的积极引导的政策。更重要的是，要认识到这种代价是搞活国有经济过程中的阵痛，它所带来的将是新体制和新增长方式的诞生。另外，我们不能只看不利因素，而看不到有利因素，要看到改革以来，国有经济在社会总资产中仍占绝对优势，仍然控制着国家经济命脉，仍然是国家财政收入的主要来源，是多种经济成分共同发展的政策得以实行的主要保障。而且改革以来，虽然困难企业有所增加，但活力增强、效益提高的企业，特别是国有大中型企业和企业集团也在增加，这是搞好国有企业的主要保障。还要看到，国有企业与其它所有制企业相比，虽然有体制转型方面的困难，但是，也有规模大、基础强、生产管理规范，科技、管理人才和熟练工人集中，信誉好等方面的优势。国有企业发展的潜在优势是不可低估的。所以，我们既要正视国有企业在改革过程中的困难和不可避免需要付出的代价，尽量妥善地处理这些矛盾，又要从总体上树立搞活国有经济的信心，这样才能克服悲观失望、无所作为的情绪。

其次，要明确为什么不能搞私有化。我们之所以要坚持国有经济的主导作用，反对私有化，并不是出自一种抽象的主观信念，而是中国振兴民族经济、发展社会化大生产的内在要求。资本主义搞了几百年，由于生产社会化和生产资料私人占有的矛盾，始终不能解决贫富两极分化和宏观失控经济危机的矛盾。半殖民地半封建的旧中国就曾处于世界资本主义两极分化的底层，并深受资本主义列强转嫁经济危机之害，劳动人民苦不堪言，民族经济也得不到发展。这是近代中国革命的根本原因之一。是社会主义新中国从根本上改变了这种状况。现在，如果国有企业改革搞私有化，像中国这样原来基础比较落后的国家，很可能是权力转化为资本，掌握国计民生；发达国家的资本也很可能会左右我国的经济命脉和控制我国市场。那样，中国将再度出现民族经济难以振兴、两极分化难以避免，政治、外交仰人鼻息的状况。这是中国人民绝对不允许的。所以，坚持公有制为主体、国有制为主导的方针是中国人民的历史选择。只有这样才能避免资本主义和旧中国的种种苦难，并为克服两极分化，最终实现共同富裕，为克服市场经济的盲目性、自发性，建立统一有序的大市场奠定经济基础。

　　有的人受资本主义市场经济模式和产权理论的影响，怀疑国有经济能不能与市场相结合，甚至认为国有制是"所有者虚位""全民所无"，鼓吹"产权私有化"。对这个问题怎么看？其实，在改革后，实行政企分开的方针，国有企业向自主经营、自负盈亏的方向发展，在国有企业之间，国有企业与其它所有制之间，已经或正在形成市场关系，国有企业与市场经济的结合是没有问题的。诺贝尔奖获得者萨廖尔森也讲："市场经济的最基本特征是自负盈亏，公营和私营是没有区别的。"的确，改革后，在中外合资、搞承包制、股份制、多种经济成分合作的过程中，个别人利用手中的自主权，化公为私，化大公为小公，造成了国有资产的流失。这反映我们在市场经济条件下，如何建立新的国有资产管理体制问题没有解决。从这个意义上讲，我们需要把"产权明晰"作为国有企业改革的重要内容，逐步探索、建立和完善国有产权的理论和制度。但是，这样做是要为国有资产存量的盘活和保值增值，发展壮大国有经济服务。在中间可以借鉴西方产权理论的某些做法，但绝不可盲目照搬，走向产权私有化。陈岱孙等著名经济学家早已对盲目崇拜西方产权私有化理论的错误作出深刻剖析。就连西方产权私有化理论的奠基人，诺贝尔奖获得者科斯也说："由于西方经济学的整个理论体系是以私有制已经存在为假定前提的，这就很容易推出私有制是市场经济唯一前提的结论，而我们现在能看到的市场经济的制度基础也只有私有制一种，但历史并没有对公有制基础上的市场经济作出证伪。中国可能会找到某种替代的财产制度，这种财产制度在公有产权的基础上，通过界定各产权主体的地位和关系，建立起市场交易，如果在公有制制度下也能建立起市场经济，则这是真正的中国特色。"我们应当坚定我国产权制度改革的思路，继续沿着正确的方向进行探索。

　　还有一点需要明确的是，国有经济能否成为市场竞争的主导力量？从世界范围看，不仅社会主义国家，而且西方经济发达国家和发展中的资本主义国家，都存在着一定数量的国有经济。但是，在资本主义国家中，国有经济往往是在市场失效领域对私有经济的补充形式，主要是在不赚钱的或需要长期投资才能收回成本和盈利的基础设施和基础工业中发挥作用，以保证私人资本的盈利，或者是在市场经济规律失效的经济危机或战争时期发挥作用。问题是社会主义国有经济是否也只能在市场失效的领域发挥作用？还是不仅在市场失效领域，而且在有关国家经济命脉的所有领域，包括市场竞争和盈利的领域也能发挥主导作用？理论界和实际工作部门都有人主张把我国国有经济也限制在市场失效的基础设施和基础工业中，最近《瞭望》期刊发表署名文章就主张"在产业布局上，国有企业要有计划地退出竞争性领域，把竞争性领域的国有资产转移给非国有企业。……利用国有企业调查的时机，缩短非国有经济集中、积聚的过程"。这实际上是否认国有经济能够成为社会主义市场经济的主导力量，思维方式还是没有跳出私有制为主的市场经济模式，这反映了他们对国有经济与市场经济结合缺乏信心。实际上，只有国有经济在关系国家经济命脉的市场竞争领域保持主导作用，宏观调控才有坚实的经济基础，才能防止经济危机的恶性发展。抗美援朝战争时期，我们就是凭借国有经济优势打败私营经济扰乱市场，谋取暴利的进攻的。在改革中，我们也是凭借国有经济的实力作为宏观调控的后盾的。我国要在21世纪国际经济激烈竞争中占据有利地位，关键在于全面提高国有大中型企业的竞争能力。实践已经证明并将继续证明，坚持国有经济对市场竞争的主导作用，是社会主义市场经济与资本主义市场经济的根本区别之一，也是社会主义市场经济优于资本主义市场经济的一个重要表现。

最后，要明确，国有企业改革是一个长期艰巨的过程。国有企业的种种困难是各种复杂原因长期积累的结果。既有体制性原因，也有增长方式的原因，既有历史的原因，也有改革后新出现的问题，既有宏观改革的问题，也有企业微观管理改革的问题。如产业结构不合理既有为备战搞三线建设的原因，也有改革以后盲目引进，重复建设的原因；人员过多是长期以来实行低工资、广就业政策和企业办社会的结果；资金困难则是改革以来国有企业长期税负过重，1983年"拨改贷"后，企业负债增加，新的投资体制尚未形成的结果；近年来价格改革，会计制度改革等也使一些企业成本提高……所以，深化国有企业改革是一个复杂的系统工程。不但有经济体制改革的问题，而且经济增长方式转变的任务也主要是由国有企业承担，还有政治体制，社会保障体制改革的问题。经济体制改革本身，金融、财政税收、计划、投资、价格、科技管理等每一个方面的改革也直接和国有企业改革相关。可以说，国有企业改革是整个国家全面配套改革的一面镜子。国有企业改革的困难反映了全面配套改革的困难；国有企业改革的进度，在很大程度上取决于全面配套改革的进度；国有企业改革的成功，最终也取决于全面配套改革的成功。1992年，邓小平同志讲："有三十年的时间，我们才会在各方面形成一套更加成熟、更加定型的制度，在这个制度下的方针、政策，也将会更加定型化。"① 根据这种估计，国有企业的改革没有二三十年是不能最终成功的。我们希望达到的比较现实的目标是，在20世纪最后的五年内，基本摸清国有企业改革的思路，初步建立社会主义市场经济体制，再经过若干年艰苦的探索和努力，最终建成比较完善的与社会主义市场经济相配套的全面的制度。用这样的思想教育学生，可以使他们懂得改革的长期性和艰巨性，不会因一时的困难而丧失信心，动摇了对改革方向的认识。同时也可以增强他们对改革的历史责任感，鼓励他们为国有企业在市场经济中的具体实现形式继续进行创造性的探索，依靠青年一代最终完成国有企业改革的任务。

（二）一部分人、一部分地区先富起来，能否避免两极分化，实现共同富裕

改革开放以来，整个国家经济快速发展，人民生活水平有较大提高。但是在收入分配中，原有体制平均主义的弊端仍未完全克服，又出现了分配不公、贫富差距严重扩大的问题。具体表现为：沿海与内地地区收入差距扩大，人才、资金、劳力是"一江春水向东流"；不同所有制收入差距极大，所谓"老大（国有企业）不如老乡（乡镇企业），老乡不如老板（私有企业），老板不如老外（三资企业）"就是对此的写照。不同行业间收入差距拉大，短缺行业和市场经济中的新兴行业收入颇丰，而长线行业和靠国家财政为生的公教人员收入偏低；工农业剪刀差继续扩大，农民由改革初期最大的受益者变为受益较小的阶层。在上述种种差别扩大的基础上，现在已经形成了由部分私营企业主和个体户，部分三资企业和涉外公司高级雇员，部分承包经营者，少数走"穴"的影视歌星和著名运动员，部分证券、股票及房地产经营者以及以权谋私、非法经营的暴富者（在农村还有某些专业大户和乡镇企业的经济经理等）构成的高收入阶层。同时也出现了以贫困地区农户、部分亏损企业的职工、失业半失业人员、部分无额外收入的退休人员等构成的低收入阶层。他们之间的收入差距达几十倍，甚至上百倍。尽管对是否出现两极分化和新的资产阶级，在理论上有争论。但是一些人对这种状况的不满情绪日增，进而影响到局部的社会稳定，并对中国能否最终实现共同富裕产生怀疑。对此，要进行实事求是的分析。首先，要看到邓小平同志和中央领导有关先富与共富关系的论述是一贯的，始终强调一部分地区、个人先富起来是为了带动人们共同富裕，并且把最终实现共同富裕作为社会主义的本质特征和最终目的，多次强调"如果导致两极分化，

---

① 邓小平. 邓小平文选：第3卷 [M]. 北京：人民出版社，1993：372.

改革就算失败了",共同富裕的目标是非常坚定明确的。其次,要看到改革以来绝大多数人民生活水平是明显提高的,收入差距扩大是在这个基础上的分化,而不是损害多数人利益的两极分化。这是许多人虽有意见,但仍然拥护改革开放的实践基础。还要看到以江泽民同志为核心的党中央十分重视并已经着手研究解决这方面的问题,开始实行了一系列有利于缓解上述矛盾的政策和措施,如大力扶持农业,增加农民收入;优先在中西部地区安排资源和基础设施建设项目;引导资源加工型和劳动密集型产业向中西部地区转移;进一步理顺资源性产品的价格;逐步增加对中西部地区财政的支持;向产业政策和中西部地区的倾斜吸引外资政策;统一税制的改革和个人所得税的征收;社会保障体制的改革;社会主义市场经济法制的加强;对非法致富的打击;等等,都有利于调整地区、城乡、阶层、行业收入的差距。按照这样的政策实施下去到22世纪初收入差距可能有所调节或开始缩小。再经过若干年的努力,有可能逐步向共同富裕的方向发展。从整个改革、开放和社会主义现代化建设过程来看,由收入差距拉大到共同富裕可能是一个相当长的历史过程。最终要靠社会生产力的发展和公共积累的增加,在此基础上还要坚持关于先富与共富关系的正确导向。朝着这个方向逐步前进,共同富裕的目标最终是能够实现的。

具体说,在现阶段,对先富者我们应当实行区别对待的政策。对于集体致富的单位和领导大家脱贫致富的带头人,对于对国家有突出贡献,靠按劳分配或勤劳致富的人,要敢于给予与其劳动或贡献相称的物质奖励和精神鼓励,因为它代表着社会主义的方向,激励人们奋发图强并给人以共同致富的信心和希望。这样致富的人愈多愈好。除此之外,对合法致富的收入要保护,但要在税收、财务、工商管理、审计等方面加强检查监督,并征收个人所得超额累进税,以抑制过高收入。对于非法收入要按国法、政纪、党纪惩处,对于极少数贪污受贿、卖淫贩黄、走私贩私、吸毒贩毒、杀人抢劫、制造假冒伪劣产品等犯罪分子则要依靠人民民主专政,严厉打击。至于对一些依靠权势或其他不正当手段钻改革的空子,目前难说其违法,但很不合理,法制健全后也可能属于违法的暴富者,根本的办法是靠加强法治,完善法规、政策,对非法与合法收入作出更严格的界定,而且要健全体制,完善运行机制,堵塞漏洞。但同时,我们要通过文艺、报刊等手段对不合理致富的行为予以揭露,伸张正义,造成舆论压力。此外,还特别要提到一种人,他们"先天下之忧而忧,后天下之乐而乐",为经济社会进步和人民共同富裕艰苦奋斗、无私奉献,而自己并没有致富。江泽民同志称他们为"身无分文的千万富翁",在他们身上体现着"全心全意为人民服务"的时代精神。这些人是建设有中国特色的社会主义的先驱和脊梁，是我们时代的"最可爱的人"。对这样的人，要大力讴歌，使之受到全社会的尊重。

（三）怎样看待社会主义现阶段的消极现象

改革开放以来，党风、社会风气、社会秩序的某些方面出现严重滑坡的现象。对这些现象如何看待？

首先，对改革开放要有总体的正确评价。按照邓小平同志判断改革得失成败的"三个有利于"的标准，改革开放以来，我国社会主义生产力取得巨大发展，社会主义国家综合国力极大地增强，人民生活水平总体上有较大提高。在西方发达资本主义国家经济普遍萧条，苏联东欧原社会主义国家动荡瓦解的状况下，中国和东亚一些发展中国家却长盛不衰。用历史的眼光来看，这对中国下个世纪的繁荣昌盛，对探索落后国家如何建设社会主义的规律，对世界经济、政治格局改变所起的作用，是怎样估计也不为过的。即使从精神文明建设、法治建设来看，改革开放以来，对社会主义的再认识；"振兴中华"爱国主义精神的弘扬；民主法治建设的成就；科技文化教育的发展；市场经济意识的确立等，也是世界公认的进步，并不是只有消极的方面。这些，应当说是改革开放的主流。我们不能因为出现一些社会消极现象而看不到经济社会的巨大进步，而产生悲观失望的情绪。当然，我们也绝不应"以俊遮丑"，不去正视和解决改革开放中出现的严重的社会问题。

其次，改革开放，搞社会主义市场经济是有两重性的。对外开放，引进发达资本主义国家的资金、技术和管理经验，无疑对我国经济发展产生了重要作用。但是，它不可避免地也会带来一些资本主义社会腐朽丑恶的东西。搞社会主义市场经济，全面调动国家、集体、个人的积极性，无疑对搞活经济起了巨大的推动作用。但市场经济的自发性、盲目性和滞后性也会干扰国家的宏观调控和社会主义统一大市场的形成；市场经济也会自发地产生拜金主义、极端利己主义、地方主义、小团体主义等种种消极现象。我们不可能实行一种政策，只有积极面没有消极面。绝不能因为改革开放成就巨大，就只许讲成绩，不许讲问题。也不能因为看到消极面，就因噎废食，否定改革开放和搞社会主义市场经济的选择。而是要学会如何去扩大积极面，缩小消极面，并同消极因素进行不懈的斗争。这些，我们现在还没有完全学会，但这却是唯一正确的选择。我们应当建立这样的思维定式，在社会主义现阶段，实行改革开放和社会主义市场经济是历史的必然，也是历史的进步。但它所带来的并不都是积极的东西，而往往是积极与消极共存。社会主义制度的优越性不是不会产生消极现象，而是在它的制度内部，在共产党领导下，依靠人民，有足够的积极力量和消极现象斗争并最终战胜它们。我们正是要在改革开放的过程中，不断同老的和新的消极丑恶的东西作斗争，以推动历史的前进。

另外，新旧体制的转型是要付出一定代价的。现在，我国正处在由传统计划经济体制向社会主义市场经济体制转换的时期。这一时期，经济活力很大，生产力得到解放。但多种经济成分发展，双重体制并存，相互渗透，弄得不好，两种体制的消极因素，包括传统计划经济体制管得过死和市场经济自发性、盲目性、滞后性等都会起作用。加上法规、政策、运行机制不完善，执法监督力量薄弱，经济管理漏洞很多。这些，都会给以权谋私和各种犯罪行为以可乘之机，社会消极现象可能大量滋长。所以，我们要有思想准备，在体制转型的二三十年内，在生产力大解放的同时，会伴生许多消极、阴暗、丑陋的社会现象。不要以为社会主义市场经济好就一切都好。同时更要看到，由体制转型而产生的消极现象，随着社会生产力的发展和社会主义市场经济体制的完善，会逐渐得到克服。邓小平同志讲："我相信，随着经济的发展，随着科学文化和教育水平的提高，随着民主和法治建设的加强，目前社会上那些消极的现象也必然会逐步减少并最终消除。"[1]

当然，改革开放的两重性，市场经济的两重性，新旧体制转换的复杂性，只是产生某些消极现象的社会条件，它不能解释某些阴暗面大量滋生、泛滥的原因，也不应成为无法有效制止这类现象的借口。不可否认，近年来各种消极、丑恶现象的蔓延，有主观失误的原因。邓小平同志讲："十年最大的失误是教育，这里我主要是讲思想政治教育"，"一手比较硬，一手比较软。一硬一软不相称，配合得不好。多年来，我们的一些同志埋头于具体事务，对政治动态不关心，对思想工作不重视，对腐败现象警惕不足，纠正的措施也不得力。腐败现象很严重，这同不坚决反对资产阶级自由化有关系"。[2] 另外，改革开放的许多政策是摸着石头过河，逐步出台的，有些政策不完善，不配套，有些对负面效应估计不足，也造成了一些消极的后果。法治建设的滞后，也使得对消极、丑恶现象的控制和打击不够及时，缺乏力度。人民群众对这些状况是不满意的。我们应当看到人民群众意见中宝贵的社会主义积极性，并以此作为我们改进工作、减少失误的动力。党的十四大以来，以江泽民同志为核心的党中央，坚定不移地贯彻执行党的基本路线和"两手抓，两手都要硬"的方针，在深化改革开放，加速现代化建设的同时，强化了全面配套改革的政策、措施；加强了正

---

[1] 邓小平. 邓小平文选：第3卷［M］. 北京：人民出版社，1993：149.
[2] 邓小平. 邓小平文选：第3卷［M］. 北京：人民出版社，1993：290.

确社会舆论的导向；加快了社会主义法治建设的速度；加大了打击党内腐败和各种不正之风的力度，情况已开始有所好转。已经揭露的大量严重问题说明，我们党对党内腐败和不正之风抓晚了，有些问题已经积重难返，现在抓难度很大。但也说明，只要有党的正确领导，坚持建设中国特色社会主义的正确方向，坚持不懈地抓下去，各种消极、丑恶现象是能够逐步克服的。

上述这些问题，表面上好像是改革中某一方面的局部问题，其实都是涉及中国特色社会主义本质的根本问题。邓小平同志讲："社会主义的本质，是解放生产力，发展生产力，消灭剥削，消除两极分化，最终达到共同富裕。"① 又说："在改革中坚持社会主义方向，这是一个很重要的问题。"② "社会主义有两个非常重要的方面，一是以公有制为主体，二是不搞两极分化。公有制包括全民所有制和集体所有制，……"③ "一是以社会主义公有制经济为主体，一是共同富裕。"④ "我们的政策是不使社会导致两极分化，就是说，不会导致富的愈富、贫的愈贫。坦率地说，我们不会容许产生新的资产阶级。"⑤ 他还讲："我们为社会主义奋斗，不但是因为社会主义有条件比资本主义更快地发展生产力，而且因为只有社会主义才能消除资本主义和其它剥削制度所必然产生的种种贪婪、腐败和不公正的现象。"⑥ "广东二十年赶上亚洲四小龙，不仅经济要上去，社会秩序、社会风气也要搞好，两个文明建设都要超过他们，这才是有中国特色的社会主义。"⑦ "共产党能够消灭丑恶的东西。在整个改革开放过程中都要反对腐败。对干部和共产党员来说，廉政建设要作为大事来抓。"⑧ 国有制即全民所有制改革问题；收入分配问题，即能否实现共同富裕，避免两极分化问题；还有党风、社会风气问题等，正是体现社会主义本质的最基本问题。如果这些问题不解决，还谈得上什么有中国特色的社会主义？所以，我们的社会主义教育，必须以建设有中国特色的社会主义理论为指导，帮助人们澄清在上述问题上的思想困惑，才能有实效。当然，这种教育的重点是在党内。只要我们的党员特别是党的干部真正对建设有中国特色社会主义理论有科学的认识和信仰，我们就能经得起任何风浪，立于不败之地。青年是国家的未来和希望，大学生

---

① 邓小平. 邓小平文选：第3卷 [M]. 北京：人民出版社，1993：373.
② 邓小平. 邓小平文选：第3卷 [M]. 北京：人民出版社，1993：138.
③ 邓小平. 邓小平文选：第3卷 [M]. 北京：人民出版社，1993：138.
④ 邓小平. 邓小平文选：第3卷 [M]. 北京：人民出版社，1993：142.
⑤ 邓小平. 邓小平文选：第3卷 [M]. 北京：人民出版社，1993：172.
⑥ 邓小平. 邓小平文选：第3卷 [M]. 北京：人民出版社，1993：143.
⑦ 邓小平. 邓小平文选：第3卷 [M]. 北京：人民出版社，1993：378.
⑧ 邓小平. 邓小平文选：第3卷 [M]. 北京：人民出版社，1993：379.

的培养目标是社会主义事业的建设者和接班人。对他们也要加强这方面的教育，但这种教育，主要是帮助人们明确改革的正确思路，而不是开出包治百病的各种具体药方。建立和完善社会主义市场经济是长期艰巨的事业，许多问题尚在探索之中。我们应当帮助学生明确改革的正确的方向，认识改革的艰巨性，并鼓励他们继续为社会主义市场经济的各种具体形式进行创造性的探索。只有这样做，才能增强他们的历史责任感，激励他们以自己的青春和才华为建设有中国特色的社会主义事业奋斗，也只有这样做才能培养造就出一代坚定、清醒而又奋发有为的社会主义事业的建设者和接班人。

三

社会主义教育的形式和方法现阶段也有它的特点。现在建设有中国特色社会主义理论的框架初步系统地形成，改革开放形势较好，人们深层思想虽有困惑，但社会总体比较稳定。在这种情况下，社会主义教育应当更深入、更经常化。具体到高等院校，我认为应做到：

（一）结合马克思主义理论课进行社会主义教育。

本科、研究生的各门马克思主义理论课，都要把马克思主义的基本原理和中国特色社会主义理论的教育相结合。中国特色社会主义建设课更要全面、系统地进行这方面的教育。只有这样做，才能既帮助学生掌握马克思主义的立场、观点、方法，又能懂得为什么说建设有中国特色社会主义理论，在当代中国是对马克思主义的继承和发展，从而正确掌握建设有中国特色的社会主义理论的实质。现在，有些人之所以把建设有中国特色社会主义理论曲解为"有中国特色的资本主义"，一个重要原因就是，他们马克思主义基本理论的功底太薄弱。现在，马克思主义理论课教学中有两种偏向值得注意。一种偏向是虽然重视马克思主义基本理论的教育，但是不善于和中国特色社会主义理论教育相结合，特别是不善于用马克思主义的"ABC"去分析改革开放现实中的"XYZ"，回答学生关心的热点、难点、疑点问题。这样，学生就会觉得枯燥乏味，觉得理论远离自己，没有吸引力、说服力。另一种偏向是，在马克思主义理论课改革中，表面上非常突出有中国特色社会主义的教育，但是不注意和马克思主义基本理论教育相结合。这样做，也不能更好地帮助学生全面、正确地把握建设有中国特色社会主义理论的实质。至于个别教师在课堂上对现实中的一些问题发牢骚，不注意用马克思主义立场、观点、方法去分析，还误以为这样做能迎合学生，其实是低估了学生的觉悟。我们曾接到学生来信说：他们对信仰马克思主义，但不能将理论联系实际、讲得枯燥乏味的教师不满意，但尊重他们的人格。但是，对于在马克思主义理论课上发牢骚、讲怪话，自己并不真信马克思主义的教师，他们很瞧不起，甚至认为这些人不适合当教师。从这种反映中可以看到，相当一部分学生是希望学习马克思主义，学习建设有中国特色社会主义理论的，并希望要将理论和实际相结合，"要精、要管用"。

（二）加强形势政策教育。

形势政策教育可以把党和国家的中心任务，改革开放中的重点、难点问题和大学生关心的热点、疑点问题相结合，最有实效，能受到大学生欢迎。而且，这种教育，在讲国情、讲形势、讲政策当中，能够现实地把坚持改革开放与坚持社会主义方向相结合，现实地把爱国主义教育和社会主义教育相结合，生动地体现了建设有中国特色社会主义理论的精神。问题是要根据形势发展和学生思想热点、疑点选好讲题，请对选题有权威的领导或最有研究的专家来讲。不回避矛盾，讲真话，实事求是地面对问题，而不是光念稿子，照本宣科。次数不在多，而在精。那种把形势政策教育写成课本，把讲课大纲系统化、固定化，像上马克思主义理论课一样地上课的方法，是不符合形势政策教育特点的。学生社会实践，是生动的形势政策教育，也要选好点，注意教育的导向。

（三）在学生业余党校中，加强建设有中国特色社会主义理论与实践的教育。

苏联解体东欧剧变后，在大学生中涌现了一批愿意自觉学习马克思主义理论，对社会主义信仰有要求，愿意深入研究改革开放现代化建设中各种问题的积极分子。清华大学学生马克思主义研究会成立后，有两千多名学生报名参加，成为学校有史以来最大的社团，就反映了这部分学生的要求。而学生马克思主义研究会在基层的活动，往往是和党员或申请入党积极分子学习小组的形式相结合的。业余党校有组织有引导的学习，最能满足他们的要求。另一方面，在体制转型期，现实提出的问题多且复杂，要求所有学生都立即对社会主义有坚定的信仰，是一时难以做到的。而对党员和申请入党的积极分子，信仰社会主义，真正懂得建设有中国特色社会主义理论的实质，却是必须达到的要求。业余党校应当对他们提出这方面的要求，并给予积极的引导帮助。现在清华大学已经把业余党校的学习用选修课的形式固定下来，学习内容、方式、考核等都有明确的计划，完成学习计划的给予一定的学分。每年都有占学生总数五分之一左右的学生自觉地参加这种学习，这是一种好的做法。

（四）对大学生普遍的政策教育要以爱国主义为基础，在其中渗透社会主义教育。

大学生现在对建设有中国特色的社会主义，虽然不都能有坚定的科学信仰，但是他们都有较强的爱国主义思想感情，关键是要讲清强国富民为什么一定要坚持有中国特色的社会主义方向。还要善于在各种形式、各种层次的教育中渗透社会主义教育，如在工科各专业中讲新中国成立前后各专业科技发展的历史，既是专业知识的教育，又是爱国主义教育，也是生动的社会主义教育，这样的教育更容易被大多数学生所接受。

（五）理工科大学也要开设国际经济、政治与国际关系的课程。

中国是当代世界的重要力量，尤其是苏联解体、东欧剧变后，国际关系发生根本变化，一个超级大国——美国和中、日、欧、俄四强为主的多极化状况已开始形成，中国在世界上面临许多机遇和挑战。把中国的社会主义现代化事业放在整个国际关系中讲，把中国的改革放在与苏联东欧各国改革的比较中讲，能使人们对中国的历史、现在与未来，对中国的改革应当走什么路，有更深的理解。文、法学科马克思主义理论课中有国际经济、政治与国际关系这门课，很受学生欢迎。理工科中没有这门必修课，但是清华大学在马克思主义理论课改革中，把研究生的"科学社会主义理论与实践"课改成"社会主义与当代世界"，把中国社会主义改革和现代化事业与国际共产主义运动的历史经验和当代两种制度、三个世界在和平与发展诸问题上的矛盾结合起来讲，效果很好。如果能在本科生人文社会选修课中也开设类似的课程，肯定也会有好的效果。

（六）对大学生中的学术讲座要加以引导。

现在，各高校为活跃学生学习生活，都搞起了学术活动节，平时学术活动也日益活跃，这是好事。但是，对于政治性、现实性强的一些问题，理论界的学者往往有不同看法，有的还与建设有中国特色社会主义理论和党中央的方针相左，如对国有大中型企业改革、社会主义市场经济宏观调控的关键是什么，就有不同的甚至截然相反的看法。对于学经济的或有关学科专业的学生来说，对这些不同的看法都要了解研究，学术讨论也应当更深入、更活跃些。但是，对于作为学生思想教育组成部分的，在跨专业学生中普遍进行的学术活动而言，也可以请持各种观点的人来作报告，但是应当让符合建设有中国特色社会主义理论和党中央方针的见解占主导地位。对于明显的资产阶级自由化的言论，则不应请他们做报告。这里要区别两种活动，一种是各种学科的学术活动，另一种是思想教育活动，对前者应当百家争鸣、百花齐放，搞得更深、更活。对后者则要更注意意识形态上的导向，防止因活动组织不当而造成不必要的思想混乱。

对现阶段社会主义民主建设的思考

——兼谈两种民主制度的比较

党的十一届三中全会以来，经过拨乱反正，我们把高度民主作为奋斗目标之一，加强了民主与法治的建设，并进而提出了政治体制改革的任务，形成了安定团结、生动活泼的政治局面。但在这个过程中也出现了借反封建、争民主来否定党的领导和人民民主专政的自由化思潮，对一部分青年产生了不好的影响。青年人的问题绝大多数是认识问题，主要是对社会主义民主与资本主义民主的本质以及社会主义初级阶段民主建设的特点认识不清。对社会主义出现的失误和消极现象不能正确分析。所以，有必要比较两种民主制度，实事求是地阐明社会主义民主制度的优越性和它在现阶段的不完善性，正确认识民主建设与经济、思想文化建设的关系和民主建设的长期性、艰巨性。本文拟就这些问题谈点粗浅的看法。

一、民主的国体和政体

民主是一种国家制度。英文中"Democracy"这个词是从古希腊语中"dēmokratia"来的，意思是"人民的权力"。作为一种政体，它是多数人的统治形式。民主包括每个人的权利，但是一定要归结为人民和多数人的权力。从古希腊到现在，包括一些资产阶级政治家都是这样看的。《独立宣言》的起草人杰弗逊就认为民主最重要的是多数法则，是共和的第一个原则。把民主的含义搞清楚，这是分析、讨论问题的前提。

值得注意的是，民主，这种人民的权力或多数人的统治，在社会主义民主以前从来都是从政体的意义上讲的，它只是一种政体的形式，而不是从国体的意义上讲的。古希腊伯里克里斯执政时期，是雅典民主发展的最高峰。当时，公民大会是雅典国家的最高权力机构，十天左右开一次会，在会上少数服从多数，决定各种重大问题。其他机构如五百人议事会、贵族会议、十将军委员会、执政官等，都服从公民大会的决定。它确实是民主的，体现了人民的权力、多数人的统治。但这个民主只是从政体形式上讲的,是相对于当时的奴隶主君主制和奴隶主贵族寡头制这两种政体形式而言的。从国体上讲,它并不是人民的权力、多数人的统治。正如恩格斯所说的:"9万雅典公民,对于365000奴隶来说,只是一个特权阶级。"奴隶是多数,不但没有任何民主权利,连做人的权利也没有。在自由民中间,外邦人、被释放的奴隶和妇女也都没有任何政治权利。他们是自由民,但不是全权公民。所以,尽管政体上有比较发达的民主形式,但从国体上看却是不民主的,是奴隶主阶级的专政。封建社会呢?君主制是政治统治的典型形式。不但农奴没有任何权力,就是地主阶级内部也没有多少民主可言。除了意大利、法国北部、英国、德国的一些城市有过一些工商业贵族和手工业行东的民主政体外,整体来讲,封建制度从国体到政体都是不民主的。

资产阶级民主制是在反对封建专制的基础上产生的。它包括以下内容:一方面是民主理论,包括民主、自由、平等和天赋人权等思想。它的自由实质上是指反对封建的人身依附,要求自由买卖劳动力,反对封建割据,要求自由贸易。它的平等指的是第三等级——包括资产阶级、城市平民、农民等,反对封建等级制度。天赋人权思想认为人生来就有自由、平等、生存、幸福等权利,天赋人权被用来反对君权和神权。在这些思想的指导下,不但资产阶级,整个第三等级都获得了一定的民主自由。《中共中央关于社会主义精神文明建设指导方针的决议》称这"是人类精神的一次大解放"。另一方面是资产阶级在夺取政权后形成了以议会民主制为中心的一套民主制度。其中包括普选制,公民形式上都能享有选举权和被选举权;议会制,像英国的上、下院,美国的参、众院等;许多国家还实行了三权分立制、两党或多党轮流执政等。此外,公民有信仰、言论、集会、出版、结社等自由权利。这些就是资产阶级民主制的主要内容。这种民主制比古希腊的民主制民主范围更大了,表面上人人有份。但这种民主制仍然只是一种政体形式。从国体上说,仍然是少数人(资产阶级)对多数人(劳动人民)的专政。正像列宁所说的"资产阶级民主同中世纪制度比较起来,在历史上是一大进步,但它始终是而且在资本主义制度下不能不是狭隘的、残缺不全的、虚伪的、骗人的民主,对富人是天堂,对被剥削者、对穷人是陷阱和骗局"。

社会主义民主是从资产阶级民主发展过来的。它批判地继承了资产阶级民主中的一些形式,如民主、自由、平等、人权等,但是又同它有原则的区别。资产阶级讲的是抽象的人权、民主、自由,而我们把人权、民主、自由都看成是一定生产力发展条件下,一定社会关系的产物,是随着社会关系的变化而变化的。资产阶级民主是以个人的权利为中心的,而我们首先强调人民的权利,其中包括个人的权利，这两者从根本上是统一的，是相辅相成的。民主制度也是这样。

什么是社会主义民主？社会主义民主就是全体人民在共同享有对生产资料的不同形式的所有权的基础上，享有管理国家事务和社会事务的一切权利。简言之，人民当家作主管理国家和社会。从这个意义上说，我们的国体就是民主的。可以说，在历史上，社会主义民主第一次使民主成为一种国体。在这一点上，我们比以往任何民主制度都要优越。资产阶级民主不论具有多么民主的形式，但它终究是为资本主义私有制、为资产阶级服务的，不是为多数人服务的。而社会主义民主才真正体现了人民的权力、多数人的统治。所以列宁才说：无产阶级专政的国家"是一种新型的国家"，是"最高类型的民主国家"。无产阶级民主制是"更高类型的民主制"。"无产阶级民主比任何资产阶级民主要民主百万倍；苏维埃政权比最民主的资产阶级共和国要民主百万倍"。

怎么来比较社会主义民主和资产阶级民主呢？我认为，就国体而言，社会主义民主真正代表人民的权力，比资产阶级民主要高出一个历史阶段；但是就政体的形式而言，我们目前还不完备。而像美国这样的发达资本主义国家，政体形式已相当完备，能适应资产阶级国体的需要。我们的政体如何能更好地为人民民主的国体服务，还需摸索，但是，从根本制度上说，社会主义民主是资产阶级民主无法比拟的。

有人认为理论上这么说可以，但太抽象，实际生活中社会主义民主的优越性到底表现在哪里？我认为，尽管我国还处在社会主义的初级阶段，政治体制还不完善，三十多年来在民主建设上又有许多失误，甚至有过"文化大革命"那样严重破坏社会主义民主的历史教训，但是我们人民民主国体的优越性是实实在在地表现出来的。这可以从五个方面讲：

第一，什么人掌权。这是国体性质的最直接表现。

资产阶级民主是垄断资产阶级的政权，在美国的政治生活中，"财富作为一种非人的力量统治着一切"。竞选实际上是财富与资本的较量。一次总统竞选，全国总耗资几亿美元；一个参议员要花50万到100万美元，一个州议员也要花十几万到几十万。普通人根本无法当选。美国议会里没有一个工人、农业工人或店员；1978年美国参议员人均财产100万美元以上，1984年新当选的43位众议员，有15位百万富翁，其中4人财产在500万美元以上。所以美国人把他们的议会叫作"富翁俱乐部"。

据美国社会学家托马斯·戴伊1983年统计：全美国掌权的职位（指私人和政府机构的最上层人物）共有7314个，占全国总人口的0.03%，但却控制着全国工业、电讯、交通、公用事业、银行资产的50%，保险资产的2/3，还掌握着全国最大的投资公司、私人基金会和大学资产的几乎一半，控制着电视网、电讯以及各大报业系统等新闻机构，控制着全国第一流的律师事务所。占据着联邦政府行政、立法和司法部门的关键职位和最高军事指挥的职务。

再看看美国政府政治家的组成，第二次世界大战以后，八任美国总统和副总统背后都有垄断财团支持，有些人本身就是巨富家族的成员，例如，约翰·肯尼迪、纳尔逊·洛克菲勒。美国现任总统里根政府的阁员中间，副总统乔治·布什原来是博萨塔近海石油公司的总经理，财政部部长唐纳德·里甘是华尔街最大投资公司梅里尔林奇公司的董事长兼总经理，国防部长温伯格是比奇特尔公司的副总经理，运输部长刘易斯是斯内林公司的总经理，商务部长鲍得里奇是斯科维尔公司的总经理……里根总统被认为是平民演员上来的，实际上，里根上任以前，是由大财团的几家公司组成的罗纳德·里根信托基金会扶持的。1980年，他的财产已经超过了200万美元，也是个百万富翁。这些人掌权只能是代表垄断资产阶级的利益。

我们的情况则根本不同。我们的国家是人民掌权的。我们的干部是人民的勤务员，他们中的大多数是勤勤恳恳为人民服务的。我们的人民代表是工人、农民、劳动知识分子的代表，至今没有谁是靠金钱上来的。有些人对我们的选举办法有意见，或觉得有的人民代表政治文化素质不高，不能很好地行使政治权利。这些都要逐步改进。但是人民代表总还要从各行各业的先进分子和代表人物中产生，不能离开这个基础。还有些人对干部中的不正之风有意见，这确实需要重视，努力纠正。但是应该看到：在我们国家里，不正之风不占主流，并且是非法的。例如，我们对领导干部经商是不允许的，防止以权谋私，有人这样干了，就叫不正之风，但在美国，对兼任政府和私人企业双重职务，法律没有具体限制。大批在任官员同时是坐收股息、红利的股东，还可以当董事或顾问，也可以开律师事务所。1972年的统计表明，大多数美国国会众议员有股票，1/6以上的众议员同与联邦立法有利害关系的法律事务所保持有密切的联系。据1978年的统计，100名参议员中，95名都有股票或地产投资的红利收入。这样的议员在与切身利益相关的立法和政策执行中，"胳膊肘是从来不会向外拐的"。有人问俄克拉荷马州参议员罗伯特·克尔的立法为什么总是对他的克尔-麦吉公司有利，他说："如果每一个人都以牵涉个人利益为理由避免出席，我不知道在美国参议院讨论任何问题时，是否能拼凑到法定的人数。"曾任参议院内政委员会主席兼参议院军事委员会委员的亨利·杰克逊因为总为支持他的波音公司争得国防部的大笔订货而享有"来自波音公司的参议员"的"美称"。而我们国家却把领导干部经商作为不正之风来反,恰好证明了我们的权力是真正为人民服务的。对于党内的不正之风,一定要严肃对待,认真查处、整顿,因为它是关系党的生死存亡的重大问题。

第二,关于公民的平等权利问题。民主的一个基本原则就是要求保障公民在经济、政治、文化和社会生活各方面享有平等的权利,建立人与人之间的平等关系。资产阶级民主承认公民一律平等,实际上是以形式上的平等掩盖阶级的不平等。列宁说过:"只要土地和生产资料的私有制继续存在,资产阶级制度和资产阶级民主中的'自由和平等'就只是一种形式,实际上是对工人(他们在形式上是自由和平等的)实行雇佣奴隶制,是资本独裁,是资本压迫劳动。"美国有两句名言:"金钱是政治活动的母乳""金钱就是权力",如"法律面前人人平等",形式上和我们一样,但由于在剥削制度下,财富悬殊,实际上是不平等的。美国新闻大王赫斯特的孙女帕瑞莎·赫斯特持机枪抢劫银行被捕,她父亲请美国最有名的律师李·贝雷出庭辩护,结果刑期由15年到20年减为7年。她在监狱里只待了7个月,便因交付了大笔保证金保释回家。后来她又要求重新审判,结果无罪开释。可同案的另一位姑娘却在监狱中被监禁了好几年。赫斯特在李·贝雷身上花的诉讼费是100万美元。两个姑娘同时犯罪,结局完全不同,原因就是一个有钱一个没钱,美国驻联合国大使安德鲁·杨说过:在美国"被监禁的许多人主要是因为他们贫穷,而不是因为他们坏……我们的制度……把富有才智的敢作敢为的穷人投进了监狱,却奖赏那些富有才智的敢作敢为的富人"。

在资本主义制度下,种族歧视和民族压迫也是一种不平等。号称民主宪法之典范的美国宪法"最先承认了人权,同时确认了存在于美国的有色人种奴隶制"。林肯总统在1863年提出的《大赦重建宣言》中却仍然没有给黑人选举权和土地。此后近百年,黑人的选举权在许多州被剥夺。在住房、上学、公共交通等各方面的种族隔离现象依然屡屡被最高法院判为符合宪法。直到20世纪60年代,美国国会才先后制定了《民权法》和《选举权法》,以法律形式保证了黑人和白人的平等权利。

邓小平同志说得好:"什么是人权?是多少人的人权,是多数人的人权,还是少数人的人权,还是全国人民的人权?西方世界的所谓'人权'和我们所讲的'人权'是两回事,观点不同。"我们国家基本消灭了剥削制度,贫富差距比资本主义国家小得多,我们的人际关系、公民权利比他们要平等得多。我们的干部与群众的关系和他们的老板与雇员、官员与百姓的关系,是两种性质根本不同的关系。我们的民族关系是兄弟关系,有矛盾也是在根本利益一致基础上的矛盾，本着民族平等的原则处理。我们在国外没有军事基地，从未侵略过其他国家。这些都是我们人民民主制度的体现。

平等是社会历史的产物，不同历史时期、不同阶级的平等观各有不同的内容，绝不是什么"天赋人权""人人生而平等"。历史上有过几种平等的尺度：一是原始社会，在生产力非常低下时的平均分配；二是小生产的平均主义，如历史上的"等贵贱、均贫富"之类的口号。这些是以平均为尺度的。资产阶级平等观的实质是商品的等价交换、自由贸易的机会均等，以及反映这些平等的法权平等。其"法律面前人人平等"只是一种形式上的政治权利的平等。而无产阶级平等观的实质则是消灭阶级，消灭剥削、压迫，实现人们在经济、政治、文化和社会生活各方面的真正平等。这是我们的目标。恩格斯说："无产阶级平等要求的实际内容都是消灭阶级的要求。任何超出这个范围的平等要求，都必然要流于荒谬。"在这一点上，我们比资产阶级高出一个历史时代。当然，实现这一目标要分两个阶段：社会主义阶段消灭剥削制度，实行按劳分配，以劳动为平等的尺度；到共产主义阶段彻底消灭阶级，实行按需分配，以需要作为平等的尺度。在当前的社会主义初级阶段，还没有做到完全按劳分配，由于还要发展商品经济，也需要等价交换的平等、竞争的机会均等，反对封建特权、专制和小生产的平均主义。但是因为我们已建立了公有制，贫富差距比较小，所以价值规律的消极作用受到一定制约，我们公民的平等权比资本主义社会要实际得多，广泛得多。

第三，社会主义民主不仅仅是政治民主，而且是整个社会生活的民主，是一种社会自治。资本主义民主主要是政治民主，社会主义民主首先也是政治民主，但还要发展经济民主、文化民主和整个社会生活的民主，在基层还要发展群众的社会自治。不但在整个国家和社会，而且在基层社会生活中都体现出人民是社会的主人。在这一点上，资本主义民主是无法比拟的。资本主义虽然也可以搞一点工人入股，让工人提点建议，但根本目的还是为了给资本家带来更多的剩余价值。我们则完全不同。现在的经济体制改革实际上是为了调动企业和劳动群众的积极性。现在有些企业在有了自主权的基础上，企业的职工代表大会发挥了很大的作用，对企业的生产、发展及工资、福利等事务积极参与管理，充分体现了国家、集体和个人利益的结合，体现了企业对国家和劳动人民负责，体现了民主自治。这是资本主义国家不可能做到的。

第四，社会主义国家政治生活的一个根本原则是民主集中制。民主集中制是民主基础上的集中，集中指导下的民主。我们通过民主集中制把人民的整体利益和局部利益、长远利益和眼前利益结合起来。民主集中制的对立面一方面是官僚、专制，只讲集中，不讲民主；另一方面是无政府主义、自由主义、个人主义，只讲民主，不讲集中。民主集中制有一个前提条件，就是人民利益根本一致。在资本主义社会中，资产阶级和人民的利益是根本对立的；资产阶级内部虽有利益一致的一面，但又有钩心斗角、尔虞我诈的一面，因此资本主义社会不可能把民主集中制作为其政治生活的基本原则。

对三权分立怎么看？我们的根本制度是民主集中制，而不是三权分立。三权分立中的权力制衡等一些做法我们应该吸收，但我们把人民的权力看作一个整体，反对那种绝对分权的制度。在三权分立的问题上，资产阶级思想家的意见也不一样。孟德斯鸠主张三权分立，卢梭不赞成，认为主权由公意构成，主权者是一个集体的生命，主权不可分割。具体来说，我国最高权力机构是全国人民代表大会，要在它下面分权，而不是全国人民代表大会只管立法，由国务院管行政，法院管司法，三权鼎立。人民代表大会不只管立法，还要监督行政、检察院、法院和其他方面，看它们是否依法行事。这方面虽然有规定，但过去做得很不够。十一届三中全会以前，有时国务院送到人大常委会的议案第二天就开会表决。现在不同了，国务院送来议案，第一次是听取说明，列入议程，然后下次会议再审议。审议有分歧再调查。像《破产法》就讨论了三次，最激烈的时候是一半对一半。经过修改最后通过时，还有九票弃权。现在人大常委会里经常有不同意见的辩论，对政府的监督也比过去加强了。进一步改进这方面的工作是政治体制改革的任务之一。

第五，共产党的领导。我们国家实行共产党领导的多党合作制度。为什么我们国家不能实行两党或多党轮流执政的制度？这有三个原因：

第一个是历史原因。在我国，共产党的领导地位都是在长期革命斗争中形成的，而资本主义国家的两党或多党制，都是在资本主义议会派别活动的基础上产生的。例如，美国在独立时没有政党，宪法对政党问题没有什么规定。后来出现了代表北部工业资产阶级的共和党和代表南部种植园主的民主党。南北战争后，旧的民主党没落了。到帝国主义阶段，民主党和共和党都成了代表垄断资产阶级的政党，民主党代表老牌东北部财团，共和党则代表西南部新兴富豪。它们都是在议会派别活动的基础上演变而成的。社会主义国家没有一个是通过议会选举推翻旧政权，建立新政权，确立共产党的领导的。特别是中国，根本没有议会斗争的条件。经过长期艰苦的武装斗争，我们打败了代表大地主、大资产阶级的国民党反动派。共产党和一些长期与共产党合作的党延续了下来。共产党的领导地位是在长期革命斗争中由人民选择的。人民用参军、支前等行动支持共产党，这是血和火的选择，比选票要权威得多。靠人民的支持，共产党才领导中国革命成功，成了执政党。因此，宪法里才写上了共产党的领导。

第二个原因是社会基础的不同。邓小平同志说："资本主义国家的多党制有什么好处？那种多党制是资产阶级互相倾轧的竞争状态所决定的，它们谁也不代表广大劳动人民利益。"在美国，真正起作用的党是资产阶级的政党。我们国家一党领导的多党合作，其社会基础是什么呢？在我国大陆上，剥削阶级作为一个阶级已经被消灭了，更不存在资产阶级内部的倾轧和竞争，我们的社会基础是在人民内部还存在着不同的社会阶层和社会集团（多党的存在还与"一国两制"有关），各民主党派原来所联系的阶级、阶层的人们，绝大多数已经成为工人阶级知识分子和其他社会主义劳动者，还有一部分拥护社会主义的爱国者。各民主党派已经成为各自所联系的特定阶层和社会集团人们的政治联盟。人民内部的不同阶层和社会集团，其利益是有差别、有矛盾的。这就需要有一定的群众团体或政党来代表他们的正当利益并帮助他们在社会主义道路上前进。但人民内部这种不同阶层、不同社会集团利益之间的矛盾以及这种矛盾在政治生活中的反应，都是在根本利益一致基础上的矛盾。在我国，真正能扎根于最广大的人民群众之中，代表整个人民利益的只有中国共产党。其他民主党派主要是代表某一社会阶层。现实的社会基础决定了多党还会长期存在，但只有中国共产党才能承担起领导的责任。

第三个原因是，以共产党的领导为核心的政党体制与在经济文化落后的国家建设社会主义的任务有密切联系。一个发展中国家要坚持社会主义方向，抵制、克服封建主义和资产阶级自由化的影响，克服小资产阶级动摇、分散、狭隘、保守的习惯势力，并且把分散的力量集中起来，尽快赶上发达国家，就特别需要有一个强有力的政府、一个坚强的党作为它的政治核心，来领导人们向共同的目标前进。在这种历史条件下，党的领导作用是非常重要的，只能改善，绝不能"淡化"或"削弱"，对这个问题有位瑞士著名学者曾经说过，据他所知，中国的优秀人才大多数集中在执政党内，目前还没有一个参政党有这样的能力和威信挑得起这副担子。因此两党制不太符合中国的实际。他还说，两党制有优点亦有很多缺点，如竞选耗资大、决策程序慢等。中国目前需要集中精力把经济搞上去，不应分心过多。鉴于一党执政普遍存在的监督和制衡力量微弱、决策易走极端等毛病，建议在上层机构成立一个专门搜集不同意见的部门，并保证能把这些意见送到领导者手中。

总之，社会主义民主的优越性不是抽象的，至少在人民掌权、公民的平等权利、社会自治、民主集中制和共产党的领导这些方面充分体现了它的根本特点。正因为这样，尽管我们在民主建设上有许多失误，但我们人民民主专政这一国体的优越性还是表现出来了。当然我国现阶段政体的具体形式还不完备。发达资本主义国家已有几百年历史了。其政体形式已形成了较完整的一套，并在不断演变。我国的社会主义制度只有三十多年的历史，许多具体的政体形式确实需要摸索和改革。邓小平同志提出了政治体制改革的三个目标：一是要始终保持党和国家的活力；二是要克服官僚主义，提高工作效率；三是要调动基层和劳动人民的积极性。具体说，涉及党政分开、党内民主、权力下放、机构改革和干部人事制度等。改革的中心是扩大人民民主，使人民更切实地行使当家作主的权利。这一改革是建立在我们已经有了社会主义制度这个基础上的，是为了加强和完善人民民主专政和党的领导，进一步发展社会主义制度，而不是去削弱它，改变它。

二、民主和经济、文化发展的关系

马克思在《哥达纲领批判》中说过："权利决不能超出社会的经济结构以及由经济结构制约的社会的文化发展。"民主作为一种权利，当然也要受社会的经济结构以及社会文化发展的制约。经济文化不发展，即使是法律上规定了的民主权利，在实际上也不能真正实现。列宁说过："由于文化水平这样低，苏维埃虽然在纲领上是通过劳动群众来实行管理的机关，而实际上却是通过无产阶级先进阶层来为劳动群众实行管理，而不是通过劳动群众来实行管理的机关。"我国是一个发展中国家，文化水平差别很大，民主的发展就受到限制。所以，高度的民主还需要全民科学文化水平的提高。

经济的发展对民主的制约也很明显，因为民主本来就是社会经济生活在政治生活中的一种反映，并且是为经济基础服务的。生产和生活的社会化程度愈高，个人利益和社会利益的关系愈密切，愈要求有集中的管理，也愈要求有民主，以保障多数人的权利并协调他们的利益。封建社会为什么没有奴隶社会的民主制发达？我看有两个原因：一是奴隶社会虽然对奴隶极其残酷，但由于原始民主的痕迹还没有完全消灭，在自由民内部还有一定民主。更重要的一条是，封建社会的基础是小生产经济，在家庭内是家长制，全社会也需要"家长"。小生产者之间在经济上没有必然联系，他们只要求行政权力。所以，经济越现代化、社会化，民主管理的要求越高，而且只有经济发展了，劳动生产率提高了，才能有更多的公共社会活动的时间。整天忙于谋生，缺乏公共社会生活的人，不可能有健全的民主生活。古希腊雅典伯里克里斯当政时期，公民大会按理说几万全权公民都应参加，但据史书记载，一般只有两三千人参加。其中最重要的原因是，平民（多为手工业者、商人）社会地位低下，整天忙于谋生，根本无法参加。公民大会实际上为贵族掌握。我国现在是多种经济成分、多种经营形式并存，经济结构的多层次决定了民主建设也是多层次的。现代化的大企业与个体劳动为主的单位，民主建设不可能一样要求。另外，劳动对许多人还只是一种谋生手段。那些一天干十几小时以求挣更多的钱的人，他们最关心经济上的实惠，除了与切身利益有关的问题以外，他们很少有参加社会公共政治生活的积极性。

经济文化的发展和民主的发展是相互制约、相互促进的，但归根结底是经济文化的发展决定民主的发展。要达到使每个人都具有管理公共事业的能力，都参加社会管理这样的社会发展程度，需要长期的经济文化建设，这是个很长的历史时期。

从上述观点出发，我们在同发达资本主义国家的民主进行比较时，一方面要从政治制度上进行比较，看到我们国体的优越性和政体具体形式的不成熟性；另一方面还要看到经济文化发展程度给我国民主发展带来的限制。既不要因为国体优越就认为一切都好，更不能把经济文化发展程度不高的影响归结为制度不好，要进行具体分析。真正关心民主建设的人应当非常关心物质文明和精神文明的建设。如果说我国现代化建设要花半个多世纪，才能在达到小康水平后接近发达国家的水平，然后再向更高目标前进，那么，民主建设也不可能一步登天，也要分阶段逐步向高度民主的目标前进。从社会主义制度诞生以来的历史看，很多问题都出在对社会主义建设的长期性、艰巨性估计不足，不懂得社会主义是一个相当长的历史时期，要分几个阶段进行建设。应当充分认识社会主义初级阶段的特点，认识我国两个文明建设和民主建设的艰巨性、长期性，否则仍然可能犯主观主义的错误。

另外，我国现阶段社会主义民主究竟采取什么形式好，也要从实际出发，要符合我国的经济文化发展状况、特点，还要考虑我国各个社会阶层的不同状况，采取切实可行的、多层次的形式。不能"一刀切"，搞一个模式，更不能不加分析地照搬发达资本主义国家的东西，如人民代表的直接选举范围多大才好，这不是绝对的。解放初是乡以下直接选举，现在已经发展到县了，但全国人大代表还是间接选举。如果现在全国人大代表也要搞直接选举，在中国这样大的地方，十亿人口，人民政治文化水平不高，交通、信息工具又不发达，几十万人选一个代表，介绍候选人都难以进行。要搞竞选，那就更会流于形式，必然产生许多弊病。有些青年知识分子在民主问题上往往热衷于某些形式，而从实际出发、讲求实效不够。当他们真正参加社会实践，和工人、农民接触以后，看问题就会实际得多了。

三、反对封建主义思想、资本主义思想和小资产阶级思想的问题

我国现阶段发展社会主义民主，需要同时克服封建主义思想、资产阶级思想和小资产阶级思想的多重障碍。这是我国民主建设的任务特殊艰巨的原因之一。反对封建主义是对的。中国封建制度延续了两千多年，而欧洲比我们短一千多年，美国则基本没有经过封建社会。所以，中国的封建思想和家长制、个人专断、特权观念等都比较严重。同时，在我国，小生产的习惯势力也是比较重的，它一方面要求专制，另一方面表现为缺乏明确目标和坚韧性，在革命中有时狂热而遇到挫折又灰心丧气，以及缺乏组织纪律性、缺乏法制观念、搞无政府主义等。这些也是社会主义民主建设的障碍。我们要继续克服封建思想和小资产阶级思想的影响，并从制度上加强民主建设，这是历史遗留给我们的非常沉重的任务。邓小平说："肃清封建主义残余影响，重点是切实改革并完善党和国家的制度，从制度上保证党和国家政治生活的民主化、经济管理的民主化、整个社会生活的民主化，促进现代化建设事业的顺利发展。这需要认真调查研究，比较各国的经验，集思广益，揑出切实可行的方案和措施。不能认为只要破字当头，立就在其中了。"邓小平同志还说："我们进行了二十八年的新民主主义革命，推翻封建主义的反动统治和封建土地所有制，是成功的、彻底的。但是，肃清思想政治方面的封建主义残余影响这个任务，因为我们对它的重要性估计不足，以后很快转入社会主义革命，所以没有能够完成。"我们的制度不是封建主义的，所以，我们现在反封建主要是思想政治方面和政治体制改革方面的任务，而不是要反对我们的根本制度。

另外，用什么去反封建？是用社会主义思想去反，还是用资产阶级思想去反？要用无产阶级思想、社会主义思想同时反对封建主义和资本主义思想。反对专制不能散布资产阶级个人主义和无政府主义，反对封建主义不能把资本主义吹得天花乱坠，甚至要在中国"给资本主义平反"。有人说我国封建时期长，封建思想影响是主要的，而资本主义在我国没有充分发展，影响很小。封建思想影响在我国比较深，重视这个问题是对的。但是，在现实社会中作为一种制度能够与社会主义竞争的不是封建制度，而是资本主义制度。在全世界，封建制度已经没落了，而资本主义制度还存在在大部分国家，特别是美国等发达资本主义国家，有高度发展的经济和科学技术，政治上松动余地较大，其个人主义的价值观念又采取了比较精巧的形式。这些远比封建思想残余有更大的影响力。另外，在我国，封建主义思想和资本主义思想对不同阶层的影响是不一样的。在知识分子中间，要特别注意资本主义思想的影响。

还要注意，封建主义思想和资本主义思想、小生产思想是可以结合的。这也是半封建半殖民地社会遗留的一个特点，如崇洋媚外思想、奴化思想，是资产阶级思想和封建主义思想相互作用的产物；"一切向钱看"是典型的资本主义思想，但在中国也可以和封建特权思想相结合；小生产的无政府主义往往和资产阶级的个人主义合流。列宁说："无政府主义是改头换面的资产阶级个人主义。个人主义是无政府主义整个世界观的基础。"这话是很深刻的。在民主问题上，它们都以个人为出发点，把民主看成绝对的、至高无上的。

关于反对封建主义和资本主义思想的问题，邓小平同志在《党和国家领导制度的改革》一文中有一段精辟的论述："在思想政治方面肃清封建主义残余影响的同时，决不能放松和忽视对资产阶级思想和小资产阶级思想的批判，对极端个人主义和无政府主义的批判。是封建主义残余比较严重，还是资产阶级影响比较严重，在不同的地区和部门，在不同的问题上，在不同年龄、经历和教养的人身上，情况可以很不同，千万不可一概而论。此外，我国经历百余年的半封建、半殖民地社会，封建主义思想有时也同资本主义思想、殖民地奴化思想互相渗透结合在一起。由于近年国际交往增多，受到外国资产阶级腐朽思想作风、生活方式影响而产生的崇洋媚外的现象，现在已经出现，今后还会增多。这是必须认真解决的一个重大问题。"

坚持和完善人民代表大会制度探析

我国宪法规定：中华人民共和国的一切权力属于人民，人民行使国家权力的机关是全国人民代表大会和地方各级人民代表大会。各级国家的行政机关、审判机关和检察机关都由它产生，对它负责，受它监督。人民代表大会具有权力的至上性和全权性，它不受任何国家机关的牵制，是人民行使政治权力的全权机关，在整个国家机构体制中居于最高地位。改革开放以来，人民代表大会的作用有了很大提高，但距离宪法的要求还有较大的距离。如何进一步坚持和完善人民代表大会制度以充分发挥其作为权力机关的作用，仍然是党和国家领导体制改革的一个重要问题，本文拟就这一问题做些探索。

一、不搞"三权分立"借鉴权力制约

坚持人民代表大会制度，首先必须弄清为什么我国不能实行西方三权分立的政治体制。人民代表大会制度不同于西方某些国家实行的三权分立（或三权鼎立）制度。现代国家的权力机关内部都有立法、行政、司法机构的分工，但是"三权分立"制度中，没有明确哪个机构是全权机构，行使国家最高权力。在这种制度中，立法、司法、行政机构互相独立，它们之间只是分工与互相制衡的关系，不存在领导和被领导的关系。例如，在美国，总统和国会之间，在某一决策上有不同意见，可以按一定规则相互否决，但不能说谁领导谁、谁说了算。这样做的好处是决策过程经过反复讨论，能够减少失误，但其缺点是程序过于复杂，往往议而不决，贻误时机。人民代表大会制度下也有立法、行政、司法机构的分工，但它是在人民代表大会统一行使国家权力的前提下的分工，是统一领导下的分权。国家的立法和重大决策，一旦由人民代表大会（或它的常设机关人大常委会）通过，行政、司法机关必须无条件执行。中国是发展中国家，需要集中精力搞建设，尽快实现现代化。实行人民代表大会制度可以使国家的决策过程更有效率，有利于加速国家的经济社会发展。邓小平同志曾经说过："西方的民主就是三权分立，多党竞选，等等。我们并不反对西方国家这样搞,但是我们中国大陆不搞多党竞选,不搞三权分立、两院制。我们实行的就是全国人民代表大会一院制,这最符合中国实际。"① "我们的制度是人民代表大会制度,共产党领导下的人民民主制度,不能搞西方那一套。社会主义国家有个最大的优越性,就是干一件事情,一下决心,一做出决议,就能立即执行,不受牵扯。我们说搞经济体制改革,全国就能立即执行,我们决定建立经济特区就可以立即执行,没有那么多互相牵扯,议而不决,决而不行。就这个范围来说,我们的效率是高的,我讲的是总的效率。这方面是我们的优势,我们要保持这个优势,保证社会主义的优越性。至于经济管理、行政管理的效率,资本主义国家在许多方面比我们好一些。我们的官僚主义确实多得很。……所以,我们必须进行政治体制改革。"② 笔者认为,这段话是对中国为什么要实行人民代表大会制度的最简要的说明。

在我国政治制度和政治体制的形成和发展过程中,曾经多次遇到过要不要实行"三权分立"的问题。在抗日战争时期的根据地建设中,发生过是否采用"三权并立"或"二权半"并立的争论。彭真在1941年向中共中央政治局的报告中说,晋察冀边区政权建设中遇到的第一个问题就是民意机关与行政机关的关系问题,有人主张两者是平行的、平等的、互相牵制的关系,我们否决了这种意见,决定民意机关应该是全权的政权机关,各级政府行政委员会及其首长应由民意机关选举、罢免。民意机关应是同级行政机关的"上司"。新中国成立前夕,在草拟《中央人民政府组织法》时,有人提出政府的组织原则要不要采取"三权分立"体制的问题。董必武指出,我国政府组织的原则是民主集中制,它具体的表现是人民代表大会制的政府。民主集中制原则的提出,正是针对着旧民主主义三权分立的原则。在起草《八二宪法》的过程中,也有人提出是实行"三权分立"还是人民代表大会制、一院制还是两院制的问题。经过全民讨论,否决了实行"三权分立"的政治制度和两院制的意见。实际上,三权分立制衡的理论,主要针对立法部门,特别是下院。美国宪法规定的政治框架,就是从这种观点出发,将立法部门置于牵制平衡的关系之下。因为美国宪法主要起草人之一的麦迪逊所担心的是,"我们要建立一个长期稳定的制度,必须注意到时间所带来的变化。由于人口的增加,贫困的劳动者的比例必然要增长,而且他们一定暗暗希望得到更为平等的财富分配。随着时间的流逝,他们的人数不久就会超过那些富裕者的人数,这样根据选举法选举的结果,权力就可能转

---

① 邓小平. 邓小平文选:第3卷[M]. 北京:人民出版社,1993:220.
② 邓小平. 邓小平文选:第3卷[M]. 北京:人民出版社,1993:240.

移到那些贫困者手中。根据共和制的原理，应该如何防止这种危险呢？应该如何防止这种由于利己思想产生的压迫少数富裕者的危险呢？"于是，他们采用并制定了三权分立的政治制度和权力制衡机制。作为真正的人民民主共和国中华人民共和国的一切权力属于人民，当然要否定这种害怕人民掌握权力的思想。江泽民同志在中共十五大报告中指出："我国实行的人民民主专政的国体和人民代表大会制度的政体是人民奋斗的结果和历史的选择，必须坚持和完善这个根本政治制度，不照搬西方政治制度的模式，这对于坚持党的领导和社会主义制度、实现人民民主具有决定意义。"

当然在实行人民代表大会制度的前提下，立法、行政、司法之间也要有权力制约关系。在这方面，我们需要借鉴世界各国的有益经验，加强以权力制约权力的监督机制，使决策更为民主和科学，减少犯大错误的可能性。有的人误以为，不搞三权分立制度，就是不要权力之间的相互制约，这是不正确的。我们主张把人民的权力作为一个整体，反对的是立法、行政、司法三权的绝对分立，没有谁能代表国家整体权力。但是，在肯定国家最高权力的前提下，立法、行政、司法是相对独立的，需要加强权力之间的相互制约。在我国，这种制约包括人大对司法、行政的监督制约；公检法司之间的相互制约；审计对财政的制约；环境保护对经济建设的制约；其他方面权力之间的相互制约。人民当家作主靠自发是不能实现的，当局部权力出现违背人民意志的情况时，需要通过代表人民意志的权力给予制约。依靠权力制约权力是我们现行政治体制的薄弱环节，需要借鉴世界各国的有益经验，认真加以改进。在国家权力的集权与分权上，资产阶级启蒙思想家的意见也不一样，孟德斯鸠主张三权分立，卢梭就不赞成，认为主权由公意构成，主权者是一个集体的生命，主权不可分割，甚至认为人为地分割权力是一种江湖骗术。实际上，国家权力是集权与分权的统一，只强调某一方面都是片面的。在现实中，主张三权分立的国家，绝对的分权制衡原则也是很难行得通的。美国在许多重大问题上，如对外宣战、缔结重要国际条约等，总统往往绕过议会及有关权力制衡规则，行使国家最高权力。西方有的政治学理论认为，权力的集中必然导致暴政。因为"一切有权力的人都容易滥用权力，这是万古不移的一条经验。有权力的人们使用权力一直到遇到有界限的地方才休止"。由此怀疑设立国家全权机关或最高权力机关的必要性。的确，如果权力过分集中于个人或极少数人，是要走向专制和腐败的。但是，人民代表大会是由人民代表组成，民主决策，体现的是人民的权力，而不是个别人或少数人的意志；另外，人民代表大会又是立法机关，体现的是法治的权威，而非人治的权威。所以，把人民代表大会作为国家最高权力机关，体现了"一切权力属于人民"和"建设法治国家"的要求,真正实行好这种制度,不但不会走向专制和腐败,相反能更好地依靠民主和法制监督行政与司法机关,从而遏制专制与腐败。

二、处理好执政党与国家权力机关的关系、人治与法治的关系

中国共产党十一届三中全会以前,相当长时间内,立法、行政、司法机关没有完全按宪法规定,实现政治权力结构的优化配置,全国人民代表大会没有真正发挥国家最高权力机关的作用。究其原因,关键是没有处理好执政党领导与国家权力机关的关系,没有解决好人治和法治的问题。对此,邓小平同志曾明确指出:"要通过改革,处理好法治和人治的关系,处理好党和政府的关系。党的领导是不能动摇的,但党要善于领导,党政需要分开。""改革的内容,首先是党政要分开,解决党如何善于领导的问题。这是关键,要放在第一位。"这里,一是要处理好人治与法治的关系。邓小平同志很早就强调:"必须使民主制度化、法律化,使这种制度和法律不因领导人的改变而改变,不因领导人的看法和注意力的改变而改变。现在的问题是法律很不完备,很多法律还没有制定出来。往往把领导人说的话当作'法',不赞成领导人说的话就叫作'违法',领导人的话改变了,'法'也就跟着改变。""党的一元化领导,往往因此而变成了个人领导。"批评了我国严重存在的人治现象。而实行法治,使民主制度化法律化,人民代表大会制度是它的根本保证。因为人民代表大会是民主的代议机构,一切决策由人民代表投票,集体决策;又是立法机构,一切重大决策体现法治的权威。发挥人民代表大会最高权力机关的作用,是由人治走向法治的关键。二是要处理好中国共产党的领导与国家权力机关的关系。邓小平同志所讲的党政关系,包括党和政府、党和司法机关、党和全国人大国家最高权力机关的关系。中国共产党是执政党,她和任何执政党一样,都要领导国家权力机关。一要使自己的政治纲领通过立法程序变成国家意志;二要选派自己的优秀干部掌握执政权力。任何执政党都不会放弃或削弱上述权力。但党的领导是政治领导,它不能代替国家机关的工作。早在1941年,邓小平同志在《党与抗日民主政权》一文中就尖锐批评了"以党治国""党权高于一切"的思想,指出,有些同志"误解了党的领导,把党的领导解释为'党权高于一切',遇事干涉政府工作,随便改变政府法令,不经过行政手续,随便调动在政权中工作的干部,有些地方没有党的通知,政府法令行不通,形成政权系统中的混乱现象"。①

---

① 邓小平. 邓小平文选:第1卷 [M]. 北京:人民出版社,1994:11.

"误解了党的优势,以为党员包办就是绝对优势,不了解真正的优势要表现在群众拥护上"①,"把优势建筑在权力上是靠不住的"。他还说:"党对政权要实现指导的责任,使党的主张能够经过政权去实行,党对政权要实现监督的责任,使政权真正合乎抗日的民主的统一战线的原则。党的领导责任是放在政治原则上,而不是包办,不是遇事干涉,不是党权高于一切。"他批评那些把党的领导解释为"党权高于一切"以至发展成为"党员高于一切"的人。而新中国成立以后,在相当长的时期内,确实存在着以党包办代替国家机关工作而"直接执政"的现象。

解决上述问题,需要进一步改革党对国家的领导体制和执政方式。改革开放以来,我们逐步推行了党和国家领导体制的改革,并在一定程度上实行了党政分开,明确了党要在宪法和法律范围内活动;结束党的领袖终身制,尝试制度化的领导人更替方式;探索党内民主,以及民主决策的新方式;倡导以法治取代人治的政治理念;等等。但应当说这方面的进展还不够理想,需要进一步推进。可喜的是,党的十五大明确提出依法治国的方略,在最近的"5·31讲话"中,江泽民同志更明确揭出了"党的领导、人民当家作主和依法治国的统一性,是社会主义民主政治的重要优势。发展社会主义民主政治,最根本的是要坚持党的领导、人民当家作主和依法治国的有机结合和辩证统一"。这些论述为正确处理党的领导与国家权力机关的关系、法治与人治的关系指明了方向,也为人民代表大会发挥其作为国家权力机关的作用开辟了道路。总结改革开放以来的经验,体现这种治国方略的思路是:(1)中国共产党是中国特色社会主义事业的领导核心,党领导国家机关,但并不代替国家机关的工作,在党领导下全国人大依法行使职权,发挥国家最高权力机关作用,国务院依法行使国家行政权力,最高人民法院和最高人民检察院依法行使国家司法权力。(2)关键是要依法治国。依法治国是党领导人民治理国家的基本方略。党领导人民制定宪法和法律,并在宪法和法律范围内活动。执政党必须切实维护国家权力机关的法定权力,国家法律必须由立法机关按立法程序立法。国家权力机关通过的宪法和法律,各级党的组织和所有共产党员都必须严格遵守和执行。《中国共产党章程》规定:党必须在宪法和法律范围内活动。我国宪法也规定:任何组织或个人都不得有超越宪法和法律的特权。只要坚持实行依法治国,就能把党的领导与人民代表大会国家最高权力机关的作用统一起来。(3)人民代表大会制度是把党的领导、人民当家作主和依法治国相结合在政治制度上的根本保证。

---

① 邓小平.邓小平文选:第1卷[M].北京:人民出版社,1994:10.

执政党对国家事务的领导主要是政治原则、重大决策的领导。党关于国家事务重大决策的建议，凡按宪法和法律规定，应由人大或人大常委会决定的事项，都要经人大或人大常委会通过民主、法定的程序使之成为国家意志，不得以党的名义发布法律性文件或否定立法机关的立法结果。执政党要管干部，包括向国家机关推荐重要干部，但对于需要通过法律手续选举、任命的干部，必须充分尊重人大和人大常委会依法民主选举、决定，党委不得否定或改变选举结果。当然，中国共产党向依法执政的领导方式转变，真正建立起依法治国的领导体制，需要长期艰苦地努力，但是，只要沿着这个方向前进，党的领导和人大发挥最高国家权力二者完全是可以统一的。

三、与时俱进改革和完善人民代表大会制度

改革开放以来，人民代表大会制度随着我国政治体制改革的进程在不断发展和完善：选举制度上，把直接选举人大代表的范围从乡一级扩大到县一级，实行候选人多于应选人名额的差额选举办法，等等；人大机构建设上，在全国人大设立了民族、法律、财政经济、教科文卫、外事、华侨、内务司法、环境与资源保护及农业与农村工作等九个委员会；在人大常委的专职化上，相应地规定人大常委会成员不得兼任行政、司法职务，在县以上地方各级人大设立常委会并授予省一级人大及其常委会相应的地方立法权限，等等。但应当说，人大制度的改革与完善还不够，还应当与时俱进，不断发展。

（一）改革和完善选举制度，增强人民代表大会的活力

首先，要完善候选人提名制度。《中华人民共和国选举法》第三十一条规定，由选民直接选举的人大代表，由各选区选民和各政党、人民团体提名推荐。人大换届推荐候选人时，既要照顾方方面面，更要考虑到代表们参政议政的热情和能力，不能把人大代表当作荣誉职务来安排。其次，要引进竞争机制，激活代表候选人的责任意识。宪法学家吴家麟教授认为，没有差额的选举不是真正的选举，没有竞选的差额，不是真正的差额。竞选并非资产阶级的专利，它只是竞争机制在政治领域中的一种形式。如果选举具有竞争性，将会有效地激发代表和选民的热情，有利于选出参政意识强、素质高的代表。最后，扩大直选层次。苏联在1936年就开始实行从乡村及市苏维埃到最高苏维埃的直接选举。当时他们的经济、文化并不比我们现在发达。印度也是发展中国家，人口、经济、文化条件和我们接近，但印度在1935年就开始了省议会议员的直接选举，1947年，独立后就立即推行全国范围内的直接选举。我国经过近半个世纪的城镇、乡级以及二十来年县级的直接选举实践，广大公民已经积累了比较完

备的选举知识和经验,能够适应将人大代表的直接选举扩大到省市一级的要求。然后再逐步推进,扩大直接选举到全国人大一级。

(二)加快人大常委专职化步伐,更好地发挥国家权力机关的作用

如果说推行人大代表专职化不现实的话,那么,推行人大常委专职化的条件应当说已基本具备。人大常委会委员人数与同级人大代表相比只是其十几分之一。根据人大组织法的规定,省级人大常委组成人员一般需要35—65人,人口超过8000万的省不超过85人。自治州、设区的市的人大常委会组成人员一般是13—35人,人口超过800万的市不超过45人。县级人大常委会组成人员一般有11—23人,人口超过100万的县(区、市)不超过29人。而自第六届全国人民代表大会起,全国人大常委会组成人员的总数都是155名。因此,从人力、物力和财力上来讲都是能够满足的。推行人大常委专职化,有利于委员密切联系群众,汇集民意,集中精力参政、议政,更好地发挥其立法、决定、任免和监督职能。第七届全国人民代表大会以来,地方各级人大常委会专职委员的比例有所提高,有的已经达到常委会组成人员的一半左右。而全国人大常委会的专职化程度,第六届全国人民代表大会达63%,第七届全国人民代表大会达72.8%,第八届全国人民代表大会占61.14%。但是,现在专职化的标准还有模糊的地方,还有不少委员担任着企事业单位的主要领导职务,难以把其主要精力和时间放到常委会的工作上;有的甚至完全挂名,不干常委的工作。我们建议:一是在推荐常委会人选时,要推荐那些有足够的时间、精力用于人大工作的人员,通过差额竞选,不要仅把人大常委作为一种政治待遇来安排。目前对于少数必须兼任某种社会职务的,也要规定其在人大工作的职责和时间。二是通过立法规定各级人大常委会专职委员的标准及其时间表,以尽快提高专职委员的比例。三是为实现常委会人员的专职化创造条件,包括必要的工作经费与生活津贴等。

(三)加强人大对行政和司法的监督

对国家行政、审判和检察机关进行监督,是宪法赋予人大常委会的一项重要职责。近年来人大监督权的行使取得了一定的效果,但与其立法权的行使相比较,仍有较大差距,需要进一步加强。首先,人大及其常委会应当尽快出台监督法,对监督的主体、对象、原则、程序、方法等作出明确的规定。现在监督法草案已经草拟出来,应尽快提请人大审议、通过,付诸实施。其次,加强现有的九个专门委员会的建设,充分发挥其监督职能。目前人大专门委员会的工作人员较少,大多为20人,除去负责内务、文书管理和日常服务人员,平均每个专委约有1个工作人员,难以适应工作的需要。应适当增加各专门委员会

工作人员编制，招聘一批政治学、法学、经济学等方面的人才，协助常委会开展立法和监督工作。最后，要增设专门的监督机构。建议在全国人大设立宪法委员会，作为协助全国人大及其常委会监督宪法实施的常设机构。宪法委员会由全国人民代表大会产生，闭会期间归全国人大常委会领导。其主要职能是：履行宪法保障和宪法监督的职责。另外，建议把政府系统的审计机构划归人大常委会，协助财经委员会审查国家计划、预算及其执行情况，对政府部门各机构的开支进行调查和审计，向全国人大及其常委会提出建议。建议设立人大监督专员署，由地位相等的监督专员组成，受全国人大及其常委会领导。人大监督专员的主要职能是：监察行政和司法行为，保护公民权益，改善公共行政，确保司法公正，其职责范围是：调查政府和司法机关的不良行为，接受公民投诉，提出处理意见。

当代西方政治思潮的几个问题

一、人权问题

民主理论包括两部分：一是权力；二是权利。人权是权利。民主首先是人民的权力，在这个前提下，还有人民的权利。人权问题是欧洲启蒙思想家们提出来的，是资产阶级革命的一个口号。但是近年来，西方某些资本主义国家打着"民主、自由、人权"的旗帜，利用人权外交，搞和平演变。所以现在有必要弄清马克思主义和西方资产阶级的理论，社会主义实践和西方资本主义的实践，在人权问题上有什么根本分歧。我认为至少有四点根本分歧。

第一，人权是天赋的还是历史形成的，这是理论上的一个根本分歧。

17世纪，英国启蒙思想家约翰·洛克最早提出人权问题，他的理论是"自然权利"说。他认为人的权利包括生存权、自由权、财产权等，都是上帝授予的，所以人人都应该保护。18世纪，法国启蒙思想家卢梭提出"天赋人权"说，认为人权是天赋的。卢梭看到人权和阶级社会的关系，主张用暴力推翻封建专制，建立资产阶级专政。这些学说在反封建、反神权的斗争中起了进步作用，但是在理论上有局限性。后来，这种学说在美国的《独立宣言》和法国的《人权宣言》中得到了宣扬和肯定。美国《独立宣言》讲："人人生而平等，他们都从他们的'造物主'那边被赋予了某种不可转让的权利，其中包括生命权、自由权和追求幸福的权利。为了保障这些权利，所以才在人们中间成立政府。……人民有权利来改变它或废除它，以建立新的政府。"法国《人权宣言》也是继承了洛克、卢梭的说法。《人权宣言》第一条是，人生来而且始终是自由、平等的。第二条是，一切政治结合的目的，都在于保护人的天赋的和不可侵犯的权利，这些权利是：自由、财产、安全以及反抗压迫。总之，他们的人权是以自然权利法、天赋人权说为理论依据的。马克思主义认为："权利决不能超出社会的经济结构以及由经济结构制约的社会的文化发展。"人的各种权利不是天赋的、上帝赐予的，而是历史形成的，并且随着社会经济文化的发展而变化的。恩格斯在《家庭私有制和国家的起源》中讲："在氏族制度内部，还没有权利和义务的分别。""如果说在野蛮人中间，像我们已经看到的那样，不大能够区别权利和义务，那么文明时代却使这两者之间的区别和对立连最愚蠢的人都能看得出来，因为它几乎把一切权利赋予一个阶级，另一方面却几乎把一切义务推给另一个阶级。"在经历了奴隶社会和封建社会之后，在反封建统治压迫的基础上，才有了资产阶级人权。资产阶级人权是用天赋人权的普遍形式表达了第三等级消灭阶级特权、废除封建等级特权的要求，这是历史的进步。但是这种权利不是抽象的，正如恩格斯所说的，"被宣布为最主要的人权之一的是资产阶级的所有权"；"私有财产神圣不可侵犯"是资产阶级权力的核心。马克思在《资本论》中也讲过，"平等地剥削劳动力，是资本的首要的人权"揭露了它的权利平等的实质。所以资产阶级的人权，也是历史发展中的一个阶段。而无产阶级的人权观，随着历史的发展而发展。恩格斯讲："从消灭阶级特权的资产阶级要求提出的时候起，同时就出现了消灭阶级本身的无产阶级要求，……""无产阶级平等要求的实际内容都是消灭阶级的要求。任何超出这个范围的平等要求，都必然要流于荒谬。"消灭阶级要求的无产阶级人权观是历史的巨大进步。随着民族解放运动的兴起，特别是在第二次世界大战之后，又提出民族自决权，人权问题又有了新的发展。所以人权问题是在历史中形成发展的，它不是天赋的，也不是专属于资产阶级的概念。这里，我想以平等问题为例，试图阐明无产阶级人权观同资产阶级人权观的本质区别。"人人生而平等"好像是天赋人权，但实际上平等是个历史概念。它至少经历了几个发展阶段。原始社会生产力非常低下，那时只能是原始的平均分配。奴隶制、封建制是不讲平等的。封建社会的小生产，农民个人相对独立，权利和义务已有所区分了。但由于是自然经济，要求私有制下的平均，"均田""等贵贱、均贫富"等口号都是以平均作为平等的内容，这又是一个历史的尺度。资产阶级打着"人人生而平等"的口号，但实质是在资本主义私有制基础上的商品交换的平等，自由贸易的机会均等，以及反映这些要求的法权上的平等。这是一种价值规律尺度意义上的平等。它以形式上的平等，掩盖实质上的不平等。因为这种平等，只在流通领域实行。在生产领域，雇佣劳动力表面上的平等交换掩盖着对无产阶级剩余价值的剥削；政治权利形式上是法律面前人人平等，实质是"金钱是政治活动的母乳"，亿万富翁享有种种特权。无产阶级提出了消灭阶级的平等要求。这是资产阶级无法达到的一个新的历史尺度。但是无产阶级的平等要求，也还需历史地向前发展。在社会主义阶段消灭剥削制度、剥削阶级，实行按劳分配，以劳动为平等的尺度；到共产主义阶段彻底消灭阶级实行按需分配，以需要作为平等的尺度。按劳动尺度看是平等的,按需要看又是不平等的。所以平等是一个历史发展的概念。没有天赋的、抽象的平等。现在我国大陆还处在社会主义初级阶段,虽然说从消灭剥削制度的意义上已初步实现了无产阶级的平等要求,但是远没有做到马克思所讲的在全社会范围内那样的按劳分配。按劳分配只是初步的、不完全的。由于商品经济的发展,价值规律意义上的平等也还存在和发展,平均主义亟待克服,剥削现象在局部还存在。所以我们现在的平等权利只不过是历史发展中的一个阶段。对社会上存在的不公平现象要历史地、科学地进行分析,要研究在现阶段的历史条件下,哪些是阻碍社会前进的,哪些对社会发展还起积极作用,哪些还得在发展中逐渐完善,没有抽象的平等尺度,这就是我们的人权观。

第二,人权的阶级性。

由于人权是历史形成的,所以它有具体的社会性,在阶级社会里,就有鲜明的阶级性。没有什么普遍的、适用于全人类的抽象的人权。比如,就在《人权宣言》的故乡法国,他们是怎样对待1830年、1848年、1870年劳动人民争取人权斗争的呢?都是血腥的镇压。巴黎公社起义就被大资产阶级用刺刀淹没在血泊中。就是法国资产阶级内部也是毫不客气的,雅克宾派代表中小资产阶级包括翻身的农民向压迫者要求人权,结果被大资产阶级镇压,罗伯斯庇尔被送上了断头台。人权的阶级性是非常鲜明的。美国是《独立宣言》的故乡,世界上第一个把"人权"写在正式文件里的国家。但是美国最典型地体现了人权的资产阶级性。公民在法律面前表面上是平等的,但实际上法律是维护富有者的利益。美国新闻大王赫斯特的孙女伯瑞莎·赫斯特持枪抢劫银行被捕,她的父亲请美国最有名的律师李·贝雷出庭辩护,结果刑期由15年至20年减至7年。而且在监狱里只待了7个月,就因交了大笔保释金,保释回家。后来她又要求重新审判,结果无罪开释。叮是同案的另一个姑娘却在监狱中被监禁了好几年。原因是新闻大王雇得起李·贝雷这样的大律师。他在李·贝雷身上花的诉讼费达100万美元。

在当代,人权问题的阶级性也是非常鲜明的。它主要表现在,人权问题成为帝国主义对社会主义进行和平演变的工具。美国前国家安全顾问布热津斯基在《大失败——二十世纪共产主义的兴亡》中说:"倡导尊重人权影响巨大,意义深远,可加速共产主义衰亡的进程。人权是现今时代最有吸引力的政治观念。西方大声疾呼尊重人权,已使所有共产党国家处于守势……后共产主义专制政权，特别容易受到尊重人权的呼吁的破坏，……"① "号召尊重人权不仅已使现有的共产党国家处于守势，而且从全球看，还使民主国家与共产党国家划清了界限。应使世界人民的视线集中到共产党国家剥夺公民自由、侵犯个人权益、没有健全的法制、对大众媒介和经济生活进行严格政治控制等方面。这样做可以使人们更清楚地看到多党制、市场经济和真正民主制的优越性。"② "积极宣传尊重人权，还为更直接地进行争取民主的活动提供了理论依据。这些活动有助于使独立性越来越大，政治色彩日益浓厚的民众社会在现存的共产主义制度下，不断成长壮大。一个独立的民众社会的出现，就等于社会从共产党统治下最终解放出来的开端。在一些共产党国家，甚至在苏联，已经自发地涌现出一些独立社团。这些社团利用新式通信手段，传播公共所需要的信息。这种不受共产党控制的政治宣传，有助于民主派在如何进行社会经济变革方面取得一致的意见，因而也有助于使持不同政见者逐渐成长为真正的政治反对派。到一定时候，他们就会要求进行和平移交权力的谈判，或在政治上对从共产主义极权制向处于守势的后共产主义专制制度过渡的过程加以利用。"③ 可以看出，他要利用人权问题"加速共产主义衰亡的进程"，要让人们与共产党国家划清界限，搞资产阶级多党制和资本主义市场经济，要支持"持不同政见者……成长为真正的政治反对派"，最后是要"和平移交权力"。人权外交表面上似乎是要求什么公民自由权利，实际上是要瓦解社会主义制度。它具有鲜明的阶级性，甚至可以说是露骨的垄断资产阶级性。

第三，人权究竟只讲公民个人的权利还是要强调集体的人权。

资产阶级人权观的内涵，主要强调公民个人的权利，而不强调多数人的、集体的人权。资产阶级反封建时，他要打破封建割据的束缚，自由地贸易，自由地雇佣劳动力，所以他把争取人权的重点放在公民自由权利之上，这是可以理解的。但是在当代社会，特别是第三世界对人权的要求主要是集体的人权，包括民族自决权、国家的独立自主权、反对种族歧视权和反对外来干涉等。其中最重要的是民族自决权。这个问题在第二次世界大战以后被特别突出地提出来。1948年，联合国通过的《世界人权宣言》基本上采用的仍然是以个人人权

---

① 兹·布热津斯基. 大失败: 二十世纪共产主义的兴亡 [M]. 军事科学院外国军事研究部, 译. 北京: 军事科学出版社, 1989: 303.
② 兹·布热津斯基. 大失败: 二十世纪共产主义的兴亡 [M]. 军事科学院外国军事研究部, 译. 北京: 军事科学出版社, 1989: 303.
③ 兹·布热津斯基. 大失败: 二十世纪共产主义的兴亡 [M]. 军事科学院外国军事研究部, 译. 北京: 军事科学出版社, 1989: 303.

为本位的人权概念，还是西方的传统观念。但是随着民族解放运动的发展，这个问题发生了变化。1955年4月，亚非国家在印度尼西亚召开了"万隆会议"，会议通过的最后公告提出指导国际关系的十项原则，第一项即要求"尊重基本人权"，强调："自决是充分享受一切基本人权的先决条件"，第一次突出了民族自决权。1960年，联合国通过了《给予殖民地和人民独立宣言》反映了殖民地人民的要求。宣言宣布："使人民受外国的征服、统治和剥削的这一情况，否认了基本人权，违反了联合国宪章，并妨碍了增进世界的和平与合作"。"所有的人民都有自决权；依据这个权利，他们自由地决定他们的政治地位，自由地发展他们的经济、社会和文化""任何旨在部分地或全面地分裂一个国家的团结和破坏其领土完整的企图都是与联合国宪章的目的和原则相违背的"，"一切国家应在平等、不干涉一切国家的内政和尊重所有国家人民的主权及其领土完整的基础上忠实地、严格地遵守联合国宪章、世界人权宣言和本宣言的规定"。明确地提出民族自决权。1966年，联合国又制定了联合国人权公约，即《公民权利和政治权利国际公约》和《经济、社会、文化权利公约》，进一步肯定了第三世界一些人权主张。美国国会至今未通过这两个公约。1981年12月9日，联合国又通过了《不容干涉和干预别国内政的宣言》，规定："任何国家或国家集团均无权以任何方式任何理由干涉和干预其它国家的内政和外交"。"各国有义务避免利用和歪曲人权问题，以此作为对其他国家施加压力或在其他国家或国家集团内部或彼此之间制造猜疑和混乱的手段"。上述联合国通过的宣言和公约，反映了第三世界对集体人权的要求。邓小平同志曾讲过"什么是人权？是多少人的人权？是多数人的人权，还是少数人的人权，还是全国人民的人权？西方世界所谓的'人权'和我们讲的'人权'是两回事，观点不同"。充分反映了被压迫民族和人民对人权的观点。这一点更早在孙中山先生身上也有自发反映。孙中山先生就其思想体系仍然是资产阶级的人权观，但他在"三民主义"中提出的却是"民权"，而且认为民权主义与所谓的天赋人权者"殊科"。因为只要是第三世界人民就会知道，如果没有民族自决权，没有国家独立的权利，就不可能有公民的权利。所以第三世界人民总是要把集体的人权放在更重要的位置上，这也是我们和西方人权观很重要的区别。

第四，在公民个人权利中，是全面提出政治自由权利和社会、经济、文化权利，还是仅片面地提出政治自由权利。

在西方一些观点看来，人权就是公民的政治自由权。无产阶级人权观对公民的自由权利应当重视，但是同时更要重视社会、经济、文化权利。资产阶级反封建时所关注的不是老百姓的生活，而是私有财产权和自由权，公民的社会经济文化的权利则不在它的视野之内。恩格斯说"无产阶级抓住了资产阶级的话柄：平等应当不仅是表面的，不仅在国家的领域中实行，它还应当是实际的，还应当在社会的、经济的领域中实行。尤其是从法国资产阶级自大革命开始把公民的平等提到重要地位以来，法国无产阶级就针锋相对地提出社会的、经济的平等的要求，这种平等成了法国无产阶级所特有的战斗口号"。无产阶级首先要求的是社会的经济的权利，其中劳动的权利是最基本的人权。因为"人们首先必须吃、喝、住、穿，然后才能从事政治、科学、艺术、宗教等等"；没有这些基本的生存权利，就谈不到其他权利。在此基础上我们也应该重视公民的自由权，政治上的权利。对于社会、经济、文化权利，特别是劳动权资产阶级宪法在相当长时间内根本不提。1919年，德国的魏玛宪法，第163条第二项规定："德国人民享有从事经济劳动取得生活资料的机会。"这是因为第一次世界大战以后，德国无产阶级强大起来，垄断资产阶级和容克地主不得不利用社会民主党的"社会主义"口号。但这个宪法在1933年被希特勒取消了。第二次世界大战以后，发达资本主义国家的宪法中，逐渐把劳动权写进去，这是劳动人民斗争的结果，也和发达资本主义国家在经济上进入相对稳定时期有一定的关系。但至今西方有些学者还认为，社会经济权利是"虚构"的权利，因为它"不具有主体权利的性质，因而不可能得到诉讼程序的保护"。其实社会经济文化权利是最基本的，没有这方面的权利，其它权利就变成空头支票。

二、政治多元主义与多元化

政治多元主义是西方民主理论中的一个流派。有人把多元论的始祖上推到美国杰姆斯·麦迪逊等人1788年所著《联邦党人文集》中关于派别（或译"党争"）的论述。19世纪，人们又提出国家主权已经多元化，代表人物是法国的狄格和英国的拉斯基。20世纪初，哈罗德·拉斯基著《全权的基础》一书，专门论述政治多元主义。他认为："一元论国家是一个等级结构，权力作为最后目标集中在一个单一的中心。多元主义提倡者认为这在行动上是不健全的，在伦理上是不合适的。"多元主义真正发展是在第二次世界大战以后。第二次世界大战后，西方主要资本主义国家发展到国家垄断资本主义，实行凯恩斯主义，国家加强了对经济领域的直接干预，这就刺激各利益集团介入政治过程的愿望。原来是在市场上竞争，现在各利益集团都来找国家权力挂钩，想通过国家机关使自己得到经济利益。由此扩大了政府与利益集团你中有我、我中有你的关系。另外，现代社会的民主理论加强了民众参政、监政问题的研究，多元民主主义也是众多流派中的一家。多元民主主义又分好多派：自由放任多元主义、社团多元主义和公共多元主义等，其中不乏代表人物。20世纪50年代美国著名政治学家戴维·杜鲁门发表了《政府过程》；20世纪60年代罗伯特·达尔著《美国的多元主义民主：冲突和赞同》和《谁在统治》；20世纪70年代泰奥尔多·罗威著《自由主义终结、意识形态、政策和公共权威的危机》；等等，都对多元主义的政治模式和理论做了一些研究。政治多元主义成为西方，特别是美国民主理论中一个重要流派。它的中心思想是："各种利益集团分享权力"。"权力在处于不断变化的冲突、竞争和合作模式中的各种集团之间得到了广泛的分配"。认为这种政治模式是未来非金字塔式现代工业社会可以寄予希望的模式，有人把它视为领导民主新潮流的模式。但在西方也有很多人批评这个流派，认为它不符合西方现实。它只不过是西方民主理论中的一种，甚至原来并不是很重要的流派，所以我国介绍西方政治思潮的书中专门谈论多元主义民主的并不多。但是，就是这样一种在西方民主理论中不是很重要的流派，现在竟变成了美国等西方国家对社会主义实行"和平演变"的理论支柱，"政治多元化"变成瓦解共产党领导的战略武器。

多元化理论是社会民主党"民主社会主义"的理论支柱之一。它在经济上标榜多元混合经济，实际上是以私有制为主体；在意识形态上搞多元主义，不要求信仰马克思主义；在政治上是搞多党制和三权分立的西方议会民主政治，承认多元主义国家，放弃无产阶级专政。这种理论与西方政治多元主义有亲缘关系，但其内容更宽，涉及经济、政治、文化各个领域。这种理论与科学社会主义是根本对立的。

20世纪80年代以来，东欧社会主义国家在改革中实行"多元化"方针后，都急剧向资本主义方向演变。一些国家由提出"社会主义多元化"到"政治多元化"，再到"多党制"，直到丧失共产党的领导权，科学社会主义事业受到极大的挫折。我国坚持资产阶级自由化的人也极力鼓吹"政治多元化""多党制"。所以有必要澄清这方面的思想混乱。下面谈三点个人看法。

第一，在任何社会，包括阶级社会和现实的社会主义社会，利益多元的状况是一种客观存在。"元"是个多义词。哲学上"元"的含义一般是指万物的本原，是在哲学基本问题思维和存在关系的意义上使用的。我们认为世界万物的本原是物质，是唯物主义的一元论，反对唯心主义的一元论以及二元论或多元论。因此在真理问题上也是唯物主义的一元论，即认为判断真理的标准只有一个：主观认识是否符合客观实际，真理不能多元化。但在社会领域，还有价值及利益问题。人的认识实践活动有两种，一是真理性认识实践活动，求是，研究事物的本质和规律是什么。二是价值性认识实践活动，即求利、求好，研究客体对主体（个人、民族、阶级、国家等）是否有利。这是人的认识实践活动不可分割的两个方面。马克思主义认为：人的本质，在其现实性上是一切社会关系的总和。因此，社会上只要存在着性质不同的社会关系，人们在社会关系中的地位不同，那么人们价值的出发点或人们利益的本源就不同。笔者认为，在价值领域"元"的含义是社会关系的主体性质、人们利益的本源。在这个意义上，利益多元是一种客观存在。在阶级社会，两大对抗阶级，在社会关系中地位不同，利益对立，两个阶级就是两个元，而且是对抗性的两个元。我国社会主义现阶段，在一定范围内还存在阶级斗争，人民内部也有阶级、阶层的差别，存在复杂的利益矛盾。经济体制改革，公有制为主体的多种经济成分：全民所有制、集体所有制、私营企业、个体经济、外资（独资、合资等）企业……其利益出发点是不同的，甚至是极为矛盾的，这一点在改革中看得特别清楚。对这种现象我认为可以概括为利益多元，这对于认识现阶段社会主义阶级、阶层等社会矛盾的复杂性是有意义的。

第二，任何社会，占领导、统治地位的社会关系都是一元的，不可能是多元的。马克思主义的一个基本观点是生产力与生产关系，经济基础与上层建筑之间的基本矛盾运动推动社会发展。经济基础概念的本质不是指的任何生产关系，而是指一个社会占统治地位的生产关系，如我国社会主义初级阶段决定经济基础的性质的，不是多种所有制而是占主导地位的公有制。任何社会，特别是阶级社会，经济关系多元的状况是存在的，但占统治地位的只能是一种经济关系。政治上层建筑，如国家，也只能是一个阶级领导的民主专政，而不可能是几个阶级分享政权。在美国，不同阶级利益是多元的，但是占统治地位的社会关系是垄断资本的私有制，统治阶级是垄断资产阶级，是一元化，不可能搞多元化。

西方政治多元主义最虚伪的地方就是"各种利益集团分享权利"这一点。这既不符合资本主义社会，也不符合社会主义社会的实际。恩格斯说：国家"照例是最强大的、在经济上占统治地位的阶级的国家，这个阶级借助于国家而在政治上也成为占统治地位的阶级"，而政治多元主义强调"多元主义权力模式的精髓是其反马克思主义的假设，即随着自治集团的蓬勃兴起，资本主义或其他阶级的垄断权消失了"，用以掩盖西方国家、社会的阶级属性。另外，政治多元主义也混淆了占统治地位的利益集团和非统治地位利益集团的界限。戴维·里斯曼说："近五十年，美国权力构造发生了一个变化，有一个占据首要地位的统治阶级的单一等级制，已经被分享权力的一些'否决集团'取而代之了"，"在否决集团建立的……权力结构中，很难区分统治者和被统治者"。在美国，大财团直接领导的"对外关系协会""三边委员会""经济发展委员会""布鲁金斯学会"等这样一些政策规划组织，被称为"美国的智囊""真正的国策制定者"，许多政府高级官员是由这些政策研究机构培养出来的。而一般的社会团体对国家决策根本不起作用。这两种"否决集团"能够分享权利吗？所以，一个社会占统治地位的经济、政治、思想都是一元的，政治是经济的集中表现，尤其不能多元化。

第三，政治多元化是帝国主义和平演变的工具，目的是要否定共产党的领导，使社会主义制度向资本主义方向演化。布热津斯基在《大失败——20世纪共产主义的兴亡》一书中，上百次地讲到多元化（经济、政治、民主多元化……），特别是政治多元化。他说："引进市场调节机制，……不可能与政治上的多元化分开。""在大范围内实行政治和经济多元化"，"势必会危及共产党的垄断权力"。"社会不仅要向执政党（指共产党）争取提出批评和建议的权利，而且要争取参与政治决策的权利，并且争取最终获得基本政治选择的权利。""因此，'社会主义多元化'与'民主多元化'之间有着本质的区别。权力共享是问题的要害。这也是列宁主义与社会民主主义之间的分水岭。"他这些话的意思是很清楚的，就是要通过发展自由市场经济、私有制经济、搞政治多元化，"危及共产党"的垄断权力，从"参与政治决策"到与共产党"权力共享"，最终是要改变"基本政治选择"，即改变社会主义制度。布热津斯基还为社会主义向资本主义演变的过程设计了四个阶段："共产主义极权"；"共产主义专制"；"后共产主义专制"；"后共产主义多元化"。第四阶段"后共产主义多元化"就是指"政治、社会、经济体制都实现了多元化"。他认为到那时，社会主义制度就瓦解了。他的这些设想在东欧已经得手了，在中国没有得手，但也值得我们警惕。我国还处在社会主义初级阶段，还要适当发展非社会主义经济成分，还要大力发展商品经济，利用市场调节机制。但是要限制它的消极作用和自发倾向，约束它在公有制为主体和宏观调控的范围内运转。而帝国主义"和平演变"与国内资产阶级的自由化势力都是要把作为"补充形式"的非社会主义经济成分变成主导的经济形式。把以公有制为基础的、有计划的商品经济变为以私有制为基础的、完全自由放任的市场经济，并且培育代表这种势力的"企业精英""权力精英"和"知识精英"，即持不同政见者，形成党内反对派或组建反对党，与共产党争夺领导权，改变改革的社会主义方向，以至最终改变社会主义制度，"和平移交权力"。这就是布热津斯基所说的"经济多元化、政治多元化"的实质所在。因此我们对于改革开放新形势下的阶级斗争，一定要有清醒的认识。在这种情况下更要注意坚持改革的社会主义方向，坚持共产党的领导,坚持马克思主义的指导,即坚持经济、政治、思想上社会主义的一元化领导,绝不能以经济、政治多元化作为我们的方针。只有这样,我们才能使改革沿着社会主义制度自我完善的道路前进,才能揭露帝国主义"和平演变"和国内"自由化"势力复辟资本主义的阴谋。

三、多党制问题

多党制与政治多元化既有联系又有区别。从理论上讲政治多元主义涉及国家权力、经济权力、群众组织权力和大众通讯权力等多方面,并不限于多党制一种形式。但在实践上,所有鼓吹社会主义国家政治多元化的最终目的都是要搞多党制。这里,笔者只想集中谈一谈中国为什么不能实行西方国家的多党制问题。

首先,我们要弄清中国政党体制和西方多党制有什么区别。中国现在实行的并不是一党制,是中国共产党领导的多党合作制。所有民主党派都承认中国共产党的领导,承认共产党是执政党。而西方的多党制则是两党或多党竞争、轮流执政,它们之间没有领导和被领导的关系,各主要政党都为执政而竞争,即使是日本,被称为一党多元制,自1955年以来始终是自民党一党执政,但它的反对党也还是在为执政而斗争。此外,中国的民主党派是参政党,它们与共产党合作,参与执政,共商国家大事,又互相监督,它不是西方那种反对党。所以,搞不搞西方多党制,其关键是要不要坚持共产党领导,搞不搞轮流执政。

中国共产党领导的多党合作制是根据中国国情的实际情况实行的,它对世界政党制度有发展,也有创造。相反,西方多党制是不合中国国情的,这是因为:

第一,中国共产党领导的多党合作制是中国历史条件下的必然选择。

西方的两党或多党制都是在议会派别斗争的基础上形成的。17世纪70年代,英国国会里出现了辉格党和托利党两派。托利党代表地主贵族利益,辉格党代表资产阶级和新贵族。它们在国会中不断斗争,直到19世纪30年代工业革命后,随着阶级关系的变化,托利党转化为保守党,代表垄断资产阶级和贵族,辉格党转化为自由党,代表工商业资产阶级。两个党通过议会斗争轮流执政。20世纪20年代,自由党衰落,由工人贵族组建的改良主义的工党取而代之。保守党和工党继续在资本主义制度范围内竞争、轮流执政。美国独立时没有政党,宪法中也没有关于政党制度的规定。美国第一任总统华盛顿曾对"党派性这个恶魔"深恶痛绝,第二任总统亚当斯认为"党派是最大的政治罪恶"。但是历史并没有按照这两位总统的意志发展,1789年,在制宪会议上美国统治者内部出现了联邦派和反联邦派,这就是美国两党的前身。到19世纪20年代,基本形成了两党制的格局。在南北战争前,共和党代表北部工业资产阶级利益,民主党则代表南部种植园主的利益。经过南北战争,旧的民主党衰落了。到帝国主义阶段,新的民主党和共和党都代表垄断资产阶级的利益。民主党代表老牌的东北部财团,共和党代表西南部的新兴富豪。所有这些都是在议会派别斗争的基础上形成发展的。法国资产阶级革命时党派就比较多,第二次世界大战前夕法国的党派团体曾多达两百多个,战后经常参加竞选的有二十多个,最多时达五十多个,这种历史条件决定了法国只能实行多党制。日本自民党长期执政,但反对党也一直在通过议会进行斗争,所以议会斗争是西方多党制度的特点。

中国政党制度不是在议会斗争中形成发展的。中国历史上也有过多党竞争,辛亥革命后还出现过政党林立的局面,最多时政党、政团达三百多个,其中有的没有明确的政纲,组织松散,只是一些过眼云烟、昙花一现的集合体。后来这些政党政团逐渐演变为三派四党。五四运动后,中国工人阶级在1921年成立了自己的政党中国共产党。历史上中国多党的特点是两头"少而强",中间"多而弱",按阶级基础讲,民族资产阶级、小资产阶级、农民人数众多,而工人阶级和大地主大资产阶级人数很少,所以是"两头小,中间大"。但按政党讲,却是"两头强,中间弱",即工人阶级政党、与帝国主义勾结的大地主买办阶级的政党力量较强;而代表民族资产阶级、小资产阶级及其知识分子的政党,数量虽然不少,但力量较弱。但是,中国的政党,特别是两大政党,不是在议会斗争中发展,而是经过长期的武装斗争决定胜负。在历史上,中国也搞过议会政治,但都不成功,如宋教仁组织国民党,搞竞选。袁世凯拿五十万大洋收买他,被他拒绝了,国民党竞选胜利,获得了议会多数,但1913年3月,宋教仁在上海被袁世凯派人刺杀了。抗战胜利前夕,毛泽东同志在《论联合政府》中也提出了各党派组织联合政府的主张,但也没有成功。解放战争时期,国共斗争激化,中间党派分化了。后来,中国国民党革命委员会、中国民主同盟、中国民主建国会、中国民主促进会、中国农工民主党、中国致公党、九三学社和台湾民主自治同盟等八个民主党派选择了与共产党合作的道路。而中国青年党、中国民主社会党则投靠了国民党。共产党与国民党在战场上决定胜负,全国人民不是通过选票,而是通过参军、支前等实际行动选择了共产党。这样最后才形成了共产党领导的多党合作的政治格局。这种格局的优点是共产党与人民群众血肉相连,能够做到真正根据人民利益决定政策。

第二,中国共产党领导的多党合作制在社会主义建设时期有现实的社会基础。

　　任何国家政党体制都有其阶级基础。西方国家多党制的阶级基础是什么？正如邓小平同志所说："资本主义国家的多党制有什么好处？那种多党制是资产阶级互相倾轧的竞争状态所决定的，它们谁也不代表广大劳动人民的利益。"

　　我国进入社会主义建设时期后，在大陆上原来的剥削阶级作为阶级已经被消灭了，大多数知识分子成了工人阶级的一部分，工商业者成了自食其力的社会主义劳动者，因此各民主党派的阶级基础发生了根本性的变化。在这种历史条件下，各民主党派从新民主主义革命时期的民族资产阶级、城市小资产阶级、阶层的阶级联盟变成了它们各自所联系的一部分社会主义劳动者和一部分拥护社会主义爱国者的政治联盟，成为为社会主义服务的政治力量。

　　我国社会主义现代化建设是非常艰巨的事业；国际国内又存在复杂的阶级斗争和社会矛盾；改革、开放充满了风险。只有中国共产党能够承担执政党的历史重任。因为只有中国共产党扎根于各民族、各阶级、阶层劳动人民之中，能够团结全国人民，领导一个经济、文化落后的国家实现社会主义现代化。只有中国共产党是以马克思主义为指导的工人阶级先锋队，有着丰富的革命斗争经验，能够克服国内封建主义、资产阶级自由化和小资产阶级习惯势力的干扰，战胜帝国主义和平演变的阴谋，成为全国人民坚强的政治核心。尽管四十年来中国共产党也出现过许多失误，包括像"文化大革命"那样严重的错误，但最终仍然是依靠共产党自身来纠正错误。在中国，没有任何其他力量能代替共产党的领导，这是全国人民和各民主党派共同的认识。国外许多人也是这样看的，瑞士著名学者林德曾说过："中国的优秀人才大都集中在执政党内，目前还没有一个在野党有这样的能力和威信挑得起这副担子，因此人为地去建一个反对党，对中国的稳定与建设没有好处。"他还说："两党制有优点也有缺点，比如竞选耗资大、决策程序慢等。中国目前需要集中精力把经济搞上去，不应分心过多。"

北欧民主社会主义浅析

与当代民主社会主义在一些国家泛滥的同时，国际上还兴起了一股朝拜北欧民主社会主义的"样板"——瑞典之风。国内，鼓吹资产阶级自由化的"精英"们也曾喧嚷，北欧才是"真正的社会主义"，诬蔑社会主义中国是"民族旗帜下的封建主义"。这就向人们提出了一个问题：北欧民主社会主义究竟搞的是社会主义还是资本主义？下面，仅就我们了解的情况，做一点分析。

在北欧三国，社会民主党都有100多年的历史，民主社会主义的影响很深。其中的瑞典自1932年到1976年、1982年至今一直是社会民主党执政，丹麦社会民主党、挪威工党在二次大战后也都曾执政近四十年，20世纪80年代初，被代表大资产阶级的保守党牵头的几党联合执政所代替。

这些国家经济发达。瑞典人均国内生产总值（GDP）长期居西方发达国家前列，并位于北欧三国之首，一度高于美国，近年有些停滞。挪威原较落后，近五十年发展很快，据1989年世界银行统计，人均GDP已达2万美元，超过美国、瑞典，居世界第四。丹麦人均GDP也在世界前十几名之列。北欧三国普遍实行高工资、高福利、高税收的"三高政策"，形成了所谓"从摇篮到坟墓"的一套社会保障制度。

总的来看，这些国家表现出来的社会矛盾相对较少，社会比较稳定。如何看待这些现象？下面我们就针对几个较为突出的问题做一点分析。

第一个问题，执政的社会民主党推行民主社会主义政策，它究竟实行的是资本主义制度还是社会主义制度？对这个问题应当做出明确回答是资本主义制度。民主社会主义虽然标榜"混合经济"，然而实际上是私有制占绝对主导地位，如瑞典，94%的企业仍归资本家所有；95%的生产资料掌握在100个家族的17个财团手中，控制了全部工业品的1/3；私人公司在采矿和制造业中几乎占到90%；零售商业和91%的银行由私人经营；农业和土地全部私有；占人口2‰的资本家控制着2/3的股票；占人口5%的富翁掌握全国财富的半数以上；工人可以持股，但数量极少。因此，人们认为瑞典实行少量国有化，没有超出国家垄断资本主义范畴，有人甚至说它是典型的垄断资本主义国家。挪威、丹麦社民党（工党）执政时期，也是80%-90%多的生产资料为私有。有的当代民主社会主义鼓吹者，尽管不得不承认瑞典等国的私有制是资本主义的，却说其分配是按劳分配，是社会主义的。其理由是，公务人员工资差别不大，而且收入愈高，国家税率也越高。在北欧国家之间确实存在这种现象，但是从总体和本质上看他们都是剩余价值规律所决定的按资分配起主导的支配的作用。公务人员工资差别虽不大，但企业主财富不受限制，亿万富翁的财产没有上限；虽然所得税是收入愈高税率愈高，但财产税很少，再生产投资有的甚至可以免税，贷款投资的税率也很低，富有者可以利用这些政策借钱进行投机交易。瑞典还规定在国外居住一定年限可以免交所得税，因而许多大商人和社会名流移居国外以逃避所得税。

对北欧三国所占比例不大的国营企事业怎么看？是不是像有的人所说的，这一部分是社会主义性质的呢？回答是否定的。这些国家大体上有两种企业由国家经营。一种是不赚钱的甚至亏损的行业，如邮电、市政、公共交通、医院、教育（一部分）等。这些往往是公用的、服务性的事业，其中的一部分很难盈利，甚至注定要亏损，就由国家经营。国家用主要来自人民的税收把亏损企业承担下来，而把盈利的企业留给资本家去经营。正如列宁所说："国家的垄断不过是提高和保证某个工业部门快要破产的百万富翁的收入的一种手段罢了。"这是维护资本主义私有制，而不是社会主义。另一种是投资很大，不能马上盈利的基础工业、基本建设等由国家经营。国家用人民的税款，把这些项目承包给私营公司营建，使私营公司能马上盈利，而由国家承担投资风险，像挪威的海洋石油，投资很大，开发时期长，短期内不能获得利润，就由国家经营，然后把勘探、开采、炼油等承包给私营公司，使私营公司当年就能获利。所以，对许多企业来说，实行国有化，其实也就是资产阶级国家利用国库资金（即人民税收），来替资本家更新固定资本，来为他们承担投资风险。这是资本主义制度下国有化的实质。正如恩格斯所说，资产阶级国家是"理想的总资本家"。民主社会主义主张的"混合经济"中的国营企业，不过是资本主义私有制的一个组成部分，是资本家私营企业的补充形式。

马克思主义认为，任何社会，占主导地位的生产关系构成该社会的经济基础，其他所有制形式的性质、作用都将在主导地位生产关系的"普照的光"的影响下改变它的颜色。这是历史唯物主义观察社会经济问题的基本方法。我们观察所有制形式的作用时，不能只看它的表面形式，而不注意它的实质，否则就可能被现象所迷惑，得出错误的结论。

第二个问题，怎样看待北欧国家经济的发达？我们认为，这些国家经济发达，人均GDP高，有其特殊的经济条件。首先，这些国家长期以来战乱少，社会比较安定，这对经济发展十分有利。瑞典是西方资本主义体系中的中立国，自1815年至今，176年无战争。丹麦、挪威在第一次世界大战中"中立"、第二次世界大战中经济也未受到多大的破坏。几十年来，这些国家经济年增长率最高不过4%左右，有时只有1%~2%，由于和平环境，经济能持续发展，几十年下来，经济也可以增长几倍。

而且，这些国家人口少，且基本不增长或很少增长。瑞典人口840万，挪威人口400多万，丹麦人口510万。这几个国家人口都不及北京，有的比北京城区居民还少。大国与小国的经济发展特点不同。中国这样人口多的大国的优点是综合国力强，能建立完整的国民经济体系，独立自主，自力更生；弱点是人均产值低。小国综合国力弱，自己没有完整的国民经济体系，但小国在有利的国际国内条件下，靠少数几门特殊的经济发展就有可能使整个人均国民生产总值搞上去，如挪威矿产资源不多，耕地很少，农业自给率只有50%，经济发展不全面，外贸、外资占GDP的70%~80%，但水利、石油资源丰富。挪威80%为山区，山势起伏，又受北大西洋暖流影响，四季雨量充分，水电资源不仅非常丰富，而且易于开发。它现已有小水库及水电站4000多个，人均年耗电量约2.5万度，是世界最高的，这为一些耗电量很大的电解工业的发展提供了有利条件，如他有西欧最大的电解铝厂（年产76-80万吨，仅次于加拿大），虽然原材料要从国外进口，但由于水电发达，能源成本低，使上述生产在保证资本家高额利润，给工人较高福利后，在国际市场上仍有竞争力。挪威在北欧原是比较落后的国家，被称为"北欧的农村"，其经济能有相当发展，显然是同他具有的水申、渔业、航运等经济条件优越有很大关系。挪威20世纪60年代末在南部近海勘探出石油，20世纪80年代进入生产高峰，前几年年产6000-8000万吨，1986年后近1亿吨，90%出口，每年获利40亿美元左右，使400多万人口的小国，人均GDP超过瑞典、美国，成为世界上最富有的国家之一。可见，靠石油工业来带动整个工业发展，是挪威步入发达国家行列的一个主要原因，如果黑龙江省的大庆油田只管本省，情况也会如此，但黑龙江省却不能这样做，它要为整个中国服务。

上述情况说明，人口少的小国，如果有特殊的经济社会条件，如某些资源极为丰富、人口很少、多年无战乱等，人均GDP就可以进入发达国家的行列。但是它的经济发展往往是片面的，综合国力弱，要靠外贸维护本国的全面需要，而且极怕世界经济的震荡。另外也说明，由于特殊的经济条件，才能使它们在保证亿万富翁高额剩余价值的前提下，实行某些差别较小的高工资、高福利政策，在维护资本主义制度的前提下实行某些改良主义的经济政策。这些改良政策对它们的社会稳定、经济发展有一定作用。但是，不能颠倒因果，抛开特殊的经济条件，把民主社会主义美化为一切国家走向经济发达的灵丹妙药。

第三个问题，怎样看待北欧的社会福利政策？维持较高的社会福利的前提是经济持续上升，效益好。反之，就会陷入经济困境。20世纪70年代中期以来，在石油危机引起的世界性经济危机和滞胀的冲击下，瑞典经济步履蹒跚，但是为了维持福利制度，社会福利开支和工资却继续急剧增加。社会消费增长大大超过生产的增长，20世纪80年代竟达国民生产总值的2/3，而且福利政策的"刚性"作用使社会消费只能上升，难以停止或减少。这样，不但资本主义制度固有的矛盾无法解决，而且，"福利国家"瑞典的制度本身的问题层出不穷，终于走向反面，变成了一种"福利病"。首先，扶摇直上的福利开支造成瑞典财政入不敷出，赤字猛增。1982年到1983年，竟达100多亿美元，是国家收入的一半。巨额预算赤字迫使瑞典不得不大量举债，人均外债比负债累累的巴西多好几倍，近年人均国债达8400美元，居西方国家前列。增发公债又带来了巨额的公债利息，进一步扩大了政府的财政支出。人称瑞典是"靠借债度日的安乐国"。其次，为了弥补财政赤字瑞典政府还不得不扩大货币发行量，使得货币的增长速度大大高于国民生产总值的增长，通货膨胀和物价上涨接踵而至。1982年，通货膨胀率为13%，近年达7%~9%，物价上涨率则在10%以上。固定货币收入者和各种社会补贴领取者纳税后的实际收入大大降低。劳动生产率的增长率下降。高福利、高税收（保险）吞噬了很大一部分个人的社会储蓄和投资，形成社会消费严重地同经济发展争夺资金的局面，致使固定资本投资下降，技术更新缓慢，从而束缚了经济的发展。20世纪60年代，瑞典加工制造业的劳动生产率年均增长7%，1973年到1981年间降为1.8%，目前已低于1%，而且，由于劳动生产率的增长低于工资增长率，导致产品中工资成本剧增；加上进口的原材料、燃料价格上涨，使瑞典产品成本全面上涨，削弱了在国际市场的竞争能力，致使瑞典自1973年以来连年出现外贸逆差和国际收支逆差。对于这样一个高度依赖对外贸易的国家，竞争力差，出口萎缩简直是一种"窒息症"。它说明"福利国家"没有也不可能消除现代资本主义社会的基本矛盾，这些矛盾只是被暂时遏制、推移、积累下来，它们以另一种破坏性形式发展着。

丹麦原为"世界粮仓"之一，后来向畜牧业发展，第二次世界大战后向工业方向转化，食品等工业在世界居领先地位。20世纪60年代末之后，进入发达国家，随后向"福利国家"过渡。但20世纪70年代，受石油危机冲击，经济增长停滞，一蹶不振，陷入危机。它没有挪威石油、水电等廉价的丰富能源，实行"三高"政策就加大了产品的成本，能源危机后产品成本进一步增加，使丹麦产品在国际市场上失去竞争力，加上日本、韩国等国家的崛起，丹麦一直处于国际贸易逆差之中。生产萎缩造成失业增加，失业人数高达劳动力的9%（1989年）。过高的失业救济金（失业第一年为工资的90%）给国家财政造成极大的负担。丹麦社会部开支占国家财政开支的40%，国家财政不平衡，连年赤字。于是只好借外债维持高消费。20世纪80年代，外债增加了90.5%，1989年，外债总额已超过400多亿美元，占国民生产总值的40%，人均外债数约合8600美元，居西方之首。过高的福利政策已成为丹麦社会的沉重负担，人们统称这种弊病为"北欧病"，是经济危机的另一种表现形式。

总的看，北欧三国之所以能够推行民主社会主义与同中产阶层力量比较强有很大关系。他们对垄断资产阶级持妥协态度，主张实行资本主义制度下的改良，民主社会主义正是这种阶级调和要求的产物。应当说，北欧民主社会主义在维护资本主义制度的基本前提下，起到了一定的社会改良作用，这对劳动人民生活的改善是有作用的。但是，我们必须看到，对于经济发展落后、阶级斗争比较尖锐的国家，这种思潮只能是"乌托邦"；他们没有实行"高福利"政策的经济社会条件，而且在具备革命形势的条件下，它只能起麻痹、瓦解、反对无产阶级革命的作用。至于已经进入社会主义的国家实行民主社会主义，那就是历史倒退。东欧剧变使人们愈来愈清楚地看到，民主社会主义是帝国主义，和平演变社会主义国家的得力帮手，他们往往把"民主社会主义"的宣传，作为向资本主义复辟的一个过渡阶段。中国是社会主义国家，又是第三世界国家，根本没有实行民主社会主义的经济、政治、社会条件。在中国鼓吹民主社会主义只能起复辟资本主义的作用。因此，我们应当警惕，今后可能有人以民主社会主义为名，贩卖资产阶级自由化思潮，反对四项基本原则，以达到把改革引入歧途的目的。对此，一切真正坚持社会主义的人们不能不保持应有的警觉性。

东西方国家民主发展的本质差异

20世纪末以来，西方某些大国，主要是美国，把自由、民主、人权和西方的多党制作为"普世价值"和"普适模式"向世界各国推销，有几十个发展中国家（仅非洲就有37个）或主动或被动地走上了西方多党制的道路，但大多引发了社会动乱和腐败高发的后果。所以有必要对东西方国家民主发展的本质差异和这种普世价值论的失误加以评析。

有没有"普世价值"？从认识论的角度，在矛盾普遍性的意义上，"普世价值"是有的。肯定这一点，对我们"大胆吸收和借鉴人类社会创造的一切文明成果"，包括政治文明的有益成果有积极意义。但是，矛盾的普遍性存在于特殊性之中，共性存在于个性之中，在现实生活中，没有脱离特殊性、个性而存在的普遍性、共性，因而没有脱离具体历史条件和国情的抽象的"普世价值"，从这个意义上讲，世界上"没有放之四海而皆准的发展道路和模式"①。而且，"这种特殊的矛盾，就构成一事物区别于它事物的本质"②，不只是具体形式的差别。所以，抽掉事物的特殊本质，只讲"普世价值"，实际上是在掩盖事务的本质；在民主发展模式上东方国家与西方国家本质不同，把西方民主、自由、人权理论和美国的宪政模式当作"普世价值"与"普适模式"，绝不是什么传播"普世福音"，而是要把各国政治发展模式，纳入个别发达资本主义大国所需要的轨道。

用这种观点来观察西方发达国家与东方发展中国家的民主，就会发现，它们之间从价值观念到发展模式上都有许多本质的区别，找到了在东方发展中国家照搬西方多党制往往走向失败的根本原因。

---

① 胡锦涛. 在纪念党的十一届三中全会召开30周年大会上的讲话［J］. 求是，2008（24）：3-16.
② 中共中央文献编辑委员会. 毛泽东著作选读：上册［M］. 北京：人民出版社，1986：148.

一、人权观不同

西方国家发展民主是从"人权"——公民个人权利起步的。这是因为欧洲资产阶级反封建专制时，首先要打破封建割据的束缚，要求自由地贸易、自由地买卖劳动力，这具有历史进步的意义。但是在当代第三世界国家发展民主，是从争取民族自决和国家独立的权利开始的，所以，他们总是把国家权力作为争民主的首要问题。民主包含国家权力和公民个人权利。按照民主（Democracy）这个词的原意，它首先是一种国家制度，是一种人民的多数治理国家的形式，其中包含着公民每个人的权利，但是最终还是要归结为多数人治理国家的权力。亚非拉国家面临民族的压迫和国家的专制，争取民主首先解决国家主权和民族独立问题，争人权首先也是争多数人的集体人权。所以，邓小平同志讲"什么是人权？首先一条，是多少人的人权？是少数人的人权，还是多数人的人权，全国人民的人权？西方世界的所谓'人权'和我们讲的人权本质上是两回事，观点不同。"①"人们支持人权，但不要忘记还有一个国权。谈到人格，但不要忘记还有一个国格。特别是像我们这样第三世界的发展中国家，没有民族自尊心，不珍惜自己民族的独立，国家是立不起来的。"② 孙中山先生在其"三民主义"中也是把"民族主义"、民族自决权放在首位，并强调"民权主义"的"民权"与西方的"人权"观念"殊科"。弄清这一点，有很大的现实意义。西方发达国家的某些政治人物，借西藏问题攻击中国的人权。我们不禁要问：首先，什么是人权，是代表奴隶制贵族僧侣等少数人的人权，还是西藏广大翻身奴隶的人权，更进一步，这种人权背后代表着谁的主权，是政教合一封建农奴制的主权，还是西藏人民民族区域自治的主权，这最明显地体现了东西方对民主认识的本质区别。

其次，在人权观上，西方一些人认为人权就是或首要是公民的政治自由权利，他们发展民主也确实是从争自由贸易和自由买卖劳动力的政治自由权起步的。而发展中国家，最强烈的要求是摆脱一穷二白、落后挨打的地位。所以他们首要关注的是人民的生存权和发展权。所以，邓小平同志讲"发展是硬道理"，并且为中国人民设计了从"温饱"到"小康"再到"基本实现现代化"的三步走战略。其后的领导人也强调"把发展作为党执政兴国的第一要务"。提出以人为本的科学发展观，把解决民生问题作为施政方针的重点，为"构建社

---

① 邓小平. 邓小平文选：第3卷 [M]. 北京：人民出版社，1983：125.
② 邓小平. 邓小平文选：第3卷 [M]. 北京：人民出版社，1983：331.

会主义和谐社会"而奋斗。孙中山先生在"三民主义"中也把民生主义与民族主义并列。这些都是深得民心的。在中国乃至所有发展中国家,讲人权必须突出生存权和发展权,必须把解决民生问题,争取经济、社会权利与政治自由权利相结合。在现今的发展阶段,如果离开生存、发展权,离开民生问题,抽象地讲政治自由权利,在发展中国家是不会得到多数人的响应的。

二、发展中国家发展民主面临反对封建专制与帝国主义侵略、压迫的双重任务

封建主义制度在欧洲,只有公元5世纪后近千年的历史,而且封建割据色彩比较浓厚,在美国则基本上没经过封建制阶段,奴隶制的历史也比较短暂。而在东方,如中国和东亚某些国家,封建主义从公元前500多年开始,有两千多年的历史,而且集权色彩更为浓厚,因而封建专制、特权现象更为严重,发展民主往往遇到更大的阻力。正如邓小平同志说的:"旧中国留给我们的封建专制传统比较多,民主法制传统很少。"党和国家领导制度中的种种弊端,"多少都带有封建主义色彩"。"肃清封建主义残余色彩影响,重点是切实改革并完善党和国家的制度。"① 这种判断对许多发展中国家也是适合的。

这些国家大多数还经历过一个完全殖民地或者半封建半殖民地的历史阶段,受到封建主义和帝国主义的双重压迫,争民主不仅要反封建专制,而且要反帝国主义侵略、压迫,这是东方国家特殊历史条件决定的特殊历史任务。正是由于双重压迫特别残酷,在有些国家(如中国)才会经历革命武装反对反革命暴力压迫的民族民主革命的阶段。这种双重压迫,在这些国家取得独立后并不会自然消失。许多国家的民主法制建设还要面临反对封建专制侵蚀国家执政权力和某些大国企图干预、操纵其国家权力的双重斗争。个别超级大国甚至策动"颜色革命"制造社会动乱,以培植服务于某些大国资本的代理人,如格鲁吉亚的"玫瑰革命"、乌克兰的"橙色革命"、吉尔吉斯斯坦的"郁金香革命"、北非的"茉莉花革命"等;或者借自由、民主、人权的名义,以武力侵略、征服、直接控制其他国家政权,如伊拉克、阿富汗、利比亚;而对于敢于坚持民族独立自主的国家则实行打压、封锁等各种制裁,如古巴、委内瑞拉、伊朗。这是拉丁美洲左翼反美力量和伊斯兰世界反美情绪相对强大的根本原因,也证明了某些西方大国借"自由、民主、人权"的名义推行其政治模式只是其谋求控制相关国家政治权力和资源的一种手段,"民主"独裁、"民主"专制是造成这些

---

① 邓小平. 邓小平文选:第2卷[M]. 北京:人民出版社,1983:332,334,336.

国家和地区动乱的一个根本原因。一切善良的人们切不可过于天真，被绚丽的"民主"字眼所迷惑，钻进人家设计好的圈套。

与这双重压迫相联系，在一些发展中国家还会出现封建主义思想同资本主义思想、殖民地奴化思想互相渗透结合的现象，出现盲目崇洋媚外，照搬西方经济、政治制度的主张，出现封建特权与资本市场的钱权交易，照搬西方多党竞选后，还会出现封建特权与政治献金、贿选丑闻相结合等现象。正如邓小平同志所说："我国经历百余年的半封建、半殖民地社会，封建主义思想有时也同资本主义思想、殖民地奴化思想互相渗透结合在一起。由于近年国际交往增多，受资产阶级腐朽思想作风生活方式影响而产生的崇洋媚外的现象，现在已经出现，今后还会增多。这是必须认真解决的一个重大问题。"①

三、发展民主的经济文化条件不同

广大的发展中国家在独立前和独立后一段时间内，现代社会化大生产不发达。小生产不代表新的生产方式，缺乏明确的奋斗目标，在这种历史条件下，如果照搬西方多党制，往往会出现众多"低档"的、没有明确政治纲领的、只代表某些局部利益的政党，在非洲和中东地区的许多国家，种族、部落、宗教派别势力很强，国家、民族意识比较淡漠，在这些国家推行西方多党制加剧了原有的社会矛盾，甚至走向对抗，形成长期的社会动乱。而且，在民主问题上，一方面，小生产的生产方式拥护家长制，在社会中崇拜大家长，崇拜皇帝、君主的行政权力，拥护专制，这是发展中国家争民主的特别强大的阻力。另一方面，它又可能走向另一极端，搞无政府主义，搞不要法治、纪律的"大民主"。而资产阶级个人主义民主又可能和无政府主义合流。许多发展中国家多次兴起的超越宪法和法律，凌驾于议会民主之上的街头政治乃至暴力。这种"大民主"有可能受革命阶级的影响，起一定进步作用；也可以为某些西方敌对势力所利用，搞"颜色革命"，引发社会动乱；也可以为封建专制势力、军人专政势力或各种宗派的势力所利用，为反民主发展服务。

"权利不能超出社会的经济结构以及由经济结构制约的社会的文化发展。"② 民主权利也总是受经济文化发展程度的制约，随经济文化的发展而前进的。古希腊雅典能开创民主政治的先河和他的工商业比较发达是分不开的，农业为主

---

① 邓小平．邓小平文选：第2卷［M］．北京：人民出版社，1983：336-337.
② 中共中央马克思恩格斯列宁斯大林著作编译局．马克思恩格斯选集：第3卷［M］．北京：人民出版社，1955：5，30.

的斯巴达不可能放出这种历史光彩。资本主义民主也是伴随着社会化大生产而前进的。另外，在文盲、半文盲充斥的地方，真正的民主选举、民主决策、民主管理、民主监督是不可能真正实现的。所以在发展中国家，需要花更长的时间去建设、创造这种经济、文化条件。最近几十年，发展中国家伴随经济文化的发展，民主建设日益提上重要的历史议程并取得了长足的进步，但是与发达国家相比，在这方面仍然有很大的差距，要向高度民主、法制完备的方向发展，仍然要经历一个与经济、文化发展相辅相成的历史过程，对发展中国家在这方面的差距估计不足，急于求成，往往会得到适得其反的结果。

从上面多方面的论述可以看出，发展中国家与西方发达国家民主发展的历史条件有很大的差别，因而在民主发展的内容、重点、形式和进程方面也必然有很大的不同。离开这些历史条件的本质差别，把西方自由、民主、人权理论作为"普世价值"，把西方的政治制度作为"普适模式"是根本错误的。这是发展中国家实行西方多党制往往走向失败的根本原因。相反，中国和新加坡依据时代特征和本国国情，探索自己政治发展道路和宪政模式，却取得了很大成绩。几年前，新加坡《联合早报》在网站上发表了《中国政治制度何以优于西方多党制》的文章（《参考消息》2010年3月18日摘要转载，《思考中国》收编时改为《中国政治制度的比较优势何在》）说："中国真正与众不同的特色是有效的政治制度，这才是中国实现经济成功"，创造出"中国模式的全新现代化之路的真正原因"。而且提出了"中国的政治制度与西方多党制相比有六大优势"。其中不乏引人深思的评析。譬如，认为中国政党制度的优势之一"在于它可以真正地代表全民"，而不像西方多党制国家的多党只代表特定阶级、阶层的利益。甚至把"中国共产党"诠释为"为全民谋求共同生产方式的政党"。认为这种政党制度"可以制定国家长远的发展规划和保持政策的稳定性，而不受立场不同、意识形态相异、政党更替的影响"。实际上邓小平同志和中国共产党所规划的"温饱""小康""全面小康""基本实现社会现代化"，进而实现中华民族伟大复兴的蓝图勾画了中国近一个世纪的发展路程，把全国人民凝聚在明确的近期和长远奋斗目标上，从而焕发了伟大的向心力和创造力。这是任何只顾眼前选举胜负的政党所无法做到的。文章还认为中国政党制度的优势，"在于高效率，对出现的挑战和机遇能作出及时有效的反应，特别是在应对突发灾难事件时"。中国成功应对世界金融危机挑战，成功应对汶川、玉树特大地震灾害，乃至成功举办奥运会、世博会的实践反复地证明了这一点。正如邓小平同志所说："我们的制度是人民代表大会制度，共产党领导下的人民民主制度、不能搞西方那一套。社会主义国家有个最大的优越性，就是干一件事情，一下决心，一做出决议就立即执行，不受牵扯。……没有那么多互相牵扯，议而不决，决而不行。就这个范围来说，我们的效率是高的，我讲的是总的效率。这方面是我们的优势，我们要保持这个优势，保证社会主义的优越性。"①

胡锦涛同志讲："历史和现实都证明，实现经济社会发展必须找到符合自身实际的发展道路。……世界上没有放之四海而皆准的发展模式，也没有一成不变的发展道路。"② 习近平同志也讲，"世界是多向度发展的，世界历史更不是单线式前进的。中国不能全盘照搬别国的政治制度和发展模式，合则的话不仅会水土不服，而且会带来灾难性后果。2000多年前中国人就认识到了这个道理：'橘生淮南则为橘，生于淮北则为枳，叶徒相似，其实味不同。所以然者何？水土异也。'""独特的文化传统，独特的历史命运，独特的国情，注定了中国必然走适合自己特点的发展道路。我们走出了这样一条道路，并且取得了成功"。③ "照抄照搬他国的政治制度行不通，会水土不服，会画虎不成反类犬，甚至会把国家前途命运葬送掉。"④ 上述讲话主要是讲中国，但是，它对于观察东西方民主的差异和各国如何根据自己的国情选择政治发展道路也有重要的指导意义。

---

① 邓小平. 邓小平文选：第2卷[M]. 北京：人民出版社，1983：240.
② 胡锦涛. 推动共同发展 共建和谐亚洲[N]. 人民日报，2011-04-16(1).
③ 习近平. 在布鲁日欧洲学院的演讲[N]. 人民日报，2014-04-02(2).
④ 中共中央文献研究室. 十八大以来重要文献选编：中[M]. 北京：中央文献出版社，2016：60.

坚持和完善共产党领导的人民民主制度

——对鼓吹西方多党制思潮的回答

近年来，国内外一些人把西方民主、自由、人权的理论及其多党轮换、三权分立的政治制度说成是具有"普世价值"的模式，攻击中国"只搞经济体制改革，不搞政治体制改革"，搞的是"市场经济+政治专制的一党专政"，否定中国共产党领导，人民当家作主与依法治国相结合的中国特色社会主义政治发展道路。2011年，胡锦涛同志访美前夕接受美国《华尔街日报》和《华盛顿邮报》联合书面采访时明确指出："人民民主是社会主义的生命，没有民主就没有社会主义现代化。发展社会主义民主政治是我们始终不渝的奋斗目标。中国实行的改革是包括经济体制、政治体制、文化体制、社会体制等在内的全面改革。改革开放三十多年来，中国政治体制改革取得显著成效。中国经济长期快速发展和社会保持和谐稳定的事实也证明，中国政治体制是符合国情的，总体上适应经济社会发展要求。"旗帜鲜明地申明了我们在政治体制改革上的根本立场、观点。下面本文将对鼓吹西方多党制的错误思潮进行具体分析。

一、中国人民民主制度的比较优势

新中国成立六十多年和改革开放三十多年的历史证明，中国的政治体制是符合中国的国情的。2010年春，新加坡《联合早报》网站上发表了《中国的一党制何以优于西方多党制》的文章（《参考消息》2010年3月18日转载，题目改为《中国政治制度何以优于西方》，《思考中国》这本书收编时又改为《中国政治制度的比较优势何在》）说，"中国模式的优异表现必然引发全球对其成功原因的研究。但这些研究都有一个共同的不足：回避了政治制度因素。""中国真正与众不同的特色是有效的政治制度"，这才是中国实现经济成功，创造出"中国模式的全新现代化之路的真正原因"。而且提出了中国政治制度与西方多党制相比有六大优势，其中不乏引人深思的评析。归纳起来，笔者认为：中国政治制度的优势之一"在于可以制定国家长远的发展规划和保持政策的稳定性，而不受立场不同，意识形态相异政党更替的影响"，实际上，邓小平同志和中国共产党所设计、规划的社会主义初级阶段党的基本路线和"温饱""小康""全面小康""基本实现社会主义现代化"，进而实现中华民族伟大复兴的发展进程，勾画了中国近一个世纪的发展蓝图，把全国人民凝聚在明确的近期和长远奋斗目标上，从而焕发了伟大的向心力和创造力。而在西方，"毕竟政党执政只有四年或八年，都是在炒短线，谁还管得了四年或八年以后的事情。"印度的人均耕地是中国的两倍，是世界上可耕地最多的国家之一，却解决不了全国的温饱问题，而中国的粮食产量却是印度的两倍。印度各政党为争取农民的选票，都提出一些让农民短期受益的措施，几十年来，对农民的补贴上升了，但对农业的投资却下降了，长期而言就失去了生产能力，这是只顾眼前选举胜负的政党制度难以避免的缺陷。而且受不同立场、意识形态相异政党更替的影响，国家政策往往发生改变，影响其连续性和稳定性。在中国，现在事实上已经废除了领导职务终身制，每五年党和政府领导班子都要换届。但是，中国各届领导班子之间好像是接力队员的关系，为了同一目标，完成本届的任务。他们也会根据国情、世情、民情的变化，调整自己的政策，但绝不会偏离共同的奋斗目标和道路。而西方政党轮替，政党之间是竞争对手甚至是政党恶斗的关系，政党轮换总要提出与对方相反的方针政策，这就难以形成长远的、可持续的国家政策。中国政治制度的优势之二在于她的人民民主制度可以更好地代表全体人民的根本利益，而不受金权政治的左右。人民代表大会是我国的根本政治制度，这种制度，民意机关高于司法和行政，司法和行政要受民意立法机关的领导、监督，可以更好地体现社会主义人民当家作主的本质。我们的人民代表都是各行各业的先进分子和代表人物，他们的当选不受财团势力的左右，因而可以更好地反映人民群众的呼声。中国政治制度的优势之三"在于高效率，对出现的挑战和机遇能够做出及时有效的反应，特别是在应对突发灾难事件时"。中国成功应对世界金融危机的挑战，成功应对汶川、玉树、舟曲等特大自然灾害，乃至成功举办奥运会、世博会的实践反复地证明了这一点。这是因为我们的民主制度建立在民主集中制的基础上，可以更好地集中民意，及时有效地做出决策，并立即执行。而西方三权分立制度的任何一项决策都要经过不同利益集团反复冗长的博弈，这是其低效率的根本原因。而且，由于有共产党领导统筹协调，可以把工、农、商、学、兵、政、党的力量拧成一股绳，把政府、市场、公民社会这三驾"马车"驾驭在同一轨道上，这是其他任何政党难以做到的。这些就是社会主义国家能够集中力量办大事的根本原因。正如邓小平同志所说："我们的制度是人民代表大会制度，共产党领导下的人民民主制度，不能搞西方那一套。

社会主义国家有个最大的优越性，就是干一件事情，一心决心，一作出决议就立即执行，不受牵扯。……没有那么多互相率扯，议而不决，决而不行。就这个范围来说，我们的效率是高的，我讲的是总的效率，这方面是我们的优势，我们要保持这个优势，保证社会主义的优越性。"改革开放以来的实践反复证明了邓小平论述的正确性，也反复证明了中国特色社会主义政治制度和发展道路的优越性。

当然，我们清醒地看到，新中国成立六十年来，一方面，人民民主专政的社会主义制度已经确立，人民民主有了一定发展。另一方面，"建设高度社会主义民主政治所必需的一系列经济文化条件很不充分，封建主义、资本主义腐朽思想和小生产习惯势力在社会上还有广泛的影响，并且经常侵蚀党的干部和国家公务员队伍。"① 中国现行政治体制还存在许多弊端，要达到高度民主、法制完备的境界，还需要经历长期艰巨的改革和建设。邓小平同志在讲了上述社会主义政治制度优越性之后，紧接着就讲："至于经济管理、行政管理的效率，资本主义国家在许多方面比我们好一些。我们的官僚主义确实多得很。……所以，我们必须进行政治体制改革，而这种改革又不能搬用西方那一套所谓的民主，……我们要根据社会主义国家自己的实践，自己的情况来决定改革的内容和步骤。"②

二、中国政治体制改革取得显著成效

改革开放以来，以经济体制改革为中心，我国积极稳妥地进行政治体制改革，推进民主法制建设，取得了长足的进展。包括：一、实行宪法和法律制度改革，走上了依法执政、依法治国的道路。废止了"文化大革命"中形成的"大鸣、大报、大字报，大辩论"的所谓四大自由，恢复了社会主义法制；几次修改宪法，使之更适于社会主义初级阶段的国情，至今已基本建成了以宪法为核心的中国特色社会主义法律体系，为依法治国奠定了法律基础；完善人民代表大会在国家立法、重大决议、国家领导干部选任和监督行政、司法方面的制度建设，进一步发挥国家权力机关的作用；初步进行了公检法司机关互相协调而又互相监督的司法体制改革；等等。这些改革为共产党领导、人民当家作主和依法治国相结合提供了坚实的制度保障。二、进行干部人事制度改革，实行

---

① 中共中央文献研究室．十三大以来重要文献选编：上 [M]．北京：中央文献出版社，1991：10．

② 邓小平．邓小平文选：第3卷 [M]．北京：人民出版社，1993：241．

领导干部"革命化、年轻化、知识化和专业化"。废除实际存在的领导职务终身制,初步形成了规范有序、民主依法选举换届的制度,使大批年富力强的干部走上了领导岗位;制定和完善考察、选任、监督、罢免干部等系列制度和法律,将党管干部和依法、民主选举干部相结合,为改革开放和社会主义现代化的政治路线提供了组织保障。三、实行党政分开、政企分开、精简机构。撤销了党委中与政府相重叠的经济部门;配合社会主义市场经济体制改革,精简政府机构,转变政府职能,国务院部、委、办职能部门由最高时一百个精简为现在的二十六个;计划经济体制下划分过细的政府专业经济部门转为公司治理,同时逐步完善市场经济下的宏观调控机制,为公有制为主体多种经济共同发展的社会主义市场经济体制改革提供了政治制度的保障;在中央、地方各级政权纵向分权方面进行了有益探索,如中央,地方财税分立的改革、省管县的体制改革;等等。四、基层民主制度改革。废除人民公社条件下的政社合一体制,恢复乡镇设置,为实行家庭联产承包责任制创造了前提和条件;实行村民自治,几亿农民通过直接选举选出村民委员会,这是中国农民在民主建设方面的伟大创造;探索户籍制度改革,促进农民工城镇化和半城镇化的发展,为最终取消城乡二元户籍制度逐步创造条件。五、共产党领导的多党合作和政治协商制度进一步完善。越来越多的非共产党人士被推选担任国家各级领导职务,这已成为一种制度;"协商民主"作为与少数服从多数的"投票民主"相辅相成的一种民主形式日益完善,这对于更好地保护少数群体的权益,促进社会和谐稳定有重要的作用,"协商民主"已成为中国特色社会主义民主的一种有效形式。六、民族区域自治制度的改革和完善。促进了少数民族地区经济、社会更好、更快的发展和各民族的团结等。这些政治体制改革是中国改革开放能够激发社会生机与活力而又保持社会基本稳定的一个根本原因。

当然,这些改革只是初步的,有些改革还没有真正落到实处,有些则是市场经济体制改革新提出的问题,正在探索之中。绝大多数人民群众对改革开放的伟大成绩是肯定的、满意的,但是对腐败高发,贫富分化扩大又很不满意。反映到政治体制改革上,对权钱结合、以权谋私和形形色色的官僚主义现象又很不满意,强烈要求加强对执政权力的监督。他们不是反对共产党,而是希望共产党好,但其中有些人误以为搞西方那样的多党制就可以更好地对执政权力进行监督,而没有深思这种错误思潮的本质和危害,所以,有必要对中国为什么不能搞西方多党制进行具体分析。

三、中国和一些发展中国家为什么不能搞西方那样的多党制

2009年，我在《思想理论导刊》发表了"中国为什么不能搞西方那样的多党制"一文，其核心观点是："实行多党竞争、轮流执政制度要有一定的历史条件，这个历史条件就是要以实行一个制度、一种政治纲领、一本宪法为前提条件。在代表根本对立的政治制度、根本利益对抗的政治纲领的政党间搞多党竞争、轮流执政，其结果势必是社会动乱，甚至原有的政治制度被推翻。"并从"中国历史上对多党制的尝试及失败""美国两党轮流执政的历史条件""怎样看俄罗斯现在的多党制""怎样看待台湾的两党轮流执政""照搬西方多党制可能造成的恶果"五方面进行了具体分析，揭露了把西方多党制奉为"普世价值"下的"普适模式"的实质及错误。这篇文章后来被《学习活页文选》《高校思想政治理论参考资料》等刊物转载并编入《思考中国》一书，笔者按照这篇文章的观点给大学生做专题讲座，获绝大多数人赞同，认为帮助他们澄清了许多思想困惑。在这里不再赘述。

需要进一步指出的是，20世纪末以来，在西方某些大国炮制的"普世价值"模式的影响下，有几十个发展中国家（仅非洲就有三十七个）或主动或被动地走上了西方多党制的道路，但大多引发了社会动乱或腐败高发的后果，这进一步证明了西方发达国家与广大发展中国家发展民主的历史条件有着本质的区别，西方"多党轮换制"绝不是"普世价值"下的"普适模式"。

（一）人权观不同

西方国家发展民主是从"人权"——公民个人的权利起步的。这是因为欧洲资产阶级反封建专制时，首先要打破封建割据的束缚，要求自由地贸易、自由地买卖劳动力，这具有历史进步的意义。但是在当代第三世界国家发展民主，是从争取民族自决和国家独立的权利开始的，所以，他们总是把国家权力作为争民主的首要问题。民主包含国家权力和公民个人权利。按照民主（Democracy）这个词的原意，它首先是一种国家制度，是一种人民的多数治理国家的形式，其中包含着公民每个人的权利，但是最终还是要归结为多数人治理国家的权力。亚非拉国家面临民族的压迫和国家的专制，争取民主首先解决国家主权和民族独立问题，争人权首先也是争多数人的集体人权。所以，邓小平同志讲："什么是人权？首先一条，是多少人的人权？是少数人的人权，还是多数人的人权，全国人民的人权？西方世界的所谓'人权'和我们讲的人权本质上是两回事，观点不同。""人们支持人权，但不要忘记还有一个国权。谈到人格，但不要忘记还有一个国格。特别是像我们这样第三世界的发展中国家，没有民族自尊心，

不珍惜自己民族的独立,国家是立不起来的。"孙中山先生在其"三民主义"中也是把"民族主义"、民族自决权放在首位,并强调"民权主义"的"民权"与西方的"人权"观念"殊科"。弄清这一点,有很大的现实意义。西方发达国家的某些政治人物,借西藏问题攻击中国的人权。我们不禁要问:首先,什么是人权,是代表奴隶制贵族僧侣等少数人的人权,还是西藏广大翻身奴隶的人权;更进一步,这种人权背后代表着谁的主权,是政教合一封建农奴制的主权,还是西藏人民民族区域自治的主权,这最明显地体现了东西方对民主认识的本质区别。

另外,在人权观上,西方一些人认为人权就是或首要是公民的政治自由权利,他们发展民主也确实是从争自由贸易和自由买卖劳动力的政治自由权起步的。而发展中国家,最强烈的要求是要摆脱一穷二白、落后挨打的地位。所以他们首要关注的是人民的生存权和发展权。所以,邓小平同志讲:"发展是硬道理",并且为中国人民设计了从"温饱"到"小康"再到"基本实现现代化"的三步走战略。其后的领导人也强调"把发展作为党执政兴国的第一要务"。提出以人为本的科学发展观,把解决民生问题作为施政方针的重点,为"构建社会主义和谐社会"而奋斗。孙中山先生在"三民主义"中也把民生主义与民族主义并列。这些都是深得民心的。在中国乃至所有发展中国家,讲人权必须突出生存权和发展权,必须把解决民生问题,争取经济、社会权利与政治自由权利相结合。在现今的发展阶段,如果离开生存权、发展权,离开民生问题,抽象地讲政治自由权利,在发展中国家是不会得到多数人的响应的。

(二)发展中国家发展民主面临反对封建专制与帝国主义侵略、压迫的双重任务

封建主义制度在欧洲,只有公元5世纪后近千年的历史,而且封建割据色彩比较浓厚,在美国则基本上没经过封建制阶段,奴隶制的影响也比较短暂。而在东方,如中国和东亚某些国家,封建主义从公元前500多年开始,有两千多年的历史,而且集权、专制的色彩更为浓厚,因而官僚主义、特权和腐败现象严重,发展民主往往要遇到更大的阻力。正如邓小平同志说的:"旧中国留给我们的封建专制传统比较多,民主法制传统很少。"[1] 党和国家领导制度中的种种弊端,"多少都带有封建主义色彩"[2]。"肃清封建主义残余色彩影响,重点是

---

[1] 邓小平. 邓小平文选:第2卷[M]. 北京:人民出版社,1993:332.
[2] 邓小平. 邓小平文选:第2卷[M]. 北京:人民出版社,1993:334.

切实改革并完善党和国家领导制度"。① 这种判断对许多发展中国家也是适合的。

这些国家大多数还经历过一个完全殖民地或者半封建、半殖民地的历史阶段，受到封建主义和帝国主义双重压迫，争民主不仅要反封建专制，而且要反帝国主义侵略、压迫，这是东方国家特殊历史条件决定的特殊历史任务。正是由于双重压迫特别残酷，在有些国家（如中国）才会经历革命武装反对反革命暴力压迫的民族民主革命的阶段。这种双重压迫，在这些国家取得独立后，并不会自然消失。许多国家的民主法制建设还要面临反对封建专制侵蚀国家执政权力和某些大国企图干预、操纵其国家权力的双重斗争。个别超级大国甚至策动"颜色革命"制造社会动乱，以培植服务于本国资本的代理人，如格鲁吉亚的"玫瑰革命"，乌克兰的"橙色革命"，吉尔吉斯斯坦的"郁金香革命"，北非的"茉莉花革命"，等等；或者借自由、民主、人权的名义，以武力侵略、征服、直接控制其他国家政权，如伊拉克、阿富汗、利比亚；而对于敢于坚持民族独立自主的国家则实行打压、封锁等各种制裁，如古巴、委内瑞拉、伊朗。这是拉丁美洲左翼反美力量和伊斯兰世界反美情绪相对强大的根本原因，也证明了某些西方大国借"自由、民主、人权"的名义推行其政治模式只是其谋求控制相关国家政治权力和资源的一种手段，"民主"独裁、"民主"专制是造成这些国家和地区动乱的一个根本原因。一切善良的人们切不可过于天真，被绚丽的"民主"字眼所迷惑，钻进人家设计好的圈套。

与这双重压迫相联系，在一些发展中国家还会出现封建主义思想同资本主义思想、殖民地奴化思想互相渗透结合的现象，出现盲目崇洋媚外，照搬西方经济、政治制度的主张，出现封建特权与资本市场的钱权交易相结合，照搬西方多党竞选后，还会出现封建特权与政治献金、贿选丑闻相结合的现象。正如邓小平同志所说："我国经历百余年的半封建半殖民地社会，封建主义思想有时也同资本主义思想、殖民地奴化思想互相渗透结合在一起。由于近年来国际交往增多，受资产阶级腐朽思想作风、生活方式影响而产生的崇洋媚外的现象，现在已经出现，今后还会增多。这是必须认真解决的一个重大问题。"

（三）发展民主的经济文化条件不同

广大的发展中国家在独立前和独立后一段时间内，现代社会化大生产不发达，小生产不代表新的生产方式，缺乏明确的奋斗目标。在这种历史条件下，如果照搬西方多党制，往往会出现众多"低档"的没有明确政治纲领的、只代

---

① 邓小平. 邓小平文选：第 2 卷 [M]. 北京：人民出版社，1993：336.

表某些局部利益的政党。在非洲和中东地区的许多国家，种族、部落、宗教派别势力很强，国家、民族意识相当淡漠，在这些国家推行西方多党制，你上台为这个种族、部落或宗教派别牟利，他上台又反其道而行之，这就加剧了原有的社会矛盾，甚至走向对抗，形成长期的社会动乱。而且，在民主问题上，一方面，小生产的生产方式拥护家长制，在社会中崇拜大家长，崇拜皇帝、君主的行政权力，拥护专制。这是发展中国家争民主的特别强大的阻力。另一方面，它又可能走向另一极端，搞无政府主义，搞不要法治、不要纪律的"大民主"。而资产阶级个人主义民主主义又可能和无政府主义合流。许多发展中国家多次兴起的超越宪法和法律，凌驾于议会民主之上的街头政治乃至暴力；"文化大革命"中红卫兵的"四大"和改革开放过程中不要法制约束的民主，都是证明。这种"大民主"有可能受革命阶级的影响，起一定进步作用；也可以为某些西方敌对势力利用，搞"颜色革命"，引发社会动乱；也可以为封建专制势力（如中国的江青集团）、军人专政势力或各种宗派的势力所利用，为反民主发展服务。

"权利不能超出社会的经济结构以及由经济结构制约的社会的文化发展。"民主权利也是受经济文化发展程度的制约，随经济文化的发展而前进的。古希腊雅典能开创民主政治的先河和他的工商业比较发达是分不开的，农业为主的斯巴达则不可能放出这种历史光彩。资本主义民主也是伴随着社会化大生产的发展而前进的。另外，在文盲、半文盲充斥的地方，真正的民主选举、民主决策、民主管理、民主监督是不可能真正实现的。所以在发展中国家，需要花更长的时间去建设、创造这种经济、文化条件。最近几十年，发展中国家伴随经济文化的发展，民主建设日益提上重要的历史议程并取得了长足的进步，但是与发达国家相比，在这方面仍然有很大的差距，要向高度民主、法制完备的方向发展，仍然要经历一个与经济、文化发展相辅相成的历史过程，对发展中国家在这方面的差距估计不足，急于求成，往往会得到适得其反的结果。

从上面论述可以看出，发展中国家与西方发达国家在民主发展的历史条件上有多方面的本质差别，因而在民主发展的内容、重点、形式和进程方面也必然有很大的不同。离开这些历史条件，把西方自由、民主、人权理论作为"普世价值"，把西方，特别是美国的政治制度作为"普适模式"是根本错误的，这是发展中国家实行西方多党制往往走向失败的根本原因。相反，中国和新加坡依据时代特征和本国国情，探索自己政治发展道路和宪政模式，却取得了很大成绩。"历史和现实都证明，实现经济社会发展必须找到符合自身实际的发展道路。……世界上没有放之四海而皆准的发展模式，也没有一成不变的发展道路。"

国有制企业改革的社会主义方向

改革以来，我国经济取得长足进展。在邓小平南方谈话和党的十四大精神鼓舞下，1992年，国民生产总值增长12.8%，在全球独占鳌头，社会主义市场经济初奏凯歌，人民高兴，世人瞩目。

但在大好形势下，社会矛盾和消极现象也在发展，人们思想上存在许多困惑。困惑之一是"为什么国有制经济效益不佳，经济比重以每年2~3个百分点下降，国有制经济能否搞好搞活"？有人甚至担心"搞活市场经济会不会导致私有化？发展不下去究竟是中国特色社会主义还是中国特色资本主义"？

现阶段，我国的经济结构是以公有制为主体，全民所有制为主导，多种经济形式并存。全民所有制（在现阶段即国有制）是整个国民经济的核心。它能否搞活关系社会主义市场经济的成败和国家的发展方向。国有经济效益不高，人们对此感到忧虑是可以理解的。问题是要对效益不高的原因和它的发展方向作出实事求是的分析。

首先，要回答的问题是能否在坚持社会主义公有制的前提下，搞活国有制企业。传统经济理论认为搞市场经济只能是私有制，而我们却是在以公有制为主体，国有制为主导的条件下搞市场经济。国有制和市场经济能否统一？不可否认，乡镇企业、三资企业、私营企业从一开始就是以市场为导向，自主经营、自负盈亏的。而国有企业在计划经济体制下运行了几十年，在如何组织生产方面积累了不少经验，但是在经营方面却没有自主权。生产计划国家统一下达，原材料国家统一调拨，产品国家统购包销，财务国家统收统支，人力资源也是国家统管，吃'大锅饭'。按市场经济标准看，原来的国有企业只不过是完成国家计划的生产车间，而不是企业。所以，向市场经济过渡，对国有企业来说是脱胎换骨的改造，比起其他所有制企业体制改革的任务艰巨得多。甚至可以说，城市经济体制改革最主要的就是国有企业的改革，就是探索全民所有制在市场经济中的具体实现形式。

可喜的是，经过十来年的探索，我们已经开始找到国有企业改革的路子。

过去，政企不分，政府集国有资产所有权，宏观经济管理权及企业微观经营权于一身，企业没有经营自主权。现在，开始明确，把国有资产所有权的管理交给国有资产管理局及相应机构；宏观经济管理权由政府经济部门实行；微观经营权则由企业自主行使。这样，国有企业就可以在市场经济中成为利益相对独立的经营实体，能够做到自主经营、自负盈亏、自我发展、自我约束。国有企业之间，国有企业与其它所有制企业之间，自然就形成市场经济的关系。同时，国有企业依据国家对国有资产管理的政策、法规，又承担了国有资产保值和增值的义务，企业经营所得收益的主要部分，依据社会主义原则归国家所有，而不是像资本主义国家那样，由剩余价值规律支配，归资本家所有。真能做到这样，认为公有制与市场经济不能统一，搞市场经济必定导致私有化的传统经济理论就不攻自破了。现在，真能做到这点的国有企业还不多，但我们从一些搞得好的企业中已经可以看到国有企业改革的曙光，如北京钢铁公司的改革，最重要的就是有了企业自主权，结果企业规模不断扩大，效益不断提高。14年来，从单纯经营钢铁、位居"八大钢"末位的老企业，发展成为经营16个行业，国内有119个大中型工厂，75家联营和合资企业，国外有18家企业，职工超过20万人，固定资产300亿元以上的充满活力的特大型跨国公司。同时，上缴税金连年大幅增长（1982年首钢上缴财政税、利、费5.25亿元，1992年已达到18.9亿元，预计1993年将增至26亿元，1995年将猛增到60亿元），对企业内国有资产进行了现代化改造，对国有资产的增值和国家财政作出了巨大贡献。宝钢、首钢、吉化、上海二纺织等一批国有企业搞活了，但是并没有私有化，得利的是人民、国家，并不是资本家，它们成功改革的经验为国有制企业改革指明了方向。

当然，实事求是地讲，现在多数国有大中型企业仍然没有真正成为自主经营的实体。所以如此，有企业内部经营机制转化，培育和完善社会主义市场经济体系，建立和完善社会保障体系等诸多问题。但是，在当前，障碍国有企业自主经营的关键，在于政府职能仍未根本转变。国有企业体制改革的实质是，企业经营主体由政府向企业转变。不根本转变原有的主体——政府的职能，企业自主权很难落实。《全民所有制工业企业转换经营机制条例》贯彻以来，在这方面有一定进展。但进展大小，企业有多少自主权，仍然取决于各政府部门对下放微观经营权的态度和做法。肯放权，措施有力，情况就好些。"羞羞答答"地半放不放或是形式上放实质不放，如"翻牌公司"，企业也毫无办法，仍然没有主动权。最近第八届全国人民代表大会通过了关于转变政府职能精简机构的决定，要求三年基本完成。这个决定如能真正贯彻落实，国有企业的改革将会取得进展。但是,这次政府机构改革的决定,仍然是社会主义市场经济体制形成过程中的过渡性方案。随着社会主义市场经济的发展,政府宏观综合管理职能逐步加强,政府专业经济部门的管理还会精简,还会有更进一步的机构改革,不可能毕其功于一役。所以,国有企业真正取得自主经营权,将是一个长期的改革过程。

同样,国有资产管理体制的改革和完善也将是一个长过程。现在,我们已经建立了国有资产管理局,正在制定政策和进行清产核资工作,这对于国有资产的管理和增值,避免国有资产的流失,无疑会起很大的作用。但是国有资产管理制度刚刚开始建立,有许多问题还没有解决。其中,最主要的是在企业这一层面,谁是国有资产人格化的法人代表。这个问题不解决,国有企业投资方向和收益所得如何保证国家利益就不落实,国家资产流失的问题也难以根本解决。这个问题的解决正在探索之中。有的人主张由政府专业部门行使国有资产管理职能,但对此经济界多持否定态度;有的人主张在省市建立投资公司,或依靠国家银行,负责国有资产价值形式的管理,并向企业派出董事,监督企业的投资方向、效益和收益的分配;还有的人提出国有大型联合企业搞成有限责任公司,总公司由各投资者、主要经营者和职工代表组成董事会,负责投资方向的决策及收益所得的分配,分公司负责企业经营;等等。上述这些办法刚刚起步试验,究竟是哪种形式最好,或者是不同情况可以采取不同形式,还需要实践检验。但是,这些实验正在取得进展,从中我们可以看到国有资产管理改革的希望。

总之,国有制企业体制改革是一个相当长的、艰难的实践过程。正像邓小平同志所讲:"恐怕再有三十年的时间,我们才会在各方面形成一整套更加成熟,更加定型的制度。在这个制度下的方针、政策,也将更加定型化。"[①] 一切真正的改革者都应有积极探索、艰苦创业、长期奋斗的思想准备。但是最重要的是,"坚冰已经打破,航向已经开通。"我们有理由充满信心,我们终将创造出一种历史上前所未有的经济形式——社会主义公有制发挥巨大活力的市场经济形式。

其次,还要对国有制企业效益不高的原因做全面的分析。当前,国有制企业效益不高,根子在于体制不活。但不可否认,也有着政策性原因,不少企业承担着政策性亏损的重负。现在,国有企业产值占工业总产值的一半多,而它上交国家的税利却占国家财政收入的70%多。许多大中型企业收益的80%~90%

[①] 邓小平. 邓小平文选:第3卷 [M]. 北京:人民出版社,1993:372.

要上交国家，还要偿还银行贷款利息，企业技术改造和发展资金严重不足，相当多企业上缴税金后，再向银行等还贷，就已亏损了。没有"自主钱"，自主权是不能落实的。而三资企业却享受三年或更长时间减免税的优惠，乡镇企业也有三年减免税优惠。实行这些优惠政策是必要的，但没有国有企业支撑国家财政重负，这些政策就不可能实行。另外，由计划经济向市场经济过渡，价格逐步放开，某些物资价格在一段时间内严重低于价值，如原油，平价每吨曾低到两百元左右，比世界市场价格低几倍，但过去大部分原油仍要平价供应，这就很难盈利。煤炭等也是如此。所以，一些行业、企业是注定不能盈利，甚至注定要亏损的。三资、乡镇、私营企业不会去经营这些行业，政策性亏损的重负几乎全由国有企业承担。没有国有企业承担这种重负，国家建设和人民生活一些最紧迫的需要是不能满足的，改革也是不能顺利进行的。再者，国有企业在住房、医疗、离退休等社会福利和社会保障方面负担也很重，而三资、乡镇企业至今还基本上没有这方面的承诺等。为什么有的企业家在三资企业、乡镇企业如鱼得水，而一转到国有企业当厂长就玩不转了？为什么国有企业一搞合资经营，甚至只是变相合资经营，就马上能扭亏为盈？为什么许多人认为目前家庭就业的最佳结构是，夫妇二人一人在三资企业工作，拿高工资，一人在国有企事业单位工作，享受各种社会福利？原因就在于国有企业在税收、价格、工资福利等方面承担着远远高于其他所有制企业的重负。这是政策性原因、历史原因而不是企业经营原因造成的必然结果。现在，不少国有企业在向合资方向靠拢，靠上去，自主权、"自主钱"就有了，企业就活了，这已不是什么秘密。对企业来说，在当前这不失为一种机智的做法，但要根本解决这些问题，需要为国有企业创造真正平等的竞争环境，需要体制改革和政策的调整，但这需要改革的长过程。譬如，有的地区正在探索改革现有社会保障体制、增加在职人员的工资，从中提成出离退休、医疗、住房等各种基金，交专门的社会保障机构去管。不但国有企业要这样做，三资等企业也要这样做。再譬如，价格改革逐渐做到价格全部放开，由市场调节，这样各种企业的竞争条件也就大体接近了。但这些都需要一个较长的过程。至于税收，恐怕在相当长时期内，对三资、乡镇企业的优惠政策仍然不能取消或不能完全取消，国有企业在竞争中仍将处于不平等的地位。有的人简单地责备"老国"不如"老乡"，"老乡"不如"老外"，认为国有企业在改革中起滞后作用，甚至对国有制失去信心，这是不公平的。改革是经济政治体制的革命性变革，总的结果是解放生产力。但在这个过程中总有利益的不平衡，总要在有些方面付出一定的牺牲和代价。这些牺牲和代价大多由国有企业承担了。讲公道话，应当说国有企业是改革的中流砥柱，国有企业的工人阶级和企业家们是改革的中坚力量,是改革事业的脊梁。他们"吃的是草,挤出的是奶",奉献多而收益少,没有他们的负重前行,就没有整个的改革。这恐怕是更为合乎客观实际的结论!

最后,国有企业在国民经济中的比重每年以2~3个百分点下降是有历史原因的。我们过去实行的是单一的公有制,现在多种经济成分几乎从零起步向前发展,在一定时期和一定限度内,在国民经济中比例有所上升是合乎逻辑的。有人担心这会不会危及公有制的主体地位,导致"私有化",对此要做实事求是的分析。第一,国有企业,特别是国有大中型企业,掌握着国家的经济命脉,它仍然是现代化建设的主要支柱,国家财政的主要来源。而且它还在发展而不是萎缩。改革十多年来,国有企业增长速度虽然大大低于其他经济成分,但从绝对产值来讲,它仍然增长了一倍多。各种经济成分在绝对量上都是上升的,其中国有制增长的绝对量也是不小的,新建的能源、原材料、交通、通信等基础性行业主要还是国有。它的相对量,即在全国经济总额中所占的比重是下降的,但总体上看,国有企业的主导地位没有变,将来也不能变。当然,由于体制和政策的原因,现在,不同所有制发展速度差距过大,国有制在竞争中处于不利地位,这个问题要认真加以解决。如果拖延下去,量变积累到一定程度,不是不能危及整个经济发展的方向的。第二,乡镇企业主要是集体所有制,它的大发展是公有制的发展,而不是"私有化"。第三,"三资"企业虽然发展最快,但它在国民经济中所占的比例很小,而且,它实质上是社会主义条件下的国家资本主义,是"我们能够加以限制,能够规定其活动范围的资本主义"。是"受无产阶级国家监督与调节的资本主义"。与资本主义国家中的资本主义企业是有所不同的。具体地说,"三资"企业中的中外合资企业、中外合作企业,它们是社会主义经济和外国资本主义经济在企业内部的合作,其中有社会主义的经济成分,不是完全的私有制。虽然外国独资企业内部没有社会主义经济成分,但它的活动要受我国宪法和各种经济立法的约束,在投资项目、经营范围与规模、职工劳动时间、劳动保护、企业利润等方面,也要受社会主义国家的监督与调节;另外社会主义经济还通过外部与它们的联系,对它们的经营活动给予影响和调节;等等。因此只要我们实行正确的政策,这类企业的存在,并不能改变我国经济的社会主义性质。正如邓小平同志所讲:"特区姓'社'不姓'资'。从深圳的情况看,公有制是主体,外商投资只占1/4。""三资企业受到我国整个政治、经济条件的制约,是社会主义经济的有益补充,归根到底是有利于社会主义的。"

马克思曾指出:"在一切社会形式中都有一种一定的生产决定其他一切生产

的地位和影响,因而它的关系也决定其他一切关系的地位和影响。这是一种普照的光,它掩盖了其他一切色彩,改变着它们的特点。这是一种特殊的以太,它决定着它里面显露出来的一切存在的比重。"在我国多种所有制并存的结构中,公有制,特别是国有制就是这种"支配着其他一切生产的地位和影响"的"普照的光""特殊的以太"。只要我们政治路线不出问题,真正做到坚持党的"一个中心,两个基本点"的基本路线,而不是像某些原来的社会主义国家那样,大搞私有化,发展多种经济成分是不会改变社会主义公有制的主体地位和国有制经济的主导地位的。

国有企业能退出竞争领域吗

一

前一段时间，笔者在多种报刊上看到主张国有企业从竞争性领域退出来的文章，认为"在产业布局上，国有企业要有计划地退出竞争性领域，把竞争性领域的国有资产转移给非国有企业。……利用国有企业调整的时机，缩短非国有经济集中、积聚的过程"。还有的文章主张政府"从经营竞争性项目退出来"，只在公益性和基础性项目投资，认为"基础性项目投资包括铁路、公路、码头、水库、堤坝、电站、电讯等"，"公益性项目投资包括国防设施及教育、文化、卫生、体育、环境保护设施等"。这不但把建筑、汽车、机电、电子等支柱产业排除在国有企业投资领域之外，而且把金融、原材料和大部分能源工业也排除在外。还有的文章还界定说，"竞争性项目投资即以盈利为目的经营性投资"，还有的文章借助西方国家国有企业只在"市场失效"领域投资和经营的理论与实践，论证我国国有企业也要按这种模式"逐步从竞争性行业退出"，"实现民营化"。对此，笔者想谈一些自己的看法。

二

搞资本主义市场经济，特别是在西方发达国家，他们的国有企业，确实主要在"市场失效"领域发挥作用，竞争性、营利性的行业则由私人企业经营。具体说，大约有三种情况：第一种，是把不赚钱的甚至注定要亏损的公益性行业由国家投资经营，如国防、市政建设等。第二次世界大战以后，欧洲有些资本主义国家对钢铁、电力等行业实行国营，也是因为那些行业受战争破坏，战后不可能马上盈利，等到有可能盈利了，再搞私有化。在那里，无论国营还是私营，都是为保护私人资本的剩余价值服务的，在不可能盈利的时候，私人资本是不会接受私有化的。第二种是投资很大，不能马上盈利的基础工业，由国家投资经营。像挪威的海底石油业，20世纪60年代发现油田，20世纪70年代开采，20世纪80年代大规模生产并盈利，资本投入很大，开发时期很长，短期不能盈利。对这种企业，国家投资，承担投资风险，然后把勘探、采油、炼油、输油等分别承包给私营公司，使私营公司马上就能获利。等到经营好了，再把部分股权卖给私人。第三种，是战争年代的某些行业或企业。战争的要求超过一切，市场机制对经济不起支配作用了，这时有些国家，如德国，在第二次世界大战中，国防部门的国有经济竟达60%–70%。这些情况证明了恩格斯所说的，资产阶级国家是"理想的总资本家"。因为西方某些发达国家的国有经济是在私人资本不愿进入或无力承担投资风险的领域发挥作用，以保证整个私营经济能获得更多的剩余价值。所以，资本主义市场经济下的国有企业，是在"市场失效"领域，说得通俗一点，是在不能赚钱的领域，对私有经济这个主体的一种补充形式。这是资本主义市场经济下国有经济的实质，西方某些经济理论也确实是把这种经济模式作为市场经济普遍有效的模式来论述的。

三

问题是，社会主义市场经济下的国有经济是否也要照搬西方这种经济模式呢？

在社会主义市场经济条件下，市场经济是与社会主义基本制度结合在一起的。它以公有制为主体，以国有经济为主导，以人民共同富裕为目标，在社会主义国家宏观调控下，以市场作为资源配置的主要方式。这种市场经济虽然在经济运行机制上与资本主义市场经济有某些共同之处但在本质上是不同的。其根本不同点之一就是要以国有经济为主导。现在好像大家都不否认要以国有经济为主导，都承认国有经济要在关系国家经济命脉或关系国计民生的领域发挥主导作用。但具体讲差别就大了，有人认为，国有企业要退出市场竞争领域。那么，在市场经济中，国有企业主导什么？如果国有经济都退出了市场竞争领域，只在"市场失效"领域发挥作用，那么，一、是否市场竞争领域的行业都与国家经济命脉和国计民生无关？事实上，建筑、汽车、机电、纺织等产业都属于市场竞争领域，都是关系国家经济命脉和国计民生的。二、市场经济中，如果国有企业不主导市场，包括主导市场竞争，那还谈得上什么主导作用？社会主义市场经济与资本主义市场经济本质区别之一就在社会主义市场经济中，国有经济要主导整个市场运行机制，包括市场竞争，保证市场经济为人民服务。

市场机制有两重性，它有搞活经济的一面，这已被世界和中国的大量实践所证明。但它也有自发性、盲目性、滞后性，这是任何市场经济都存在的。社会主义市场经济正是要靠社会主义国家的宏观调控，发挥市场机制的积极面，克服其消极面,建立统一有序的大市场,努力做到"国家调控市场,市场引导企业",使经济发展"活而不乱,管而不死"。社会主义国家宏观调控的经济基础是国有经济。只有国有经济有雄厚的实力,国家对市场的调控才能有力、有效,才能防止经济的恶性发展。1993年,人民币与美元的汇率,在黑市上一度被哄抬到十几比一,我们国家有充足的外汇储备,只抛出了少许到市场上,就稳定了汇率。1993年以后,国家宏观调控之所以成功,当然是由于中央"软着陆"政策的正确。但其背后,也是有国有经济坚实的基础作为后盾。上述这些,都是社会主义国家依靠国有经济实力主导市场机制的表现。没有这种主导作用,任市场竞争自发进行,其结果势必是经济结构失调、市场紊乱无序,损害广大人民群众的利益。

改革开放已经十几年了,现在境外主要由中小企业来华投资的状况已经有所改变。据统计,国际上500家最大的跨国公司已经有200多家来华投资。他们所看上的,不仅是中国对外商的优惠政策和中国的廉价劳动力,主要是中国12亿人口这个大市场。他们的主要目的是凭借资本、技术和产品的垄断优势,占领我国这个大市场。据统计,到1994年,外商机电产品在我国市场占有率:摄录一体机占99%,传真机占98%,移动电话机占80%,大中小型计算机占75%,轿车占70%,电子元件占70%,微型计算机占60%,录像机占60%,局用数字程控交换机占50%,机床占63%。像微波炉这样的热门货,目前我国有60多家生产,其中合资企业占了大半,仅剩格兰仕等少数厂家还在力撑国产名牌的大旗。还有像化妆品、洗涤剂、胶卷、饮料等市场,更几乎成了外商一统天下的局面;啤酒业国内60家年产5万吨以上的厂家,70%与外商合资,并大多为外商控股;全国医药行业最大的13家合资企业中,除一家外,也基本上为外商控股;电冰箱企业,现已为外商控股、年产100万台以上的有8家,再过两三年,就可能占领我国60%的市场。① 面对这种情况,我们的主要任务是壮大民族经济,发展我国的优势企业,创造自己的名牌产品,通过竞争,占领我国的市场。完成这个历史任务靠中国的私营企业是不可能的,只有发展壮大国有优势企业和国有企业集团,像长虹彩电、一汽、二汽、大众那样的汽车企业;扬子、齐鲁、金山、燕山那样的化工企业;宝钢等那样的钢铁企业,才能在市场上有真正的竞争力,这需要我们在国有企业的改革和建设上做艰苦的努力。而在这种情况下,倘若国有企业退出市场竞争领域,其结果很可能是把中国这个

---

① 丁冰. 当前应怎样搞好国有企业:兼论双星集团蓬勃发展的启示 [J]. 当代思潮,1997(1):20-25.

大市场拱手让给国际垄断资本，加剧当前国有企业改革的困难，进而还可能使整个民族工业一蹶不振。当然，这绝不是说不要利用外资，对外开放利用外资是我们的国策，今后不但要坚持，而且要继续扩大。利用外资要让人家有钱可赚，但最终目的是要为发展民族经济服务。所以，外资应当是我国国有经济和整个公有制经济的必要补充，而不能喧宾夺主，在重要行业和企业控股，挤垮我们自己的名牌，控制我国的市场。正如朱镕基同志指出的："要正确执行中央有关引进外资的导向政策，防止引进一家，挤垮几家，进口一批，打垮一片的消极后果。"①

国有企业不但要在国内市场竞争中起主导作用，在国际经济竞争中也要占一席之地。对外开放是双向的，只有引进，自己却拿不出高质高效的产品，拿不出关键的技术，对外合作总是要吃亏的。江泽民同志在中央经济工作会议上说："我们要在21世纪国际经济激烈竞争中占据有利地位，关键在于全面提高国有大中型企业的竞争能力。"② 这方面，我们的工作还刚刚起步。出口的东西许多是初级产品，附加值很小，竞争力还很弱。所以，从跨世纪国际经济竞争的角度看，国有经济不但不能退出竞争领域，还要大力搞好国有大中型企业，特别是国有大型企业集团，使我们的民族经济有更大的竞争力。今年，吴邦国同志在国家试点企业集团工作会议上强调，要"建立企业集团真正的市场优势。企业集团要发展，必须在国内外市场竞争中处于优势地位，而这种优势的获得，必须依靠企业集团具有独特的产品、独特的技术。……以便占有更大的市场份额，形成真正的市场优势"。

总之，要国有经济退出竞争领域的主张，并不是好主意。当然，我们反对国有企业退出竞争领域，不是说在公益性、基础性和竞争性各个领域国有企业要平均使力、等量发展。国有企业在各个行业中应该有多大比例、以什么方式存在，这是经济学界需要专门研究的大课题，但总的思路应当是在保证国有经济在关系国家经济命脉和国计民生的领域起主导作用的前提下，进行区别对待。

---

① 《人民日报》1996年12月5日
② 江泽民. 认清形势，统一思想，做好明年经济工作 [N]. 人民日报，1994-12-02（1）.

对我国基本经济制度中"公有制为主体"的看法

——访清华大学马克思主义学院林泰教授

改革开放以来,我们党一直坚持和发展"公有制为主体、多种所有制经济共同发展的基本经济制度"。这一基本经济制度是随着共产党的实践探索而逐渐确立的:党的十一届三中全会作出把党和国家工作中心转移到社会主义现代化建设上来,并提出要"改变同生产力发展不适应的生产关系和上层建筑"[①]。党的十二大指出,"生产资料公有制是我国经济的基本制度"[②],十二届三中全会进一步明确,社会主义经济是"公有制基础上的有计划的商品经济"[③]。党的十三大认为,社会主义初级阶段"必须以公有制为主体,大力发展有计划的商品经济"[④]。十四届三中全会指出,建立社会主义市场经济体制,"必须坚持以公有制为主体、多种经济成分共同发展的方针"[⑤]。党的十五大首次明确提出,公有制为主体、多种所有制经济共同发展,是我国的基本经济制度。[⑥] 此后,党的历次代表大会和中央全会都强调要坚持和完善这一基本经济制度。随着我国社会主义市场经济体制的建立和完善,非公有制经济得到了快速发展。相关数据显示,我国非公有制经济占 GDP 的比重已超过 60%,在经济发展和社会稳定等领域都发挥着重要作用。有人据此认为,公有制经济在我国国民经济中已不再居主体地位。公有制经济在我国国民经济中是否依然居于主体地位?这种主体地位又是通过什么形式来实现的?本文就这一基本理论问题采访了清华大学马克思主义学院的林泰教授。

[①] 中共中央文献研究室. 三中全会以来重要文献选编:上 [M]. 北京:人民出版社,1982:4.
[②] 中共中央文献研究室. 十二大以来重要文献选编:上 [M]. 北京:人民出版社,1986:21.
[③] 中共中央文献研究室. 十二大以来重要文献选编:中 [M]. 北京:人民出版社,1986:568.
[④] 中共中央文献研究室. 十三大以来重要文献选编:上 [M]. 北京:人民出版社,1991:14.
[⑤] 中共中央文献研究室. 十四大以来重要文献选编:上 [M]. 北京:人民出版社,1996:520.
[⑥] 中共中央文献研究室. 十五大以来重要文献选编:上 [M]. 北京:人民出版社,2000:18.

代红凯：

国有企业是国民经济的重要支柱，是我们党长期执政和中国特色社会主义制度的经济基础。党的十九届四中全会强调：要增强国有经济竞争力、创新力、控制力、影响力、抗风险能力，做强、做优、做大国有资本。请您谈谈对国有经济在国民经济中占主导地位的理解。

林泰：

好的。我不是经济学家，但是在社会思潮的研究中，经常会遇到对我国经济中以公有制为主体的质疑，迫使我对此也有所研究，在向朱安东教授等经济学者的请教和交流中，一定程度上弥补了我研究的不足，使我的观点更加清晰和完善。谈一些看法，和大家一起研讨。

国有企业是国民经济的支柱，掌握着国家经济命脉，在国民经济中起主导作用。虽然改革开放以来我国非公有制经济得到迅速发展，但国有经济始终居于国民经济的主导地位，发挥着主导作用。在中央层面我们保留了202个关系国家安全和国民经济命脉的国有企业，通过做大做强、多次合并重组，现有约97家，将来还可能整合为80多家，但是国有资本的总量却是不断扩大的，国有资本的控制力、影响力也是不断增强的。此外，各省市还有一些国有企业，共约16.7万家（不含金融类），体量也都很可观。在21个基础性和支柱型产业中，国有资本超过50%，在关系国家安全和国民经济命脉的领域发挥了主导作用，在整个国民经济中起着压舱石的作用。[①]

国有经济的主导作用主要体现在控制力上，即体现在控制国民经济发展方向、控制经济运行的整体态势、控制重要稀缺资源的能力上。记得抗美援朝时期，几十万志愿军在秋冬季渡江作战，棉花布匹供应紧张，一些民营企业家则囤积居奇，企图从物价飞涨中获得暴利。当时中央靠刚刚没收的官僚资本等转为国有企业，加紧生产棉花布匹，稳住了物价和经济总盘。现在，我们的国有企业已经很强了，在2008年新自由主义导致的全球金融经济危机中，中国能够避免危机、稳定发展，国有企业起到了举足轻重的作用。2019年，在抗击新冠疫情的战斗中，国有企业在提供医保资金、防疫物资、防控技术研发、保障基本生活等方面发挥了不可替代的作用，为全国疫情防控立下赫赫战功。反观苏联末期的私有化改革，2000个关系国家安全和国家经济命脉的大型国有企业全都私有化了，其结果是市场经济的自发性难以控制，从而出现了商品奇缺、物价飞涨、卢布贬值的历史性灾难。通过对比可知，国有企业是国民经济的重要

---

① 党的十九届四中全会《决定》学习辅导百问［M］．北京：党建读物出版社，2019：72-73．

主体，对于坚持经济为人民服务的导向，承受重大风险的冲击，具有强大韧性和内在稳定性，其优势是非公有制经济所不可比拟的。

代红凯：

公有制经济主体地位的重要体现之一是公有资产在社会总资产中占优势。请您谈谈我国公有资产在社会总资产中的占比情况。

林泰：

公有资产在社会总资产中占优势，既要有量的优势，更要注重质的提高。"质的提高"主要体现在国有经济的控制力影响力上，"量的优势"则体现在公有资产在社会总资产中所占的比例。改革开放以来，由于国有企业大量退出中小型企业、民营企业迅猛发展等原因，国有资产在社会总资产中的占比逐渐下降。但大部分经济学家认为，第二、三产业公有资产比重仍占总资产的半数以上。裴长洪在《中国公有制主体地位的量化估算及其发展趋势》一文中经过测算提出，"到2012年，公有制资产占比下降到50.44%，非公有制经济资产占比则上升到49.56%"①，但非公有制经济资产始终没有突破50%的底线。

"金融是国民经济的命脉，在国民经济中处于重要的地位"②。改革开放初期，我们曾对外资实施限制进入的方针，金融业国有经济始终以较大的比例居于主体地位，这对稳定经济发展发挥了巨大作用。现在我们国有银行已经壮大到全世界银行业的前列，几家主要国有银行已进入世界前十，甚至排名第一。在这种情况下，我们取消了外资进入的限制，这是我们对国有银行的主体地位和主导作用充满信心的表现，而苏联大量金融资本都私有化了，这是它无法克服卢布贬值等经济危机的重要原因

为什么在多项统计报告中非公有制经济资产占比小于50%，而在GDP中占比却在60%以上呢？其一，现有的统计数字都不是国家统计局发布的权威数据，有的学者认为全国工商联发布统计数字中把集体经济列入多种经济成分的民营经济中，这一部分占比不太清楚，但显然不属于私营企业而应为公有企业。其二，国有企业承担了很多民营企业不愿进入的非竞争性甚至公益性（如北京市公交、市政）的产业，其利润注定比较低，这为民营经济的发展创造了有利条件。另外，国有企业从几十年的计划经济体制向市场经济体制改革，体制性障碍大，导致效益比较低，这需要也已经在改革过程中逐步解决。总的来看，第

---

① 裴长洪．中国公有制主体地位的量化估算及其发展趋势［J］．中国社会科学，2014（1）：4-29．

② 中共中央文献研究室．十四大以来重要文献选编：上［M］．北京：人民出版社，1996：345-346．

二、三产业国有资产占比 50% 以上，这种状况已趋于稳定并会长期存在。

代红凯：

有人质疑国有经济上述微弱的优势，难以证明公有制为主体的必然性，您怎么看？

林泰：

我国宪法明文规定，"矿藏、水流、森林、山岭、草原、荒地、滩涂等自然资源，都属于国家所有，即全民所有；由法律规定属于集体所有的森林和山岭、草原、荒地、滩涂除外。"① 这决定了我国资源性资产的公有性质。我认为，中国的土地、森林、矿山等自然资源全部国有或集体所有，这是我国公有制为主体的有力保障和重要实现形式。

据裴长洪在《中国公有制主体地位的量化估算及其发展趋势》一文估算：2012 年我国 55 万个村公有资产总额约为 4.26 万亿元（村级集体资产约 3.16 万亿元，专业合作社资产约 1.1 万亿元），农户总资产大约 5.01 万亿元，农村公有资产与农户资产的公私结构是 45.95∶54.05，公有经营性资产总额小于农户私有经营性质的资产总额。但农村价值最大的资产是包括耕地在内的农用土地，它是资源性资产，又是经营性资产，而且是农业中最重要的经营性资产。按照该文的计算，耕地价格以 28 万亿元计算是有把握的。所以农村集体经济财产（包括村集体性资产 4.26 万亿元和土地价值 28 万亿元）合计为 32.26 万亿元，与农户资产 5.01 万亿元相比，二者占比为 86.56∶13∶44，公有资产占据了绝对优势地位。② 但这种公有制优势并不妨碍种田大户承包经营，发家致富，而是使公有制与私营经济在现阶段各得其所，这是社会主义初级阶段实行"两个毫不动摇"的重要依据。林、牧、渔业、森林、草原牧地、海洋河湖等资源国有或集体所有，也鼓励私人承包经营，状况类似。

在第二、三产业中，土地资产的价值，通过"招、拍、挂"这种典型的市场交换方式实现，在私营、外资、混合所有制经济中，已经计入各种资产价值计算之中。但是，由于过去国有企业的土地是经过"行政划拨"等形式实现的，所以在资产计算中往往被漏算。这在一定程度上使国有资产的计算受到了一定的低估。这也是为什么我们把实行混合所有制经济作为放大国有资产功能的一个重要原因。

全部自然资源，包括已开采的经营性资源和未开采的非经营性资源都掌握

---

① 中华人民共和国宪法［M］. 北京：人民出版社，2018：11-12.
② 裴长洪. 中国公有制主体地位的量化估算及其发展趋势［J］. 中国社会科学，2014（1）：4-29.

在国家手中，使这些资源现在和将来都能更好地为国家和人民利益服务。这是非常大体量的国有资产，是公有制为主体的重要实现形式。

在苏联私有化进程中，自然资源的私有化是重头戏。和普京总统对抗的霍多尔科夫斯基就是私有化进程中产生的石油大王之一。他凭借其资本的力量与普京总统把石油作为国家经济支柱的主张作对，结果受到普京总统的严厉打击，至今霍多尔科夫斯基仍流亡德国，与俄罗斯政府对抗。我国则不可能出现这种状况，因为我们的矿山、土地、森林、海洋等自然资源全部是国有、公有资产。

代红凯：

实行公有制为主体、多种所有制经济共同发展的基本经济制度，是中国特色社会主义制度的重要组成部分，也是完善社会主义市场经济体制的必然要求。请您再谈谈对多种所有制经济的看法？

林泰：

多种所有制经济包括：外资经济、民营经济、个体经济、集体经济、国有经济等多种形式。目前对"各种经济成分比重占多少"没有权威说法，能够肯定的是，我国市场主体已经超过一个亿，私营经济近三千万，个体经济近七千万，这些数字虽然不精确，但可能是比较接近实际的。至于集体经济的数量，更没有统计数字。网上一个材料说它占经济总量的12%，我不知道根据是什么。但在农村家庭联产承包责任制实施过程中，很多地方都采用了生产、供销、经营、消费等合作社的形式，城镇中的手工业、工业、建筑业、运输业、商业、服务业等行业中，也有各种形式的合作经济，这些都是劳动群众集体所有制经济形式。

谈到公有制和私有制的关系，有的资本主义国家也搞国有、公有企业，但它是资本主义私有制的补充形式。其一，他们把不赚钱的甚至注定要亏损的企业，如北欧的邮政、市政、公共交通、医院、学校等，交给国家投资经营，让国家财政承担亏损，而把能赚钱的都交给民营企业。其二，把投资很大或需要长期投资经营才可能获利的企业交给国家经营，如挪威西部的海底石油，20世纪60年代勘探发现，20世纪70年代开始开采，20世纪80年代才大规模开采，有近二十年注定要亏损，是国家用国家财政在支撑企业的开支，而当时就把勘探、采油、输油、炼油等项目分别承包给私营公司，使这些公司当年就能盈利。到20世纪80年代，大规模开采成功，现在年产1亿吨以上，可以赚大钱了，这时就发行股票，把盈利让给私人投资。正如恩格斯所说："现代国家，不管它的形式如何，本质上都是资本主义的机器，资本家的国家，理想的总资本家。"[①] 它在经济领域的作用之

[①] 中共中央马克思恩格斯列宁斯大林著作编译局. 马克思恩格斯选集：第3卷 [M]. 北京：人民出版社，2012：666.

一就是要保证私营资本的盈利。可见，某些资本主义国家的国有，归根结底还是为私有制服务的，改变不了资本主义的本质。

在社会主义初级阶段，私有制经济总体上是公有制经济的补充形式。我们所说的混合经济，一种是股份制所有制，国家、集体和私人都占股，但在我国，大多数是公有资本占主导地位。另一种是大型国有企业和民营企业建立固定合同的合作关系，如东风汽车厂与超过一百家的民营企业都有固定合同的合作关系，为东风汽车厂生产各种零配件，我认为这也具有混合经济的性质，我估计这种类型的私营企业在我国可能有几百万家。习近平总书记在十八届三中全会上就《中共中央关于全面深化改革若干重大问题的决定》向全会作说明时指出，"全会决定坚持和发展党的十五大以来有关论述，提出要积极发展混合所有制经济，强调国有资本、集体资本、非公有资本等交叉持股、相互融合的混合所有制经济，是基本经济制度的重要实现形式，有利于国有资本放大功能、保值增值、提高竞争力。这是新形势下坚持公有制主体地位，增强国有经济活力、控制力、影响力的一个有效途径和必然选择。"[①]

顺带谈一下对个体经济的看法。新中国成立初期，我们曾一度认为，个体经济是对资本主义经济社会主义改造中要消灭的对象，现在已经纠正了。当前，近七千万的个体经济是对民生和就业贡献最大的经济成分。但需要明确，在社会主义初级阶段，个体经济是社会主义市场经济的重要组成部分，它们的存在发展并不是以封建所有制和资本主义所有制残余的身份暂时存在的。其实，个体经济在奴隶社会就已经存在了；在封建社会它以汪洋大海的形式存在，成为封建制度经济基础的构成成分；在资本主义社会，随着社会化大生产的发展，个体经济数量减少了，但也大量存在，成为资本主义经济制度的补充形式。个体经济的存在和发展是由生产力发展水平所决定的，社会化大生产程度越高，个体经济发展的空间就越小。但在民生服务领域，包括非物质文化遗产生产等领域，个体经济还有广阔的生存发展空间，这是历史和现实已经证明了的。在社会主义初级甚至高级阶段仍然需要大量的个体经济为民生服务，它依然是社会主义经济不可或缺的补充形式。

马克思指出："在一切社会形式中都有一种一定的生产决定其他一切生产的地位和影响，因而它的关系也决定其他一切关系的地位和影响。这是一种普照

---

① 习近平．关于《中共中央关于全面深化改革若干重大问题的决定》的说明［N］．人民日报，2013-11-16（1）．

的光,它掩盖了一切其他色彩,改变着它们的特点。"① 同样是个体经济,它在不同社会形式中,其地位、作用的特点是不一样的。在现阶段,我们不仅要加强对公有制为主体的研究,还要加强对其他所有制经济成分,在"普照的光"的影响下,其地位作用等特点的研究。使我国的基本经济制度更加完善。我们也希望国家统计局能够提供各种经济成分更为准确、权威的有关数据,使这方面的研究深入下去。

代红凯:
通过上面论述,我们能得出什么样的基本结论?

林泰:
综上所述,我们能不能得出我国基本经济制度是以公有制为主体呢?我想是可以的。其中最重要也是人们最容易忽略的一点,就是土地、森林、海洋、矿山等自然资源全部国有和集体所有,这是占比很大的经济成分。在社会主义初级阶段,它是以公有制为主体的经济基础,也是私人资本能够通过承包经营充分发挥其能动性而又不改变社会主义发展方向的重要制度保障。

新加坡东亚研究所所长郑永年教授写了很多洞察世界国际关系、深谙中国国情的有分量的文章。但是他对中国经济结构的分析,却忽略了中国土地、森林、海洋、矿山等自然资源全部国有或集体所有这一特点。他在《中国崛起开启新的世界历史》一文中指出,"在基本经济制度方面,中国已经形成了'混合经济制度'。具体地说,就是'三层资本构造',即顶端的国有资本、基层以大量中小型企业为主体的民营资本、国有资本和大型民间资本互动的中间层。"② 我觉得,中国基本经济制度中的"三层资本结构"是不是应表述为:顶端的国有资本,基层的土地、森林、矿山、海洋等自然资源的国有、集体所有,中间层的多种所有制经济这三层的互动。这样概括或许能更好地体现中国特色社会主义初级阶段基本经济制度"公有制为主体、多种所有制经济共同发展"的总体特征,能更好地发挥郑永年教授在文章中所说的"这个经济制度可以同时最大限度发挥政府和市场的作用,各种经济要素互相竞争和合作,造就了中国经济的成功,同时它们之间也存在着互相制衡的局面"。

代红凯:
感谢您接受我们的采访!

---

① 中共中央马克思恩格斯列宁斯大林著作编译局. 马克思恩格斯文集:第 8 卷 [M]. 北京:人民出版社,2009:31.
② 郑永年. 中国崛起开启新的世界历史 [N]. 参考消息,2019-09-11 (11).

第五篇 05
人生价值观的理论思考

社会主义市场经济与集体主义价值观

我们正在从传统的计划经济体制向社会主义市场经济体制转变。这种经济体制的转型究竟在价值观念上会引起什么变化？是否仍然需要和可能坚持社会主义的价值观念？党中央对此做出了明确的回答。江泽民同志多次强调，要把爱国主义、集体主义、社会主义作为时代精神的主旋律。《中共中央关于进一步加强和改进学校德育工作的若干意见》中指出："要对学生进行以集体主义为核心的价值观教育。要教育学生明确，建立社会主义市场经济体制，仍需要倡导集体主义，正确处理个人、集体、国家之间的利益关系，发挥对国家和人民的奉献精神。……反对拜金主义、享乐主义、极端个人主义。"

但是，也出现了另一种社会思潮，在经济上否定公有制的主体地位和国有经济的主导作用，主张"私有化"；在价值观、道德观上则借口发展市场经济，提倡"个人本位主义"，公然为个人主义"正名"。不久前出版的一本标榜"新伦理学"的小册子，在所谓"多层次新伦理观"名义下，竟把"每个人必定恒久为自己而只能偶尔为他人"奉为客观规律，将《中共中央关于社会主义精神文明建设指导方针的决议》提倡的"公而忘私，勇于献身，必要时不惜牺牲自己的生命"的共产主义道德，叫作"偶尔道德原则"，将雷锋"无私利他"的共产主义精神说成"源于其报恩心"，甚至说："一个人之所以会无私利人，最初是因为他看到，如果他利人，便会得到好处、利益，如社会的赏誉、他人的报答等等。他由此懂得，利人是他利己的最好手段，是他安身立命的最稳妥途径。"并盛赞"只有那怀着强盛利己目的的人……才能忍受着那漫长岁月的成就学问和事业的万般苦辛，才能有所发现、有所创造，才能发明推动科学和社会的新弹簧，才能开辟那历史的新篇章"！

二百多年以前，亚当·斯密从自由放任的市场经济理论出发，就曾得出主观为自己，客观为大家的道德原则。20世纪80年代初"潘晓"也曾在"主观为自己，客观为他人"的名义下，认为"人都是自私的"。现在某些"新伦理学"又在"为己利他"的"合理利己主义"名义下，把"利己目的"推崇为社会发展的根本动力、道德观的唯一根本原则。这种"新"伦理观并不新，但确实提出了一个值得认真思考的问题：社会主义市场经济究竟需要什么样的人生价值观和道德原则？

一、在多元并存中坚持集体主义的一元主导

改革开放，推行社会主义市场经济，经济体制的深刻变化，确实引起人们利益关系和价值观念的变化。其中最重要的变化之一，是经济多元化、多层次化带来人们利益关系、价值观念的多元化和多层次化。

从单一公有制向以公有制为主体、多种经济成分并存发展，使利益主体多元化。私有、个体、外资独资企业以及带有私有制经济成分的中外合资、合作企业的迅速发展，它们所获得的巨大经济利益，当然会引起人们价值观念的深刻变化，反映私有制的各种价值观念，包括个人主义思想，以各种形式活跃起来。

即使是国有经济，由于向市场经济过渡，企业自主经营、自负盈亏，个人择业的自由度增大（包括人事管理从单位所有到人才相对自由流动、大学生毕业从国家分配到双向选择就业、出国留学来去自由等），国家、地方、企业、个人都成为一定的责权利主体，使利益主体多层次化。在此基础上，自发地也会产生小团体主义、个人本位主义的各种表现形式。

农村集体经济大多也以家庭联产承包为基本经营方式，在双层经营体制下，小生产经营方式的发展，也必然会自发带来家庭、个人本位思想的发展。

私有经济成分的发展，小集体、个人本位的强化，它的社会作用是两重性的。总的看这种发展变化适合我国社会主义初级阶段生产力的状况。多种经济成分的发展，使非公有制经济成分有可能成为公有制经济的有益补充；国家、地方、企业、个人都成为责权利主体，在各层次调动了人们的主动性、积极性；在现阶段，劳动还是谋生手段的条件下，劳动者从个人物质利益上关心生产，也能极大地调动人们的积极性。这些，都大大增强了经济活力，对解放和发展生产力起了推动作用。

但是，我们必须看到这种发展变化有其消极的一面。非公有制经济成分的发展，在正确的引导下，能够成为公有制经济的有益补充，但是，自发地也可能产生摆脱公有制引导、制约，甚至是要求"私有化"的倾向。小集体、个人本位的强化，可以增强多层次利益主体的主动性，但是自发地也可能产生损害国家、大集体利益的"地方保护主义""小团体主义"和"极端自私自利"的倾向。它可以搞"上有政策，下有对策"，干扰国家宏观调控；也可以置社会效益于不顾,"一切向钱看";甚至可能走向非法经营、牟取暴利;等等。这些说明,利益主体多元化、多层次化以及相应的价值观念的变化是需要引导和制约的。在经济上,社会主义公有制的一元主导,社会主义国家的宏观调控;相应地在思想上,对集体主义价值观的倡导,就是制约消极倾向、进行积极引导的最重要的社会力量。我们承认私有经济、小集体、个人本位在现阶段存在的必然性和现实性,同时更肯定公有制为主体,国家、人民利益放在首位的必然性和现实性。经济成分和价值观的多元存在是客观的,社会主义经济基础和上层建筑的一元主导也是客观的,而且,它才是决定事物本质的矛盾的主要方面。因此,不能以多种经济成分、多层次利益主体的存在为借口,提倡"个人主义"或"小团体主义",因为这样做只能使它自发的消极方面扩大化和合理化。

二、集体主义是社会主义市场经济的内在要求

有人认为:只要发展市场经济就势必导致个人本位主义,这是不以人们意志为转移的客观规律,搞市场经济,又要提倡集体主义,只不过是好心的"乌托邦"。

确实,完全自由放任的市场经济要求个人本位主义,它在资本主义上升时期还起过积极作用。但是,举凡现代市场经济在经济上都有国家的宏观调控,在价值观上也是需要道德调节的。新加坡倡导"国家主义"和"群体为本";日本提倡"团体主义"和"企业精神";即使在美国,一向奉个人主义为主导的价值观,现在也在为青年们个人主义极度膨胀,过分追求个人享受和放纵,失去社会理想而苦恼。西方某些有识之士也已经看到"西方个人主义文化最后会自己毁了自己",并且看到东方文化中"群体思想"对经济发展的作用。这说明,即使是现代资本主义市场经济,个人主义的历史局限性也已日益显露。生产社会化与资本主义私人占有的基本矛盾,在价值观上就必然表现为与资本主义私有制相适应的个人主义对社会发展的障碍作用。

社会主义市场经济在市场经济运行机制上与现代资本主义市场经济是有共同之处的。但是社会主义的本质要求必然在市场经济中表现出它的特殊性。首先,在社会主义社会,市场经济是和社会主义基本制度相结合的,以公有制为主体,国有制为主导,以实现人民共同富裕为目标。在价值观、道德观上就必然要求以人民为本位,国家、集体利益为本位的社会主义集体主义思想占主导地位。首钢总公司"承包为本"是以"人民为本"的思想为指导的,它首先保证国有资产的保值增值,保证上缴国家税利的增长,在此前提下求得企业发展和职工利益的增长。吉林化学工业公司也是在保证国家利益得大头的前提下,倡导"吉化增益我受益，我为吉化增效益"的社会主义集体主义的企业精神。上海二纺机、宝钢等改革搞得好的企业都是以社会主义集体主义调动人们的积极性，没有哪一家是倡导个人主义的。苏南、山东等农村集体经济模式也是"留够了集体的，然后才是自己的"，在保证集体经济发展的前提下，实现农民的共同富裕。我们可以说，只有国家、集体、个人利益相结合，国家、人民整体利益高于个人利益的社会主义集体主义才能保证公有制为主体市场经济的正确发展方向。认为"利己目的"是社会发展的根本动力、道德观的唯一根本原则的思想，绝对不适用于公有制为主体的市场经济。

其次，社会主义市场经济是在社会主义国家宏观调控下，以市场作为资源配置的主要方式。它所要形成的是社会主义国家的统一大市场，法规、政策是统一的，运行机制是协调有序的，这样才能真正做到国家调控市场，市场引导企业，使经济发展"活而不乱，管而不死"。现在进行的税制、金融、计划、外汇、外贸、价格、社会保障等体制的改革，就是为建立社会主义国家宏观调控下的统一有序的大市场服务。为了实现这个目标，与体制改革相适应就必须在广大干部和群众中倡导国家、集体、个人利益相结合，国家、人民利益高于小集体和个人利益的社会主义集体主义思想，以克服地方主义、小团体主义和个人主义的自发性对国家整体利益的干扰和破坏，保证国家法律、法规、政策的贯彻落实，保证国家宏观调控体系的建立。

由上述可见，倡导社会主义集体主义，并不是某些领导人的主观愿望，也不是外在的、强制性的，而是社会主义市场经济本质的、内在的客观要求。可以说，是否倡导集体主义是社会主义与资本主义本质区别的一个重要方面。邓小平同志很早就讲过："我们提倡按劳分配，承认物质利益，是要为全体人民的物质利益奋斗。每个人都应该有他一定的物质利益，但是这绝不是提倡各人抛开国家、集体和别人，专门为自己的物质利益奋斗，绝不是提倡各人都向'钱'看。要是那样，社会主义和资本主义还有什么区别？我们从来主张，在社会主义社会中，国家、集体和个人的利益在根本上是一致的，如果有矛盾，个人的利益要服从国家和集体的利益。为了国家和集体的利益，为了人民大众的利益，一切有革命觉悟的先进分子必要时都应当牺牲自己的利益。我们要向全体人民、全体青少年努力宣传这种高尚的道德。"

当然，我们清醒地看到，在社会主义初级阶段，旧社会的影响远未消除，私有经济成分还将长期存在和有一定发展，因而"个人主义""利己主义"等思想也还会存在和发展。市场经济条件下，价值规律起支配作用，企业、个人的主动性中也不可能完全避免自发性。由于劳动还是谋生手段，众多劳动者参加改革和建设，也还是以追求个人利益为动力。他们中的大多数主观上愿意遵纪守法、遵守社会公德和职业道德，勤劳致富、合法致富，但是在国家、集体、个人利益发生矛盾时，并不都能正确处理。在这种情况下，要想完全克服"个人主义""小团体主义"的自发性是不现实的。我们现阶段所能追求的是社会主义集体主义思想占主导地位。具体地说，我们首先要求国家的各级干部、各行各业的骨干能比较自觉地建立社会主义集体主义的价值观，依靠他们制定和贯彻社会主义的政策、法规，对人民群众进行正确处理国家、集体、个人利益关系的教育，把人们对个人利益的追求吸引到社会主义、集体主义的方向。尊重人们对个人正当利益的追求，又引导人们把个人利益的追求和国家、集体利益正确结合，这是保证我们事业的社会主义方向所必需的。列宁在20世纪20年代初就是这样认识和提出问题的。他非常重视劳动者对个人利益关心的积极性，并把"从个人利益上关心"的原则提到很高的高度。他说："必须把国民经济的一切大部门建立在从个人利益的关心上面，……由于不善于实行这个原则，我们每一步都吃苦头。"① 但是列宁提出这个原则的出发点和落脚点还是社会主义的共同利益，他把这个原则称为从个人利益上关心社会主义生产发展的原则或个人利益与社会主义共同利益的有机结合的原则。而且说："我们发现了私人利益即私人买卖利益与国家对这种利益的检查监督相结合的合适程度，发现了私人利益服从国家利益的合适程度，而这是过去许许多多社会主义者碰到的绊脚石。"② 既承认和尊重广大劳动者对个人利益追求的现实，又能用社会主义的共同利益引导人们，这是列宁思想的实质。

我们现在提出要把爱国主义、集体主义、社会主义作为时代精神主旋律的提法是很科学的，也是和列宁的思想完全一致的。强调主旋律，就必然承认有其他辅旋律，但是辅旋律必须以和谐音的形式存在，衬托、突出主旋律，否则就要被改写或排除在乐曲之外。同样，强调集体主义价值观为主旋律，也就必然承认还有其他价值观，包括个人主义价值观的存在。各种价值观的多元并存，当然会引起思想上的矛盾和斗争，我们正是要发挥集体主义价值观的导向功能，包括必要的批评教育，以保证社会的总体发展按主导价值观所要求的方向前进。

---

① 中共中央马克思恩格斯列宁斯大林著作编译局. 列宁全集：第42卷［M］. 北京：人民出版社，2017：201.
② 中共中央马克思恩格斯列宁斯大林著作编译局. 列宁全集：第43卷［M］. 北京：人民出版社，2017：366.

三、个人本位还是社会关系为本位

"个人主义"或"为己利他"的"新伦理观",其在理论上的根本失误都源于"个人本位主义"。他们把抽象的、孤立的人类个体看成社会基本单位,而社会只不过是许多这样的人类个体的简单集合,从而得出"利己目的"是人们思想行为唯一出发点的结论。马克思主义认为:"人的本质不是单个人所固有的抽象物。在其现实性上,它是一切社会关系的总和。"[①] 社会是由众多个人组成的,但不是抽象的、孤立的单个人的简单集合,而是通过一定社会关系组织起来的。有一篇文章把个人与社会的关系形象地比喻为音符和旋律的关系,音符构成旋律,但旋律有超越音符的新质,它把众多音符联结起来,并赋予音符以新质的含义。同样,在个人与社会的关系中,一定的社会关系把众多个人联系起来,社会关系高于个体的本质,而且它规定着个体的本质。所以,马克思主义并不否认私人利益,但是不承认脱离一定经济、社会关系的抽象的、孤立的私人利益。私人利益总是同一定的社会关系联系在一起的,不同社会关系中的私人利益是不同质的。所以人们对利益的追求以及反映这种利益追求的价值观也总是和一定社会关系相结合的。是一定的社会关系规定着人们对一定利益的追求以及相应的价值观的本质,而不是什么抽象的、孤立的单个人的存在和利益规定着人只能产生"自私"和"利己主义"的价值观。这个观点明确了,我们就可以弄清,为什么原始社会产生的是以部落、氏族为基本单位的"群体本位主义",而不是"自私";奴隶、封建社会不但有适应私有制和剥削阶级需要的"人不为己、天诛地灭"的主导价值观,还会伴生以等级制为特征的"整体主义"思想。资产阶级个人主义则是源于资本主义私有制的生产关系,它是资产阶级反封建的锐利武器,也是追求剩余价值的必要武器,与之相伴而生的就还会有受剩余价值规律支配的企业"团体主义"和代表一国"总资本家"的"国家主义"精神。而社会主义集体主义则是社会化大生产和公有制产物,它反映的是无产阶级和劳动人民在社会化大生产基础上的联合,是以无产阶级和人民利益为本位的,它根本不同于资产阶级个人主义和任何剥削阶级的"自私自利"的思想,也不同于原始社会以及奴隶主、封建主、资产阶级所要求的"群体思想"。由此可见,历史上有多种社会关系,因而也有多种价值观,并不是只有"个人主义""利己主义"的价值观。而任何真实的集体主义思想产生的先

[①] 中共中央马克思恩格斯列宁斯大林著作编译局. 马克思恩格斯文集:第1卷 [M]. 北京:人民出版社,2009:501.

决条件必然是，许多利益关系一致的人们在一定社会关系下联合起来，能超越众多个人的简单集合，产生更大的力量，带来更高更多的利益。而且，"只有在共同体中，个人才能获得全面发展其才能的手段，也就是说，只有在共同体中才可能有个人自由"，"在真正的共同体的条件下，各个人在自己的联合中并通过这种联合获得自己的自由"。所以集体主义思想的内涵并不是排斥个人利益，它是更好地代表了集体内众多的个人利益，而且在质和量上都超越了这些个人的简单集合。在这个前提下，才会有集体利益高于个人利益的思想，也才会有在必要时为了集体利益而牺牲个人利益的崇高精神。中国古代为中华民族利益而奋斗的壮士，近现代为反对帝国主义侵略而抗争的民族英雄，都是为民族整体利益而献身的。而革命战争年代为劳动人民解放而牺牲的烈士，社会主义建设时期涌现的"铁人精神""雷锋精神"等，也是人民利益高于一切的革命集体主义思想的光辉体现。他们的思想行为绝不是受什么"恒久为自己，偶尔为他人"的所谓客观规律的支配，更不是因为他们看到"如果他利人，便会得到好处、利益"，而是因为他们对民族、国家、阶级的共同利益以及代表这种利益的社会关系有自觉的认识。现在我们搞社会主义市场经济，是否就不再需要这种集体主义价值观了呢？当然不是。邓小平同志曾经讲过："我们脑子里的四化是社会主义的四化。他们只讲四化，不讲社会主义。这就忘记了事物的本质，也就离开了中国的发展道路。"① 同样的道理，我们讲的市场经济是社会主义市场经济，只讲市场经济不讲社会主义，也就忘记了事物的本质。社会主义市场经济是社会主义国家宏观调控下，由国家代表人民的整体利益，这种社会关系当然需要集体主义思想的指导，以正确处理国家、人民与集体、个人之间的利益关系，并倡导对国家和人民的奉献精神。当然，社会主义市场经济也是市场经济，市场经济所特有的自发性，盲目性，以及多种经济成分的存在，多元、多层次的利益主体的存在，可能自发地产生个人主义、小团体主义，我们承认这个现实。但正因为如此，我们才更需要集体主义思想的指导，以克服种种自发性的干扰，保证市场经济发展为人民、国家利益服务。

四、"主观为自己、客观为他人"的理论失误

"主观为自己，客观为他人"的思想，或者是"恒久为自己，偶尔为他人"的"为己利他"的"新伦理观"在理论上的失误，根本也在于它的"个人本位主义"。这种主张源于18世纪英国经济学家亚当·斯密"看不见的手"的原理。

---

① 邓小平. 邓小平文选：第3卷 [M]. 北京：人民出版社，1993：204.

1776年，亚当·斯密在《国民财富的性质和原因的研究》一书中主张自由放任论，即听任个人在市场竞争中自由地进行自己感兴趣的交易，就会获得最可能好的效果。"每个人所盘算的只是他自己的利益。在这种场合，像在其他场合一样，他也受着一只看不见的手的指导，去尽力达到一个并非他本意想要达到的目的。"亚当·斯密的理论成为自由主义经济学的"鼻祖"，也为近现代个人主义奠定了经济思想基础。对于这种主张，马克思早已有过深刻的剖析。马克思说，"经济学家是这样来表述这一点的：每个人追求自己的私人利益，而且仅仅是自己的私人利益；这样，也就不知不觉地为一切人的私人利益服务，为普遍利益服务。关键并不在于，当每个人追求自己私人利益的时候，也就达到私人利益的总体即普遍利益。从这种抽象的说法反而可以得出结论：每个人都妨碍别人利益的实现，这种一切人反对一切人的战争所造成的结果，不是普遍的肯定，而是普遍的否定。关键倒是在于，私人利益本身已经是社会所决定的利益，而且只有在社会所创造的条件下并使用社会所提供的手段，才能达到；也就是说，私人利益是与这些条件和手段再生产相联系的。这是私人利益；但它的内容以及实现的形式和手段则是由不以任何人为转移的社会条件决定的。"① 马克思这段话是针对亚当·斯密等主张自由放任市场经济的经济学家而言的。他从两方面剖析了他们的错误。一是"每个人"的"私人利益"和"别人利益"以及"私人利益和总体即普遍利益"是有矛盾的，而且在资本主义社会，这种利益的对抗还会形成"一切人反对一切人的战争"，所以，"为己"并不见得"利他"，"主观为自己"并不见得"客观为他人，为社会"，相反，还会"妨碍别人利益的实现"，其结果"不是普遍的肯定，而是普遍的否定"。这个道理是显而易见的，在历史和现实中，这种"主观为自己，客观害他人，害社会"的现象是不胜枚举的。在资本主义，它已经制造了多次的经济危机和社会两极分化；即使是在社会主义，非对抗是利益矛盾主要形式的条件下，个人与社会与他人的矛盾也还会存在。当主观为自己和为他人、为社会发生矛盾时，怎样处理呢？这是"主观为自己，客观为他人"，或"为己利他"思想所无法回答的。二是马克思认为，更关键的问题在于："私人利益本身已经是社会所决定的利益"，"它的内容以及实现的形式和手段是由不以任何人为转移的社会条件所决定的"。也就是说，私人利益本身已经是社会利益的一种形式，从内容上看，究竟是剥削他人的私人利益，还是联合劳动中的私人利益，或是自然经济下的私人利益？在

---

① 中共中央马克思恩格斯列宁斯大林著作编译局. 马克思恩格斯全集：第46卷：上 [M].
北京：人民出版社，1979：501.

社会主义现阶段,是按劳分配的私人利益,还是其他分配方式下的私人利益,还是非法活动下的私人利益?所谓"私人利益",总是和他人、社会的利益联系在一起的,在不同社会关系中,这种利益关系是完全不同的,譬如,在资本主义制度下,雇主的私人利益是在剥削工人的剩余价值中实现的,从而自然得出"人的本质是自私的"经济人假设的结论;而在社会化大生产的社会主义国有企业中,私人(无论是工人还是管理者)利益的实现应当和国家利益、企业的发展联系在一起,所以它必然形成"只有在集体中才可能有个人自由",这种把国家、企业利益放在首位的经济关系,靠"本质自私"的经济人是不可能搞好国有企业的。所以,马克思主义并不否认私人利益,但是不承认脱离一定经济、社会关系的抽象的、孤立的私人利益。马克思说:"各个人的出发点总是他们自己,不过当然是处于既有历史条件和关系范围在内的自己,而不是玄想家们所理解的'纯粹的'个人。"所谓私人利益,其本质总是由一定社会关系决定的,不是孤立的以个人为本位,也没有"仅仅是自己私人的利益"的追求。不同社会关系中的"私人利益"是不同质的。另外,私人利益"实现的形式和手段"也是"社会"的,是一定的生产力和与之相适应的经济、社会关系决定哪些私人利益能够实现,或不能实现。诸葛亮能发明木牛流,但不可能坐火车乘飞机;慈禧太后能穿金戴银,但不可能穿"人造丝",这是生产力的状况决定的。即使在社会主义现阶段,什么时候有多少人能达到温饱、小康,有多少人能升学、就业……也是由生产力和生产关系、社会关系发展状况决定的。"私人利益"只有"在社会所创造的条件下并使用社会所提供的手段才能达到",如果和一定"社会条件和手段的再生产"相违背,"私人利益"就不能实现。所以,没有什么抽象的"主观为自己,客观为他人",只有一定社会关系所决定的"私人利益"以及个人利益和他人、社会利益的关系。值得深思的是,为什么二百多年前古典经济学家提出的,早已被马克思批判、也被实践证明是行不通的思想,现在在我国却反复出现,并有一定的市场呢?我想,这是因为在我们推行市场经济的过程中,有些人盲目崇拜市场经济自发性的结果。有些人相信这种思想,主观上也许是出自既想追求个人利益又不想妨碍他人利益的良好愿望,但是,不能否认,也有人是要通过个人本位主义理论把我国经济市场的改革引向经济人本质自私的自由主义经济理论的方向,这种理论不符合社会主义市场经济的要求,也无法正确处理国家、集体、个人关系中的矛盾。真正科学的思想只能建立在马克思主义以社会关系为本位的思想基础之上,在社会主义市场经济条件下,也只有与社会主义经济关系主导地位相适应的社会主义集体主义思想占主导地位,才能正确处理国家、集体、个人利益的矛盾,克服市场经济的自发性,保证它的正确发展方向。

弘扬集体主义精神的理论思考

中华人民共和国成立五十年来，我们党继承新民主主义革命时期的优良传统，一贯倡导集体主义思想，哺育了一代又一代把国家和人民利益放在首位、无私奉献的社会主义新人，这是社会主义革命和建设能够不断前进的根本保证之一。但是近年来，有些人借反"左"根本否定集体主义思想，或者认为社会主义初级阶段发展社会主义市场经济条件下，不可能倡导集体主义。对这种错误思想，需要加以澄清。另外，新中国成立以来几十年的集体主义教育中，也确实有一些历史教训，需要加以科学的总结。本文想在这方面谈些粗浅的看法。

一、集体主义产生的历史条件及其科学内涵

自阶级产生以来，几千年的文明社会一直是私有制以及与之相适应的私有观念占统治地位。只是在近代社会化大生产和无产阶级产生与发展的基础上，才产生了"消灭私有制"和建立社会主义、共产主义社会的理想。同时，也产生了无产阶级集体主义或社会主义集体主义的思想，即马克思、恩格斯所说的："只有在共同体中，个人才能获得全面发展其才能的手段，也就是说，只有在共同体中才可能有个人自由"，"在真正的共同体的条件下，各个人在自己的联合中并通过这种联合获得自己的自由"。这种个人的生存、解放以社会、阶级的生存、解放为前提的思想。集体主义思想和利己主义等其他思想一样，也是一定社会关系的产物，而不是人的某种与生俱来的自然本性。集体主义产生的先决条件是这样一种社会关系：众多根本利益一致的人们联合起来，能形成更大的力量，带来更大更高的利益（价值）。按照系统论的观点，即在优化的系统中 1+1>2，系统的整体大于系统内各部分的简单相加。笔者理解，这种集体就是马克思、恩格斯所说的"真正的共同体"，这种"真正的共同体"必然要求集体主义思想。它的内涵包括：一、只有在集体中才能实现个人的发展和自由的思想。有人总以为集体主义是扼杀个性、抑制个人发展的，其实恰恰相反，真实的集体才能使集体内的个人真正得到发展。很明显，离开红色娘子军这个集体，

吴琼花是无法改变其被奴役的命运的。二、集体利益高于个人利益的思想。真实的集体不但代表着集体内众多个人的利益，而且通过联合形成超越众多个人利益简单集合的更高、更大的利益，如无产阶级的阶级利益，社会主义国家的国家利益，中华民族的民族利益，等等，这就必然形成集体利益高于个人利益的思想。三、在上述思想基础上，也就必然形成在必要时为了集体利益而牺牲个人利益的崇高精神。集体主义并不肯定任何牺牲，"'人固有一死，或重于泰山，或轻于鸿毛。'为人民利益而死，就比泰山还重；替法西斯卖力，替剥削人民的人去死，就比鸿毛还轻。"这是对全心全意为人民服务的集体主义牺牲精神最好的阐发。

集体主义思想在历史上曾经以朴素的形式多次出现过。例如，在原始社会的"群体本位主义"中包含着"原始集体主义"的思想。说它是原始的，是因为它只在氏族部落狭窄的范围内体现某种集体主义精神，而且那时在集体中也没有独立的个人利益，因而也没有形成独立的个人概念。在被压迫阶级进行斗争的过程中（如奴隶、农民起义），在被压迫的民族的抗争中，特别是近代殖民地半殖民地民族独立和解放运动中，也有过某些集体主义思想的表现形式。但是只有社会化大生产和无产阶级及其所代表的社会公有制的理想社会才能产生社会主义、共产主义的集体主义思想。它以无产阶级和全人类的解放为最高目标，代表着无产阶级和劳动人民的根本利益，代表着社会基本矛盾推动社会发展的必然方向。也只有在社会化大生产充分发展，社会公有制占绝对统治地位的社会中，社会主义集体主义思想才能真正取代自私观念，在思想上层建筑中成为占绝对统治地位的价值观。

社会主义集体主义思想不但和以个人利益、价值为中心或个人利益、价值高于一切的利己主义、个人主义思想根本对立，而且也和那种以"冒充的共同体""虚幻的共同体"（如封建主义的国家、君主或法西斯主义所标榜的"整体主义"）思想根本对立。正如马克思、恩格斯所说："在过去的种种冒充的共同体中，如在国家等等中，个人自由只是对那些在统治阶级范围内发展的个人来说是存在的，他们之所以有个人自由，只是因为他们是这一阶级的个人。从前各个人联合而成的虚假的共同体，总是相对于各个人而独立的，由于这种共同体是一个阶级反对另一个阶级的联合，因此对于被支配的阶级来说，它不仅是完全虚幻的共同体，而且是新的桎梏。"那种剥削阶级所标榜的整体利益，其实只不过是剥削阶级维护一己私利的另一种表现形式。

二、集体主义是马克思主义的重要组成部分

从上面论述可以看出，社会主义集体主义思想是社会主义、共产主义思想的重要组成部分，但是有的人却说只有斯大林论述过集体主义，马克思、恩格斯著作和毛泽东同志等我国领导人著作从来不用集体主义阐发自己的思想，借以根本否定个人主义，这种看法是不符合历史事实的。

的确，斯大林在《和美国作家赫·乔·威尔斯的谈话》等文章中明确地论述了集体主义思想，他讲道："个人和集体之间、个人利益和集体利益之间没有而且也不应当有不可调和的对立。不应当有这种对立，是因为集体主义、社会主义并不否认个人利益，而是把个人利益和集体利益结合起来。社会主义是不能撇开个人利益的。只有社会主义社会才能给这种个人利益以最充分的满足。此外，社会主义社会是保护个人利益的唯一可靠的保证。在这个意义下，'个人主义'和社会主义之间没有不可调和的对立。"这些论述在今天看来也是完全正确的，它丰富了马克思主义而不是违反了马克思主义。

至于马克思和恩格斯，除了在《德意志意识形态》中明确地论述了前面所引用的"只有在共同体中才可能有个人自由"等集体主义思想原则外，在《共产党宣言》中，他们更明确地宣称"过去的一切运动都是少数人或者为少数人谋利益的运动。无产阶级的运动是绝大多数人的、为绝大多数人谋利益的独立的运动"。这实际上是阐明了集体主义思想的根本原则。他们进一步指出"代替那存在着阶级和阶级对立的资产阶级旧社会的，将是这样一个联合体，在那里，每个人的自由发展是一切人的自由发展的条件"。对未来共产主义社会"真正的共同体"的存在形式做了科学的阐述。在《资本论》中，马克思把未来共产主义的社会形式，也就是集体主义得以真正生根、充分发展的社会形式更明确地表述为"自由人联合体"。在《家庭、私有制、国家的起源》这篇著作的结尾，恩格斯还通过引用摩尔根的话："社会的利益绝对的高于个人的利益，必须使两者处于公正而和谐的关系之中"，辩证地阐述了集体主义思想的根本原则。

我们党和国家领导人也是一贯倡导集体主义的。毛泽东同志一贯倡导"全心全意为人民服务""毫不利己，专门利人""毫无自私自利之心"的精神，教育党员应以个人利益服从于民族和人民群众的利益，以合乎最广大人民群众的最大利益为最高标准。难道这些不是对集体主义思想最好的阐述吗？毛泽东同志还明确地讲述"集体主义"这个词，他在《中国共产党第七次全国代表大会上的结论》中说："马克思讲的独立性和个性，也是有两种，有革命的独立性和个性，有反动的独立性和个性。而一致的行动，一致的意见，集体主义，就是

党性。我们要使许多自觉的个性集中起来，对一定的问题、一定的事物采取一致的行为、一致的意见，有统一的意志，这是我们的党性所要求的。"把"集体主义"提高到无产阶级党性的高度，可见毛泽东同志对集体主义的重视。作为我们党第二代领导集体核心的邓小平同志也讲过，要使青少年"将来走上工作岗位，成为有很高的政治责任心和集体主义精神，有坚定的革命思想和实事求是、群众路线的工作作风，严守纪律，专心致志地为人民积极工作的劳动者"，"我们从来主张，在社会主义社会中，国家、集体和个人的利益在根本上是一致的，如果有矛盾，个人的利益要服从国家和集体的利益。为了国家和集体的利益，为了人民大众的利益，一切有革命觉悟的先进分子必要时都应当牺牲自己的利益。我们要向全体人民、全体青少年努力宣传这种高尚的道德"。把集体主义原则提高到社会主义本质特征的高度进行论证。以江泽民同志为核心的党的第三代领导集体更把集体主义、爱国主义和社会主义教育"三位一体，相互促进"作为时代精神的"主旋律"，并在1996年通过的《中共中央关于加强社会主义精神文明建设若干重要问题的决议》中把"社会主义道德建设要以为人民服务为核心，以集体主义为原则"写进了党的决议。

三、倡导集体主义是中国现阶段的主旋律

有人认为，在社会主义初级阶段，非公有制和市场经济还在发展，没有条件倡导集体主义。这是不正确的。

首先，我国现在处于社会主义初级阶段的论断，说明我国已经进入了社会主义，搞市场经济也是和社会主义基本制度相结合的。经济制度以公有制为主体，以实现人民共同富裕为最终目标，相应地必然要求市场机制在为人民服务的轨道上运行。另外，社会主义市场经济是在社会主义国家宏观调控下，以市场作为资源配置的主要方式。它所要形成的是社会主义国家的大市场，法规、政策是统一的，运行机制是协调有序的，这样才能真正做到国家调控市场，市场引导企业，使经济发展"活而不乱，管而不死"。这种经济政治制度必然要求在意识形态上倡导国家、集体、个人利益相结合，国家、人民利益高于小集体和个人利益的社会主义集体主义思想，以克服地方、部门保护主义、小团体主义和个人主义的干扰，保证国家法律、法规政策的落实，保证市场经济为人民服务的方向。

当然，我们清醒地看到，在社会主义初级阶段发展市场经济，几千年私有观念的影响根深蒂固；各种非公有制经济还在发展；市场自身的弱点和消极方面也会反映到精神生活中来；伴随对外开放，资本主义国家腐朽没落的思想也对我国带来许多负面的影响，个人主义、自私自利思想还有其存在、发展的土壤。另外，公有制实现形式的多层次性和多样性也有两重性，农村集体经济采取双层经营体制，以家庭联产承包为基本经营方式；国有企业向市场经济转型，企业自主经营、自负盈亏；个人谋职很大程度上也由市场支配；国家、地方、企业、个人都成为一定的权利主体，也会自发地产生地方保护主义、小团体主义、个人本位主义等思想。在这种历史条件下，社会主义集体主义思想还不能被人们普遍接受，要想完全、彻底地克服个人主义、小团体主义也是不现实的。但也正因为这种复杂的情况，"在发展社会主义市场经济条件下，更要在全体人民中提倡为人民服务和集体主义精神……反对和抵制拜金主义、享乐主义和个人主义。……引导人们对社会负责、对人民负责，正确处理国家、集体和个人的关系，反对小团体主义、本位主义，反对损公肥私、损人利己"。"形成把国家和人民利益放在首位而又充分尊重个人合法利益的价值观。"只有这样，才能保证社会主义制度的巩固和发展，最终实现人民的共同富裕。

江泽民同志和党中央强调要把爱国主义、集体主义、社会主义作为时代精神"主旋律"的提法是很科学的。强调主旋律，就必然承认有其他旋律的存在，但其他旋律只能以和谐的形式存在，衬托、突出而不能干扰、破坏主旋律。同样，强调集体主义价值观为主旋律，就必须承认其他价值观，包括个人主义价值观的存在。但其他价值观必须接受集体主义价值观的引导，如果干扰、破坏集体主义价值观的一元主导地位，就一定要给予抵制和反对。这说明，在社会主义初级阶段，发展社会主义市场经济，必须也只能要求集体主义思想在社会上占主导地位，不敢坚持集体主义教育的指导原则，或者要求所有人都具有集体主义觉悟，这都是错误的。要区分对象，区分层次，引导人们各按步伐、共同前进。具体地说，首先，我们要求共产党员、国家的各级干部、各行各业的骨干（大学生未来属于这个层次）能比较自觉地建立集体主义价值观，依靠他们制定和贯彻社会主义的政策、法规，能够把广大群众对个人利益的追求引导到为人民服务、为国家利益服务的方向。对于广大人民群众来说，在现阶段，劳动还是谋生的手段，要尊重他们对个人正当利益的追求，只要遵纪守法，遵守社会公德和职业道德，就要给予肯定、支持，切不可把对正当个人利益的追求当作个人主义批判。在这个基础上，在正确处理国家、集体、个人利益矛盾的过程中，逐步引导人们提高觉悟。至于对违法违纪、损公肥私的极端利己主义的思想和行为则要坚决抵制和反对，对其中严重触犯刑法的人，则要绳之以法。

四、为弘扬集体主义创造良好的社会条件

社会主义初级阶段"集体"的状况是相当复杂的。新中国成立以来，公有制和工人阶级不断壮大，人民民主专政日益巩固，人民代表大会制度不断完善和发展，……总的来看，我们的国家是代表人民利益的共同体，许多公有制企业，特别是大型国有企业能够把国家、人民利益放在首位，正确处理国家、集体、个人的关系，体现了"真实的共同体"的性质。当然，正如现阶段公有制和共产主义的全社会所有制相比，只是公有制的初级形式一样，现阶段的代表国家和人民现实利益的集体和共产主义社会的"自由人的联合体"相比，也只能说是"真实的共同体"的初级形式。但它属于"真实的共同体"的范畴是没有问题的，否则我们就不可能倡导集体主义。

但是，应当承认，在社会主义初级阶段，大量存在的还是"不完善的集体"。这种集体有代表人民利益和集体内众多个人真实利益的一面。但是，不尽如此。譬如，计划经济体制下，由于权力过分集中而带来的官僚主义，就不能代表人民和集体内众多个人的真实利益；在改革过程中，许多地方、部门、单位在为国家和人民办事的过程中掺杂有部门、地方保护主义和小团体主义，这不代表人民利益，也违反自己集体内众多个人的根本、长远的利益；有的单位在为集体办了很多好事的过程中，也搞了一些劳民伤财、形式主义的活动；等等。正如改革是社会主义制度的自我完善与发展一样，改革公有制的实现形式，从根本上说，也是改革不完善的集体，使之向真实的集体的方向发展。

另外，在社会主义初级阶段还有一些"不真实的集体"，甚至还有"虚幻"的、"冒充"的集体存在。譬如，"人民公社"这种集体，盲目追求一大二公，超越了生产力的发展要求，它不能代表集体的众多个人的真实利益。它虽然不属于马克思恩格斯所论述的代表剥削阶级统治的"冒充的共同体"的范畴，但是对于广大农民来说，它确实是一种"虚幻的共同体"。再譬如，由于封建社会的长期影响，有的单位搞家长制、一言堂甚至封建专制，借"集体"的名义，推行并不代表集体内众多个人利益的意见，有的基层单位，也有这种情况，其实质是封建的整体主义。

这样分析和概括社会主义初级阶段"集体"的状况是否科学，可以研究。但有一点是可以肯定的。那就是，在社会主义初级阶段，以集体的名义出现的，并不一定都是真实的集体；真实的集体也可能有不完善的方面。要想弘扬集体主义必须首先加强真实集体的建设，没有真实集体的建设，集体主义思想就是无本之木、无源之水。在现阶段，集体主义弘扬到什么程度，首先取决于真实的集体建设的状况。

五、集体主义的宣传教育要科学和全面

几十年来，我们对集体主义的宣传和导向总的是正确的，它哺育了一代又一代能够把国家和人民利益放在首位的社会主义新人，这是我国革命和建设能够披荆斩棘、胜利前进的思想保证。但面对改革开放和社会主义现代化的新形势，确实需要对集体主义的宣传教育进行反思，使之更科学、更全面、更有利于发挥人们创造性奉献的社会主义积极性。具体说，历史上有三种情况：

（一）在革命战争年代，集体主义的宣传教育把服从集体的需要和在必要时为集体利益而牺牲个人利益的崇高精神放在首位。当时这样做是完全正确的，没有刘胡兰、董存瑞、黄继光、邱少云等烈士的无私奉献和牺牲的精神，革命战争就不可能取得胜利。就是在社会主义改革和建设的今天，仍然需要这种无私奉献精神。在抗洪抢险、守卫边疆、与邪恶势力斗争乃至脱贫致富等的斗争中，还特别需要在必要时为国家、人民的利益牺牲个人利益乃至生命的崇高精神。事实上也确实涌现了像王铁人、焦裕禄、蒋筑英、孔繁森等许多先进人物，奏响了社会主义建设新时期集体主义的凯歌。但是，和平建设时期，我们的主要任务已从破坏旧世界变为建设新世界，对人们主要要求是建设性的奉献，在这种社会条件下，我们在继续发扬上述光荣传统的同时，已经有条件把马克思、恩格斯"只有在共同体中，个人才能获得全面发展其才能的手段，也就是说，只有在共同体中才可能有个人自由"的思想放在更突出的地位，在坚持把国家和人民利益放在首位的前提下，更好地发挥每个人的个性特长和创造性，关心他们正当的个人利益，使人们能够在实现集体的价值中实现个人的价值。集体主义的原则没有变，但宣传教育的侧重点应当随着时代的前进而有所发展。

（二）在计划经济体制下，我们把服从集体需要放在集体主义教育的首位，那时，企业的主要任务是完成国家下达的计划，没有自主经营、自负盈亏的权利和义务，平均主义和大锅饭的体制也使企业没有多少独立的利益。所以好厂长的标准主要是超额完成国家计划，并不要求他们在企业经营上发挥其自主性和创造精神。其他方面也有类似的情况，譬如，教育方面要求大学生按国家计划服从国家分配，那时没有双向选择，择业的自由度是很小的。所以，有些人把"听话、出活"作为当时好干部的根本标准，对人才自主创造精神的要求不突出。这种状况一方面在一定程度上反映了把国家和人民利益放在首位的集体主义要求；另一方面它也限制或削弱了人才的主动性和创造精神。当领导意见不能真正代表国家人民利益时，这方面的问题就更为突出。20世纪60年代的口号："革命战士是块砖，哪里需要哪里搬"，就反映了这方面的片面性。人不是砖，是有其主观能动性和价值追求的，无私奉献也是靠人们对国家、人民这种更大更高利益的认同而自觉实现的。现在，我们正在建立和发展社会主义市场经济体制，企业要自主经营，自负盈亏，自我发展，自我约束，企业有了自己相对独立的利益，相应地要求企业自身有更多的自主性和创造性。事实证明："发展社会主义市场经济也有利于增强人们的自立意识、竞争意识、效率意识、民主法治意识和开拓创新精神，使社会主义的优越性进一步发挥出来。"面对世界上综合国力的竞争和人才的竞争，在深化教育体制改革中，党中央和江泽民同志也号召"以提高民族素质和创新能力为重点"，使教育工作成为"知识创新、传播和应用的主要基地……培育创新精神和创新人才的摇篮"。这些都要求在集体主义的宣传教育中，把为国家、集体做贡献的自主创造精神放在更突出的位置。

（三）过去，受"左"的失误的影响，某些宣传教育把任何对个人利益的追求，包括正当的、合法的、对集体无害的个人利益，都当作个人主义或自私自利，把任何对个人价值的追求都当作个人名利思想，把任何对个人的物质鼓励都说成修正主义，并加以批判，这就严重伤害了广大人民群众的积极性。社会主义的优越性之一，就在于它能够把社会利益和个人利益从根本上一致起来，真正做到"人人为我，我为人人"。只有剥削阶级的旧社会才把代表它们的所谓社会利益和广大人民群众的个人利益相对立，如封建整体主义，用"整体"否定个体；资本主义社会崇信"人人为自己，上帝为大家"；等等。毛泽东同志说："马克思列宁主义的基本原则，就是要使群众认识自己的利益，并且团结起来，为自己的利益而奋斗。"邓小平同志也说："不讲多劳多得，不重视物质利益，对少数先进分子可以，对广大群众不行，一段时间可以，长期不行。革命精神是非常宝贵的，没有革命精神就没有革命行动。但是，革命是在物质利益的基础上产生的，如果只讲牺牲精神，不讲物质利益，那就是唯心论。"

总之，我们应当随着时代的前进，坚持和发展集体主义的思想教育。集体主义思想的根本原则没有变，但宣传的侧重点应当适应时代发展的要求有所变化。应当认真学习、领会马克思、恩格斯"只在共同体中，个人才能获得全面发展其才能的手段，也就是说，只有在共同体中才可能有个人自由"的思想，并且结合中国特色社会主义初级阶段社会主义建设和社会主义市场经济发展的实际宣传这种思想，吴登云、李素丽、高建成等就是代表这种思想的典型人物。现在青年普遍关心个人的成长、发展，希望实现个人的价值，这种要求有积极的因素，应当给予正确的引导，使人们在为国家和人民做奉献中实现个人的自我价值，绝不能把重视、追求个人价值笼统地作为个人主义进行批判。有两种个人发展观和自由观。一种是集体主义的，它要求把"真实的共同体"的利益放在首位，在实现整体的更大更高的目标中，充分发挥个人的自主创造精神，实现个人的发展。而且，这种自主创造精神和个人发展只有在"真正的共同体"中才能充分实现。实际生活中这种自由和发展的实例是不胜枚举的。集体体育竞技项目中，球星的个性、特长以及他的自主创造精神是非常突出的，但他首先是为集体的目标奋斗的，没有集体目标的成功，个人价值也不能真正实现；而且没有整体的配合，没有好的教练、陪练和其他服务，再好的球星也难以发挥作用。吴琼花的自主性是很强的，但是在没有进入红色娘子军这个"真正的共同体"之前，她的自主性不可能成为一种阶级的自觉性，也不可能真正实现。现代科技发展，集体攻关项目愈来愈多，目标也愈来愈宏伟，只有把杰出科技专家的突出作用和广大科技工作者组成优化的系统，集体协作，才有可能攻克难关，攀上高峰。现代社会化大生产，优秀的管理者与企业内各部分的优化组合更是企业成功的基本条件。另一种是个人主义的发展观和自由观。它以个人为中心，认为个性发展和自主创造精神是不受社会条件制约的，强调集体利益就会束缚、抑制个人的自主创造精神，这种发展观和自由观不符合现代科技和社会化大生产的要求。有的人总以为集体主义否定个人发展，遏制个性，束缚人的自由和自主创造精神。只有个人主义才能发展人的个性、特长和创造精神。有人认为应当把个人主义译为"自强主义"，并认为只有倡导个人主义才能发挥人的自主创造精神，实际上就是这种思想。目前受这种思想影响的人不是个别的，一方面是由于个人主义思想的历史影响更深、更长，在现实中，也有它的社会基础；另一方面，也由于某些集体主义的宣传把集体价值和个人价值截然对立，用"整体"否定个体，没有宣传"只有在共同体中，个人才能获得全面发展其才能的手段，也就是说，只有在共同体中才可能有个人自由"这种集体主义的自由、自强的思想，从而把个人发展、自由和创造精神的旗子让给了个人主义。集体主义宣传教育的重要任务之一，就是要在加强真实集体建设的前提下，科学地而不是片面地宣传集体主义所要求的个人发展观、自由观，弘扬人们为国家、集体的自主创造精神，并帮助人们从个人主义发展观、自由观和封建整体主义等思想的束缚下解放出来。

个人主义和人性自私的理论失误

编者按：坚持社会主义集体主义还是张扬个人主义、鼓吹人性自私，是改革开放以来频繁而深刻的价值导向之争。这一价值导向之争，关系到我国社会主义改革、建设由什么样的一代人来接班，关系到国家的发展方向和前途命运。为了深入剖析个人主义与人性自私思潮和弘扬社会主义集体主义价值观，本刊专访了清华大学的林泰教授。林泰教授曾主编《问道——改革开放以来的社会思潮和青年思想政治教育研究》一书，对于个人主义及其影响有着深入系统的研究。

本刊编辑部：林泰教授，当前社会上流行着某些"新伦理学"的理论思潮，这种思潮把个人主义价值观作为指导市场经济改革的唯一理论，认为个人主义应是我国社会的主流价值发展方向，不认同甚至反对集体主义价值观。请您谈一谈如何看待这一社会思潮？

林泰：有些"新伦理学家"把在西方资本主义社会都有很大争议的个人主义价值观作为指导市场经济改革的唯一理论，这是有其复杂社会根源的。但究其理论上的失误，则都源于"个人本位主义"。他们把抽象的、孤立的人类个体看成社会的基本单位，而社会只不过是许多这样的人类个体的简单集合，从而得出"利己目的是人们思想行为唯一原始出发点"的结论。马克思主义认为，"人的本质是人的真正的社会联系，所以人在积极实现自己本质的过程中创造、生产人的社会联系、社会本质"[1]，"社会不是由个人构成，而是表示这些个人彼此发生的那些联系和关系的总和"[2]。"人的本质不是单个人所固有的抽象物，

---

[1] 中共中央马克思恩格斯列宁斯大林著作编译局. 马克思恩格斯全集：第42卷 [M]. 北京：人民出版社，1979：24.

[2] 中共中央马克思恩格斯列宁斯大林著作编译局. 马克思恩格斯全集：第46卷：上 [M]. 北京：人民出版社，1979：220.

在其现实性上,它是一切社会关系的总和。"① 社会的细胞当然是众多的个人,但社会不是抽象的、孤立的人类个体的简单集合,而是通过一定的社会关系组织起来的。形象地说,就好像人体是由众多细胞联结而成,但不是细胞的简单集合,而是通过骨骼、血液循环、消化、呼吸、神经、生殖等诸多系统把细胞联结起来,从而形成人的有机体,不同系统中的细胞是不同质的。同样,在个人与社会的关系中,一定社会关系把众多个人联结起来,不同社会关系中的个体具有不同的性质,是社会关系规定着个体的质,社会关系才是组成社会的更基本的单位。所以,马克思主义并不否认个人利益,但是不承认脱离一定经济、社会关系的抽象的、孤立的私人利益。马克思说:"各个人的出发点总是他们自己,不过当然是处于既有的历史条件和关系范围之内的自己,而不是玄想家们所理解的'纯粹的'个人。"② 私人利益总是同一定的社会关系联结在一起,不同社会关系中的私人利益是不同质的,反映这种利益追求的价值观也是不同质的。个人利益,有剥削他人的个人利益,相应地就有"把自己的快乐建立在他人痛苦之上"的损人利己的思想;有小生产者的个人利益,相应地就有"各人自扫门前雪,休管他人瓦上霜"的独善其身的价值观;有联合劳动中的个人利益,相应地就有"只有在集体中才可能有个人自由"的集体主义思想。所以,是一定的社会关系规定着人们对一定利益的追求以及相应的价值观的本质,而不是什么抽象的、孤立的人类个体的存在和利益规定着人只能产生"自私"和"利己"的价值观。这个观点明确了,就能够懂得,没有永恒不变的抽象的人的本质,只有由不同历史时代具体的社会关系所制约的人的本质。原始社会产生的是以部落、氏族为基本单位的"群体本位主义",而不是"自私";奴隶、封建制社会不但有适应私有制和剥削阶级要求的"人不为己,天诛地灭"的极端自私自利的主导价值观,还有相伴生的以等级制为特征的"整体主义"思想;资产阶级个人主义则是源于资本主义私有制的生产关系,它是资产阶级反封建的锐利武器,也是其追求剩余价值的必要武器,与之相伴生的还有受剩余价值规律支配的企业"团体主义"和代表一国"总资本家"的"国家主义精神"。与所有剥削阶级相对立,在每个时代的人民中,总会闪烁出与当时统治阶级主导价值观不同的某些"人民性"的思想精华。而社会主义集体主义则是社会化

---

① 中共中央马克思恩格斯列宁斯大林著作编译局. 马克思恩格斯选集:第 1 卷 [M]. 北京:人民出版社,1995:56.
② 中共中央马克思恩格斯列宁斯大林著作编译局. 马克思恩格斯选集:第 1 卷 [M]. 北京:人民出版社,1995:119.

大生产和工人阶级的产物，它反映的是工人阶级和劳动人民在社会化大生产基础上的联合，以社会公有制代替私有制为目标，代表着工人阶级和全人类解放的利益。与之相伴生的还有被压迫民族要求民族独立与发展的民族主义精神。由此可见，历史上有多种社会制度、多种社会关系，因而也有多种价值观，并不是只有"利己主义""个人主义"的价值观；那种抽象的、孤立的个人利益也不能成为"人们思想行为唯一原始的出发点"，人性自私绝不是什么永恒的客观规律。这些错误思想的根本理论失误都在于"个人本位主义"，把社会看作众多抽象的、孤立的人类个体的简单集合，不懂得"社会不是由个人构成，而是表示这些人按此发生的那些联系和关系的总和"，不懂得人的本质"在其现实性上，是一切社会关系总和"的思想。现在，公有制为主体的社会主义制度已经是一种现实的社会存在，它虽然相比于资本主义制度还不是很强大，但是它却代表着历史的未来。相应地与这种制度相适应的集体主义价值观，虽然现在还不能被人们所普遍接受，但它随着社会公有制和工人阶级的壮大、发展，也必将逐步深入人心，成为社会的主导价值观。某些"新伦理学"的观点并不新，只不过是资产阶级启蒙学者"天赋人权""个人本位主义"的复版，而只有集体主义价值观才真正代表着中国特色社会主义初级阶段的社会主流和发展方向。

本刊编辑部：林泰教授，当前在社会上流传着一种"主观为自己，客观为他人"的伦理观，尤其是在青年学生中有着广泛的影响。请您谈一谈我们应如何正确认识这一思想观念。

林泰："主观为自己，客观为他人"的思想是一种不正确的伦理观念。与之相似的还有"恒久为自己，偶尔为他人""为己利他"等说法，这种"新伦理观"在理论上的失误，根本在于"个人本位主义"。这种主张源于18世纪英国经济学家亚当·斯密"看不见的手"的原理。1776年，亚当·斯密在《国民财富的性质和原因的研究》一书中主张自由放任论，即听任个人在市场竞争中自由地进行自己感兴趣的交易，就会获得最可能好的效果。"每个人所盘算的只是他自己的利益。在这种场合，像在其他场合一样，他也受着一只看不见的手的指导，去尽力达到一个并非他本意想要达到的目的。"亚当·斯密的理论成为自由主义经济学的"鼻祖"，也为近现代个人主义奠定了经济思想基础。对于这种主张，马克思早已有过深刻的剖析。马克思说，"经济学家是这样来表述这一点的：每个人追求自己的私人利益，而且仅仅是自己的私人利益；这样，也就不知不觉地为一切人的私人利益服务，为普遍利益服务。关键并不在于，当每个人追求自己私人利益的时候，也就达到私人利益的总体即普遍利益。从这种抽象的说法反而可以得出结论：每个人都妨碍别人利益的实现，这种一切人反对一切人的战争所造成的结果，不是普遍的肯定，而是普遍的否定。关键倒是在于：私人利益本身已经是社会所决定的利益，而且只有在社会所创造的条件下并使用社会所提供的手段，才能达到。也就是说，私人利益是与这些条件和手段再生产相联系的。这是私人利益，但它的内容以及实现的形式和手段则是由不以任何人为转移的社会条件决定的。"[1] 马克思这段话是针对亚当·斯密等主张自由放任市场经济的经济学家而言的。他从两方面剖析了他们的错误。一是"每个人"的"私人利益"和"别人利益"以及"私人利益的总体即普遍利益"是有矛盾的，而且在资本主义社会，这种利益的对抗还会形成"一切人反对一切人的战争"，所以，"为己"并不见得"利他"，"主观为自己"并不见得"客观为他人，为社会"，相反，还会"妨碍别人利益的实现"，其结果"不是普遍的肯定，而是普遍的否定"。这个道理是显而易见的，在历史和现实中，这种"主观为自己，客观害他人，害社会"的现象是不胜枚举的。在资本主义社会，它已经制造了多次经济危机和社会两极分化，即使是在社会主义社会，非对抗是利益矛盾主要形式的条件下，个人与社会与他人的矛盾也还会存在。当主观为自己和为他人、为社会发生矛盾时，应该怎样处理呢？这是"主观为自己，客观为他人"或"为己利他"思想所无法回答的。

　　二是马克思认为，更关键的问题在于："私人利益本身已经是社会所决定的利益"[2]，"它的内容以及实现的形式和手段是由不以任何人为转移的社会条件所决定的"[3]。也就是说，私人利益本身已经是社会利益的一种形式，从内容上看，由于和他人、社会的关系不同，私人利益具有不同甚至对立的社会性质。究竟是剥削他人的私人利益，还是联合劳动中的私人利益，或是自然经济下的私人利益？在社会主义现阶段，是按劳分配的私人利益，还是按资本、按权力、按平均主义分配的私人利益，抑或是非法活动下的私人利益？所谓"私人利益"，总是和他人、社会的利益联系在一起的，在不同社会关系中，这种利益关系是完全不同的，譬如，在资本主义制度下，雇主的私人利益是在剥削工人的剩余价值中实现的，从而自然得出"人的本质是自私的"经济人假设的结论。而在社会化大生产的社会主义国有企业中，私人（无论是工人还是管理者）利

---

[1] 中共中央马克思恩格斯列宁斯大林著作编译局. 马克思恩格斯全集：第46卷：上 [M]. 北京：人民出版社，1979：102-103.

[2] 中共中央马克思恩格斯列宁斯大林著作编译局. 马克思恩格斯全集：第46卷：上 [M]. 北京：人民出版社，1979：102.

[3] 中共中央马克思恩格斯列宁斯大林著作编译局. 马克思恩格斯全集：第46卷：上 [M]. 北京：人民出版社，1979：103.

益的实现应当和国家利益、企业的发展联系在一起，所以它必然形成"只有在集体中才可能有个人自由"，这种把国家、企业利益放在首位的经济关系，靠"本质自私"的经济人是不可能搞好国有企业的。所以，马克思主义并不否认私人利益，但是不承认脱离一定经济、社会关系的抽象的、孤立的私人利益。所谓私人利益，其本质总是由一定社会关系决定的，不是孤立的以个人为本位，也没有"仅仅是自己私人的利益"的追求。不同社会关系中的"私人利益"是不同质的。另外，私人利益"实现的形式和手段"也是"社会"的，是一定的生产力和与之相适应的经济、社会关系决定哪些私人利益能够实现，或不能实现。诸葛亮能发明木牛流马，但不可能坐火车、乘飞机，慈禧太后能穿金戴银，但不可能穿"人造丝"，这是生产力的状况决定的。即使在社会主义现阶段，什么时候有多少人能达到温饱、小康，有多少人能升学、就业……也是由生产力和生产关系、社会关系发展状况决定的。"私人利益"只有"在社会所创造的条件下并使用社会所提供的手段才能达到"①，如果和一定"社会条件和手段的再生产"相违背，"私人利益"就不能实现。所以，没有什么抽象的"主观为自己，客观为他人"，只有一定社会关系所决定的"私人利益"以及个人利益和他人、社会利益的关系。值得深思的是，为什么二百多年前古典经济学家提出的，早已被马克思批判，也被实践所证明是行不通的思想，现在在我国却反复出现，并有一定的市场呢？这是因为在我们推行市场经济的过程中，有些人盲目崇拜市场经济自发性。有些人相信这种思想，主观上也许是出自既想追求个人利益又不想妨碍他人利益的良好愿望，但是，不能否认，也有人是要通过个人本位主义理论把我国市场经济的改革引向经济人本质自私的自由主义经济理论的方向，这种理论不符合社会主义市场经济的要求，也无法正确处理国家、集体、个人关系中的矛盾。真正科学的思想只能建立在马克思主义以社会关系为本位的思想基础之上，在社会主义市场经济条件下，也只有与社会主义经济关系主导地位相适应的社会主义集体主义思想占主导地位，才能正确处理国家、集体、个人利益的矛盾，克服市场经济的自发性，保证它的正确发展方向。

本刊编辑部：林泰教授，近年来，我国一些经济学家把亚当·斯密提出的人性自私"经济人假设"的理论捧为"市场经济学的圣经"，崇尚"利己心是人类一切经济行为的推动力"，"利己性是搞市场经济的前提"，宣扬"自1976年《国富论》面世，经济人假设作为支撑经济学大厦的基石，迄今无人可以撼

---

① 中共中央马克思恩格斯列宁斯大林著作编译局. 马克思恩格斯全集：第46卷：上 [M]. 北京：人民出版社，1979：102-103.

动","人性自私像'1+1=2'一样是无须证明的公理",从而否定以公有制为主体、国有制为主导的社会主义市场经济的改革方向。您是如何看待这一问题的？

林泰：从理论上认清马克思主义的个人利益观与人性自私理论的根本区别，是澄清这些错误思潮的前提。马克思主义认为："社会不是由个人构成，而是表示这些个人彼此发生的那些联系和关系的总和。"① 单个人并不能说明人的社会性质，只有个人与他人的社会关系才能体现人的社会本质。所以，是否自私并不是单个人所固有的抽象物，而是一定社会关系的体现。如果一个人以"自我为中心"，只顾个人利益，不顾他人和社会的利益，就是自私；如果不惜牺牲社会和他人利益牟取私利，就是极端自私；但如果在不损害或促进社会和他人利益中实现个人利益，则是个人的正当利益，不是自私。"经济人假设"最明显的失误就是脱离人与社会的关系把任何对个人利益的追求，包括对个人正当利益的追求，如把"希望买尽量便宜和好的东西"②"希望住大房子""希望受到良好的教育""有存款"③ 等都说成是自私，而不区分这些东西、房子、教育、存款等是通过什么社会关系（联合劳动还是个体劳动？权力还是资本？合法还是非法？）得到的。

至于在特定的历史条件和社会关系中，一些人能自觉地把社会、他人的利益放在个人利益之上，如白求恩毫不利己、专门利人的精神；张思德、雷锋全心全意为人民服务的精神；徐特立革命第一、工作第一、他人第一的精神；自古以来就有的"先天下之忧而忧，后天下之乐而乐"的精神；等等，这些为民族、阶级、国家、社会和他人的利益无私奉献的精神，绝不是像有的人性自私论所说的那样，是由个人私利引申出来的（如说是为了个人荣誉，或为了报恩），而是在生死荣辱与共的社会关系中，从共同的利益、情感、理想交流融合中凝聚、升华出来的。所以，是否自私并不是单个人的属性，而是人与人之间社会关系的属性，个人利益不等于自私，马克思主义并不否认私人利益，但是不承认脱离一定时代、一定经济社会关系的孤立的、纯粹的私人利益及其人性自私理论。吴琼花参加红色娘子军，是为了自己的利益，但这种私人利益不是纯粹的、孤立的人类个体的利益，而是同和她一样受奴役的姐妹的利益连在一起的，要摆脱南霸天对她们的奴役；南霸天也追求自己的私人利益，但却要维

---

① 中共中央马克思恩格斯列宁斯大林著作编译局. 马克思恩格斯全集：第46卷：上 [M]. 北京：人民出版社，1979：220.
② 亚当·斯密. 国富论 [M]. 唐日松，等译. 北京：华夏出版社，2005；中译本导论，8.
③ 王东京. 对当前国内经济学界几个争论问题的看法 [J]. 经济纵横，2006（9）：36-40.

护奴役吴琼花她们的社会制度。这两种私人利益代表两种根本对立的社会关系和人性，南霸天代表的是自私的奴役人的社会关系及其人性，吴琼花代表的则是反自私反奴役的社会关系及其人性。所以，每个人都有自己的私人利益，但这种私人利益总是和既有的历史条件和社会关系联结在一起的，它或者和某些阶级、阶层、社会群体的利益相一致，又和另一些阶级、阶层、社会群体的利益不同甚至相反，不同社会关系中私人利益以及反映这种利益追求的人性是不同质的，没有"经济人假设"所宣扬的纯粹的"仅仅是自己的私人利益"，更不能由此推导出自私的普遍人性。

上述观点明确了，没有抽象的私人利益及其永恒不变的自私的人性，只有由不同时代、不同社会条件和社会关系所决定的不同的私人利益和不同的人性。为什么原始社会产生的是以部落、氏族为基本单位的"群体本位主义"，而不是自私，因为那时集体利益和个人利益融为一体，混沌不分，还没有私人财产和独立的个人利益，因而也没有"人为财死"等自私观念产生的社会条件。自私是社会生产方式发展到私有制之后的产物。金属工具的使用，以家庭为单位的生产，剩余劳动的存在，社会分工和交换的发展，私有制社会逐步形成、发展，在此基础上混沌的社会利益划分为阶级利益的对立，有了剥削阶级的私利，也有了家庭和个人独立的利益，这时"自私"的观念才得以存在并逐步发展成为社会的主导价值观，也才会被有些人描绘为普遍永恒的人性。私有制及其人性在不同历史阶段又有不同的社会形式，封建阶级依靠的是世袭等级特权，小生产者则幻想一种"各人自扫门前雪，休管他人瓦上霜"的私有观念；而资产阶级则依靠资本在市场经济中追求剩余价值，人性自私的"经济人假设"和理论正是从资本的本性中蒸馏出来的，是人格化的资本，人性自私在资本主义私有制和市场经济中的表现形式，绝不是像某些经济学家所描述的那样，是什么永恒的人性。

马克思主义并不笼统否定"自私"在历史上的作用。恩格斯指出，文明时代"是用激起人们的最卑劣的冲动和情欲，并且以损害人们的其他一切禀赋为代价而使之变本加厉的办法来完成这些事情的。鄙俗的贪欲是文明时代从它存在的第一日起直至今日的起推动作用的灵魂；财富、财富、第三还是财富——不是社会的财富，而是这个微不足道的单个人的财富，这就是文明时代唯一的、具有决定意义的目的"①。在谈到恶的历史作用时，恩格斯说："自从阶级对立

---

① 中共中央马克思恩格斯列宁斯大林著作编译局. 马克思恩格斯选集：第4卷［M］. 北京：人民出版社，1995：177.

传道与解惑 >>>

产生以来，正是人的恶劣情欲——贪欲和权势欲成了历史发展的杠杆，关于这方面，例如封建制度的和资产阶级的历史就是一个独一无二的持续不断的证明。"① 在这里，恩格斯肯定了剥削阶级只知道追求"微不足道的单个人的财富"，而"不是社会财富"的自私，在一定历史发展阶段是"历史发展的杠杆""起推动作用的灵魂"和"具有决定意义的目的"；同时又以极其轻蔑的口吻对这种"损害人们的其他一切禀赋"的"最卑劣的冲动和情欲""鄙俗的贪欲""人的恶劣的情欲——贪欲和权势欲"进行了无情的揭露，指出这是"文明时代"，即"阶级对立"社会包括"封建制度的和资产阶级的历史"的产物，是历史发展中的一个阶段，而不是永恒的人性和永恒的动力。

马克思主义的社会理想是"消灭私有制"，这种社会理想必然要同私有制及其私有观念彻底决裂，以实现建立社会所有制的社会主义、共产主义理想，在阶级、民族的生存、解放中求个人生存、解放，在劳动的联合即公有经济的发展中求个人发展，即马克思、恩格斯所说："只有在共同体中，个人才能获得全面发展其才能的手段，也就是说，只有在共同体中才可能有个人自由"，"在真正的共同体的条件下，各个人在自己的联合中并通过这种联合获得自由"②。

编辑部：林泰教授，最后请您归纳一下，与人性自私论的个人利益观相比，马克思主义的个人利益观的主要理论观点。

林泰：马克思主义的个人利益观和人性自私论的个人利益观是根本对立的两种利益观。马克思主义的个人利益观认为：（1）个人利益或私人利益的本质并不是单个人所固有的抽象物，而是由一定"社会所决定的利益"，是一定历史条件和社会关系的表现形式，不同社会条件和社会关系中的私人利益是不同质的。人性自私论的理论失误就在于，他们抽掉人的现实历史条件和社会关系，把个人利益抽象化、绝对化为"仅仅是自己的私人利益"，从而得出人性自私的结论。（2）没有抽象的永恒不变的人性，自私是私有制历史阶段的产物，自私的"经济人假设"是资本主义私有制下，资本的本性在市场经济中的人格化。它只是人性自私的一种理论形式。现在资本主义私有制在许多国家还占主导地位，其人性自私理论还有很大影响。（3）社会主义理想、制度主张集体主义思想，把个人利益融入于集体利益之中；它的出发点是追求集体中大多数人共同的个人利益，而不是少数剥削者的私利；它的社会追求是社会利益与个人利益

---

① 中共中央马克思恩格斯列宁斯大林著作编译局．马克思恩格斯选集：第4卷 [M]．北京：人民出版社，1995：237．
② 中共中央马克思恩格斯列宁斯大林著作编译局．马克思恩格斯选集：第1卷 [M]．北京：人民出版社，1995：119．

根本一致基础上的辩证统一，引导人们在增进社会利益中实现个人利益；它的最高理想是在共产主义的自由人联合体中实现每个人的自由而全面的发展。这种超越人性自私论的制度和思想已经随着社会主义理论和制度的发展而发展，在我国已经开始占主导地位，但是伴随着社会主义前进中的艰难曲折，它也受到了严重的挑战。

对个人主义的历史思考

我们党一贯倡导集体主义、反对个人主义，改革开放以后仍是如此。邓小平同志反复强调要全心全意为人民服务，个人利益服从国家和集体的利益，批判形形色色的个人主义。以江泽民同志为核心的党中央更把"社会主义道德建设要以为人民服务为核心，以集体主义为原则"，"反对和抵制拜金主义、享乐主义和个人主义"写进了《中共中央关于加强社会主义精神文明建设若干重要问题的决议》。但是，改革开放以来，某些"新伦理学"为个人主义正名之声不断，他们认为"个人利益是人们思想行为唯一原始的出发点"，"计划经济要求集体主义，市场经济要求个人主义"，甚至把人们"只能恒久地为自己，偶尔为他人"奉为客观规律。有的还认为："个人主义不是利己主义"，应译为"自强主义"，"我们反对利己主义，同时提倡自强主义"。个人主义不但通行于资本主义社会，而且和共产主义社会的"每个人的自由发展"的"目标是相通的"。对个人主义不能批判，而应该"提倡"①。总之，在社会主义初级阶段，发展社会主义市场经济条件下，要不要和为什么要倡导集体主义、反对个人主义？集体主义和个人主义的科学内涵是什么？人们对此有极为不同的看法，本文首先对个人主义的演化及其本质做一些历史的和本质的探索，关于集体主义问题将另文探讨。

一、个人主义的演化及其内涵

"个人主义"与"自私自利"确实不能简单地画等号。个人主义是资产阶级的价值观，"自私自利"自从私有制和剥削阶级诞生就有了，"人不为己、天诛地灭""人为财死，鸟为食亡"的思想有两千年以上的历史了，韩非的趋利避害"人无不为己"，杨朱的"拔一毛而利天下，不为也"；魏晋时期出现的纵欲任情主义（主张人应该尽情享受，他人不过是达到个人这种目的的手段）；小生

---

① 翁杰明，张西明. 与总书记谈心［M］. 北京：中国社会科学出版社，1996：267-277.

产者的"各人自扫门前雪,休管他人瓦上霜";等等,都比资产阶级的历史早得多。

资产阶级个人主义,一般认为是从文艺复兴和宗教改革时期伴随着资产阶级的产生开始出现的,这时它不是个人主义,而是以人文主义的形式表现出来,主张以个人为本位,倡导个性解放和人的价值尊严,反对封建专制和神权禁欲主义,对历史发展起了推动作用。

17世纪、18世纪是资产阶级与封建阶级斗争最激烈的时期,个人主义在反对封建经济壁垒、等级特权、人身束缚,推动资本主义自由竞争、自由买卖劳动力和个性解放等方面起了积极的推动作用,并且涌现出一批实质上代表个人主义的思想家(虽然他们还没有使用"individualism"这个词)。17世纪,它的代表人物,首先是英国哲学家托马斯·霍布斯,他的思想被称为"原子个人主义",认为"社会不过是一堆不停运动着的相互碰撞的原子",旨在实现各个个人的目标。他从人的本性自私的观点出发,论证"人对人是狼"和"一切人反对一切人的战争",每个原子都在损害其他原子的情况下追求权力和财富。霍布斯的理论很快受到英国哲学家约翰·洛克的批判。洛克在《政府论》中全面阐述了西方的政治道德理论,他从"自然人权"及"契约论"出发,论述了个人的自由、平等、权利及其价值等并将个人权益问题提到了政权的高度。洛克的观点被视为近、现代个人主义的政治思想基础。

马克思曾说:"权威原理出现在11世纪,个人主义原理出现在18世纪"[1]。在18世纪,个人主义的代表人物包括法国"百科全书"派的人本主义启蒙思想;法国思想家C.D.S.孟德斯鸠的"三权分立"学说,论述了个人主义与资本主义政治法律思想及制度的关系;英国哲学家大卫·休谟的"利己心才是正义法则的真正根源"的"人性论";英国古典经济学家亚当·斯密的"看不见的手"的经济道德理论;等等。他们的中心思想都是从社会以个人为本位,导出以个人为中心、社会是实现个人目的的手段的个人主义,但他们在其著作中都没有使用"个人主义"这个词。德国哲学家康德在1778年的《人类学》中指出:"道德的个人主义者是这样的人,他把一切目的都局限于自身,他只看见对他有利的东西的用处,也许还像幸福论者那样,只把意志的最高确定性基础放在有利的东西和使自己内心幸福的东西之中,而不是置于义务观念之中。"[2] 据

---

[1] 中共中央马克思恩格斯列宁斯大林著作编译局. 马克思恩格斯选集:第1卷[M]. 北京:人民出版社,1995:146.

[2] 康德. 实用人类学[M]. 邓晓芒,译. 上海:上海人民出版社,2012:3-5.

此指出："人是目的，而不仅仅是手段。"这是个人主义典型的论点之一"个人目的论"。但他仍未使用个人主义"individualism"这个词。

西方的某些思想家认为，首先系统地使用"个人主义"这个术语的，是19世纪20年代中期的克洛德·亨利·圣西门的追随者。圣西门主义者首先创造了"个人主义"术语，用以描述他们反对的自由竞争的社会，然后又发明了"社会主义"一词用于描述中央计划的社会。个人主义用以表达同社会主义思想的根本对立。《美国科林大百科全书》写道："个人主义概念，首先出现在资产阶级革命后的法国，常常是被社会主义者、自由主义者、修正主义者用来描述个人利益的罪恶和反社会冲动的。"更多的思想家认为，最早对资产阶级个人主义进行系统论述的是法国政治思想家夏尔·阿列克西·德·托克维尔。他在1840年出版的法文版《论美国的民主》下卷中，用个人主义（individualisme）这个词表示一种同利己主义（egoisme）相区别的思想体系。并指出，个人主义这一适应资本主义发展的新观念，主要包括三个方面的内容：一、强调个人是目的，认为同社会相比，个人具有最高价值。二、强调个人的民主与自由。三、从个人出发，维护财产私有的社会制度。① 此后，个人主义作为资产阶级价值观念，作为一个系统的思想体系，逐渐成为资产阶级意识形态的一块重要基石。

个人主义在资本主义的发展过程中，人们对它褒贬兼有、毁誉不一。在美国，"个人主义主要是在美国的社会实践中获得积极含义的。"② 它起初是唱着对资本主义和自由民主的颂词而出现的，经过几百年的发展，先后形成了新英格兰个人主义、边疆个人主义、超验个人主义、实用主义个人主义等不同流派。个人主义已成为美国的历史特征，美国人的主导价值观。美国加州大学社会学系教授罗伯特·N.贝拉等著的《心灵的习性——美国人生活中的个人主义和公共责任》一书中写道："我们尊崇个人尊严，确切地说，我们信奉个人的神圣不可侵犯性。任何可能破坏我们自己思考、自己判断、自己决策并按照自己认定的方式生活的东西，不仅在道德上是错误的，而且是亵渎神明的。我们最远大、最崇高的理想——不仅对于我们自己，而且对于我们所关心的人，对于我们的社会和全世界——与我们的个人主义息息相关。……无论是作为个人还是作为社会，我们所具有的某些最深刻的问题，也是同我们的个人主义密不可分的。我们并不是说美国人应当抛弃个人主义——因为那将意味着放弃我们最深刻的

---

① 托克维尔. 论美国的民主：下卷 [M]. 董果良，译. 北京：商务印书馆，1988：625-627.
② 钱满素. 爱默生和中国对个人主义的反思 [M]. 北京：三联出版社，1996：202.

民族特性。"① 但在法国，个人主义更多的是作为贬义词出现的。在法国，"个人主义这个术语的最先使用，其法语形式是 individualisme，来自欧洲人对法国大革命及其思想来源，即启蒙运动的思想反动。"②《法兰西学院词典》把个人主义界定为"普遍利益对个人利益的服从"。在法国，"直到现在，个人主义这一术语仍然包含着许多从前的、令人不快的含义"，"个人主义的发展意味着社会统一体的松散，因为自我主义日益明显地占据着优势"③，洛易·弗约（Louis Venillot）是法国很有影响的天主教教士，1843 年也写道："法兰西需要宗教，宗教会带来和谐、统一、爱国精神、信赖、美德……""流行于法兰西的瘟疫是众所周知的，人人都称之为'个人主义'，不难看出，一个国家如果个人主义盛行，那么它就不再能处于正常的社会状态，因为社会是精神和利益的统一，而个人主义则是一种无以复加的分裂。人人为我，我为人人，那就是社会；每个人都只是追逐着他自己，因此，每个人都与所有的人为敌，那就是个人主义。"④ 在法国，个人主义被看作是任何社会都必须付出的罪恶代价，这种与美国不同的对个人主义观念的理解，直至今日仍影响着法国人的思想。1968 年 12 月 31 日，戴高乐将军（de Gaulle）在新年广播讲话中，在它的规范的法国意义上使用了这个词。他说："我们必须克服精神上的不适，尤其要克服由个人主义所引起的不安。这种不适是现代机械主义和实利主义文明的固有特征。"他声称"个人主义是道德病的主要原因"⑤。从上述阐述中可以看出，即使在资本主义社会，都是搞市场经济，也不像有些"新伦理学家"所描绘的那样，一律把个人主义奉为积极的主导价值观。

尽管在资本主义社会对个人主义褒贬不一，但在有一点上，多数人的看法是一致的，即个人主义是和集体主义、社会主义相对立的思想体系。这一点无论在维护资本主义或主张社会主义、集体主义，反对个人主义的人中都是如此。美国哲学家约翰·斯图雅特·穆勒在《纽曼（Newman）的政治经济学》中称"社会主义是个人主义的敌人"，为了避免"战胜个人主义"必须反对和遏制社

---

① 罗伯特·N. 贝拉，等. 心灵的习性：美国人生活中的个人主义和公共责任 [M]. 翟宏彪，等译. 北京：生活·读书·新知三联书店，1991：214.
② H·皮尔. 十八世纪思想对法国革命的影响 [J]. 法国：思想史杂志，1949（10）：63-87.
③ K. W. 斯沃特. 十九世纪中期的"个人主义" [J]. 法国：思想史杂志，1962，23（84）：85.
④ L. 弗约. 给 M·维尔曼的信（1843 年 8 月）[M]//宗教、历史、政治和文学文集（1856—1868 年）. 系列丛书第 1 卷，法国：巴黎，132-133.
⑤ 尼斯贝特. 个人主义 [J]. 哲学译丛，1991（2）：62.

会主义。奥地利经济学家、诺贝尔奖获得者 A. 哈耶克自称是一个真正的个人主义者。他在《个人主义与经济秩序》一书中明确指出：个人主义这一社会理论就是"私人产权制度"的理论，并从多方面论述了"社会主义或集体主义"是"个人主义的敌人"[①]。帕尔格雷夫的《政治经济学辞典》（1896 年）也讲道："个人主义的主要特征是，（1）资本的私有财产，……（2）竞争，一种个人之间在获取财富方面的对抗，……""个人主义的自然对立面是'集体主义'或者说是'社会主义'。"特别需要指出的是，在社会主义者中，个人主义被拿来与一种理想的、合作化的社会秩序进行典型的对比。这种社会秩序被描述为"联合"和"和谐"、"社会主义"或"共产主义"；个人主义则指自由放任的经济竞争，资本主义的无政府状态，社会原子化和剥削。伟大的空想社会主义者罗伯特·欧文，在说明他的合作社会主义理想时认为："要引起这些变化，必定有……一种新的社会组织。这种社会组织所依据的是有吸引力的联盟的原则，而不是令人厌恶的个人主义……。"[②] 皮埃尔·勒鲁用个人主义这个词指一种政治经济学所宣扬的原理，即"人人都只是为了自我，人人追逐财富，穷人则一无所有"。这种原理导致社会的原子化，使人成为"贪婪的狼"。他进而强调，"社会正进入一个新的时代，在这里，法律的一般倾向将不再把个人主义，而是把联合作为它的目标。"[③] 康斯坦丁·佩克尔也认为，"补救的办法就在于联合，因为社会的陋习和弊端就来自于个人主义。"[④] 而乌托邦主义者艾蒂安·卡贝则写道："自世界诞生以来，两大制度造成人类的分裂和两极化。这两大制度就是个人主义的制度（或自我主义，或个人利益），和共产主义的制度（或联合，或普遍利益，或公众利益）。"[⑤] 奥古斯特·布朗基断言，"共产主义是个人的保护者，而个人主义是他的根绝者。"[⑥] 综上所述，无论是什么倾向的思想家都把个人主义和资本主义私人财富的竞争联系在一起，而与社会主义、集体主义、联

[①] 哈耶克. 个人主义与经济秩序 [M]. 北京：北京经济学院出版社，1989：6.

[②] A.D. 林塞. 个人主义. 载于社会科学百科全书 [M]. 美国：纽约，1930-1935（2），676

[③] J. 杜布瓦. 法国的政治和社会词汇：从 1869 年到 1872 年 [M]. 法国：巴黎，1962，220

[④] J. 杜布瓦. 法国的政治和社会词汇：从 1869 年到 1872 年 [M]. 法国：巴黎，1962，322

[⑤] J. 杜布瓦. 法国的政治和社会词汇：从 1869 年到 1872 年 [M]. 法国：巴黎，1962，322

[⑥] J. 杜布瓦. 法国的政治和社会词汇：从 1869 年到 1872 年 [M]. 法国：巴黎，1962，267

合相对立。奇怪的是，唯独在我国，某些以新潮自诩的"思想家"竟说个人主义是和共产主义社会的"每个人的自由发展"的目标是相通的。他们根本不懂得"每个人的自由发展"是在"自由人的联合体"中实现的，而"自由人的联合体"正是"代替那存在着阶级和阶级对立的资产阶级旧社会的"未来共产主义社会的形式，是集体主义思想的社会基础，从而也是否定资产阶级个人主义的社会形式。

二、个人主义的实质及理论失误

综上所述，我们不难看出，个人主义是与资本主义相适应，并在资本主义的发展中逐步形成发展的一种思想体系。它是一种以自然人性论为基础的，把个人的利益、自由、权利、潜能等放在首位的价值观。和私有制及阶级、剥削阶级诞生以来就有的"自私自利"相比较，它有自己的特殊表现形式：（1）它反对封建贵族和僧侣的等级特权、世袭特权那种自私自利和人身依附的奴役制度，标榜天赋人权，人人都有追求自由、平等、幸福、财产的权利，主张个性解放和实现自我价值，体现了资产阶级自由竞争、自由买卖劳动力和为开拓个人资本的进取精神。（2）它不只是道德观，而是一种以私有财产制度为基础的，包括经济（财产制度）政治（民主、自由）、社会（个人与社会关系）、伦理等的全面的价值观。这从前面所引述的托克维尔等各种流派思想家的言论中都可以得到证实。钱满素在《爱默生和中国——对个人主义的反思》中讲："浪漫主义是感情上的个人主义，自由主义是思想上的个人主义，多元化是社会领域的个人主义，放任主义是经济领域的个人主义，民主则是政治上的个人主义"，也是把个人主义作为一种全面的价值观来看待。

但是，不能夸大个人主义与自私自利的区别，因为它们毕竟都是私有制基础上的价值观。不同私有制价值观有不同形式，但是，在本质上都是以"利己"为中心。托克维尔在《论美国的民主》一书中确实把个人主义表示为一种与利己主义相区别的理论。甚至认为个人主义是个新奇的词汇，美国人认为这个词代表"正确理解的自利"，并不是"羞耻"。他说他们的父辈只知道自我中心（自私自利），"并没有'个人主义'这个词，它是我们所铸造出来的"。但他同时又是以一种轻蔑的口气使用这个词，称之为"温和的利己主义"。他认为"正确理解的自利原则并不见得很高尚，但它简单明了，它并不以伟大事业为目标，但是毫无困难地达到他所追求的目标"，并指出"个人主义是一种只顾自己而又心安理得的情感，它使每个公民同其同胞大众隔离，同亲属和朋友疏远"，"利己主义可使一切美德的幼芽枯死，而个人主义首先会使公德的源泉干涸。但是，久而久之，个人主义也打击和破坏其他一切美德，最后沦为利己主义"。他断言，个人主义"不仅使每个人忘却他的祖辈，而且使他看不到他的后代，也使他与他的同代人相疏离；它使他只能依靠自己，最后使他完全蛰居于孤寂的自我心灵之中"。美国哥伦比亚大学教授罗伯特·尼斯贝特认为，"美国人终于像孔德、托克维尔、涂尔干那样明白了：个人主义已经将社会组织分散瓦解成一盘散沙，……若从坏的方面来说，则是一片被孤独邪恶、以掠夺为生的人们所占据的热带丛莽。"① 美国加州大学社会学系教授罗伯特·N.贝拉甚至认为"个人主义可能已经变异为癌症"，"不推翻资本主义私有制，'癌症'就不能根除"②。

有些"新伦理学家"把在西方资本主义社会都有很大争议的个人主义价值观作为指导市场经济改革的唯一理论，有复杂的社会根源。但究其在理论上的失误，则都源于"个人本位主义"。他们把抽象的、孤立的人类个体看成社会的基本单位，而社会只不过是许多这样的人类个体的简单集合，从而得出"利己目的是人们思想行为唯一原始出发点"的结论。马克思主义认为，"人的本质是人的真正的社会联系，所以人在积极实现自己本质的过程中创造、生产人的社会联系、社会本质"③，"社会不是由个人构成，而是表示这些人按此发生的那些联系和关系的总和"④。"人的本质并不是单个人所固有的抽象物，在其现实性上，它是一切社会关系的总和。"⑤ 社会的细胞当然是众多的个人，但不是抽象的、孤立的人类个体的简单集合，而是通过一定的社会关系组织起来的。形象地说，就好像人体是由众多细胞联结而成，但不是细胞的简单集合，而是通过骨骼、血液循环、消化、神经、生殖等诸多系统把细胞联结起来，从而形成人的有机体，不同系统中细胞是不同质的。同样，在个人与社会的关系中，一定社会关系把众多个人联结起来，不同社会关系中个体有不同的性质，是社会关系规定着个体的质，社会关系才是组成社会的更基本的单位。所以，马克思

---

① 罗伯特·尼斯贝特.一部偏见的哲学词典（英文版）[M].波士顿：哈佛大学出版社，1982，184-186
② 罗伯特·N.贝拉.心灵的习性：美国人生活中的个人主义与公共责任（英文版）[M].美国：加州大学出版社，1985，226
③ 中共中央马克思恩格斯列宁斯大林著作编译局.马克思恩格斯全集：第42卷[M].北京：人民出版社，1979：24.
④ 中共中央马克思恩格斯列宁斯大林著作编译局.马克思恩格斯全集：第46卷：上[M].北京：人民出版社，1979：220.
⑤ 中共中央马克思恩格斯列宁斯大林著作编译局.马克思恩格斯选集：第1卷[M].北京：人民出版社，1995：56.

主义并不否认个人利益，但是不承认脱离一定经济、社会关系的抽象的、孤立的私人利益。马克思说："各个人的出发点总是他们自己，不过当然是处于既有的历史条件和关系范围之内的自己，而不是玄想家们所理解的'纯粹的'个人。"① 私人利益总是同一定的社会关系联结在一起的，不同社会关系中的私人利益是不同质的，反映这种利益追求的价值观也是不同质的。个人利益，有剥削他人的个人利益，相应地就有"把自己的快乐建立在他人痛苦之上"的损人利己的思想；有小生产者的个人利益，相应地就有"各人自扫门前雪，休管他人瓦上霜"的独善其身的价值观；有联合劳动中的个人利益，相应地就有"只有在集体中才可能有个人自由"的集体主义思想。所以，是一定的社会关系规定着人们对一定利益的追求以及相应的价值观的本质，而不是什么抽象的、孤立的人类个体的存在和利益规定着人只能产生"自私"和"利己"的价值观。这个观点明确了，就能够懂得，没有永恒不变的抽象的人的本质，只有由不同历史时代具体的社会关系所制约的人的本质。为什么原始社会产生的是以部落、氏族为基本单位的"群体本位主义"，而不是"自私"；奴隶、封建制社会不但有适应私有制和剥削阶级要求的"人不为己，天诛地灭"的极端自私自利的主导价值观，还会伴生以等级制为特征的"整体主义"思想。资产阶级个人主义则是源于资本主义私有制的生产关系，它是资产阶级反封建的锐利武器，也是其追求剩余价值的必要武器，与之相伴生的还有受剩余价值规律支配的企业"团体主义"和代表一国"总资本家"的"国家主义精神"。与所有剥削阶级相对立，在每个时代的人民中，总还会闪烁出与当时统治阶级主导价值观不同的某些"人民性"的思想精华。而社会主义集体主义则是社会化大生产和工人阶级的产物，它反映的是工人阶级和劳动人民在社会化大生产基础上的联合，以社会公有制代替私有制为目标，代表着工人阶级和全人类解放的利益，与之相伴生的还有被压迫民族要求民族独立与发展的民族主义精神。

由此可见，历史上有多种社会制度，多种社会关系，因而也有多种价值观，并不是只有"利己主义""个人主义"的价值观；那种抽象的、孤立的个人利益也不能成为"人们思想行为唯一原始的出发点"，"恒久地为自己，偶尔为他人"也绝不是什么永恒的客观规律。这些错误思想的根本理论失误都在于"个人本位主义"，把社会看作众多抽象的、孤立的人类个体的简单集合，不懂得"社会不是由个人构成，而是表示这些人按此发生的那些联系和关系的总和"；

---

① 中共中央马克思恩格斯列宁斯大林著作编译局. 马克思恩格斯选集：第1卷［M］. 北京：人民出版社，1995：119.

不懂得人的本质"在其现实性上,是一切社会关系总和"的思想。现在,公有制为主体的社会主义制度已经是一种现实的社会存在,它虽然与资本主义制度相比还很弱小,但是它却代表着历史的未来。相应地与这种制度相适应的集体主义价值观,虽然现在还不能被人们普遍接受,但它随着社会公有制和工人阶级的壮大、发展,也必将逐步深入人心,成为社会的主导价值观。某些"新伦理学"的观点并不新,只不过是资产阶级启蒙学者"天赋人权""个人本位主义"的复版,而只有集体主义价值观才真正代表着中国特色社会主义初级阶段的社会主体和发展方向。

"经济人假设"与人性自私论

——兼谈国企管理层激励机制的改革

一段时间以来,我国一些经济学家极力推崇西方经济学中人性自私的"经济人假设"理论。本文想从历史观的角度对"经济人假设"中"人性自私论"的理论失误、实践影响谈些粗浅的看法。

一、马克思主义的个人利益观与人性自私理论的根本区别

"经济人假设"的理论最早是由亚当·斯密等经济学家提出的,它的理论基础是资产阶级启蒙学者的自然人性论。这种理论把社会看作众多纯粹、孤立的个人的简单集合,并认为"利己心是人类一切经济行为的推动力","利己性是搞市场经济的前提"[1],在市场竞争中"每个人追求自己的私人利益,而且仅仅是自己的私人利益"[2],从而得出人性自私的"经济人假设"和理论。这种假设和理论至今仍然是西方主流经济学的理论基础。

与自然人性论相反,马克思主义认为"社会不是由个人构成,而是表示这些个人彼此发生联系和关系的总和"[3]。这个道理是显而易见的,正如音乐并不是直接由音符构成,而是表示音符之间声乐关系——旋律的总和,单个音符并不能说明音乐的美学性质,只有旋律才能通过音乐美表达人们喜、怒、悲、哀、乐等感情。同样,社会也不是单个人的简单集合,而是表示众多个人之间社会关系的总和。单个人并不能说明人的社会性质,只有个人与他人的社会关系才能体现人的社会本质。所以,是否自私并不是单个人所固有的抽象物,而是一定社会关系的体现。如果一个人以自我为中心,只顾个人利益,不顾他人和社

---

[1] 亚当·斯密. 国富论 [M]. 唐日松, 等译. 北京: 华夏出版社, 2005: 中译本导论, 6.
[2] 中共中央马克思恩格斯列宁斯大林著作编译局. 马克思恩格斯选集: 第1卷 [M]. 北京: 人民出版社, 1995.
[3] 中共中央马克思恩格斯列宁斯大林著作编译局. 马克思恩格斯全集: 第46卷: 上 [M]. 北京: 人民出版社, 1979: 220.

会的利益，就是自私；如果不惜牺牲社会和他人利益牟取私利，就是极端自私；但如果在促进或不损害社会和他人利益中实现个人利益，则是追求个人的正当利益，不是自私。宣扬"经济人假设"的经济学家最明显的失误就是脱离人与社会关系，把任何对个人利益的追求，包括人们对正当的个人利益的追求，如把"希望买尽量便宜和好的东西""希望受到良好的教育""有存款"等都说成是自私，而不区别这些东西、房子、教育、存款等是通过什么社会关系得到的。① 至于在一定的历史条件和社会关系中，为民族、阶级、国家、社会和他人的利益无私奉献，也决不像有的人性自私论所说的那样，是由个人私利引申出来的（如说是为了个人荣誉，或为了报恩），而是在生死荣辱与共的社会关系中，从共同的利益、情感、理想交流融合中凝聚、升华出来的。所以，是否自私并不是单个人的属性，而是人与人之间社会关系的属性。马克思主义并不否认私人利益，但是不承认脱离一定时代、一定经济社会关系的孤立的、纯粹的私人利益。马克思说："各个个人的出发点总是他们自己，不过当然是处于既有的历史条件和关系范围之内的自己，而不是玄想家们所理解的'纯粹的'个人。"② 吴琼花参加红色娘子军，是为了自己的私人利益，但这种私人利益不是纯粹的、孤立的人类个体的利益，而是同和她一样受奴役的姐妹的利益连在一起的；南霸天也追求自己的私人利益，但却是要奴役吴琼花她们。这两种私人利益代表两种根本对立的社会关系和人性。所以每个人都有自己的私人利益，但这种私人利益总是和既有的历史条件和社会关系联结在一起的，它总是和某些阶级、阶层、社会群体有共同的利益，又和另一些阶级、阶层、社会有不同甚至相反的利益。不同社会关系中私人利益以及反映这种利益追求的人性是不同质的。没有"经济人假设"所宣扬的纯粹的"仅仅是自己的私人利益"，更不能由此推导出普遍自私的人性。

为了论证这个观点，我还要引用一段马克思直接针对亚当·斯密等古典经济学家所说的话，马克思说，"关键倒是在于：私人利益本身已经是社会所决定的利益，而且只有在社会所创造的条件下并使用社会所提供的手段，才能达到；也就是说，私人利益是与这些条件和手段的再生产相联系的。这是私人利益；但它的内容以及实现的形式和手段则是由不以任何人为转移的社会条件决定

---

① 王东京. 对当前国内经济学界几个争论问题的看法［J］. 理论动态，2006（4）：1-10.
② 中共中央马克思恩格斯列宁斯大林. 马克思恩格斯选集：第 1 卷［M］. 北京：人民出版社，2009：571.

的。"① 在这里，马克思明确地把私人利益看作"社会所决定的利益"。从内容上看，由于和他人、社会的关系不同，私人利益具有不同甚至对立的社会性质，究竟是剥削他人的私人利益，还是联合劳动中的私人利益，或是自然经济下的私人利益？在社会主义现阶段，是国有经济下的私人利益，还是其他经济成分中的私人利益？是按劳分配的私人利益，还是按资本、按权力、按平均主义分配的私人利益？是合法的私人利益，还是非法的私人利益？所谓私人利益，其本质总是由一定社会关系决定的，甚至可以说私人利益本身已经是一定社会利益的表现形式。另外，私人利益"实现的形式和手段"也是社会的，如在社会主义现阶段，什么时候、有多少人能达到温饱、小康，有多少人能升学、就业，都要在"社会所创造的条件下并使用社会所提供的手段才能达到"，没有脱离社会条件、社会关系的孤立的、抽象的私人利益。

上述观点明确了没有永恒不变的抽象的私人利益和永恒不变的自私的人性，只有由不同时代、不同社会条件和社会关系所决定的不同的私人利益和不同的人性。在原始社会，集体利益和个人利益融为一体，混沌不分，还没有私人财产和独立的个人利益，因而也没有"人为财死"等自私观念产生的社会条件。自私是社会生产方式发展到私有制之后的产物。金属工具的使用，以家庭为单位的生产，剩余劳动的存在，社会分工和交换的发展，私有制社会逐步形成、发展，在此基础上混沌的社会利益划分为阶级利益的对立，有了剥削阶级的私利，也有了家庭和个人独立的利益，这时"自私"的观念才得以存在并逐步发展成为社会主导价值观，也才会被有些人描绘为普遍永恒的人性。私有制及其人性在不同历史阶段又有不同的社会形式，封建阶级依靠的是世袭等级特权，小生产者则幻想一种"各人自扫门前雪，休管他人瓦上霜"的私有观念，而资产阶级则依靠资本在市场经济中追求剩余价值，人性自私的"经济人"是从资本的本性中蒸馏出来的，是人格化的资本在资本主义私有制和市场经济中的表现形式，绝不是像某些经济学家所描述的那样，是什么永恒的人性。

马克思主义并不笼统否定"自私"在历史上的作用。恩格斯说：文明时代"是用激起人们的最卑劣的冲动和情欲，并且以损害人们的其他一切禀赋为代价而使之变本加厉的办法来完成这些事情的。鄙俗的贪欲是文明时代从它存在的第一日起直至今日起推动作用的灵魂；财富、财富、第三还是财富——不是社会的财富，而是这个微不足道的单个人的财富，这就是文明时代唯一的、具有

---

① 中共中央马克思恩格斯列宁斯大林著作编译局. 马克思恩格斯全集：第46卷：上 [M]. 北京：人民出版社，1979：102-103.

决定意义的目的"①。在谈到恶的历史作用时，恩格斯说："自从阶级对立产生以来，正是人的恶劣情欲——贪欲和权势欲成了历史发展的杠杆，关于这方面，例如封建制度的和资产阶级的历史就是一个独一无二的持续不断的证明。"② 在这里，恩格斯肯定了剥削阶级只知道追求"微不足道的单个人的财富"而"不是社会财富"的自私，在一定历史发展阶段是"历史发展的杠杆""起推动作用的灵魂"和"具有决定意义的目的"，同时又以极其蔑视的口吻对这种"损害人们的其他一切禀赋"的"最卑劣的冲动和情欲""鄙俗的贪欲""人的恶劣的情欲——贪欲和权势欲"进行了无情的揭露，指出这是"文明时代"即"阶级对立"社会包括"封建制度的和资产阶级的历史"的产物，是历史发展中的一个阶段，而不是永恒的人性和永恒的动力。

最后，在近代社会化大生产和无产阶级发展壮大的基础上，产生了"消灭私有制"和建立社会所有制的社会主义、共产主义理想，同时也产生了在劳动的联合中求个人利益，在阶级、民族的生存、解放中求个人生存、解放，在公有经济的发展中求个人发展，即马克思、恩格斯所说的"只有在共同体中，个人才能获得全面发展其才能的手段，也就是说，只有在共同体中才可能有个人自由"，"在真正的共同体的条件下，各个人在自己的联合中并通过这种联合获得自由"③ 这种集体主义思想。这种集体主义思想认为：（1）真实的集体能更好地代表集体内众多个人的利益，而不是像有些人所说的扼杀个人利益，但是只有在集体中通过个人的联合才能实现这些众多个人的利益。（2）真实的集体不但代表着集体内众多个人的利益，而且通过联合形成超越众多个人利益简单集合的国家、民族、阶级、企业的利益。所以，集体利益高于个人利益，个人利益要服从集体利益。这种集体主义的个人利益观是和人性自私的理论对立的，也是和封建整体主义扼杀个性的主张相对立的。但它也是一定社会关系的产物，而不是永恒的人性。

上面的论述说明，有两种个人利益观，马克思主义的个人利益观和人性自私论的个人利益观，两者是根本对立的。马克思主义的个人利益观认为：（1）个人利益或私人利益的本质并不是单个人所固有的抽象物，而是由一定"社会

---

① 中共中央马克思恩格斯列宁斯大林著作编译局．马克思恩格斯选集：第4卷［M］．北京：人民出版社，1995：173．
② 中共中央马克思恩格斯列宁斯大林著作编译局．马克思恩格斯选集：第4卷［M］．北京：人民出版社，1995：237．
③ 中共中央马克思恩格斯列宁斯大林．马克思恩格斯选集：第1卷［M］．北京：人民出版社，2012：199．

所决定的利益",是一定历史条件和社会关系的表现形式,不同社会条件和社会关系中的私人利益是不同质的。人性自私论包括"经济人假设"的理论失误,就在于它抽掉人的现实历史条件和社会关系,把个人利益抽象化、绝对化为"仅仅是自己的私人利益",从而把任何对个人利益的追求都说成是自私,并得出人性自私的结论。(2)没有抽象的永恒不变的人性。自私是私有制历史阶段的产物,自私的"经济人假设"是资本主义私有制下,资本的本性在市场经济中的人格化的理论形式。现在资本主义私有制及其市场经济在许多国家还占主导地位,其人性自私理论还有很大影响。(3)社会主义、集体主义主张把个人利益融入于集体利益之中,它的出发点是集体中大多数人共同的个人利益而不是少数剥削者的私利;它的社会主义是社会利益与个人利益根本一致基础上的辩证统一,引导人们在增进社会利益中实现个人利益;它的最高理想是在共产主义社会的自由人联合体中实现每个人的自由而全面的发展。这种超越人性自私论的制度和思想已经随着社会主义理论和制度的发展而发展,在我国,已经开始占主导地位,也遇到了严重挑战。

决不能用人性自私"经济人假设"的理论指导我国国有企业改革

弄清马克思主义个人利益观与人性自私"经济人假设"理论的本质区别,对正确看待我国的经济体制改革是有重要意义的。我国处于社会主义初级阶段,实行以公有制为主体、多种所有制经济共同发展的基本经济制度,并把这种基本经济制度与市场运行机制相结合,搞社会主义市场经济。多种所有制经济有多种经济人,私营经济通过私人资本获取剩余价值;个体经济通过个人劳动自食其力;劳动群众集体所有制以谋取集体利益为主要目的;国有经济则要把国家利益放在第一位。其中,公有经济要求经济人把国家、集体利益放在第一位,而不是只懂得利己、自私。公有制为主体、国有经济为主导还能引导和制约其他经济成分向兼顾国家、集体和个人利益的方向发展。这种社会主义市场经济的探索已经大大超越了人性自私"经济人假设"的理论只懂得资本主义市场经济的狭隘眼界。与这种基本经济制度相适应,在我国,公有制所要求的集体主义思想虽然还只能被一部分先进分子所接受,但也已经成为社会的主导价值观,社会主义制度又创造了社会利益与个人利益根本一致的社会条件,因此我们有可能倡导"把国家和人民利益放在首位而又充分尊重个人合法利益的价值观"①，大多数人也能做到在实现社会利益中追求自己正当的个人利益，这种兼顾社会利益与个人利益的思想行为已经超越了人性自私的境界。当然，由于现实的国情，我们还允许和鼓励私有和个体经济的存在和发展，由于几千年私有观念根深蒂固的影响，由于发达资本主义在世界上还占主导地位，自私的人性还有其存在、发展的社会条件和相当大的影响。我们应当正视这个现实，对人性自私的社会作用采取具体分析的态度，对人们出自自私的动机作出的有利于经济发展和社会进步的行为给予支持和保护；对只顾个人私利，自发导致干扰宏观经济秩序、造成两极分化的倾向给予引导、制约；对损人利己、损公肥私、极端自私的思想行为要坚决反对；对非法牟取私利的行为还要依法给予打击。在现实历史条件下，我们还不能要求所有人都摒弃自私观念，但决不能让自私的人性自发地蔓延、干扰，甚至改变社会主义市场经济为广大人民服务的方向。

特别要指出的是，我们只能以社会主义集体思想，包括集体主义的个人利益观，而不能以人性自私的"经济人假设"理论指导国有企业改革。现在，在国有企业改革中非常强调通过对管理者阶层的利益激励机制改善国有企业的经营管理，这是有道理的。过去的计划经济体制，在企业之间，在企业的所有者、管理者、劳动者之间搞平均主义，不能很好地调动人们的积极性，这种状况必须改变，但改革后管理者的私人利益是在以国家、人民利益为前提的社会关系中实现的。并不是抽象的、孤立的个人利益。所以，国有企业的管理者，只能在完成国家赋予的经济责任中实现个人的利益，决不能不顾甚至损害国家、企业的利益。去牟取管理者的私利，如在公共服务领域的国有企业，要把满足人民衣食住行及精神生活的需求放在首位，有时在无利和注定亏损的状况下也要搞好；在军工等企业中要把国防安全放在首位；在金融等领域要把国家金融安全放在首位；在战略资源领域（如土地、矿产、能源、水资源等）要把保护和有效开发国家资源放在首位；在竞争性行业中，国有企业要作为国家主导市场竞争有序进行的经济基础。另外，国有企业，特别是竞争领域的国有企业，作为自主经营、自负盈亏的法人实体，也要创造良好的企业经济效益。我们承认私人资本在追求利润最大化方面有很大的动力，但是这种动力的自发性也有很大的消极作用，而国有企业的国有性质使其有可能避免私人资本追求利润最大化所造成的消极社会后果，从而有可能创造更好的质量和信誉；有可能更好地处理企业生产与环境保护的关系；有可能更规范地执行国家财政税收政策；有

---

① 中共中央关于加强社会主义精神文明建设若干重要问题的决议 [M]. 北京：人民出版社，1996：6.

可能在企业所有者、管理者和劳动者之间建立比较公平和合理的社会关系。既克服平均主义，又防止两极分化。在中国，国有大中型企业凭借国有资产的优势，还可以加大科技投入，创造较高的生产效率，从而提高市场的竞争力，等等，这些都已经被新中国成立和改革开放以来的历史所证明。总之，国有企业是以满足国家和人民的利益为前提的，这使它能在社会主义市场经济中、在关系国家经济命脉和国家安全的领域中发挥主导作用，国有企业的管理者应当在满足国家和人民需要的前提下实现个人的利益，这种"满足"做得愈好，其管理者得到的个人激励就应当愈多。国有企业改革的重要任务之一，就是要探索、建立这种把实现国家利益与对管理者激励相统一的机制。

我国国有企业改革是在探索在市场经济中维护、发展国家和人民利益的国有制实现形式；是在维护、发展国有经济和劳动者根本利益的轨道上运行的。对管理者的激励机制，也是以上述要求为标准的。但不可否认的是，由于人性自私"经济人假设"理论的影响，实际上存在着不少以改革为名损害国家、人民利益的现象，近年来在实行"管理层收购"过程中，这方面的问题更为突出。其表现有：

有的国有企业在股份制改革中低估国资股，如对土地、厂房等不动产不计价或按原购入价评估，不计市场升值部分，对一部分专利、商标、品牌、知识产权等无形资产不予评估或低估，而对企业内部职工（主要是管理层）以低价或无偿形式大量设"内部职工股"。

有的国有企业管理者充当"左肩国企厂长而右肩私企老板"的两面人，对国企实行"先搞死"，使之破产，通过私企"后搞活"策略，使国企私有化。

在国企产权制度改革中，采取"自卖自买"的管理层收购方式（西方国家的私有化也不敢这样做）。有的管理者以各种违规、违法的方式参与资产评估并竭力压低国有资产价值，然后以向银行和企业职工"借款"等方式收购，将大量国家资产无偿变为私人资本。

有的私人企业管理者在收购国有企业时，钻体制转换的漏洞，造假账，为改制前的国企制造"虚假亏损"，为改制后的私企制造"虚假盈利"，以"空手套白狼"的手法制造"私有化"的奇迹。

出现这些消极现象，是由于一些有管理权势者钻法律和监管缺失的空子，以经营权侵蚀所有权，而人性自私的"经济人假设"理论就是这种实践的理论支柱。他们宣扬人性自私是搞好企业的唯一动力，只有把国有资产私有化、把国有企业管理者变成私人资本的所有者或同路人，企业才能搞好，这是和我国现代企业治理结构的改革方向背道而驰的。

我们这样讲，不是否定国有资产管理层激励机制的改革，而是要探索、建立和完善在完成国家和发展国有企业及其劳动者的合理利益中实现对管理者激励的机制。对于由计划经济体制向市场经济体制、由单一公有制向多种所有制过渡中，国有经济"有进有退"所必须付出的代价，包括对一些效益不好的中小企业依法折价出售。人们是可以理解的。我们反对的是利用体制转型过程中的漏洞，假借改革之名，侵吞国有资产牟取私利、把国有资产"卖光"的假改革，以及盲目崇拜西方人性自私理论，盲目照搬西方国家产权私有化的管理层收购的做法。

三、把唯物史观关于人的本质和人性的观点贯彻到底

程恩富教授在《用什么经济理论驾驭中国特色社会主义经济建设——与王东京教授商榷》一文中，提出了一种新"经济人假设"的理论。我对他的总的思路是赞成的，文中"'经济人'理念视利己心为与生俱来和一成不变的东西，不分历史时点地把'自私人'抽象化、永恒化和绝对化。无视特定的经济关系和经济制度对人的经济行为与经济心理的作用，这就有意或无意地陷入了历史唯心主义的泥潭"的论述，也是我写这篇文章的立论基础。但是有的问题还可以进行更深入的探讨，如新"经济人假设"理论三个基本命题的第一个命题提出，"经济活动中的人有利己和利他两种倾向或性质"[①]，这无疑是正确的，对人性自私的"经济人假设"是有力的批判。但是利己利他只是人的共性的一种抽象，在现实的社会中并不存在这种抽象人性的原型，共性的人性总是通过本质不同甚至根本对立的具体的利己利他的关系表现出来。譬如，在原始社会中己他关系是混沌不分的；在剥削制度下，剥削者是损他利己的；自然经济下的小生产者是自食其力、独善其身的；而在公有制社会和企业中是集体利益放在首位的利他利己关系；在共产主义社会则是"每个人的自由发展是一切人自由发展的条件"这种己他高度和谐的关系。在我国社会主义初级阶段，多种经济成分中的经济人在利己利他方面的本质也是极为不同的。没有脱离矛盾特殊性的共性，也没有脱离具体的己他关系的抽象的利己利他的经济人，只有己他关系本质极为不同的具体的社会经济人。

所以我认为，对人性自私的"经济人假设"的理论的批判，要把唯物史观从具体历史条件和社会关系出发分析人的本质和人性的观点贯彻到底。第一，

---

① 程恩富. 用什么经济理论驾驭中国特色社会主义经济建设：与王东京教授商榷[J]. 高校理论战线，2004（9）：34-42.

在历史和现实社会中，多种不同的经济关系有多种经济人，决不能笼统地说"经济人都是自私的"。第二，多种经济人的理性并不是只以"个人利益最大化"为选择方向，而是在特定经济条件下对社会、他人、个人利益综合考虑的选择。第三，良好的制度会使经济活动中的人在增进集体或社会利益中实现个人合理的利益，而不是"个人追求自身利益最大化的自由行动会无意而有效地增进社会公共利益"。但能否形成良好的社会制度，取决于占主导地位经济、社会关系的性质、作用及其与其他经济、社会成分的关系。用这种具体社会经济人的理论分析经济的改革，就会得出：在中国特色社会主义现阶段。与多种经济成分相适应，有多种利己利他倾向的经济人，而公有制为主体、国有经济为主导的经济关系能引导多种经济人的理性向增进社会利益中实现个人正当利益的方向共同发展。而在今天的中国，"良好的制度"就是公有制为主体、多种所有制经济共同发展的基本经济制度；就是在社会主义国家宏观调控下，以市场作为资源配置的基础形式的社会主义市场经济制度。经济体制改革的任务就是要在中国特色社会主义理论的指导下，探索国有制和公有制在市场经济中的具体实现形式；探索社会主义国家在市场经济中恰当的宏观调控作用；探索公有制、国有制和其他经济成分互补互动、共同发展的良性经济关系。这些方面的探索已经取得了很大的进展，如果成功了，这种理论就可以引导我们实现全面建设小康社会的目标，进而实现社会主义的现代化和中华民族伟大复兴。但是如果改革的探索走偏了方向，损害了公有制的主体地位和国有经济的主导作用，或不能正确发挥社会主义国家对宏观经济的调节作用作用，或者是不能正确处理主导、主体性经济成分与其他经济成分的关系，损害了它们之间的共同发展，那么"良好的制度"的设想就难以实现，改革就会付出沉重的代价。

有些文章宣扬"亚当·斯密是判别是非的指标。在经济学界，亚当·斯密的地位像神一样"。还说其《国富论》是"市场经济的圣经""自1776年《国富论》面世，经济人假定作为支撑经济学大厦的基石无人可以撼动"。他们理直气壮地宣扬人性自私论就像数学中 $1+1=2$ 一样是无须证明的公理，"就是这么一个不言自明的道理。我们几十年都不敢或不愿意承认，连实话都不能说"[1]，却不知道或有意不讲马克思主义关于人的本质和人性的论述早已对这种抽象人性论作出了证伪。他们说自己坚持市场经济改革的方向，批评他们的人是否定"市场化改革"[2]，但是在他们的文章中却见不到关于"社会主义市场经济"，

---

[1] 王东京. 对当前国内经济学界几个争论问题的看法 [J]. 理论动态，2006 (4)：10.
[2] 王东京. 对当前国内经济学界几个争论问题的看法 [J]. 理论动态，2006 (4)：1-10.

"公有制为主体、多种经济成分共同发展"的任何论述；他们似乎没有像张五常那样用人性自私论公开反对公有制与市场经济结合，为全面私有化呐喊。但其理论和逻辑却不能不指向同样的导向。

　　邓小平同志早在1983年批评抽象人道主义和异化思潮时就讲过，离开具体的社会条件和社会关系而谈人，"这就不是谈现实的人而是谈抽象的人，就不是马克思主义的态度。就会把青年引入歧途"①。又说："有的现象可能短期内看不出多大坏处。但是如果我们不及时注意和采取坚定的措施加以制止，而任其自由泛滥。就会影响更多的人走上邪路，后果就可能非常严重。从长远来看。这个问题关系到我们的事业将由什么样的一代人来接班，关系到党和国家的命运和前途。"他还说："现在有些错误观点自称是马克思主义的，有的则公然向马克思主义挑战。对此，马克思主义者应当站出来讲话。思想战线的共产党员，特别是这方面担负领导责任的和有影响的共产党员，必须站在斗争的前列。"②重温邓小平同志二十多年前的这些论述，对我们应当有重要的启示。

---

① 邓小平. 邓小平文选：第3卷[M]. 北京：人民出版社，1993：41.
② 邓小平. 邓小平文选：第3卷[M]. 北京：人民出版社，1993：46.

当前社会利他行为研究的意义及其多层次表现

一、当前中国社会实际需要利他行为

（一）当前中国社会弱势群体呼唤利他行为

随着计划经济体制向社会主义市场经济体制的转轨和所有制结构的调整，分配机制和结构发生了变化，社会成员之间的收入差距也呈逐步拉大的趋势。在社会经济的不均衡发展过程中，一部分人先富起来了，而另一些社会成员却因社会、历史、自然条件的差异等原因处于利益调整和竞争中的弱者地位。构成当前中国社会弱势群体的社会成员包括：一、贫困人口阶层，包括贫困乡村的贫困人口、非贫困乡村的贫困人口和城镇贫困人口（含失业、亏损企业职工及下岗职工中的贫困户）；二、需要帮助的残疾人群体；三、灾民；四、由突患各种重病而导致的家庭经济困难者。

在日渐拉大的贫富差距面前，解决贫困人口的吃饭，穿衣这些最基本的生存问题就显得更迫切。饥者不得食、寒者不得衣、劳者不得息，什么时候都是社会中最大的隐患。而城市是经济、政治、文化中心，人口集中，人们社会交往频繁，由贫困所引发的社会摩擦、动荡，其危害性远甚于农村，对社会稳定造成的影响也更大。

江泽民同志指出："各级领导要采取积极有效措施，妥善解决好群众生活，特别是困难企业职工的生活问题，同时，做好深入细致的思想工作，及时化解矛盾，保持社会的稳定，保证改革和发展的顺利进行。"[①] 但是，上述这些社会成员构成的社会弱势群体规模庞大，要解决好他们的生活问题并非易事。这些社会成员除需要获得能够维持最低生活水平的物质保障外，还需要在生活、就业、教育、医疗等方面获得服务保障。由于种种原因，我国现有的社会保障、社会服务还十分有限。在市场经济条件下，社会保障、社会服务的实现既不可

---

① 江泽民. 加快国有企业改革和发展步伐［J］. 北京：中国培训，1996（8）：6-7.

能完全依赖政府，也不可能全部通过市场交换的方式获得，这就需要动员和发挥社会力量来建立多层次的社会保障和社会服务体系，多从事一些利他行为，帮助贫困者减轻困难。

毛泽东同志说过："一个共产党员，应该……关心党和群众比关心个人为重，关心他人比关心自己为重。"① 当前中国社会弱势群体的存在不仅呼唤共产党员要多一些利他行为，而且需要全社会的人们都为其提供力所能及的帮助。

（二）体制转型期社会发展负面因素的出现需要我们进行利他导向

当前，中国社会正处在由计划经济向社会主义市场经济体制的转型时期，不同阶层、不同群体的价值观显得异常活跃，呈现出多元化与多样性的特点。其间，既有积极健康的价值观，也有消极落后的价值观。积极健康的价值观，如转型期个体自主意识明显增强，即从原来的等、靠、要，一切依赖国家，集体转向更重视自己的努力，人们的积极性得到了更好的发挥。另外，适应市场经济需要，形成了一些新的观念，如竞争观念、效益观念、创新观念等。但是，不可否认，体制转型期人们价值观也有一些负面变化。在以市场为取向的社会变革中，市场经济固有的自主性日益凸显，在这方面激发了人们的主动进取精神，但其自发性也可能强化只顾"自我利益"的倾向，甚至引发各种形式的利己主义和个人主义价值观。在经济生活中，个人主义引发各种行业不正之风、坑蒙拐骗、假冒伪劣等违反职业道德的行为屡禁不止。在社会生活中，一些人为个人利益而损害社会利益和他人利益，他们只强调自己应得的权利、荣誉、地位和金钱，很少考虑自己对社会、对国家应尽的义务和责任，有的人甚至走上损人利己、损公肥私的邪路。

在以市场为取向的社会变革中，集体主义价值观受到侵蚀，一些人的国家观念、集体观念、义务观念、社会责任感明显淡薄。一些人误认为市场经济就是赚钱，由此滋生了"一切向钱看"的拜金主义思想。还有一些人富了之后盲目追求高消费，享乐主义盛行。

江泽民同志说："现实生活中确实在滋长着拜金主义、极端个人主义和腐朽的生活方式，以及其他社会丑恶现象，有些已经到了相当严重的地步，必须采取有效措施同它作坚决的斗争。我们必须旗帜鲜明地扶持正气，克服邪气，在全社会造成浓厚的健康向上、积极进取的良好风尚。"② 毛泽东同志指出："我

---

① 毛泽东．毛泽东选集：第2卷［M］．北京：人民出版社，1991：361．
② 人民网．加快改革开放和现代化建设步伐，夺取有中国特色社会主义事业的更大胜利——江泽民在中国共产党第十四次全国代表大会上的报告［EB/OL］．中国政府网，2007-08-29．

们要教育人民，不是为了个人，而是为了集体，为了后代，为了社会前途而努力奋斗。要使人民有这样的觉悟。"① 另外，毛泽东同志还在给徐特立同志的贺信中指出："你是革命第一，工作第一，他人第一，而在有些人却是出风头第一，休息第一，与自己第一。"②

体制转型期社会发展的负面因素呼唤我们必须强化利他行为导向，这样才能使社会理性、健康地得到发展。

二、利他行为概念的界定及其多层次表现

现实的需要提出了加强利他行为理论研究的必要性，然而目前理论界对利他行为的研究却较为少见。本文旨在对于利他行为的概念进行界定，阐明其与西方利他主义的区别，并提出当前社会利他行为的几个层次表现，以便我们能够分层次进行引导。

据1999年版《中国大百科全书》对 altruism 词条从哲学层面的定义，altruism 即利他主义，是一种形式上与利己主义相对立的道德原则和道德理论。这种利他主义的特点是：从某种所谓人的本性，如仁爱心出发，或者为了更有利地实现个人利益而要求关心他人利益，甚至为他人利益牺牲某些个人利益。利他主义一词，源于拉丁语 alter，意为他人的。19 世纪法国哲学家、社会学家孔德明确把它作为一种道德原则引进伦理学体系。利他主义包括仁爱利他主义和利己利他主义两种表现形式。

本文所提出利他行为的概念，与西方利他主义的理论既有区别也有联系。首先，阐述其区别。从理论基础看，本文所提出利他行为概念是以历史唯物主义为基础，强调人的本质是一切社会关系的总和。西方利他主义则是以抽象人性论为基础，抽象地谈论人的本质。从阶级基础看，本文所提出利他行为概念是社会主义社会调节人与人之间关系的行为规范准则，而西方利他主义的阶级基础是资本主义私有制社会，是一种资产阶级的道德原则及道德理论。其次，从联系来看，本文所提出利他行为概念与西方利他理论及思想应是批判地继承与发展的关系，取其精华，去其糟粕。利他主义一词，作为西方资产阶级的道德原则和道德理论，在当前中国社会已不再使用。但对于西方利他主义，去除其抽象人性论和利己主义的基础，其中一些增进利他行为的方法，如密尔的心理联想理论、休谟的同情心理论，对于我们进行利他行为研究具有一定的借鉴

---

① 毛泽东. 毛泽东文集：第8卷 [M]. 北京：人民出版社，1999：134.
② 毛泽东. 毛泽东书信选集 [M]. 北京：人民出版社，1983：99.

意义。

综合来说，本文所使用利他行为的概念具有较宽泛的含义，它包含几个层次：第一是个人主义的利他行为；第二是人道主义的利他行为；第三是集体主义的利他行为。个人主义的利他行为是最低层次的，个体做出利他行为是出于达到个人利益的目的，利他只是利己的手段，如为了个人的名誉、个人商业利益的回报等。个人主义的利他行为虽然是低层次的，但在社会主义初级阶段，却是值得肯定的向善行为，它虽和私有制的存在与发展相适应，但在一定范围内是有积极意义的，它有助于克服我们社会中存在的麻木、冷漠的不良风气，相对于极端利己主义，它有一定的存在价值。当然个人主义的利他行为有很大的局限性，需要批判地进行分析并帮助其向人道主义的利他行为过渡。

人道主义的利他行为可分为两种。一种是在信仰下的人与人之间要相爱思想的影响而做出的利他行为，这在当前是值得肯定的人道主义的利他行为。还有一种是社会主义人道主义的利他行为。根据唯物史观，任何社会的道德总是该社会经济基础的反映和体现。在社会主义初级阶段，存在着多种经济形式，与此相应，现实社会主义的道德体系只能是一个以共产主义道德为核心的多层次的道德伦理体系。社会主义人道主义属于共产主义道德规范体系的较低层次，它提出的是对人的基本道德要求，属于社会公德范畴，是社会主义社会绝大多数人能够和应当接受的道德要求。社会主义人道主义建立在社会主义"人人为我，我为人人"社会关系的基础之上，是处理人际关系的重要伦理原则，它要求确认人的价值，提倡尊重人、关心人、爱护人，在人与人之间建立团结、互助、友爱、和谐的人际关系，使社会关系人道化。社会主义人道主义的利他行为是社会主义人道主义的必然要求。

共产主义道德在社会主义道德体系中处于较高层次，作为最高道德规范，它既是对先进分子的要求，也是全体人民的努力方向和目标。社会主义集体主义体现了共产主义道德的基本原则。集体主义的内涵之一就是明确强调集体利益与个人利益相结合，当个人利益与集体利益发生矛盾时，个人利益应服从集体利益。集体主义的利他行为也包含两个层次：第一，是先公后私、先人后己的层次。党的十四届六中全会作出的《中共中央关于加强社会主义精神文明建设若干重要问题的决议》中说："在这样的历史条件下，全民范围的道德建设，就应当肯定由此而来的人们在分配方面的合理差别，同时鼓励人民发扬国家利益、集体利益、个人利益相结合的社会主义集体主义精神，发扬顾全大局、诚实守信、互助友爱和扶贫济困的精神。"第二，是无私奉献、一心为公，即全心全意为人民服务的层次，这是最先进与最高层次的要求。党的十四届六中全会的决议中说:"我们社会的先进分子是为了人民的利益和幸福,为了共产主义理想,站在时代潮流前面,奋力开拓,公而忘私,勇于献身,必要时不惜牺牲自己的生命,这种崇高的共产主义道德,应当在全社会认真提倡。共产党员首先是领导干部,尤其要坚定不移地身体力行。"为祖国"两弹一星"事业鞠躬尽瘁的建设功臣就是无私奉献的典范之一。集体主义的利他行为是建立在真实集体这种社会关系之上的,是在科学认识基础上的自觉奉献精神,带有更多的理性色彩。尽管目前能达到这一层次的人不是很多,但作为一种努力方向,将鼓励人们在道德上不断进步,不断向着共产主义的奋斗目标而努力。利他行为教育的重点应是促进人道主义的利他行为向集体主义的利他行为迈进。

三、个人主义的利他行为表现

个人主义的利他行为是以个人为目的的低层次的利他行为。在当前社会中,这类利他行为较为典型的表现如慈善事业中出于个人目的的捐助行为等。

当前,社会慈善事业已兴旺发展起来,慈善捐赠者也日益增多。但是,目前慈善捐赠的动机却很复杂,有真诚助人、无私奉献型,也有沽名钓誉、图谋个人名誉、企业声望等类型。对于后者,我们应该如何进行评价呢?从道德评价的角度看,沽名钓誉、图谋个人名誉、企业声望等的动机应该属于个人主义动机,但这种慈善捐赠却可以取得好的效果,帮助他人摆脱贫困、渡过难关。马克思主义伦理学认为,动机与效果应是对立的统一。笔者认为,对于这种出于个人主义动机的捐赠行为,在当前社会却是可以肯定的。因为它有利于鼓励各阶层人士积极参与慈善事业,即使有人借此牟取私利,但其救助社会弱者的捐款比用于个人挥霍或浪费要好得多。

慈善事业以社会成员的自愿捐献为基础,但在市场经济条件下,资本总是要追求利润最大化,要想让掌握资本的人将财物从口袋中掏出来投向社会慈善事业,光靠道德教育显然是不够的,这就需要制定一系列的优惠政策,向慈善事业倾斜,使捐献者有利可图,从而将一部分社会财富投向慈善事业。由民营企业家倡议发起的中国光彩事业,就是很好地将扶贫与获利结合了起来。有条件、有实力的民营企业家为中西部地区发展经济,自愿投入资金,他们本着"互惠互利,义利兼容"的原则,采取多种形式,为贫困地区脱贫做出了较大的贡献,他们自己也获得了可观的收益。因此,利益驱动能推动慈善事业的发展,这就要求政府建立可行的激励机制以吸引捐赠,使慈善事业造福于民。

四、人道主义的利他行为表现

人道主义的利他行为，倡导人们之间团结友爱，互相帮助。在当前社会中，这类利他行为包括，真诚的助人行为、志愿者行动等。

尽管现在的社会中，助人为乐的传统美德受到了一些冲击，像公交车上不愿让座、救人索钱等，但社会上助人为乐的良好风气仍在逐渐形成起来。有些人谁有困难他都会去帮助，不计报酬、不图回报；有些人自己不富裕，却仍捐助贫困者。北京有一位叫王镜的老人，靠捡破烂为生，却先后捐献1万多元善款用于救助贫苦失学儿童，有时自己苦得捡垃圾堆中的食物吃。这样的行为其动机很高尚，效果也很好，动机与效果得到了很好的统一。有些企业家成功后，大行善举，为社会做了许多好事。现在社会上大力提倡"扶危济困，乐善好施"，意在倡导助人为乐的良好道德风尚。先富起来的人们帮助贫困人口脱贫，能为社会稳定作出贡献。

也许有人会说，自己无经济实力，心有余而力不足。团中央实施的中国青年志愿者行动计划，意在让青年人用自己的学识、才智，而不是金钱去帮助社会上有困难的人或从事增进社会利益的活动。伴随着社会，特别是城市的迅速发展，传统的密集居住的社区格局被相对隔离的小单元居住方式所代替，加上生活节奏的加快及生活方式的变化，人们与他人、社会的关系趋向冷漠疏远，这些严重阻碍了人们之间友爱精神的发展。此外，由于我们正处于由计划经济向社会主义市场经济的过渡时期，人们的价值观多元化，一些人拜金主义、极端个人主义、享乐主义思想严重，社会上利他助人的精神也日趋淡漠。社会呼唤友爱，呼唤真情。志愿服务以无私奉献、热情真挚的精神，为最需要帮助的社会成员和公益事业无偿提供各种服务，为社会主义市场经济条件下，建立和谐的人际关系，沟通人际情感，在全社会倡导利他助人的时代新风，起到了积极的促进作用。我们看到，自1993年12月，共青团十二届三中全会提出并开始实施中国青年志愿者行动以来，七年多的时间里，超过8000多万的青年志愿者在支教扶贫、社区服务、环境保护和为大型活动提供志愿服务等领域开展了大量扎实有效的志愿服务工作。当然，需要说明的是，投身于志愿服务，其动机是多样和多层次的，并不能简单以社会主义人道主义全部涵盖。

互相帮助，助人为乐，这是我国市场经济体制不可缺少的道德精神。党的十四届六中全会的决议中指出：社会主义要在"全社会形成团结互助、平等友爱、共同前进的人际关系"，要"扶贫帮困，为人民为社会多做好事"。实现中共中央的这一要求，就应该在建设社会主义市场经济体制的过程中更多地倡导互相帮助、助人为乐的行为。

五、集体主义的利他行为表现

集体主义的利他行为包括先公后私和大公无私两个层次。先公后私层次的利他行为基本能得到人们的认可，实际生活中也较容易做到。对于大公无私的层次，有些人则持怀疑态度，甚至认为无私奉献是不可能的，生活中不存在无私奉献的人。其原因就在于对"无私"境界的认识偏差，似乎一提大公无私，就意味着绝不能有个人的利益和追求。为此，有必要对"大公无私"及"自我牺牲"的内涵作出正确的理解。众所周知，代表社会前进方向的崇高理想，其实现往往要经历许多艰难挫折，付出必要的社会代价。具有坚定信仰的人，是愿意为实现其理想作出无私的奉献，乃至必要的牺牲的。这是一种崇高的精神境界，具有这种境界的人为了某种代表公利和真理的理想而忘我奋斗，真的是不讲一点个人私利，如参加"两弹一星"建设的那些功臣们就是在特殊的艰苦环境下，为国家富强而磨炼出了大公无私的高尚品德。这种行为具有崇高的自我价值，也是其个人理想自我实现的一种形式。"人生自古谁无死，留取丹心照汗青"体现的就是这种自我价值追求。当然，倡导"大公无私"精神，并不否认个人的正当利益。那些无私奉献的人绝不是禁欲主义者，他们有个人的爱好和情趣，有个人的爱情、亲情和友情，在正常情况下，也有个人物质精神生活的追求。但是，这些相对于他们的理想、信仰，都只是第二位的，在必要的时候他们可以放弃，为"大公"而"无私"，为绝大多数人的利益而牺牲自己的利益。因此，正确理解的"自我牺牲"并不是个人虚无主义，而是在把握好个人利益与集体利益辩证关系的基础上，把个人牺牲看成集体利益实现的必要组成部分，同时，也是个人自我实现的一种必要形式。在真实的集体中，只有在集体中个人才能获得自由和全面的发展，当集体和个人利益发生矛盾时，个体以部分或全部地舍弃自己的利益为代价，来成就他人或社会整体的利益。只有在特殊情况下，这种自我舍弃才表现为牺牲个人的生命。例如，见义勇为行为就是在国家或人民利益受到威胁的危急关头，个体为了保护国家、集体或他人利益而作出的必要的牺牲。当然，随着社会的日益进步与发展，在集体中个人获得的自由和发展将越来越多；它要求个人作出牺牲的程度也将越来越低，其最高的理想是共产主义的自由人联合体和每个人自由而全面的发展。

当前社会，利益主体趋向多样化，人们的价值取向也呈现多元化的特点。一方面，一些人拜金主义思想严重，社会上人际关系变得冷漠，不助人甚至损人事件时有发生。另一方面，社会上各种利他行为也层出不穷。针对上述价值取向及行为多样化的特点，分层教育势在必行。对于各种损人现象应予以坚决抨击；对于不助人者应引导其从事一些利他之举；对于个人主义的利他行为应当给予适当肯定，并使其向人道主义的利他行为过渡；而人道主义的利他行为应该是广大普通群众能够做到的道德行为，我们利他行为教育的重点就是致力于促进人道主义的利他行为向集体主义的利他行为迈进，这是改善社会风气的有效举措；至于集体主义的利他行为，这是我们社会的道德楷模，教育工作者及宣传工作者应注重将这样的榜样行为发扬光大，使之成为社会上较大多数人的行为实践。

本文发表后，我们在研究工作中对利他行为的多层次表现又有了新的认识，现补充如下：

建立在血亲关系基础之上的亲缘利他行为，可能是利他情感和行为最早的、自发的、朴素的形式。在自然经济下，无论是原始社会的氏族、部落，抑或小农经济的家庭、宗族、血缘关系都曾是一定社会的生产关系、经济基础。在这种历史条件下，血缘关系和物质利益关系紧密联系在一起，血缘情感往往成为一种天然情感，在血缘关系近的人中往往会表现出一种强烈的甚至是无私的利他情感和行为。斯宾塞认为，血亲利他主义是自发性的，而且为他人幸福服务成为日常的必需。近代社会，社会化大生产的发展，人们的交往日益扩大，血缘关系不再是社会的经济基础了，但家庭、亲情关系仍然是人们重要的生活关系，仍然是联系人们利益和情感的重要纽带，利他情感和行为仍然容易在血缘或亲情近的人中间发生。随着亲缘关系的疏远，亲缘利他的强度会逐步衰减，据我们对大学生所做的问卷调查结果显示，"亲属遇车祸，立刻上前救助"的项目选择人数比例高达93.9%，远远高于对其他有困难者进行帮助的比例。香港的马庆强在《中国人的利他行为发展之理论探讨》一文中对跨文化的利他选择层序实证研究结果表明：一个利他者甲对受惠者乙作出利他行为的可能性与甲和乙的关系有关，该可能性依下列的关系顺序下降，即近亲、好朋友、陌生人，这在一定条件下是符合实际的。当今时代，这种利他情感和行为对维护家庭和社会的稳定有一定的积极作用，但是其狭隘性也是明显的，特别是在国家、人民、社会的利益与血缘、亲情的利益有矛盾的时候就看得更清楚。斯宾塞在从进化论角度分析利他主义的生成过程时指出：利他主义经历了一个由无意识的血亲利他主义到有意识的血亲利他主义；又由家庭的利他主义到社会的利他主义的逐步进化过程。在我们进行利他导向的时候，要对这种自发的血亲利他行为进行引导，使之向社会利他主义的方向发展。社会成员由对自己亲属作出利他行为，到对社会普通他人能奉献爱心，这是社会的一种文明和进步。

中国人，乃至整个中华民族，最讲伦理人情。邓小平同志在1992年一次谈话中提到："我们还要维持家庭。……中国从孔夫子起，就提倡赡养老人。""没有家庭不行，家庭是个好东西。"贵州团省委新世纪初开展的"春晖行动"，以"亲情、乡情、友情"和"亲缘、地缘、业缘"为纽带，体现这些"情""缘"的中华传统美德，如以"饮水思源""反哺故土""回报桑梓"为动员力量，吸收从家乡外出的有成就的人士，以技术、资金、社会资源等"孝敬父母、回报家乡、奉献社会"，帮助家乡脱贫致富，为扶贫帮困创造了具有中国特色的好形式，这可以说是亲缘到利他主义在当代中国的发展。

正确理解"价值""个人的社会价值""自我价值"概念的科学内涵

近年来,在高校思想品德课"精彩一课"的评审中,在一些德育课教材的阅读中,在《思想理论教育导刊》稿件和研究生论文的审阅中,我感到在价值和人的价值等概念的理解上,存在一些模糊认识或错误认识。现根据我的研究,讲一点对这些概念内涵的理解与大家共同研讨。

一、关于价值

将价值概念表述为"客体对主体需要的满足",或"客体对主体所具有的意义",这是没有歧义的。但是在论证这一概念时,我多次见到一些文章、教材把马克思在《评阿·瓦格纳的"政治经济学教科书"》笔记中的一句话:"'价值'这个普遍的概念是从人们对待满足他们需要的外界物的关系中产生的"[1],作为"价值"概念的内涵,这是不正确的。马克思是不可能用人与物的关系来给价值下定义的。其实这句话并不是马克思的观点,而是转述他所批驳的瓦格纳的话,瓦格纳的这句话说的是商品的使用价值,商品(外界物)满足人们需要的属性。马克思批评瓦格纳从商品的"使用价值直接推出价值的概念",指出瓦格纳的错误在于玩语言游戏,"把政治经济学中俗语叫作'使用价值'的东西,'按照德语的用法'改称为'价值'。而一经用这种办法找到'价值'一般后,又利用它从'价值一般'中得出'使用价值'。做到这一点,只要在'价值'这个词前面重新加上原先被省略的'使用'这个词就行了"[2]。马克思认为价值与使用价值不是一般与特殊的关系。他说:"我不是把价值分为使用价值和交换价值,把它们当作'价值'这个抽象分裂成的两个对立物,而是把劳动产

---

[1] 中共中央马克思恩格斯列宁斯大林著作编译局. 马克思恩格斯全集:第19卷[M]. 北京:人民出版社,1963:406.

[2] 中共中央马克思恩格斯列宁斯大林著作编译局. 马克思恩格斯全集:第19卷[M]. 北京:人民出版社,1963:406-407.

品的具体社会形式分为这两者;'商品',一方面是使用价值,另一方面是'价值'……"① 马克思的意思是,商品的使用价值表现的是人和物的关系,而"价值"所反映的是商品所有者之间的关系,是一定的生产关系、交换关系,它不能与"使用价值"换来换去,也不能从"使用价值"导出"价值"。马克思在这里探讨的是经济学的问题,而不是从哲学角度给价值下定义,因而不能从马克思所批评的瓦格纳的话中推导出马克思对价值一般的抽象。如果从哲学的角度定义价值,可以说价值是客体对主体需要的满足或客体对主体所具有的意义。但在这里主客体之间的关系绝不等同于"人们"和"外界物"的关系,因为客体可以是人也可以是物,不仅仅是物,如个人对社会的责任与贡献,社会对个人的尊重与满足。如主客体都是人。

二、关于个人的社会价值

胡乔木同志曾提出:"在社会主义社会中,在个人和社会的关系上,人的价值包括两方面,即社会对个人的尊重和满足,个人对社会的责任和贡献。"② 在讲个人的价值时,人们虽然都引用这段话,然而对其却有着不同的理解。我认为,个人的社会价值应当包括上述两个方面,但有些文章或教材却只承认"个人对社会的责任和贡献"是个人的社会价值,而把社会对个人的尊重和满足归于自我价值(这将在后面分析),不承认社会对个人的尊重和满足也是个人的社会价值。我不赞成这种看法,因为,人不仅仅是社会需要的客体,同时还是社会需要的主体,个人的社会价值不仅应从客体的意义上体现出来,也应当从价值主体方面体现出来。贡献是个人为社会创造价值、生产价值,满足、享用是个人从社会获得价值、占有价值。前者,个人是社会价值的创造者、生产者,后者,个人是社会价值的享用者、占有者。恩格斯说,在资本主义社会里,"金钱确定人的价值:这个人值一万英镑(he is worth ten thousand pounds),就是说,他拥有这一笔钱。谁有钱,谁就'值得尊敬',就属于'上等人'(the better sort of people),就'有势力'(influential),而且在他那个圈子里在各方面都是领头的。"③ 恩格斯在这里也是从人是价值主体,是社会价值的占有者、享用者来谈人的价值的。在剥削阶级社会,靠劳动人民的创造、贡献,统治阶级

---

① 中共中央马克思恩格斯列宁斯大林著作编译局. 马克思恩格斯全集:第 19 卷 [M]. 北京:人民出版社,1963:412.
② 胡乔木. 关于人道主义和异化问题 [M]. 北京:人民出版社,1984:28.
③ 中共中央马克思恩格斯列宁斯大林著作编译局. 马克思恩格斯全集:第 2 卷 [M]. 北京:人民出版社,1957:566.

享尽荣华富贵，而劳动者却只贡献，得不到享用，这是颠倒的社会现象。劳动人民不满足于只做价值客体，于是喊出"不要做牛马，要做新社会的主人"的口号。这是争取价值主体地位的口号，是要从社会夺回那部分他们应当占有、享用却失去了的价值。这当然属于个人的社会价值。正因为包括资本主义在内的剥削阶级社会有上述贡献与享用颠倒的社会现象，所以，一些西方哲学流派常常只根据一个人在物质上和精神上的占有，如财产、地位、权力、出身门第、收入、生活水平等来评价人的价值，而不从人的社会贡献来评价人的价值。这是另一种片面性，也是不能全面反映人的社会价值的。马克思主义所追求的"个人的社会价值"的理想，应当是人民中的每一个成员都是社会主客体的统一，创造、贡献、责任、义务与尊重、满足、享用、权利的统一这一完整形态上的价值。剥削阶级社会做不到这一点，社会主义社会应该做得更好一些，这是社会主义优越性的体现。确实，新中国成立后，我们在这方面已有了很大进步。但是由于我国还处于社会主义初级阶段，复杂的历史、社会原因造成了贡献、创造、责任、义务与尊重、满足、享用、权利之间还有许多不平衡甚至严重矛盾的现象，向理想境界前进还需要人们长期的艰苦奋斗。

　　这样说，是否意味着贡献和享用两方面并重呢？不是的。我们认为，在个人价值的两方面中，个人对社会的责任和贡献是第一位的，社会对个人的尊重和满足是第二位的。道理很简单，历史唯物主义认为，社会是有规律前进的历史运动，历史又是人自己创造的。人必须首先创造、贡献，个人的享用和权益才能得到满足和提高。而且只有贡献、创造大于享用和占有，才能实现扩大再生产，社会才能不断前进。这种见解体现在很多思想家、科学家身上。爱因斯坦说道："一个人对社会的价值首先取决于他的感情、思想和行为对增进人类利益有多大作用"，[1] "看一个人的价值应该看他贡献什么，而不应该看他取得什么"。[2] 爱迪生曾说过："我的人生哲学是工作，我要揭示大自然的奥秘，并以此为人类造福，我们在世的短暂一生中，我不知道还有什么比这种服务更好的了。"歌德则说："你若要喜爱你自己的价值，你就得给世界创造价值。"这些朴素、生动的话体现了人生价值观深刻的唯物史观哲理。

　　对个人的社会价值之所以有上述不同的理解，还与人们对价值概念的不同认识有关。国内学术界有一种看法，被称为"属性说"，认为价值归根到底是由客体自身的属性，即有价值的人和物的属性决定的。面包有满足人们食欲需要

---

[1] 赵中立，许良英．纪念爱因斯坦译文集［M］．上海：上海科学技术出版社，1979：51．
[2] 赵中立，许良英．纪念爱因斯坦译文集［M］．上海：上海科学技术出版社，1979：68．

的属性，因此它对人的生存有价值，石头无此属性，因而也不能有此种价值。按照这种观点观察个人的社会价值，在个人和社会的关系中，只有个人作为客体的属性（体力、智力、特长、思想品德和工作态度等）能满足社会一定需要的时候，才有社会价值。个人作为主体的需要不能决定个人的社会价值。学术界一种主流的观点，被称为"关系说"，认为价值的实质是由主体需要和客体属性之间客观的价值关系决定的。面包固然有满足食欲的属性，但是面包对饱食者和饥饿者，对不同国籍、不同民族、不同地域、不同生活习俗的人，其价值是不同的。只看客体属性，不看主体的内在需要，面包有没有价值，有多大价值是很难说的。更重要的是，在客体属性和主体需要的价值关系中，主体需要往往还起着决定性的作用，如人们有吃饭的需要，但究竟是吃面包、吃饭菜、吃饺子或是其他饮食，这完全取决于主体在一定条件下的选择。按照这种观点来考察个人的社会价值，在个人与社会的关系中，个人作为客体能满足社会需要固然体现了个人的社会价值，个人作为主体能从社会得到满足时，同样体现了个人的社会价值。总而言之，个人的完整的社会价值应当是个人对社会的价值与社会对个人的价值的统一，不能认为个人只有作为客体时才能有社会价值。

三、个人的自我价值

自我价值，这是一个很时髦但认识又很不一致的概念。我认为，个人自我价值是指价值主客体都是"自我"时的价值关系。有的学者表述为"个人的自我价值简单说就是个人对自己需要的满足"。有的表述为"个人对自身的价值就是通常所说的自我价值"，并解释说，"自我价值就是他自己的生活，他自己的实践活动对他自己有什么意义。"还有的则认为，人的自我价值是每个人对自身的利益、幸福、理想的追求。仔细研究，这些对自我价值概念的解释可能有细微的差别，但是有一点是一致的，即个人自我价值的价值主体和客体都是"自我"，作为价值客体的个人满足作为价值主体的自己的需要，创造价值主体自己生活的意义。这样的满足与创造愈多，自我价值就愈高。

有些教材和文章把个人的社会价值仅理解为个人对社会的责任与贡献（其片面性前面已论述），而把自我价值理解为社会对个人的尊重和满足。在这里，作为"自我"的个人只是价值的主体（价值的需要者、消费者、享用者）而不是价值的客体（价值的创造者、生产者）。也就是说他获得的价值不是他自己创造的，这不能称为"自我价值"。而且，在一些情况下，社会对个人的尊重和满足愈多，个人的自我价值可能愈低，如社会对残疾人、贫困户的救济，家庭对幼儿的养育、对子女的爱护，其所获得的价值不是自己创造的，而是单纯地依赖于社会和他人的给予，这不是自我价值活动。正因为如此，我们对残疾人救助的同时，要鼓励他们自食其力，如残疾人开办工厂、参加劳动或通过自己的拼搏获得体育奖章，这些才是自我价值活动。对贫困者的救济也要多进行开发式扶贫，使他们通过自己的劳动创造自己的生活意义。总之，要鼓励人们通过自己的努力创造自己生活的价值。

还有的文章把自我价值理解为"自己对自己价值的自我意识"或"自我评价"，这也是不正确的。自我价值和任何价值一样，是一种价值事实，是一种客观存在的价值关系，是自己在一定社会关系中的客观地位、条件和可能实现价值需要的客观的关系。而自己对自己价值的自我意识或评价则是一种主观的观念活动，它可能符合客观，也可能不符合客观，如果自己对自我价值的自我意识或评价过高，自己的价值追求就可能无法实现或不能完全实现；自我意识和评价过低又可能悲观失望，失去进取的动力。

我们说，"自我价值"的主客体都是自我，并不是说自我价值是脱离社会价值而存在的。因为"人的本质不是单个人所固有的抽象物，在其现实性上，它是一切社会关系的总和"①。任何现实的个人都是社会关系中的个人，没有社会关系以外的孤立的"自我"。所以，自我价值的本质并不是一种孤立的、抽象的个人对个人的满足，而是个人现实的社会价值在自己身上的显现或表现。自我价值活动，就是在正确认识自己在社会关系中的客观地位的基础上，在改造客观世界的活动中，以自己的追求为目的，采取的对自己有积极意义的活动。因此，他所追求的价值目标社会内容愈多，对社会的贡献愈大，他的自我价值也就愈大。有的人把自我价值理解为单纯的利己活动，不懂得利社会、利他人愈多，自我价值可能愈高的道理，因而也就不能理解"自我奉献""自我牺牲"也可能是自我价值活动。其实，为人类社会进步和人民利益做必要的牺牲是极为崇高的自我价值活动，"人生自古谁无死，留取丹心照汗青"就体现了这种自我价值精神。另外，自我价值的实现也是一个社会过程，是个人与社会、他人既对立又统一的过程，而不是只有自我的活动，孤立的自我满足。一个人如果不是处于一定的社会关系中，即同他人的社会交往中，他自己就不可能同时是主体又是客体，不可能提出"他自己"的活动对"他自己"有何意义的问题。譬如，谈恋爱是一种自我价值活动，但它首先是一种社会交往，你的追求究竟对你有何意义，最终要靠你和对方的关系而定，你首先要作为价值客体满足对

---

① 中共中央马克思恩格斯列宁斯大林著作编译局. 马克思恩格斯全集：第1卷 [M]. 北京：人民出版社，1956：60.

方的需要，然后才能使自己的需要得到满足。有时不但要靠对方，甚至还要受其他更复杂的社会关系（如双方家庭、社会舆论等）的影响。恋爱如此，其他如求学、就业、留学等，都是自我价值活动，但其本质也都是一种社会活动，都是在满足某种社会需要的过程中依靠社会所提供的条件满足自己的需要。如果囿于"自我"的封闭圈，不能正确处理个人和社会的关系，为社会、他人做奉献，自我价值是不能真正实现的。

总之，个人的社会价值与自我价值是对立统一的关系。其差别是主客体关系不同，个人的社会价值主客体是个人或社会之间的关系，而自我价值主客体都是"自我"。但其统一性在本质上都是个人与社会的关系，只有通过个人与社会与他人的关系才能实现自我价值。我们不要忌谈个人的自我价值，而是要用历史唯物主义观点，从个人与社会的关系中，从社会价值与自我价值的关系中来谈自我价值。这样就能引导人们在为社会做贡献中实现自我价值，就能把为社会与为个人的两个能动性在为社会的前提下统一起来。

第六篇 06
意识形态若干问题辨析

党性和科学性的统一

对于一个共产党员知识分子来说，能不能做到党性和科学性的统一，是保持共产党员先进性的一个体现。党性就是考虑任何问题都要把工人阶级和人民的根本利益放在首位，具体体现在共产党员的各项要求中，包括遵守党的纪律。科学性要求考虑任何问题都要力求符合客观规律，实事求是。我们应当追求二者的辩证统一。

我的学科是马克思主义理论与思想政治教育，教学的任务之一就是要把党和国家的主导意识形态传播给学生，在现在，就是中国特色社会主义的基本路线基本纲领，包括邓小平理论、"三个代表"重要思想、科学发展观等，同时又要帮助学生了解马克思主义基本立场观点和方法，树立科学的世界观、人生观、价值观，学会科学分析问题的思维能力。所以这个学科是党性、意识形态性和科学性要求都很高的学科。能不能做到两者统一，从理论上说无产阶级政党的理想、价值追求和历史发展规律完全一致，是可以做到的。但是现实生活远远比这复杂，新中国成立以后，我们在意识形态领域就出现过一些不科学的失误。改革开放以后，这方面的历史条件有了很大变化，我们党拨乱反正，有了一条正确的路线，有了中国特色社会主义理论，有了党的基本路线、基本纲领。这是基本条件，如果我们党根本指导思想出问题那就很难了。但是党的十五大政治报告指出，邓小平理论是"比较完备的科学体系，同时又是需要从各方面进一步丰富发展的科学体系"。江泽民同志论述"三个代表"重要思想时也说："我们对发展社会主义市场经济条件下执政的规律还知之不多，知之不深，还需要全党同志在实践中继续探索。"胡锦涛同志2003年7月1日的讲话也指出："我国社会主义的自我完善和自我发展还有许多重大课题需要进一步探索和回答"并且提出了14个"如何认识"的问题要求全党积极探索。所以还有很多问题的规律没有完全把握，要真正做到科学性与党性、意识形态性相统一地回答社会主义改革和建设中的问题，还需要以马克思主义为指导，进行艰苦的科学探索。

党性和科学性的关系还表现在如何对待西方思想理论流派问题上。早在1983年邓小平同志就指出:"我们要向资本主义发达国家学习先进的科学、技术、经营管理方法以及其他一切对我们有益的知识和文化,闭关自守、故步自封是愚蠢的。但是,属于文化领域的东西,一定要用马克思主义对它们的思想内容和表现方法进行分析、鉴别和批判。""现在有些同志对于西方各种哲学的、经济学的、社会政治的和文学艺术的思潮,不分析、不鉴别、不批判,而是一窝蜂地盲目推崇。"他对思想文化战线提出的坚持马克思主义党性和科学性相结合的原则,至今仍然有非常重要的指导意义

李长春、陈奎元同志近年来多次讲,对马克思主义不能采取教条主义态度,对西方思想理论流派也不能采取教条主义态度。北京大学老一辈经济学家陈岱孙先生生前曾发表一篇文章,告诫我们对西方经济学说不要食洋不化,他讲美国国内实际是以凯恩斯主义为主导,但是对社会主义国家,对发展中国家,却推销新自由主义,因为在市场竞争中他是强者,放任市场、自由竞争对它有利,但是当自由竞争伤及美国经济利益时,他会毫不含糊地动用国家力量干预市场。苏联和拉丁美洲一些国家依靠美国新自由主义经济学派制定的"哈佛计划""萨克斯计划"和"贝克计划"指导改革,已经让他们尝够了经济动荡、社会分化的严重后果,实践证明陈岱孙先生多年前的告诫是完全正确的。但是现在我国一些经济学家却还在不加分析地推崇新自由主义理论。最近刘国光尖锐地批评了这种倾向。他说:"现代西方经济学也有科学的成分,有反映现代市场经济一般规律的成分,也有反映资产阶级意识形态的成分,如私有制永恒、经济人假设等。其科学成分值得我们借鉴和学习,但其基于资产阶级意识形态的理论前提与我们根本不同,所以整体上它不适合于社会主义的中国,不能成为中国经济学的主流、主导。在西方经济学中曾经居于主流地位的新自由主义经济学,其研究市场经济一般问题的分析方法有不少也可以借鉴、学习,……但是新自由主义经济学的核心理论是我们所不能接受的。"①

在这方面,马克思、恩格斯永远是我们学习的榜样。对德国古典哲学、英国古典经济学、空想社会主义学说,他们采取的是科学地分析批判的态度,一方面在世界观、历史观和根本价值观念上,鲜明地批判其错误观念;另一方面又吸收其一切科学的成分,为创建和发展自己的理论服务。我们现在对待西方思想理论流派乃至中国传统文化都应当采取这样的态度。

我曾经写过一篇文章,其中有一个小标题是"不搞三权分立,借鉴权力制

---

① 刘国光. 对经济学教学和研究中的一些问题[J]. 高校理论战线,2005(9):23-29.

约"。一方面说明我国人民民主政治制度与西方政治制度的根本区别,反对照搬西方三权分立制度,在这方面,一些人确实存在着模糊的认识;另外也说明要从西方政治制度中借鉴其合理的成分。过去我们某些政治学教科书中确实把"以权力制约权力"和三权分立放在一起加以否定,认为我们是社会主义国家,是共产党领导,人民利益根本一致,权力代表人民的,不需要以权力制约权力。这显然是不正确的。党的十六大政治报告政治体制改革部分就明确提出了"要加强对权力的制约",其中就包括要从西方的这种体制、政治学说中吸收一些在中国可行的权力制约的观点和做法。总之,对西方思想理论流派,在重大意识形态、历史观、价值观等根本问题上,要讲党性,要旗帜鲜明,不能搞"淡化"意识形态或价值观"中立"。当然,也要敢于借鉴各种理论流派中的科学成分,直面现实性、政治性强的理论前沿问题,不回避而是力求以党性和科学性相统一的精神进行研究,这是我们哲学社会科学工作者——特别是意识形态性很强的学科学者的学术良心所在,也是共产党员知识分子保持党员先进性的一个重要体现。

现在,哲学社会科学界不少人存在着"淡化"意识形态,"远离"现实性、政治性强的学术倾向。邓小平同志早就指出:"有相当一部分理论工作者,对于社会主义现代化建设实践中提出的种种重大的理论问题缺乏兴趣,不愿意对现实问题进行调查研究,表示要同现实保持距离,免得犯错误,或者认为没有学术价值。在对现实问题的研究中,也确实产生了一些离开马克思主义方向的情况。"① 这种学术倾向的存在和发展有深刻的社会历史原因。的确,研究现实性强的问题有相当的难度,因为受对外开放和社会主义市场经济实践认识过程的局限,有些问题还不容易一下子把握全部真理性认识,这方面的思想理论争论需要进一步在实践中探索和检验。另外,历史上,"泛政治化""大批判"负面影响的社会阴影还没有完全消失,尽管改革开放以来政治路线正确,成绩巨大,但"十年最大的失误是教育,这里主要是讲思想政治教育"②。这使一些人把现实的意识形态领域看作风险是非之地,因此"要同现实保持距离,免得犯错误"。此外,有些人受西方学术研究思想的影响,把意识形态和科学对立,认为意识形态问题"没有学术价值"。鼓吹学术研究的"非意识形态化"。这是和马克思主义党性、意识形态性和真理性可以统一的观点是根本对立的。

---

① 邓小平. 邓小平文选:第3卷 [M]. 北京:人民出版社,1994:40.
② 邓小平. 邓小平文选:第3卷 [M]. 北京:人民出版社,1994:306.

为了繁荣和发展社会科学，党中央要求"在新的历史条件下，我们必须从理论和实践相结合的角度，坚持解放思想、实事求是、与时俱进，紧紧围绕建设中国特色社会主义这个主题，准确把握时代特征和中国国情，认真研究和回答我国社会主义经济建设、政治建设、文化建设、社会建设和党的建设面临的一系列重大问题，不断总结实践经验，不断扩展理论视野，不断作出理论概括"。"要自觉发扬理论联系实际的优良作风，坚持以最广大人民的实践为理论创新的不竭源泉，善于从人民群众火热的实践中提炼研究课题，善于把党和人民在实践中创造的新鲜经验升华为理论成果，努力回答改革开放和现代化建设进程中的亟待解决、人民群众普遍关心的重大理论和现实问题。"[①] 为此，一方面需要意识形态方面的领导能特别鼓励和积极支持现实性、政治性强的重大理论问题的研究，创造更良好的学术环境；另一方面，广大的哲学社会科学工作者，特别是共产党员，也应该发扬党性和科学性相统一的精神，把学术研究和社会责任统一起来，直面现实生活的理论前沿，为坚持和发展马克思主义作出新的贡献。

---

① 胡锦涛. 在中共中央政治局第二十六次集体学习时讲话［N］. 人民日报, 2005-11-27 (01).

对待传统文化要坚持马克思主义的分析方法

现在我们党重视继承弘扬中华优秀传统文化，取得了很好的效果。我们党对传统文化的态度是一贯的，那就是以马克思主义为指导批判地继承，"取其精华，去其糟粕""古为今用，推陈出新"。不同历史时期"扬精弃糟"的侧重点有所不同，在实践中也难免有一些矫枉过正的现象，但是我们党对待中华优秀传统文化的态度是一贯的。

早在七十年前，毛泽东同志就讲过："学习我们的历史遗产，用马克思主义的方法给以批判的总结，是我们学习的另一任务。我们这个民族有数千年的历史，有它的特点，有它的许多珍贵品。对于这些，我们还是小学生，今天的中国是历史的中国的一个发展，我们是马克思主义的历史唯物主义者，我们不应当割断历史。从孔夫子到孙中山，我们应当给以总结，继承这一份珍贵的遗产。"[1] 又说："中国的长期封建社会中，创造了灿烂的古代文化。清理古代文化的发展过程，剔除其封建性的糟粕，吸收其民主性的精华，是发展民族新文化提高民族自信心的必要条件；但是决不能无批判地兼收并蓄。"[2] "我们必须尊重自己的历史，决不能割断历史。但是这种尊重，是给历史以一定的科学的地位，是尊重历史的辩证法的发展，而不是颂古非今，不是赞扬任何封建的毒素。对于人民群众和青年学生，主要的不是要引导他们向后看，而是要引导他们向前看。"[3]

今天，我们党领导全国人民进行中国特色社会主义文化建设，习近平总书记对批判地继承传统文化有一系列重要论述，他的观点与上述观点是完全一致的，并在弘扬中华优秀传统文化方面有一些新的发展，体现在对传统文化要求做好创造性转化和创新性发展。2014年2月17日，习近平总书记在省部级主要

---

[1] 毛泽东. 毛泽东选集：第2卷 [M]. 北京：人民出版社，1991：533-534.
[2] 毛泽东. 毛泽东选集：第2卷 [M]. 北京：人民出版社，1991：707-708.
[3] 毛泽东. 毛泽东选集：第2卷 [M]. 北京：人民出版社，1991：708.

领导干部学习贯彻十八届三中全会精神全面深化改革专题研讨班开班式上强调，要加强对中华优秀传统文化的挖掘和阐发，努力实现中华传统美德的创造性转化和创新性发展。① 对于什么是创造性转化和创新性发展，他给出了明确回答，指出："创造性转化，就是要按照时代特点和要求，对那些至今仍有借鉴价值的内涵和陈旧的表现形式加以改造，赋予其新的时代内涵和现代表达形式，激活其生命力。创新性发展，就是要按照时代的新进步新进展，对中华优秀传统文化的内涵加以补充、拓展、完善，增强其影响力和感召力。"② 我认为深入领会习近平同志在这方面的谈话精神是弘扬中华优秀传统文化工作的主要着力点。

中国的传统文化中，精华与糟粕并存，但并不能简单地说这块是精华，那块是糟粕，截然分开，而往往在同一思想的表述中兼有精华与糟粕的成分，如果我们能按照时代的要求，用马克思主义的方法进行鉴别与分析，有一部分带有糟粕性的东西也可以转化成优秀的传统文化得以继承和发展。譬如"三纲"（君为臣纲，父为子纲，夫为妻纲）中的君叫臣死臣不得不死，父叫子亡子不得不亡，嫁鸡随鸡、嫁狗随狗，等等，这肯定是封建文化里的糟粕，但是如果我们按照新时代的要求，把对皇帝的愚忠转化为忠于祖国，忠于人民，那么"忠"的思想就有了"新的时代内涵和现代表达形式"。岳飞的"精忠报国"思想中兼有抵御外族侵略、忠于国家和人民的思想精华和对皇帝的愚忠，今天我们弘扬岳飞的爱国主义精神，当然要剔除后者、弘扬前者，这就是创造性转化和创新性发展。同样，"父叫子亡子不得不亡"提倡的是愚孝，但如果剔除其封建性糟粕而升华为孝顺父母、孝敬长者，这对当前老龄化社会的建设，也会有其长远的积极作用。

总之，对中国传统文化进行创造性转化和创新性发展是篇大文章。写好这篇大文章关键是要以马克思主义为指导，对中国传统文化的精华与糟粕进行科学和具体的分析，并且结合新时代特点，按照建设中国特色社会主义事业的需要来加以利用和转化，这是做好这篇大文章的"魂"。最近一些报刊在宣传乡约、乡俗、家规、家训，在宣传中一定要科学、具体地分析其精华与糟粕，不能无批判地兼收并蓄。最近在小学生要不要学"弟子规"问题上有争论，"弟子规"本身是精华与糟粕并存的，我认为不能不加分析地"端"给小学生。在这些方面，我们做得越科学，越深入，人们就越信服，认为弘扬中华优秀传统文化是搞实用主义的看法也就会失去市场。

---

① 习近平在省部级主要领导干部学习贯彻十八届三中全会精神全面深化改革专题研讨班开班式上发表重要讲话强调：完善和发展中国特色社会主义制度推进国家治理体系和治理能力现代化 [N]. 人民日报，2014-02-18（1）.

② 习近平. 论党的宣传思想工作 [M]. 北京：中央文献出版社，2020：57.

评"真理多元论"

最近几年,围绕着真理问题的深入探讨,我国哲学界出现了一种"真理多元论"的思潮。有的人从根本上否定真理的客观性;有的人把真理一元论同独断论混为一谈;还有的人把多种科学模式可以描述同一客观事物及其规律与真理多元论等同起来。对于这些观点,本文拟做些具体的分析。

一、真理一元论与多元论、独断论的区别

"元"有多义,但作为哲学概念,它的含义是非常确定的。《春秋繁露·重政》中说:"故元者为万物之本"。就是说:元,是指万物的本原。我们讨论真理一元和多元的问题,自然要以哲学上的确定含义为基础,即真理的本质是一元的还是多元的。离开了这个确定的界限,讨论就失去了共同语言。从这种观点出发,我们认为,客观世界是统一的物质世界,因此反映客观世界本来面目的正确认识即客观真理,也只能是一元的和统一的。同一条件下对同一对象的同一侧面的认识,不能有两个或两个以上内容相悖的论断都是真理。

在主张真理多元论的人们中,有些人是从真理认识的本原是多元的来论述其论点的,如有的同志反复强调他所讨论的是真理的"更深层次的问题——真理的本质","没有真理本体,没有绝对真理","真理就是世所公认的科学理论"。不难看出,这种理论不承认真理具有本体性,把真理看作是主观的认同,从根本上否定真理的唯一本质规定——客观性;而把评价认识的真理性的标准归结为"世所公认"。因此,真理多元论是否定真理客观性的相对主义的主观真理论。

有些主张真理多元论的人还把真理一元论和独断论混为一谈。黑格尔从唯心辩证法角度把独断论看成是一种反辩证法的思想方法,指出独断论所运用的只是静止不变的知性概念。现在一般认为,独断论的基本特征是:唯"我"独真,真理发展到"我"为止,"我"穷尽了真理。实际上,独断论是一种僵化的、封闭的、形而上学的思想方法。与此相反,真理一元论认为,客观世界是一元的物质世界，同时又是由纷繁复杂的具体物质形态体现出来的。人类始终处在由相对真理迈向绝对真理的过程中，永远无法穷尽真理。显然，真理一元论是辩证的发展的真理观，它非但不是独断论，恰恰相反，是坚决反对独断论的。

党的十一届三中全会以来，我们花了很大力气纠正独断论，纠正那种僵化的、形而上学的思想方法。我们进行体制改革，注意克服把经典作家的某些具体论断当作万古不变的教条的做法，并在实践中注重坚持和发展马克思主义。但是，在这个过程中，有些人走向了另一种片面性，把对马克思主义的僵化态度和马克思主义的指导作用混淆起来，把真理是一元的与真理是"终极的""封闭的"这种独断论错误画上等号。所以，我们的任务是科学阐述真理一元论，既要划清它和形而上学的独断论的界限，也要划清它和相对主义的真理多元论的界限，恢复辩证唯物主义真理一元论的本来面目。

二、真理一元论与科学模式的多重性的关系

有些主张真理多元论的人并没有明确提出要否定真理的本质规定性——客观性，但是他们以"科学理论模式的多重性"为依据得出结论：真理是多元的，"科学真理的唯一性已成了神话"。这一论点和论据也是站不住脚的。

科学发展的历史表明，对同一客观事物，往往有先后相继的几种科学理论模式。但认真研究之后就会发现，这几种科学理论模式并不是"平权"的，而会呈现出层次性差异。我们称这种现象为真理认识上的"多层次性"。以牛顿经典力学和爱因斯坦相对论力学为例，二者似乎在低速、宏观领域内是"平权"的。而实际上，这里的"平权"却勉强得很，不能不加上种种限制条件。正是这些限制，把二者的差异性（层次性）反映出来了。经典力学的许多基本概念、基本理论的含义，在相对论力学中做了重要的调整和补充。无疑，相对论力学是更符合客观实际，适用于范围更广泛、更深层次的真理体系，经典力学只是它的一个特例。并且，随着科学技术的发展和实验手段的更新，科学家们运用相对论力学原理，相继发现和解释了"光在引力场中的偏转"等一系列新现象，这也使经典力学较之相对论力学大为逊色。

层次不同的科学理论模式是绝对真理与相对真理辩证统一的具体体现。任何科学理论模式，都处在由相对真理向绝对真理的无穷发展过程中。考察不同层次的科学理论模式各自占有的真理权，一刻也离不开它们之间的继承关系。哪个科学理论模式在更深层次上揭示了客观事物的本来面目，它就拥有更大的真理权。真理就是在这种一元性与多层次性的辩证统一下不断发展和完善的。

"科学理论模式的多重性"还表现在另一方面,即对同一客观事物相同侧面的真理性认识,常常有几种同时出现但又各不相同的表述形式。我们称这种现象为真理认识上的"多样性"。这方面最典型的事例要数波动力学和矩阵力学的建立。20世纪20年代,德国物理学家海森堡和奥地利物理学家薛定锷采用不同的研究方法,分别创立了矩阵力学和波动力学。后经证明,虽然二者在电子运动规律的理论表述形态上相去甚远,但它们在数学上是完全等价的,表述的是同一客观内容。因此,后人就把二者统称为"量子力学"。

"多样性"的真理性认识在科技史上不乏其例。其原因就在于人的认识具有主观能动性。人的大脑并非白板一块,认识过程也不会是照镜子式的直观反射。由于研究工作者各自所处的社会历史条件的差异和知识背景的不一致,更由于他们采用不同的概念和方法,在研究同一问题时也就必然会表现出"多样性"特点。其实,真理也就是在这种一元性与多样性的辩证关系中不断发展和完善的。

总之,对同一客观事物,真理既是一元的,同时又是多层次和多样化的。我们认为,科学理论模式的多重性,是科学技术发展的重要力量,也是人类迈向绝对真理的重要途径。但是,不能把可以用多种科学理论或科学方法描述同一客观事物及其规律这一事实与真理多元论混为一谈。真理一元论与对同一客观事物真理性认识的理论表述的多层次性、多样性并不矛盾,它们可以是完全统一的。

至于有些同志依据"在马克思和恩格斯创立辩证唯物主义的同时",约·狄慈根也"发现了这种理论""牛顿、莱布尼茨各自独立发明微积分""达尔文与华莱士各自独立提出进化论"这类事实得出结论说,真理是多元的。我们暂且不论这种比较是否科学,仅就上述事实而言,不但不能说明真理是多元的,倒是明确无误地证明了这样一个真理:只要遵循科学的实践道路,对同一客观事物,真理只能是一元的。

三、统一指导思想与"双百"方针

有些主张真理多元论的人认为,坚持真理一元化,势必导致"大一统"(指统一指导思想);而有了"大一统","百花齐放、百家争鸣"就无法做到,社会也就将陷入"万马齐喑"的时期。他们制造了一个"一元化"到"大一统"再到"万马齐喑"的逻辑公式。这实际上是偷换概念,缺乏科学根据。

首先,需要指出的是,真理一元化与统一指导思想是两个不同的概念。统一指导思想可能是真理,也可能不是真理。一定的经济基础,决定了一定的上层建筑。只要有统一的经济基础,统一的政权,就有相应的统一指导思想,而占统治地位的思想就是统治阶级的思想。这是历史唯物主义的基本原理。至于统一指导思想是否是真理,这要看它是否符合历史发展规律,推动历史前进,这两者之间不能画等号,也没有必然的因果联系。

其次,是否有统一指导思想就必定要"万马齐喑"呢?能否实现既有统一的指导思想,又有百家争鸣的新局面呢?这个问题只有马克思主义才能予以科学回答。"百花齐放、百家争鸣"的"双百"方针就是马克思主义自觉提出的,它是马克思主义发展科学文化的必然要求。只有在马克思主义的统一指导下,"双百"方针才能真正贯彻。为什么这样说呢?至少可以从下述三方面来回答。

第一,马克思主义在中国的指导作用的地位,是在长期革命斗争中形成的,是历史和人民的抉择。第二次鸦片战争后,伴随"门户开放",西方的各种思潮相继涌入中国,和中国的传统思想文化交叉在一起,纷纷登台表演。但是,无论是复古主义、改良主义、自由主义、实用主义、三民主义,还是"科学救国论""教育救国论""实业救国论",统统无力拯救灾难深重的中华民族。唯有中国共产党高举马克思主义的旗帜,才把中国引向光明。所以,马克思主义不是一般的学派,而是在百家争鸣中,经过实践检验的指导中国革命的科学。正因如此,人民才选择马克思主义作为自己的指导思想。党的十一届三中全会以来取得了许多喜人成就,再次证明了马克思主义的强大生命力和作为我国社会主义建设的指导思想的极端重要性。像我们这样一个十多亿人口的大国,有马克思主义作为统一指导思想,这是我们社会主义社会的优点。

第二,马克思主义并不是封闭体系,它是随着实践的发展、各门科学的发展而发展的。马克思主义创立之始,就博采百家之长,批判地吸收了在它以前哲学社会科学和自然科学的优秀成果,创立了辩证唯物主义历史唯物主义理论、剩余价值学说以及建立在这两者基础上的科学社会主义思想,为我们提供了理论基础,指明了社会发展的趋势和轮廓。但是它并没有穷尽真理,而只是为真理的发展开辟了道路。一百多年来,马克思主义有了很大发展。当前,面对科学技术的巨大发展,面对纷繁复杂的世界,面对社会主义建设、改革提出的许多新问题,马克思主义尤其需要在实践中从各门学科、各种学派的发展中获得营养,不断地吸收和概括当代科学发展的最新成果,不断地吸取当代各种思潮中一切反映科学进步的积极因素。只有这样马克思主义才能随着生活前进并指导生活前进。马克思主义和各门科学的发展不是互相排斥而是相辅相成的。"双百"方针是繁荣文化、发展科学的方针,所以它是马克思主义的本质所要求的。在这一点上,它和历史上剥削阶级"大一统"的统治思想是根本不同的,和僵化的、封闭的、教条主义的假马克思主义也是根本不同的。

第三,马克思主义是在斗争中发展的。有比较才能有鉴别,真理越辩越明,正确的东西总是在同错误的东西作斗争的过程中发展起来的,真、善、美的东西总是在同假、恶、丑的东西相比较、相斗争中发展的,这是真理发展的规律,也是马克思主义发展的必由之路。正因如此,我们才说马克思主义的本质是批判的。当然,这种批判精神不是简单地否定一切,而是批判地继承,在批判中发展,在批判中不断清除不科学的思想,发展科学的思想。"百家争鸣"就包含了这种辩证的科学的批判精神。这和那种"打棍子""扣帽子""揪辫子"以势压人、无限上纲、否定一切的"大批判"是根本不同的。为了防止人们误解,我们今后也可以用批评来代替批判这个词。总之,"百家争鸣"离不开对错误思想的批评,总是要采取说理的、讨论的、批评自我的批评方法,经过"百家争鸣",检验各种学说观点的是与非、真与假,促进科学的探讨和真理的发展。多学派的争论和探讨是发展真理的途径。各种学派包括马克思主义和非马克思主义在争论中应当采取平等的以理服人的态度。但是众多学派谁存在、谁消亡、谁发展,最终要取决于这个学派有多少科学的成分,已经被实践证明的科学理论和没有充分科学根据的学派,以及实践证明已是错误的学派,它们在真理面前并不是"平权"的和"等价"的。笼统地说"真理存在于各派学说之中",各派学说都是"平权"的,是不合乎各派学说的实际状况的。

两种价值与真理的统一观

一、价值与真理的对立统一

把真理论与价值论的辩证统一作为马克思主义认识论和历史观的重要内容，是近年来哲学理论的创新。人类的认识、实践活动总是由两项基本内容组成。其一，认识事物的本质和发展规律，即弄清该事物"是什么""为什么是"和"将演化成什么"，求真理，讲科学，探求事物客观规律，这是真理论问题。其二，研究事物对我们有何意义？能满足我们什么需要？作价值判断，这是价值论的问题。在前二项认识、实践活动的基础上，人们才能作出如何行动的决定。寻求真理，使我们能按客观规律办事，探讨价值，为了给我们带来更大的效益，更积极的意义。在实践中，我们的行动成功了，它不但证明我们对客观事物的规律有正确的认识，而且也证明我们的价值判断是正确的。反之，不但证明我们对客观规律的认识有误，而且也不可能获得预期的价值。

由此可知，人们的认识、实践活动遵循着两大原则：真理原则和价值原则。所谓真理原则就是人们的意识和行为要追求真理，服从真理，按照客观事物的本来面目和规律去认识世界和改造世界，包括认识和改造人类自身。人们的许多观念，如"实事求是""从实际出发""合规律性"等，都是真理原则在不同角度和水平上的表述。所谓价值原则，就是人们意识和行为追求对主体需要的满足，或者说是按照人的需要去认识世界和改造世界。人们的许多观念，如"注重效益""讲求功利""求真""求善""求美"等，都是从不同角度和内涵上对价值原则的描述（"求真"，对追求真理的人来说也是一种满足主体需要的认识、实践活动）。

真理与价值、真理原则与价值原则是既对立又统一的，双方共处于一个统一体中。这个统一体就是人的实践，实践把主体的需要、目的与客体的对象联结起来。统一的根据是人对真理的可认识性和人对真理利用的可调节性，根据事物的客观规律及人的需要进行调节，使真理与价值统一起来。真理的内容、客观规律，是不以人的意志为转移的，人不能创造、消灭、改变客观规律，所以客观规律并不一定和人的需要或目的一致。但是，人可以认识客观规律并进行调节，使之朝着对主体人有利的方向发展。核能的性质和规律是客观的，但人们可以在遵守其规律的前提下修建核电站，制造核武器。水利与水害、风力与风灾、火力与火灾、卫星上天与导弹发射，都是合乎客观规律的表现，但对人的利害却截然不同，人有能力使自己的活动既不违背客观规律，又有利于人。科学技术的任务不但要研究客观对象的本质和规律，而且要研究如何利用规律造福于人类。人的这种主体性的本质、能力及其实践可以把真理和价值具体地、历史地统一起来。正如恩格斯所说的：人应当"了解自己本身，使自己成为衡量一切生活关系的尺度，按照自己的本质去估价这些关系，真正依照人的方式，根据自己本性的需要，来安排世界……不应当到虚幻的彼岸……应当到近在咫尺的人的胸膛里去找真理"。

当然，真理和价值的统一，和任何对立的统一一样，都是有条件的。人作为主体，对真理的认识及利用真理满足人的需要的调节能力是受到主客观条件的限制的。这种限度有两方面。其一，人的认识、调节的能力受人类社会发展状况的制约。中国古代人不可能修建三峡工程，因为当时的历史条件不可能有这种认识、实践能力。现代人还不可能离开地球而生存，因为现代人也没有这样的认识、实践能力。人只能在一定历史条件、认识实践发展的基础上，发挥自己的调节能力。其二，受主体在历史发展中的地位及其根本利益的限制。一定的人、一定的阶级、一定的社会，其根本利益是否与人类历史发展客观规律相一致，从根本上决定着它能否将真理与价值、真理原则与价值原则统一起来。如果一定主体的根本利益与社会历史发展规律的方向根本冲突，那么，如果它不根本改变立场，不放弃自己原来的根本利益，那么，对它来说，价值与真理的根本冲突、对抗乃至破裂是不可避免的，最终失败的只能是价值主体自己。历史上一切反动没落的势力终究不能做到真理与价值、客观规律与根本利益相统一，不是他们主观能动性发挥得不够，为了自己的根本利益，他们是充分发挥其能动性的，而且局部地、暂时地达到了他们的目的、需要。根本问题是他们的主观能动性违背了历史客观规律，最终是要失败的。

从根本上说，与人类社会历史发展规律要求相一致的社会、阶级、政党和个人是能做到真理与价值或者说科学性与党性的统一的。但是，这种统一仍然是对立的统一、有条件的统一。如果先进的社会阶级、政党和个人的认识违背了历史发展规律，或不能正确代表自己的阶级和人民的利益，仍然不能做到真理与价值、科学性与党性的统一。有的人主观上想为人民谋利益，但由于其认识违背客观规律，结果适得其反；有的人在尖锐的政治斗争中明明知道什么是真理，但由于为个人、小集团私利的考虑，没有勇气坚持真理；等等，都不能做到真理与价值、科学性与党性的统一。对先进的社会、阶级、政党和个人来说，真理与价值、科学性与党性也是有矛盾的，我们只能说，这种矛盾从根本上是非对抗性的，在对立中是可以统一的。但不能认为，只要是先进的社会、阶级、政党、个人就永远能使真理与价值、科学性与党性统一起来。要统一，对客观规律仍然要做艰苦反复的科学探索，对人民的需要和利益仍然要做历史的、科学的把握。

正确理解真理与价值、真理原则与价值原则的关系可以帮助我们弄清学术界曾长期争论的真理有无阶级性的问题。真理是对客观事物的本质及其规律的正确反映，其本身没有阶级性，即真理是不以任何阶级的愿望为转移的。但人们认识真理是为了满足人们的需要，实现一定人们的价值，把对真理的认识应用于改造世界，对不同的历史主体，如先进的阶级或反动的阶级可能有不同的甚至截然相反的意义；不同的阶级，出于自身的根本利益的考虑，对真理也可能有不同的或截然相反的态度，所以真理的社会应用又有价值属性，包括阶级性。所以，真理本身无阶级性，真理对不同主体的社会价值有阶级性。前几年，有些人主张真理分两种，一种是价值真理，一种是事实真理，前者有阶级性，后者无阶级性。这是把真理与真理的价值弄混了，不是真理分两种，而是真理原则与价值原则是两种不同的认识实践原则。

二、对真理与价值两种截然不同的统一观

哲学应当把真理与价值的统一作为自己的研究方向，在唯物主义地理解真理、价值的基础上，坚持真理与价值之间辩证的、历史的统一是马克思主义认识论与历史观的一项重要理论原则。

西方哲学有两大流派，唯科学主义和反科学主义（人本主义），他们把真理与价值看作是毫不相容的东西。唯科学主义根据价值问题的不确定性、多样性，根本否定价值有客观性和科学内容，把价值排斥在科学之外，如当代实证主义认为哲学要成为一种科学知识形式，就必须抛弃它的意识形态性质，最多只能把价值作为它用逻辑和语言等分析方法加以考察的对象，否则哲学就不是一门科学。而反科学主义或人本主义则抓住科学技术在价值方面的中立性和某些副作用，认为科学不能解决人的幸福与自由问题，主张哲学只能搜寻和表现人自己的内在世界，人的价值意向的形式，而不应研究科学。现代生命哲学、人格主义、存在主义属于此类。"哲学是科学"（他们所讲的"科学"，不是指事物的客观规律性,而是指客观世界整理后的"逻辑性""齐一性"和"普遍效用")与"哲学是价值体系"之争,是现代西方哲学两种极端片面的思潮,它反映了资本主义社会真理与价值的尖锐对立,也反映一些学者形而上学的思维方式。

但是西方哲学中还有另一种流派,企图把真理与价值统一起来,但却是在唯心主义的基础上,形而上学地、庸俗化地将二者统一,这个流派就是实用主义。

实用主义哲学兴盛于19世纪末到20世纪初的美国,实际影响渗透到美国社会的各个阶层,并波及国外,它迅速地成长为正在崛起的美国资本主义制度的"国家哲学",成为一种相当普遍的行动准则和生活哲学,至今仍起着重要的作用。其之所以在美国兴盛起来,一方面,是由于美国的特殊环境。美国没有自己传统的思想文化体系,它的资产阶级不像欧洲资产阶级那样,不得不面对君主、教皇、国家及其他传统道德和势力的束缚,欧洲的移民到美国来,可以放任地追求个人的"成功""利益""效用",把人与人、人与社会,甚至人与上帝的关系都视为利害与买卖的关系。美国实用主义哲学家米德说:"美国的个人主义是这样一种个人主义,它使灵魂面对着'创造主',开辟者面对着社会,经济人面对着市场,它们之间的关系都是契约关系,他们关心的(全身心的)是商业实利,美国哲学家所致力的正是为此种利益作论证,而不是编织抽象的理论体系,实用主义正是从此种利益中蒸馏出来的。"

另一方面,是由于在当时唯科学主义与人本主义两大思潮的对立中,实用主义是在一定程度上企图使之调和统一的产物。实用主义同样站在唯心主义立场上,力图集两大思潮之所"长",避其所"短",使它们融为一体,提供一幅既不损害唯心主义的基础,又能利用科学,又讲价值,继续为发展资本主义服务的思想图景。从查理·皮尔士和威廉·詹姆士到约翰·杜威,实用主义的创造者们毕生的大部分精力都是用来"沟通"自然界和资本主义社会、科学和人、科学和价值、科学和宗教、科学和资产阶级道德、真理和"有用"的。实用主义哲学"把不同的唯心主义哲学流派的观点糅合在一起,像变色虫一样根据不同环境变换自己的颜色","实用主义是现代资产阶级哲学中一个最典型的折衷主义哲学流派"。其他西方学者和实用主义者自己也承认它是"一种调和的哲学"。

实用主义是地地道道的主观唯心主义哲学,是地地道道的资产阶级哲学。"现在问题不再是这个或那个原理是否正确,而是它对资本有利还是有害,方便还是不方便,违背警章还是不违背警章。""真理=有用"是其典型的公式。但实用主义想要调和科学与人、知识与评价、真理与价值，客观上反映了一种使"唯科学主义"和"人本主义"两大思潮统一起来的企图，它虽然是折中的、唯心的，它在企图使两大思潮统一起来这点上，比其他资产阶级哲学高明。它的错误只是证明需要辩证地、唯物地统一真理和价值，而实用主义和任何资产阶级哲学是做不到这一点的。唯物地、辩证地将真理与价值统一，是马克思主义哲学的任务，这是马克思主义哲学高于资产阶级哲学的又一表现。但是，马克思主义对实用主义不是采取虚无主义态度，简单否定了事，而是对实用主义提出的一些有价值的值得深思的问题，采取科学分析的态度。这些问题譬如，实用主义非常重视价值与真理的关系。"哲学的中心问题在于由于自然科学的缘故对事物本质的信念与对价值……的信念之间的关系。"而且，它的态度是积极寻求二者的统一。再譬如，实用主义认为价值与真理统一的意义在于加强理论同实践的联系。"哲学被人要求成为实践的理论，由于在实践工作中有足够确定的、能起作用的一些观念，依靠它们，可以在实际经验中保证理论与实践相结合。"而且，实用主义非常重视实践的效果。"这个态度不是去看最先的事物、原则、'范畴'和假定是必需的东西；而是去看最后的事物、收获、效果和事实。"刘放桐在概括实用主义特点时指出：实用主义"强调要立足于现实生活，把确定信念当作出发点，把采取行动当作主要手段，把获得效果当作最高目的"。马克思主义也非常重视真理与价值（包括真理与有用）、理论与实践的统一，也非常重视实践的效果。特别是历史唯物主义，把社会实践看作首要的基本问题，因而我们还可以称之为"实践的唯物主义"。那么，它与实用主义的本质区别是什么呢？

（一）统一基础的唯物论与唯心论

马克思主义的真理与价值统一论，是以唯物主义为基础的。它坚持真理是客观的，价值也有客观性，其统一是主客体在社会实践中客观的相互关系，因而它能够唯物主义地把握、反映世界的真理论与创造世界的价值论的统一。实用主义的统一规则以否认客体的客观存在，否认人的观念是客观存在的反映为基础的。它把实践与"经验"等同，而"经验"则是指精神现象，属于"知识"范畴，实践只是"知识的运用""感觉的复合"，它把一切都归结为主观经验形式，既把价值说成是纯主观的兴趣、情感、意志，又把真理归结为主观"经验"的"有用性"形式。完全否认经验及真理的客观内容。所以才会有"真理是任人打扮的女孩子"之说。

（二）"统一"的辩证性质与形而上学

马克思主义认为真理与价值是对立的统一。真理性认识、实践活动与价值性认识、实践活动是两种性质的认识实践活动，真理不等于有用，不能取消真理与价值的矛盾性、差异性，甚至把真理归并为有用；二者的统一也是对立中的同一，有条件的统一，并不是任何条件下真理与价值都能统一。实用主义则相反，它的"统一"是无矛盾的统一，简单把真理从属于、归结于、等同于价值、有用，用主体吞没客体，用价值吞没真理，从而得出"有用即真理"的结论。实用主义"真理＝有用"的公式不仅混淆了真理与价值的本质区别，把真理湮没在有用之中，而且把真理可以有用的命题形而上学地绝对化，真理可以对人类有用，但不是在任何条件下、对任何人有用，它受社会历史发展状况和主体根本利益的制约，最终是真理决定能否有用和对谁有用，而实用主义则把真理有用的命题绝对化、永恒化，而且把决定价值成败的真理原则庸俗化为有用的附属物。

（三）唯物主义的一元论与唯心主义的多元论

在真理问题上，唯物主义认识论与历史观认为真理是对客观事物本质及客观规律的正确反映。因此，在一定条件下，对同一对象本质和规律的正确认识只能有一个，这就是"真理的一元论"。在价值问题上，一定社会的具体价值主体可以是多元的，如性质根本不同的所有制，对立的阶级，不同价值主体的根本利益是不同的，因而价值的本质和本源是不同的，或者说是多元的。但与真理相统一的价值是一元的，即代表真理的，与历史发展客观规律的前进的方向相一致的价值是一元的。一定社会的主导价值也是一元的，即统治阶级所要求的一元价值决定着不同利益主体价值能否实现。而实用主义用价值决定真理，否认真理的客观内容，又强调价值主体主观经验的多元性。因而必然得出真理多元的结论。其真理多元，实质是无所谓真理，真理只不过是价值多元的主观表现形式而已。实用主义还用不同主体主观价值的多元性掩盖一定社会统治阶级主导价值的一元性。在资本主义社会用以掩盖资产阶级和资本统治的实质。用多元论取代一元论，这是实用主义历史唯心主义的表现。

（四）革命功利主义与庸俗功利主义

马克思主义真理与价值相统一的原则，必然导致革命功利主义，即以代表历史前进方向的先进社会力量为主体的价值原则，在当代就是以工人阶级和人民利益为主体的价值原则，并坚信这样的功利，由于其代表历史发展的规律，最终总是能实现的。马克思主义不是禁欲主义、苦行僧，它公开声明自己是为工人阶级和广大人民的利益而奋斗。马克思主义也不是庸俗功利主义，即脱离社会前进方向和人民的根本利益去追求狭隘的个人、小集团的眼前私利。实用主义所讲的功利则是庸俗功利主义。它不承认历史客观规律，因而也不承认代表历史前进方向的社会功利,它的功利是指一切价值主体的功利,特别强调的是个人眼前就能到手的功利,即"有用"。实用主义也讲实践,但它所讲的实践是指孤立的个人的实践,而不是讲社会的实践,所以,它讲的功利和有用也是讲人们日常生活中的功利和有用。"对谁有利、有用"它是不问的,这种功利是非常庸俗的。

(五) 两种不同的实践效果观

列宁说:"在唯物主义者看来,人类实践的'成功'证明着我们的表象和我们所感知的事物的客观本性的符合。在唯我论者看来,'成功'是我在实践中所需要的一切,而实践是可以同认识论分开来考察的。"这话最深刻地阐明了马克思主义与实用主义在实践效果观上的本质区别。马克思主义认为,实践是检验真理的唯一标准。它既检验价值性认识是否正确,更检验决定价值成败的真理性认识是否正确。换句话说,实践获得了成功的效果,不仅证明我们的认识是有用的,而且证明决定"有用"思想能否实现的前提是正确的,效果中所包含的对真理的证明比对价值的证明具有更根本的、普遍的指导意义。而对实用主义者来说,成功只证明我想要的东西是可以得到满足的,有用即真理,这种真理并不证明主观认识和客观相符合。列宁在这里讲的是唯我论,不是直接针对实用主义的。但实用主义在真理与价值关系问题上的态度就是一种唯我论。二者的共同本质是实践获得成功可以证明我主观的需要可以满足。区别是实用主义者把这种主观需要的满足定义为"真理"就是了。

历史唯物主义与人道主义

历史唯物主义与人道主义的关系问题是历史唯物主义与历史唯心主义在当代斗争的焦点之一。

西方哲学分为两个流派：科学主义和人本主义。当代人本主义哲学大多认为人性的本质是善的、主张人道主义。这种思想作为政党指导思想体现出来，主要是民主社会主义思潮。现在世界上大约有上百个民主社会主义政党（社会党、社会民主党、工党），其中有约三十个党作过执政党或现在仍然执政，有较大的社会影响。它们在表面上，强调指导思想的多元化，但其核心实际上是人道主义，如德国社会党，它认为自己的指导思想来源于德国古典哲学、马克思主义和基督教伦理学，是多元化的。但它的古典哲学指的是康德的人本主义，马克思主义指的是《1844年经济学——哲学手稿》，被称为早期的马克思的人道主义，基督教教义中也是突出了人道主义色彩的伦理学。所以，说是指导思想多元化，实际上是人道主义思想的一元化。

戈尔巴乔夫的"新思维"，核心也是"民主的人道主义"。戈尔巴乔夫1985年当选为苏共总书记，1987年就出版了《改革与思维》。这本书主张："全人类利益高于一切"，"国际关系人道主义化、人性化"，提出了"人道的民主的社会主义"。1988年，在苏共第十九次党代表大会上的讲话；1989年11月26日，在真理报发表的文章；1990年3月，发表的《未来世界与社会主义》的文章都强调人道的民主的社会主义。1990年2月，通过的苏共纲领，同年二十八大通过的苏共纲领也都提出："以人道主义为核心，自由、平等、公正的价值理想。"戈尔巴乔夫宣扬"社会主义思想来自许多源泉，主要是人道主义"，"社会主义不是经济发展的必然，不是社会主义矛盾发展的结果，而是人道主义制度，社会主义的源泉是人道主义"。当时苏共主管意识形态的书记梅德韦捷夫1990年2月对苏共纲领的说明也说，"纲领吸取了普列汉诺夫、费边派、社会党、罗素、爱因斯坦、萨哈罗夫的思想"，"马克思主义是形成发展于人道主义的怀抱"。

这种思想对东欧社会主义国家影响很大，那里的共产党几乎都随之民主社会主义化，主张人道主义。这种指导思想在苏联解体、东欧剧变中起了很大的作用。

一

苏联和中国的人道主义和异化思潮与马克思主义早期著作《1884年经济学——哲学手稿》（以下简称《手稿》）有很深的理论联系。

《手稿》是马克思早期在向历史唯物主义转变过程中完成的，是一部马克思在世时未公开出版的著作。列宁没有看到过，恩格斯是否看过不清楚。1932年德、苏先后出版了《手稿》，于是西方掀起了一股马克思热。西方学者宣称，发现了人道主义的、异化的马克思。美国实用主义哲学家胡克说："马克思第二次降世的时候，不是以《资本论》的作者、风尘仆仆的经济学家的姿态出现，也不是作为革命的无裤党、具有鼓舞力量的《共产党宣言》的作者出现的。他穿着哲学家和道德家的外衣走出来，宣告关于超阶级、政党或派别的狭隘界限的、人类自由的消息。"从此，有了"马克思主义的人道主义"，并以此来批判、攻击现代马克思主义的"僵化""目中无人"。后来西方的很多思想派别都受这一思潮影响，如萨特称自己要用"存在主义的人道主义"补充马克思主义，说在马克思主义中"存在人学的空场"，人学是"一块被忽略的飞地"，所以要用存在主义给马克思主义"输血"，把人恢复到马克思主义之中。

西方这一思潮对苏共等一些社会主义国家产生了重大影响。苏共的人道主义思潮热形成于苏共二十大之后，其否定斯大林，主要是以人道主义为武器，将斯大林的错误归结于"无人道"。当时有人将"人道主义的马克思"吹捧为20世纪人类思想的里程碑。苏共二十大后，苏联、东欧掀起了人道主义热。20世纪70年代共有46种人道主义理论，发表了一万多篇文章。我国的人道主义热也是形成于反思"文化大革命"等历史失误过程中。

毫无疑问，"文化大革命"、斯大林的肃反扩大化中，是有不人道的地方。问题是应如何反思这些错误，用人道主义反思是不是科学？这就涉及人道主义与马克思主义、历史唯物主义的关系问题，涉及对《手稿》的评价。

《手稿》是马克思由费尔巴哈主义向历史唯物主义转变过程中的产物，既有费尔巴哈的思想痕迹，又超越了费尔巴哈，接近和趋向历史唯物主义。这主要表现在以下三点：

第一，马克思和费尔巴哈一样都认为人的本质在于人自身，这是人本主义。但马克思强调，人的本质是"自由自觉的活动"，即劳动。费尔巴哈归纳的人的本质是理性、意志力和爱，虽然这时马克思对劳动的理解仍不完全科学，但毕竟开始接触并十分重视人的劳动实践问题。可见，马克思的思想已超出了费尔巴哈，并且超出了西方的天赋人权理论。

第二，马克思同费尔巴哈都讲异化、非人化，但马克思是从经济的角度揭示异化，强调异化是资本与劳动的对立，揭露资本主义的剥削、压迫，这说明马克思对资本主义乃至共产主义的论证已经开始转到经济学的基础上。而费尔巴哈则只是讲宗教的异化，"神是人的异化"，"想象世界是现实世界的异化"。

第三，马克思讲共产主义是"现实的人道主义""完成了的人道主义"，是对人的异化的克服和人的本质的复归。这种认识虽然有空想色彩，但它是向科学共产主义思想转化过程的一个发展阶段。

但是，此时马克思还没有形成唯物史观，没有完全摆脱费尔巴哈的影响，没有完全和空想社会主义划清界限。关键在于这时还没有明确社会物质生产方式是社会存在、发展的基础和出发点，还没有明确生产力和生产关系的矛盾运动是社会历史发展的根本动力。这时马克思还没有形成生产关系的概念，生产力的概念是从古典经济中接受过来的，对其具体要素还没有科学的概括。所以，这时，马克思还没有最终克服人本主义抽象人性论的影响，还没有达到"人的本质并不是单个人所固有的抽象物。在其现实性上，它是一切社会关系的总和"的认识高度。

其一，马克思虽然看到了劳动的作用，但对劳动的理解是不科学的。我们知道，劳动是人们结成一定的生产关系，有目的改造自然的活动。而在《手稿》中，劳动被理解为"人的生命本质""类本质"，区别于动物的"自由自觉的活动""自觉的生命活动"，还是作为人的一种生而俱来的自然本性来理解。而这种"自由自觉的活动"在现实中是不存在的。

其二，虽然揭露了资本主义的剥削，但仅把剥削看作是"人的本质的异化"，而没有认识到，剥削是生产力一定发展阶段之上所产生的私有制的必然产物。因此，没有真正抓住资本主义剥削的本质和根源。这时，马克思主义对异化（剥削）和私有制之间的因果关系还不清楚。当马克思发现唯物史观和剩余价值规律后，把异化劳动归结为雇佣劳动，劳动异化归结为剩余价值，就深刻地揭露了剥削的本质和根源。

其三，解决资本主义社会矛盾的途径，仅仅用"人的本质的复归"，来克服人的异化，而没有从生产力、生产关系的矛盾运动寻求历史进步和人的解放。

因此，我们说，《手稿》已经超越了费尔巴哈主义，接近和趋向于历史唯物主义，但还没有达到历史唯物主义。它没有达到把一切社会关系归结于生产关系，把生产关系归结于生产力的高度，还没有把人放到社会关系的总和中来理解，但已经开始朝着这个方向发展。应当说,《手稿》是马克思向历史唯物主义转化过程中的一个必然环节。

二

历史唯物主义与人道主义的根本区别在哪里呢？为什么不能用人道主义作为观察社会历史问题的理论基础和根本方法呢？

我们并不是笼统地反对人道主义，否定人道主义。"人道主义就是把人的价值，人的尊严放在首位的学说"，是"提倡关怀人、尊重人、以人为中心的世界观"，它在资产阶级反对封建主义的斗争中起过积极作用，而且在社会主义社会，作为一种社会公德在道德伦理领域也是需要提倡的，应该提倡对人的关心、尊重。毛泽东同志在新民主主义革命中就提出"救死扶伤，实行革命的人道主义"。在社会主义社会应当将革命人道主义发展为社会主义人道主义，使之有更为丰富的内容，以适应社会主义经济基础的需要。胡乔木《关于人道主义异化问题》的文章这方面有深入的论述，并且认为现在发扬这种精神还很不够。问题是人道主义能不能作为一种科学的历史观，能不能把抽象的"人"作为马克思主义的出发点。马克思主义历史理论与实践的出发点是生产方式还是"人"，具体地说有三点根本区别。

人道主义历史观与历史唯物主义的第一个区别，是如何看待人的本质。在被恩格斯称之为"包含着新世界观天才思想萌芽的第一个文件"——《关于费尔巴哈的提纲》中，马克思指出，"他（费尔巴哈）只能把人的本质理解为'类'，理解为一种内在的、无声的、把许多个人纯粹自然地联系起来的共同性。"也就是说，人道主义把人的本质归结为"类"本质，归结为人区别于动物的先天具有的自然本质，如18世纪法国资产阶级革命提出的"自由、平等、博爱"，费尔巴哈提出的"理性、意志力和爱"。他们都认为"人的根本就是人自身""人本身就是人的最高本质"。而历史唯物主义则认为："人的本质并不是单个人所固有的抽象物，在其现实性上，它是一切社会关系的总和。"强调现实的人在各种社会关系的实践中，形成人的本质。这种社会本质才能从更深层次上来区别人与动物，也才能弄清抽象的"类"本质所回答不了的人与人的本质为什么不同。

钱学森说，他在获得"国家杰出贡献科学家"称号时，已不再激动。为什么呢？因为他早已激动过了。第一次是他的导师讲，钱学森已超过了自己，他很激动，作为一位中国人的激动。第二次是成为共产党员，成为无产阶级先进分子的激动。第三次是和其他五位劳动模范一起受表彰，感到自己是劳动人民的一员，很激动。可见，钱学森的激动是建立在作为中国人，作为共产党员，作为劳动人民这些人的社会本质的不同升华的基础之上。最后一次受到表彰，虽然获得了国家奖，但是在人的本质上没有新的飞跃，所以他不再激动。

历史唯物主义与人道主义的第二个区别，是怎样观察、解决社会问题，是从人道出发，还是从具体的生产力发展状况和具体的经济社会关系状况出发？

人道主义抽象掉人的社会本质，用人先天具有的自然本质去观察、认识社会问题，去谈人的需要和价值问题，是根本行不通的。1983年，有一位哲学家说："讲人道主义就是要给人以起码的卡路里和居住面积。"但是，起码的卡路里和居住面积是多少？人均几平方米？是多少卡路里？这是靠"人的价值在于人自身"的人道主义无法说明的，还是要看具体的社会关系和特定的生产力发展状况。

邓小平同志在1983年针对人道主义思潮泛滥的情况讲道："我们的人民生活水平和文化水平还不高，这也不能靠谈论人的价值和人道主义来解决，主要地只能靠积极建设物质文明和精神文明来解决。离开了这些具体情况和具体任务而谈人，这就不是谈现实的人而是谈抽象的人，就不是马克思主义的态度，就会把青年引入歧途。"①

历史唯物主义与人道主义的第三个区别，是怎样观察历史。有一个人道主义的历史公式把人类从原始社会经历阶级社会发展到共产主义的历史过程描述成"人—非人—人"，即人的本质的异化和复归的三个阶段，认为共产主义是"人"的本质的复归。

按照历史唯物主义的观点，人类社会的历史是生产力与生产关系、经济基础与上层建筑的矛盾运动推动的。以理想化的人的"类"本质（如"自由自觉的活动"）作为历史的出发点，是不符合历史实际的，历史上从没有过这种人的原型。原始共产主义社会，人类处于蒙昧时代，生产力低下，战俘被杀掉或吃掉；有的氏族，部落老年人、病人被杀掉也是合乎道德的，因为没有多余的产品。所以，那时没有"自由自觉的活动"这样的劳动，也没有这样的人的本质。进入阶级社会并不是人的本质的异化，而是生产力、生产关系的进步，人类从此进入文明时代。奴隶主对奴隶的剥削是残暴的，但战俘不再被杀掉，而是变成奴隶，这是进步；体脑分工、对立出现了，但它创造出了灿烂的古代文明。封建社会，仍是生产力、生产关系的进步，同时，农奴不再像奴隶那样只是"会说话的工具"，而是半人身依附的劳动者，人也得到一定程度的解放。资

---

① 邓小平. 邓小平文选：第3卷［M］. 北京：人民出版社，1993：41.

本主义社会，生产力、生产关系迅速发展，工人成了自由的雇佣劳动者，这又是历史的进步。共产主义社会也不是人性的复归，而是社会基本矛盾运动发展的必然产物。马克思说："共产主义对我说来不是应当确立的状况，不是现实应当与之相适应的理想，我们称之为共产主义的是那种消灭现存状况的现实的运动。"到共产主义社会，生产力高度发展，人也随着历史进步达到自由而全面发展的高度。而且随着历史的前进，人的本质、人性、人的价值还要进一步发展。所以共产主义是历史的前进而不是人的抽象本质的"复归"，不是"完成了的人道主义"。

因此，"人—非人—人"的历史公式，及"人是马克思主义的出发点"这样的观点，并不是什么新发现，实际上是倒退到历史唯心主义。

人道主义与历史唯物主义的第四个区别，是有没有超阶级、超社会关系的人道。这是历史唯物主义与人道主义又一个根本区别，也是早期马克思与成熟时期马克思的根本区别。马克思在《共产党宣言》中批判了这种超阶级、超社会历史的、抽象的人道主义。他说："他们不代表真实的要求，而代表真理的要求，不代表无产者的利益，而代表人的本质的利益，即一般人的利益，这种人不属于任何阶级，根本不存在于现实世界，而只存在于云雾弥漫的哲学幻想的太空。"

戈尔巴乔夫的"新思维"失误的根本点，就在于宣扬抽象人道主义，讲"全人类利益高于一切"，讲"国际关系人性化""全人类利益高于阶级利益"，延伸下去讲党是"全民党"，国家是"全民国家"。结果到处碰壁，因为现实世界存在着阶级、国家、民族等的利益矛盾。

正如历史唯物主义所揭示的，现实世界是一个充满了阶级利益、国家利益、民族利益等矛盾的世界，并不存在超阶级、超民族的人道、人的价值。

总的来说，历史唯物主义基本方法论原则，不是从人性、人道出发，而是从现实物质生活条件出发，"只有把社会关系归结于生产关系，把生产关系归结于生产力的高度，才能有可靠的根据把社会形态的发展看作自然历史过程。"只有把现实人的本质理解为"一切社会关系的总和"，才能正确地观察人性、人的需要和价值等问题。有些人对社会主义社会理解有空想成分，原因之一就是从抽象的人道主义出发。现实社会主义不是"人道"的化身，而是历史前进中的一个阶段。

对精神文明建设形势的科学分析

改革开放以来,党风、社会风气、社会秩序的某些方面出现了一些消极现象。解放初期早已禁绝的卖淫嫖娼、贩毒吸毒、聚赌贩黄等犯罪行为死灰复燃;以权谋私、贪污受贿、走私贩私、偷盗抢劫等现象屡禁不止;拜金主义、享乐主义、个人主义滋生蔓延;这些现象,引起人民的忧虑,人们担心"发展物质文明是否必然要以牺牲精神文明为代价"?理论界在精神文明问题上有"滑坡论"与"爬坡论"的讨论,也有"代价论"与"先后论"等各种主张,这些认识上的困惑影响着人们对改革开放的信心。《中共中央关于加强社会主义精神文明建设的若干重要问题的决议》一开篇就对这一问题做了全面、科学的分析,从而消除了人们的思想疑虑。

首先,对社会主义精神文明建设的主流支流要有总体的正确评价。《决议》对精神文明建设中存在的问题作出了充分的估计。从六个方面提出了"必须清醒看到"的问题,并且严正指出"看不到问题的严重性和紧迫性就会丧失警惕,是危险的"。但是花更大的笔墨对社会主义精神文明建设的主流做了系统的阐述。《决议》首先指出,改革开放以来生产力解放、物质文明进步的过程中,同时也是一个思想解放、精神文明进步的过程。没有党的解放思想、实事求是的思想和对社会主义再认识的飞跃,没有民族自立精神和开拓进取精神的振起,就不能科学地说明我国十八年来在经济、政治、文化各方面的巨大进步。

其次,指出了建立社会主义市场经济不但有利于解放生产力,而且"也有利于增强人们的自立意识、竞争意识、效率意识、民主法治意识和开拓创新的精神,使社会主义的优越性进一步发挥出来"。而且《决议》还对改革开放以来,特别是十四大以来,在以江泽民同志为核心的党中央的领导下,贯彻邓小平同志建设有中国特色社会主义理论和党的基本路线,在社会主义精神文明建设的各个方面取得的成就做了全面的肯定。明确指出,"看不到十八年来精神文明建设的主流,就会丧失信心,是错误的。"我们应当根据《决议》的分析,科学认识精神文明建设的形势,不能因为出现一些社会消极现象而看不到两个文明建设的巨大进步，产生悲观失望的情绪。也决不应"以俊遮丑"，不去正视和克服改革开放中出现的严重的社会消极现象。

再次，《决议》对消极现象滋生的社会条件也做了科学分析。《决议》在讲了社会主义市场经济的积极作用之后，也明确讲到"市场自身的弱点和消极方面，也会反映到精神生活中来"，并做了具体阐述。讲对外开放时，也全面讲到"有利于我国在独立自主的基础上壮大社会主义经济，有利于吸收和借鉴世界各国先进的科学技术、经营管理方法以及其他一切有益的知识和文化，建设社会主义精神文明。对外开放也会有风险，资本主义腐朽东西会乘虚而入"。这就帮助人们明确了这样的思想，在社会主义现阶段，实行改革开放和社会主义市场经济是历史的必然，但它所带来的并不都是积极的东西，而往往是积极与消极共生。我们实行一种政策，不可能只有积极面而没有消极面。关键是要学会扩大积极面，缩小消极面，社会主义制度的优越性不是不会产生消极现象，而是在它的制度内部，在共产党领导下，依靠人民，有足够的积极力量和消极现象斗争并最终战胜它们。我们正是要在改革开放的过程中，不断同老的和新的消极丑恶的东西作斗争，以推动历史的前进。

最后，《决议》进一步指出由于三种情况的存在，向社会主义市场经济体制转变需要一个较长的过程。两种体制共处又矛盾，发达资本主义国家经济科技优势的压力和意识形态方面的渗透将长期存在。旧社会某些腐朽思想和习惯势力仍有相当影响，"建设社会主义精神文明是长期的、复杂的"，对此"要有足够的思想准备，精神文明建设必须常抓不懈"。并据此提出在当前的条件下，即"在经济建设为中心的前提下"；"在深化改革、建立社会主义市场经济体制的条件下"；"在扩大对外开放，迎接世界新科技革命的情况下"，如何建设社会主义精神文明这一历史性课题，指明这是对"全党同志的一个重要考验"。这就使人们对社会主义精神文明建设的长期性、艰巨性有了更深的了解。邓小平同志在1992年讲："恐怕再有三十年的时间，我们才会在各方面形成一套更加成熟、更加定型的制度。在这个制度下的方针、政策，也将更加定型化。"[①] 我们要有思想准备，在体制转型的二三十年内，在经济社会长足进步的同时，会伴生许多消极、丑陋的社会现象。历史上任何新制度、新体制初创时期都会有这种现象。社会主义制度初创和社会主义市场经济体制的建立，是前无古人的创举，面临的矛盾更为复杂，我们更要有长期建设的思想准备。当然，我们更要看到，伴随经济起飞和体制转变而产生的消极现象，随着两个文明建设的进步和社会主

---

① 邓小平. 邓小平文选：第3卷 [M]. 北京：人民出版社，1993：372.

义市场经济体制的完善，会逐渐得到克服。邓小平同志讲："我相信，随着经济的发展，随着科学文化和教育水平的提高，随着民主和法治建设的加强，目前社会上那些消极的现象也必然会逐步减少并最终消除。"①

《决议》总结了十八年来改革开放在精神文明建设方面的历史经验。邓小平同志说："十年最大的失误是教育，这里我主要是讲思想政治教育"②，"一手比较硬，一手比较软。一硬一软不相称，配合得不好"，③"多年来，我们的一些同志埋头于具体事务，对政治动态不关心，对思想工作不重视，对腐败现象警惕不足，纠正的措施也不得力。腐败现象很严重，这同不坚决反对资产阶级自由化有关系"④。《决议》体现了邓小平同志这方面的思想。同时我们也看到，党的十四大以来，以江泽民同志为核心的党中央，坚定不移地贯彻执行党的基本路线和"两手抓两手都要硬"的方针，不但系统阐发了邓小平同志关于精神文明建设的指导思想；明确了改革开放和社会主义市场经济条件下如何搞好精神文明建设的若干原则问题；并且提出了与"九五计划"和"2010年远景规划"相适应的精神文明建设的十五年奋斗目标和近五年的阶段性的任务；还提出了精神文明建设的具体要求。我们相信，在《决议》的指导下，我们一定能逐步实现两个文明建设协调发展的良好局面。

---

① 邓小平. 邓小平文选：第3卷 [M]. 北京：人民出版社，1993：149.
② 邓小平. 邓小平文选：第3卷 [M]. 北京：人民出版社，1993：306.
③ 邓小平. 邓小平文选：第3卷 [M]. 北京：人民出版社，1993：306.
④ 邓小平. 邓小平文选：第3卷 [M]. 北京：人民出版社，1993：325.

第七篇 07
教育的继承与创新

对大学生思想政治工作继承与创新问题的探索

中共中央《关于加强高等学校思想政治工作的决定》指出:"高等学校培养出来的大学生、研究生,应当有坚定正确的政治方向,爱祖国、爱社会主义,拥护共产党的领导,努力学习马克思主义;应当热心于改革和开放,有艰苦奋斗精神,努力为人民服务,为实现具有中国特色的社会主义现代化而献身;应当自觉地遵纪守法,有良好的道德品质;应当勤奋学习,努力掌握现代科学文化知识;还要从他们中间培养出一批具有共产主义觉悟的先进分子。"为了实现这一任务,高等学校思想政治工作必须在总结历史经验的基础上,继承和发扬思想政治工作的优良传统,根据新时期的要求,不断创新,把思想政治工作提高到新的水平。我们试就新时期高校学生思想政治工作继承创新中的有关问题做些探索。

一、高校思想政治工作的历史回顾

新中国成立以来,高等学校思想政治工作,在马克思列宁主义、毛泽东思想指导下,继承和发扬党的优良传统,对于我国高等教育坚持社会主义方向,培养德才兼备的人才,起了重要的保证作用。与此同时,它也发生过"左"的错误,伤害了一些人。正确总结新中国成立以来高等学校思想政治工作正反两方面的经验,坚持和发展已被实践证明的好经验,纠正和避免以往的错误,对于加强和改善高等学校学生思想政治工作,具有十分重要的意义。

从1949年中华人民共和国成立至党的十一届三中全会召开,高等学校思想政治工作大致可分为四个时期。

第一个时期,从1949年10月至1952年底完成国民经济恢复时期。这个时期,党的工作重心已从夺取政权转为巩固政权,恢复和发展经济文化事业。党在高等学校中的任务逐步从开展民主运动转为为国家建设培养人才。当时高校学生思想政治工作的主要任务是:教育和帮助学生"肃清封建的、买办的和法西斯思想影响，树立为人民服务的思想"。1950年，周恩来同志在北京高校毕业生分配工作动员大会的讲话中，勉励毕业生要确立为新中国服务的方向，站稳工人阶级立场，服从祖国分配，自觉地接受考验和锻炼，自强不息地为人民服务，努力工作，并概要地提出了对大学生思想政治教育方面的要求。

为了做好高等学校学生的思想政治教育工作，国家教育部门把加强政治课作为课程改革的中心环节，及时地废除了国民党统治时期开设的反动政治教育课程，逐步开设社会发展史等马克思主义理论课，帮助学生端正政治方向，树立科学的世界观和革命的人生观。全国土地改革和镇压反革命运动蓬勃开展以后，在学生中深入进行民主改革教育，组织学生参加土改和镇压反革命运动，划清敌我界限、剥削与劳动的界限，提高阶级觉悟。抗美援朝运动中，通过各种方式发动学生控诉帝国主义侵略罪行，激发民族自尊心和自信心，学习"最可爱的人"——中国人民志愿军的爱国主义和国际主义精神。结合全国"三反""五反"运动，帮助学生进一步划清剥削与劳动的界限，树立劳动光荣和为人民服务的思想。在高校公开党组织，并在整党建党过程中，对学生党员普遍进行怎样做一个共产党员的教育，积极慎重地吸收学生入党。

为了培养国家建设人才，党和国家还向学生提出科学知识、进步思想和健全体魄三者统一的要求，注意把学生的政治热情引导到学习上来。对教职员和学生，不论家庭出身如何，一律本着团结、教育和改造的方针，积极鼓励他们进步。对学生的思想改造强调要稳步前进，反对操之过急和用斗争、孤立、强迫等错误方法对待学生。

由于党的政策和措施正确，这一时期高等学校思想政治工作取得很大成绩，许多学生提高了觉悟，坚定地站在共产党和人民一边，与反动家庭划清界限；积极报名参军、参干，支持抗美援朝；学习热情高涨，积极分子大量涌现。

第二个时期，从1953年到1956年，我国处于从新民主主义向社会主义过渡的历史时期。根据党的过渡时期总路线的要求，此时高等学校主要任务是有计划地为国家工业化培养社会主义建设人才，学校思想政治工作主要环绕这一中心任务进行。

这一时期，对学生的马克思主义理论教育进一步加强，各校普遍开设了中国革命史、马克思列宁主义基础（联共党史）和政治经济学等课程。并注意贯彻理论联系实际的方针，把政治理论教育与学生的思想教育结合起来。为了贯彻执行过渡时期总路线，在学生中普遍进行社会主义教育，帮助学生认清社会主义前途，在三大改造中站稳无产阶级立场，坚定为社会主义事业服务的方向。为了适应国家建设的要求，这一时期高等学校把培养学生德、智、体全面发展，努力学好正课作为最重要的任务,并围绕"三好"(思想好、学习好、身体好)进行思想政治工作。在工作中,坚持思想教育与业务学习相结合,对学生进行树立正确的学习目的、态度,热爱专业,培养良好学风和学习方法等方面的教育;结合劳动卫国制锻炼标准,进行锻炼身体,为建设祖国、保卫祖国健康工作50年的教育;通过担任社会工作,培养学生的集体主义精神;通过义务劳动,对学生进行劳动教育,克服轻视劳动和劳动人民的思想影响。各校还要求学生在实习中向工人学习,向实践学习,做到"思想和业务双丰收"。在经常性思想政治教育中,各校先后建立了表扬班级先进集体和"三好学生"(优秀生奖章、奖状)等各种表彰制度,树典型,学先进,促进学生全面发展。这一时期,中央和各省市还调派一批得力干部,充实学校的领导,加强学校思想政治工作,在有的学校开始建立政治与业务"双肩挑"的思想政治工作队伍,从而保证了思想政治工作的顺利进行。

总的来说,这一时期高等学校的思想政治工作是成功的,虽然也出现过要求过急、方法简单等毛病,但方向是正确的。

第三个时期,从1957年到1965年,我国开始进入全面建设社会主义时期。1956年,党的八大适时决定将党的工作重心从革命转移到建设上来,提出团结一切可以团结的力量,调动一切积极因素,建设现代化的社会主义强国。1956年后,国际上出现了反共逆流,国内反社会主义思潮滋长,党中央和毛泽东同志适时提醒全党加强思想政治工作,并提出了正确处理人民内部矛盾的理论、方针。但由于对阶级斗争、路线斗争形势估计得过于严重,因而导致了1957年反右派斗争扩大化。在经济建设上,在取得伟人成绩之后,1958年起盲目追求"高指标"和"一大二公",刮"共产风",急于求成、急于求纯,犯了严重主观主义错误。三年困难时期,对"左"的错误有所纠正。但1962年后,提出阶级斗争要"年年讲,月月讲,天天讲",1963年后又"以阶级斗争为纲",进行社会主义教育运动,直至后来导致"文化大革命"的发生。

高校思想政治工作就是在这个大背景下进行的。1957年,毛泽东同志提出,"我们的教育方针应该使受教育者在德育、智育、体育几方面都得到发展,成为有社会主义觉悟的有文化的劳动者。"1958年1月又提出:"政治和经济的统一,政治和技术的统一,这是毫无疑义的,年年如此,永远如此。这就是又红又专。""一方面要反对空头政治家,另一方面要反对迷失方向的实际家。"同年,党中央提出"教育为无产阶级政治服务,教育与生产劳动相结合"的方针。刘少奇同志提出要"用阶级观点、劳动观点、群众观点、辩证唯物主义观点和集体主义观点"教育学生。1961年《高教60条》对大学生提出"拥护共产党的领导，拥护社会主义，愿意为社会主义事业服务，为人民服务"的政治要求。这一时期，高校思想政治工作继续坚持又红又专的方向，坚持教育与生产劳动相结合的方针，通过红专辩论，参加劳动，参加军训，教学、生产、科研三结合，真刀真枪作毕业设计等进行思想工作，学生政治热情、劳动热情、业务学习热情高涨，并在知识分子与工农结合、与社会主义建设实践结合上有了很大的进步。三年困难时期，党对在反右倾中受到错误批判、处分的同志进行了甄别，同时强调注意关心群众生活、深入细致、和风细雨进行思想政治工作，1963 年，开展的学习雷锋活动，都取得很好的效果。但是由于受整个"左"的指导思想制约，思想政治工作走了不少弯路。

第四个时期，从 1966 年到 1976 年底的"文化大革命"时期。源于对国内外形势的错误估计，于 1966 年开始的"文化大革命"，使"左倾"思潮严重泛滥，恶性扩大了原来工作中存在着的"左"的失误，极大地败坏了思想政治工作的声誉，搞乱了人们的思想。

从新中国成立初期到"文化大革命"结束的 27 年中，高校思想政治工作经历了一个曲折发展的历程。除了对"文化大革命"的十年应彻底否定外，前 17 年的思想政治工作有许多历史经验值得我们吸取。主要是：

第一，始终把培养学生树立坚定正确的政治方向和为人民服务的思想放在首位，作为高校培养又红又专、德、智、体全面发展人才的根本保证。

"文化大革命"前高校非常重视学生政治素质的培养，作为思想政治教育最主要的内容，并结合党在各个时期的中心任务，提出具体、明确的要求。比如，解放初期参加民主改革运动，划清劳动和剥削的界限；社会主义改造和建设时期进行社会主义前途、方向和为祖国建设服务的教育。1961 年，高教 60 条又把拥护党、拥护社会主义、愿意为社会主义服务、为人民服务，作为大学生德育要求的"共同纲领"。正是通过这些教育，我们培养造就了具有坚定社会主义信念和为人民服务思想的一代新人。几十年的实践证明，这是新中国成立以来思想政治教育最大的成果。这样的一代人，他们为社会主义事业赤胆忠心，其中许多人虽受到"反右"和"文化大革命"的种种磨难，但仍对社会主义事业矢志不渝，"虽九死其犹未悔"。他们以对祖国、对人民做奉献为自己最大的心愿，全心全意投入工作，不讲时间，不计报酬，不怕艰难，"衣带渐宽终不悔，为伊（人民、社会主义事业）消得人憔悴"。正是这样一代人现在成为我国社会主义事业的脊梁，继续为祖国和人民奉献着光和热。

第二，马克思主义理论教育，参加社会实践，结合业务进行思想教育，是知识分子成长最主要的途径。

周恩来同志1956年在《关于知识分子问题的报告》中指出，知识分子思想转变"通常经过三条道路：一条是经过社会生活的观察和实践；一条是经过他们自己的业务实践；一条是经过一般的理论学习。这三方面是互相联系的"。"社会生活的教育作用最为广泛和直接"，"业务的实践对于知识分子的思想改造也有重大作用"，"马克思列宁主义的学习，对于确立知识分子的革命的人生观和科学的世界观，具有决定的意义"。这些话对于当时包括大学生在内的广大知识分子起到了很大的教育鼓舞作用。实践证明，这三方面，过去、现在和将来都是知识分子健康成长的必由之路，也是思想政治教育的最重要的途径。在这段时间里，在教育过程中也出现过理论教育脱离实际、教条主义，以及简单化、庸俗化、实用主义等缺点；出现过劳动过多，政治、社会活动过多，冲击正常业务学习等偏差。这些历史教训必须牢牢记住。

第三，坚持正面教育和民主的原则。

解放初期，组织大学生参加政治运动，以锻炼、提高他们的政治觉悟是完全必要的。但是进入社会主义建设时期，主要矛盾已发生变化后，"我国知识分子的面貌在过去六年来已经发生了根本的变化"[1]的情况下，我们仍然以阶级斗争为纲，以政治运动为中心，以"大批判"为主要方式。造成了难以挽回的损失和消极影响。新中国成立前，我们党靠真理、靠党员模范作用，靠耐心细致的思想工作，靠全心全意为群众谋利益，团结了广大人民群众，孤立了敌人，赢得了革命的胜利。解放初期，我们继承党的这些优良传统，高校思想工作的效果就比较好。20世纪60年代初，我们比较谨慎，注意采用以正面教育为主，和风细雨、平等讨论等民主的方法，做深入细致的思想工作，也比较注意知识分子政策，虽然有"左"的错误，但它的副作用小得多。今后我们在思想政治教育中一定要恢复和发扬这方面的优良传统。

第四，始终坚持党对高校思想政治工作的领导，建设一支高质量的思想政治工作队伍。

我们一直坚持党委领导高校思想政治工作的体制。在党委领导下，有些学校还逐步建设了一支专职和兼职结合，政治与业务结合（双肩挑）的思想政治工作队伍。这是加强高校思想政治工作，培养又红又专人才的根本保证。在党委领导下，注意发挥高校共青团和学生会的作用，根据青年特点，采取青年喜爱的方式，引导学生自己教育自己，开辟学校思想政治工作的广阔天地。这也是高校思想政治工作的重要经验。

---

[1] 周恩来. 周恩来选集：下[M]. 北京：人民出版社，2004：165.

二、新时期思想政治工作和大学生思想的特点

要解决思想政治工作的继承与创新问题，必须对我国新的历史时期思想政治工作和当代大学生的特点有正确的认识。

党的十一届三中全会开创了建设具有中国特色的社会主义的新的历史时期。党中央关于坚持四项基本原则，实行改革、开放、搞活的基本路线和政策，使社会生活发生了深刻的转变：从以阶级斗争为纲转移到社会主义现代化建设的轨道；从计划经济转变到有计划的商品经济，经济体制改革正向全面纵深的方向发展；从封闭状况向面向世界的开放状况转变；等等。

这些社会转变使我国经济、政治、文化各方面发生了深刻的变革，也促使思想政治工作发生相应的变革。在思想政治工作的指导思想上，不再以阶级斗争为纲，而是以现代化建设为中心，为全面贯彻十一届三中全会以来的路线、方针和政策服务；在方法上，不再靠搞政治运动、大批判来解决思想问题，而是用说服教育、疏导和自我教育等符合教育科学的方法。近几年来，高校思想政治工作者为此做出了很大的努力，并且创造了许多适应新时期特点的生动活泼的教育形式。但是思想政治工作还远远不能适应新时期的需要，面临许多新的课题需要深入探索。这些课题主要是：

如何正确理解社会主义初级阶段的特点、规律，既坚持四项基本原则，又坚持改革、开放、搞活；既防止资产阶级自由化思想的侵袭，又反对僵化思想，保证改革、建设的社会主义方向并促进改革、建设的顺利发展。

在经济建设为中心的时期，如何贯彻"思想政治工作是经济工作和其他一切工作的生命线"的指导思想，使政治与业务互相结合、渗透，克服政治工作与业务工作"两张皮"，以及埋头业务，轻视思想政治教育，不注意政治方向的倾向。

在我国主要矛盾已从阶级矛盾转为"人民日益增长的物质文化需要与落后的社会生产状况的矛盾"的历史条件下，在逐步改善人民生活的同时，是否仍然需要并如何做好坚持艰苦奋斗优良传统的教育，克服脱离现实条件追求个人物质享受，不愿从事艰苦劳动，不愿多做奉献等错误思想。

什么是人才？新时期的人才应具备什么样的素质？通过什么途径培养出所需要的人才？

全面改革形成了新旧两种体制在一段时间内并存的局面，形成了多层次的经济、社会结构和利益关系，人民内部思想矛盾和冲突增加，如何正确认识和处理这些矛盾和冲突，团结人民，发挥人民的社会主义积极性和创造性，既生动活泼，又安定团结，既克服平均主义，又沿着集体主义共同富裕的方向前进。

在社会主义有计划商品经济不断发展的情况下,如何克服自然经济和产品经济下形成的一些传统观念,树立与社会主义商品经济相适应的价值观念、竞争观念、时效观念、效益观念、人才观念、信息观念等,同时正确认识商品经济固有的盲目性、自发性的消极影响,克服损害国家利益、片面追求小单位和个人利益、"一切向钱看"等错误思想。如何在贯彻社会主义物质利益原则时进行国家、集体、个人正确关系的教育。如何在贯彻等价交换原则时,进行全心全意为人民服务的教育。如何在竞争中坚持社会主义、集体主义方向。

在对外开放环境下,在学习发达资本主义国家先进的科学技术和管理经验、吸收西方文化中有益成分的同时,如何防止"精神污染",抵制"政治上自由化""价值观念个人主义化""性解放化"等资产阶级腐朽思想的侵蚀,提高人们的识别力和抗腐蚀力,坚持社会主义和为人民服务的方向。

在改革、开放、搞活的情况下,如何加强执政党的建设、从严治党、端正党风、发挥党组织的先进性和党员的先锋模范作用。

在社会主义现代化建设时期,在不搞政治运动的情况下,如何用正面教育和疏导的方法进行思想政治工作?怎样学会在思潮起伏、议论纷纷的大气候下,用民主、科学的方法进行思想政治工作?

以上是新的历史时期,对思想政治工作提出的新课题的一些主要方面,高校思想政治工作只有在这个总背景下结合高校实际进行思考、探索,才能得出正确的答案。

要解决高校思想政治工作继承和创新问题,还必须对当代大学生的思想特点有正确的分析。当代大学生是在改革、开放、现代化建设的历史时期成长的,他们的思想,包括积极的和消极的方面无不打上深刻的时代烙印。

当代大学生,他们和任何时代的大学生一样,都有着强烈的时代感和历史责任感。他们中的绝大多数人积极拥护党的十一届三中全会以来的路线、方针、政策和奋斗目标,并且热切希望把自己造就成为现代化建设的有用人才,为社会主义改革和建设做贡献。大学生的这种思想、愿望可以集中为"渴望振兴、立志成才"几个字。可以说这是当代大学生思想的主旋律。这种主旋律和新历史时期的主要任务是完全合拍的,它符合建设具有中国特色的社会主义的要求,与党、国家、人民的要求、利益完全一致。我们说大学生主流是好的正是基于这样的认识。

但是,由于大学生对历史和社会现实缺乏了解,思想还不成熟。他们对我国历史上的失误,现实中的落后状况和不正之风不能正确理解,对比发达资本主义国家先进的生产力和科学技术,往往困惑不解。因此,他们中一些人的思想呈现出某些矛盾状况，渴望"振兴中华"，而不十分明确"振兴"必须坚持社会主义方向，不十分明确什么是符合中国实际的"振兴之路"。盼望"个人成才"，又不能正确认识个人和社会的关系或不愿付出艰苦劳动，不很明确什么是正确的"成才之路"。在这种情况下，他们对社会主义和人生道路存在某些疑问并进行思考是可以理解的。引导得好，这种思考可以成为坚持四项基本原则，探索改革和建设新路，为社会主义献身的动力。但是，近年来由于资产阶级自由化思潮和其他错误思想的影响，却将部分大学生的思考引向不正确的方向。

调查表明，大学生中90%以上的人拥护中央改革、开放、现代化建设的路线、方针、政策，但相当一部分人对改革、开放、建设的性质方向存在模糊认识。其中自觉反对四项基本原则的是极个别的；怀疑、否定的也是少数；但坚定拥护四项基本原则，正确理解四项原则与改革、开放关系的也是少数；多数大学生拥护社会主义制度，但是对于改革、开放的性质、方向及与此相关的价值观念存在不同程度的模糊认识。大学生是最敏感的社会阶层，历来是社会思潮的晴雨表，社会上有多少思潮，他们中就有多少反映。十一届三中全会以来，大学生中一些量大、面广、反复出现的思想认识问题，都与社会思潮的动荡起伏有关。对绝大多数学生来说，主要还是认识问题。只要党对意识形态方面的领导旗帜鲜明，引导正确，社会主义的改革、建设不断前进，思想政治工作加强和改善了，青年学生中的这些认识问题是会逐步得到解决的。我们坚信大学生绝大多数能够接受并积极拥护四项基本原则，能够明确改革、开放的社会主义性质和方向，其中许多人将成为改革、建设的最积极而有生气的力量。但这不是自发实现的，需要长期的、坚持不懈的思想教育工作。随着社会矛盾的变化，社会思潮的起伏，也还会有曲折反复，甚至在一时出现不安定的因素。可以说，整个社会主义初级阶段，今后几十年内都需要进行坚持四项基本原则，坚持改革、开放的教育，对这个问题的思考是当代大学生思想进步、成长的一个必经阶段。在这个问题上，我们应当有清醒、正确的估计。对问题估计不足，会降低思想政治工作的要求，对思想工作的艰巨性、长期性认识不足；估计过于严重，会对青年的基本估计产生动摇，产生悲观情绪，这都会使我们的思想政治工作产生偏颇和失误。

现在的大学生是在比较安定和顺利的环境中成长的。他们从小学到大学，有的再到研究生、留学生，一直在校园里求学，没有经历大的社会动荡。尤其是一些重点大学的学生，他们从小就是"重点保护对象"。这些，使他们比以往任何时候的青年有更好的学习环境。但是，这种环境也使他们脱离社会实践，不很了解中国的国情、民情，不了解改革建设的艰巨性、复杂性，因而在对社会进行思考时，往往脱离实际，这也就成为他们容易受"全盘西化"等资产阶级自由化思想影响的原因之一。另外，从小在"重点保护"下成长，享受权利多，尽义务少；别人为自己服务多，自己为别人服务少；顺境多，逆境少，容易形成以个人为中心的思想意识、思想方法和习惯，也容易形成自视过高、自命不凡的心理，可能稍遇挫折，就很脆弱，容易走向灰心失望。这是当代大学生思想上值得注意的一个倾向性问题。

总之，我们应当根据历史唯物主义关于社会存在和社会意识关系的原理，从新历史时期的要求和大学生所处的社会环境出发，结合青年特点，进行分析，才能正确地认识当代大学生的思想主流，对青年一代寄予深切的期望，也才能正视和理解他们中存在的问题，正确把握多数学生的思想脉络，并且用满腔热情的、严格的、爱护的态度引导他们前进。我们认为，这是我们研究思想政治工作继承与创新问题的正确出发点。脱离时代的要求和青年学生的社会环境，孤立地分析其心理、生理特点，是不可能得出正确结论的。

三、高校学生思想政治工作继承与创新的几点意见

研究高校学生思想政治工作继承与创新，是为了探索在新的历史时期，如何针对青年特点，行之有效地进行思想政治的规律教学，它涉及思想政治教育的内容、途径、方法、队伍建设、领导体制等各方面。在总结高校思想政治教育的历史经验，弄清新时期思想政治工作和大学生思想特点的基础上，我们就高校学生思想政治工作的继承与创新，提出以下几点意见和建议。

（一）在改革、开放的环境下，坚持不懈地进行坚定正确政治方向和为人民服务价值观念的教育

大学生思想政治教育的内容是多方面的，包括世界观、政治观、人生观、道德观、劳动观、法制、纪律、学风、思想方法、美育等许多内容。这些内容是互相联系、互相渗透、不可或缺的，但其中最重要的是要培养大学生具有坚定正确的政治方向和为人民服务的价值观念。

新中国成立以后，高校思想政治教育最主要的成绩就是培养造就了具有坚定的社会主义政治方向和为人民服务的价值观念的一代人。社会主义改革和现代化建设的事业，仍然需要培养具有这样政治思想素质的新人。能否培养出这样的新人，对下一世纪改革和建设事业能否沿着社会主义方向前进，对于我国的社会主义事业能否长治久安、长盛不衰，有极为重要的影响。

当前，对大学生进行坚定正确的政治方向和为人民服务价值观念的教育有着特殊的艰巨性。这是因为解放初的大学生经历比较单一，很容易认识社会主

义的优越性，并激发起为人民献身的热情。而现在的情况却复杂得多，在拨乱反正以后，人们对过去的失误的反思还没有取得一致的认识，"文化大革命"的消极影响还没有完全清除。党风不正、官僚主义的存在，严重损害社会主义的声誉。改革的全面展开和深入还会经历某些困难、曲折，改革引起人们思想上的种种变化和矛盾也会在高等学校反映出来。发展商品经济，钱和利的作用增加，也容易滋长出"金钱拜物教""一切向钱看"等坏思想。在开放的环境下，发达资本主义国家与我国经济发展水平的对比，将会使某些人对社会主义制度优越性有错误的认识。西方资产阶级的政治观点、价值观、性解放等东西会以各种巧妙的形式影响当代青年和大学生。国内外企图在中国搞资产阶级自由化的人，总是把高等学校作为他们思想渗透的主要对象，幻想从这里寻找和培养民主个人主义者，以影响、改变我国社会主义的发展方向。在这种情况下，教育和帮助青年学生坚持四项基本原则，坚持改革开放，并培养他们树立为人民服务的献身精神，必将遇到现实生活中种种问题的考验和各种思潮的冲击。再加上青年学生年纪轻，有的思想不成熟，思想方法又较为片面和脱离实际，这就使他们表现为有时积极向上，热情接受马克思主义教育，但一遇矛盾或错误思潮的影响又可能产生思想波动，对正确的信念产生怀疑和动摇，有时甚至成为某种不安定的社会因素。因此，他们思想的成长必将经历曲折和反复的过程。这种情况，决定了思想政治教育的长期性和曲折性，也给思想政治教育提出了更高的要求。

我们认为，对学生进行坚持四项基本原则、坚持改革开放这两个基本点的教育，既要正确地宣传社会主义的优越性，又要正视社会主义现存体制中的弊端，勇于探索改革和建设的规律，使深化四项基本原则教育和深化改革结合起来。要把两个基本点看作一个问题不可分割的两个方面，克服把二者看成互不相关，甚至互相对立的"两张皮"的现象。同时，在为人民服务的价值观念的教育中，要把走历史必由之路与个人成才结合起来。要提倡为社会主义，为人民事业勇于献身的精神。也应讲尊重知识、尊重人才、鼓励竞争、积极引导大学生正确处理国家、集体、个人三者利益的关系，把个人成才的志向提高到为人民服务、做"四有"新人的方向。这就要求我们的思想政治工作更鲜明、更求实、更全面。这是摆在新时期思想政治工作者面前光荣而又艰巨的任务。

（二）以社会主义建设为中心，紧密联系当代社会思潮，生动活泼地进行马克思主义理论教育

学习马克思主义理论是知识分子走上革命道路的重要途径。新中国成立以后，马克思主义理论课对于培养大学生树立正确的世界观、人生观，起了重要

的作用。在新的历史时期，马克思主义理论教育仍然是整个思想政治教育的"皇冠"，对培养一代"四有"新人起着极为重要的作用，理论联系实际仍然是马克思主义理论教育的根本方针。

但是，在新的历史时期，马克思主义理论教育具有许多新的特点：

1. 要以社会主义建设为中心进行马克思主义理论教育。过去，人们是为了寻求"救亡""解放""革命"之路而学习马克思主义，现在则是为了振兴中华、寻求改革和建设之路去学习的。所以，马克思主义基本理论的学习和教育，必须正确说明建设具有中国特色的社会主义的规律，科学地分析、回答我国改革和建设提出的问题，分析、回答当代社会主义与当代资本主义以及两种制度比较中提出的各种问题，才能有生命力。马克思主义理论教育的课程设置，理论联系实际的重点，都要按这个方向进行建设、改革。那种回避现实问题，照本宣科，单纯地注释经典，不符合时代的需要，也不能满足青年学生的要求。

2. 要紧密联系当代各种社会思潮进行马克思主义理论教育。对新中国成立后三十多年来的历史经验的不同思考，对改革建设提出的问题的不同思想观点，对西方各种思潮、流派的不同态度，三者交叉合流，形成了我国的各种社会思潮，并对青年和大学生产生重大的影响。马克思主义理论教育只有同科学地分析、评论各种社会思潮相结合，批评和回答与资产阶级自由化的思潮和僵化思想有关的各种理论问题，才能帮助大学生明辨是非，提高识别能力，真正学好理论，提高觉悟。当前，大学生大量接触西方哲学、人文社会科学某些理论流派，但缺乏分辨识别能力。我们应当花大力气对那些在我国影响比较大的西方理论流派及其对青年的影响进行系统的、专门的、深入的研究，用马克思主义理论给予科学的分析和评价，肯定、吸收其有价值的地方，批判其错误的观点，对青年要求了解、探索西方思潮的愿望，给予积极的引导，使他们在研究西方理论流派过程中，认识马克思主义的真理性。这是新时期对社会科学工作者和马克思主义理论教师提出的光荣、艰巨的任务。

3. 马克思主义理论教育的形式应当多样化，满足科技、文化发展和不同类型人们的需要。除了搞好马克思主义理论课的改革，结合形势政策教育进行生动的马克思主义理论教育以外，近年来，许多学校广泛开设哲学、人文社会科学和艺术方面的选修课，学生根据自己的兴趣与爱好自由选修，寓马克思主义教育于哲学、人文社会科学和艺术知识的学习之中。既满足了学生渴望扩展知识面、改善知识结构的要求，又自然而然地、潜移默化地进行了马克思主义教育，很受学生欢迎，应当总结推广。另外，对学生的学术性社团和读书活动也要给予指导和帮助，要对学生中出现的读书"热点"给予引导，要依靠和帮助社团积极分子通过组织讨论、分析、专题讲座等形式，把这些"热点"导入为增长知识、学习马克思主义、提高辨别能力的有益活动。

（三）参加实践，搞好社会调查和社会服务，明确知识分子与工农相结合的方向

参加社会实践与工农相结合是知识分子健康成长的根本道路，在这方面，我国大学生有着光荣的传统。在革命年代和解放初期，大批知识分子和青年学生，围绕党的中心任务，有组织有领导地深入社会，深入工农，在改造客观环境的同时，使自己经受锻炼，得到提高。许多剥削家庭出身的青年学生，在火热的革命斗争中转变立场，逐步成长为共产主义者。在和平建设年代，许多大学生参加劳动、参加实习、参加军训，毕业后"到工厂去，到农村去，到边疆去，到祖国最需要的地方去"。逐步锻炼成为社会主义建设的优秀人才。前辈知识分子的成长道路为当代大学生树立了榜样，指明了方向。在社会主义的初级阶段，由于体力劳动和脑力劳动的本质差别仍然存在，为什么人和依靠什么人的问题仍然存在，我们仍然需要引导青年学生深入社会实践，与改革和建设的主力军工农群众相结合，沿着老一辈开辟的知识分子成长的正确道路前进。

当然，在新的历史时期，知识分子已经成为工人阶级的一部分，青年学生是工人阶级的后备军。知识分子参加社会实践与工农结合，主要目的已不应是"以阶级斗争为主课""脱胎换骨""转变立场"。过去那种劳动过多，冲击业务学习的状况也应注意防止。但是把从家门到校门，没有经过一定社会实践考验的青年学生捧为"社会精英""工人阶级最先进的部分"，否定他们必须参加社会实践，与工农群众相结合，也不符合新时期的要求，不利于大学生的成长。我们应当在坚持知识分子与工农相结合这一根本道路的前提下，按照新时期的要求，总结新的经验，在内容和方法上有所创新。我们认为，要注意以下几点：

1. 大学生参加社会实践要着重进行社会调查，了解中国的国情、民情，了解改革与建设的实际矛盾，在实践中加深对建设具有中国特色的社会主义理论、路线、方针、政策的理解。建设具有中国特色的社会主义理论、路线、方针、政策，是运用马克思主义理论，总结中国和世界社会主义革命和建设的历史经验，从中国的实际出发提出来的。没有对我国社会主义初级阶段社会状况的实际了解，不懂得人民群众的愿望和要求，不懂改革和建设的复杂性、艰巨性，就不可能真正懂得这个理论和政策，也不可能真正懂得马克思主义。而青年学生们的一个根本弱点是脱离社会实际。参加社会实践可以帮助他们克服这个根本弱点，学会从中国国情、民情出发，运用马克思主义立场、观点、方法去认识社会。这样，他们才能正确理解坚持四项基本原则，坚持改革开放的实际意

义和内容，树立坚定正确的政治方向。

2. 参加社会实践要组织各种社会服务和劳动，以培养大学生正确处理个人与社会的关系和为人民服务的观念，增强社会责任感。在社会服务活动中，无偿的社会服务、公益劳动与有偿的勤工助学应当并举。前者，可以培养大学生不计报酬的共产主义的劳动态度，为人民服务的思想；后者，可以培养生活上自主、经济上自立的观念，这在社会主义时期都是需要的。但不论哪种形式，都应结合实践进行适当的思想教育。

3. 要正确处理"留土"和"留洋"的关系。为了加快我国的现代化建设，选派大批学生出国留学，学习发达国家先进的科学技术，借鉴他们的管理经验，无疑是非常必要的。但是"留洋"是为中国建设培养人才，不是为了满足某些个人的欲望，更不是为外国输送人才预备队，没有理由听任学成的学生滞留不归。为此，除了加强出国学生的教育外，政策上应规定一般先"留土"后"留洋"，即先在国内参加实际工作，在人民中扎根，在改革、建设的实践中扎根。选派标准要坚持德才兼备，又红又专，当前尤为重要的是他们的爱国心和道德品质，要质量第一，不要盲目追求数量。留学专业要服从国家计划，学成归国要按实际水平、能力和贡献定职务。学成不按期归国要分别情况向国家解释并给予补偿。

与此相关，在博士生、硕士生等高层次人才培养中，也要扩大招收在职生、论文硕士、论文博士的比例，推广实行本科毕业生先工作两年再当硕士生的制度。这一切都是基于这样的认识：我们培养的人才层次愈高，愈要扎根于中国的改革、建设的实践之中，了解中国国情、民情，愿意并能够为中国人民服务。这些，对于培养合乎国家需要的人才，对提高人才的政治素质具有重大的作用。

(四) 把思想教育与业务教学、教书与育人更好地结合起来

"师者，传道、授业、解惑也。"在任何时代，教师的作用都不单纯是传授知识。社会主义教育更要注意政治与业务结合、教书与育人结合，造就一代又一代"四有"新人，保证社会主义事业的顺利发展。当然，教书育人不是要求广大教师像专职政工干部那样，专门做政治工作，主要是结合教学各个环节和与同学的日常接触，关心学生的全面成长，给予积极的引导。

广大教师应当按照各个学科的特点，引导学生认识在校学习与未来建设的关系，明确为谁服务的问题。引导学生在学习外国先进的科学技术、适用的管理经验和有益的文化知识的同时，抵制一切落后的、消极的、腐朽的东西，正确解决向外国学习的问题。结合本专业在历史上，特别是新中国成立以来的成就，实事求是地进行爱国主义教育。哲学社会科学的教师可以结合对不同学派

的评介，进行马克思主义教育。自然科学的教师可以结合教学进行辩证唯物主义与历史唯物主义观点和方法的教育。教师还可以通过严肃的科学探讨和生动的启发式教学，引导学生把严谨的科学态度和创新精神统一起来；通过自学、复习、讨论等各个教学环节，培养学生良好的学风和习惯。对于上课迟到、抄袭作业、考试作弊等不良行为，更要进行严格的管理教育；教师的政治态度、治学态度、思想品德、作风对学生起着潜移默化的作用；教师要为人师表，用自己的言行给学生积极的影响；等等。所有这些，都是和教学紧密联系的，而不是额外负担。当然，做好这些工作，是需要每个教师付出很大的心血和劳动的，但这也是教师分内的、光荣的职责。

近几年来，愈来愈多的教师注意到教书育人的重要性，并在这方面做出出色的成绩。但是一些教师还受旧观念的束缚，把学生思想政治教育看作只是思想政治工作干部的事，而不是自己分内的重要职责，有的只管埋头教书，明明看到学生的思想问题，也认为自己不该管。在学校的工作上，教师工作的考核、职称的评定、职务的聘任，也没有对教师的"育人"作真正的考核，把"育人"放到应有的地位。尽管有些会议、文件一再强调，但这方面的工作并没有真正落实。所以，应当加强教师的思想工作，增强教师教书育人的责任感，并且要做出切实有力的政策规定，把广大教师教书育人的积极性真正调动起来。学校教务部门和各教研室要把教书育人作为提高教学质量的重要内容，逐步做到把教书育人的内容列入教学大纲。有些学校教书育人只是作为工会的一项任务，各级党和行政组织并没有真正去管。教师党组织要教育党员教师（包括党员专家、教授）把教书育人作为履行党章规定的义务、发挥党员作用的重要方面。

（五）区分层次，因材施教，鼓励先进，共同前进

我们党在思想政治工作中历来有注意针对不同对象、不同要求做深入细致工作的优良传统。今天，我国处在社会主义的初级阶段，存在以公有制为主体的多种经济成分、多层次的社会结构和利益关系。在这种历史条件下，人们在政治理想和信念上，除极个别反对社会主义的分子以外，存在着爱国主义、社会主义、共产主义三个层次。在道德观和价值观上，除极少数极端自私自利的人以外，也存在着社会主义人道主义；国家利益、集体利益、个人利益相结合的社会主义集体主义；为人民利益公而忘私、勇于献身的共产主义这三个层次。这就要求我们在思想政治工作中从实际出发，鼓励先进，团结多数，引导不同觉悟层次的人各按步伐共同向上，既不能不分觉悟高低，一律要求，一刀切，一锅煮，也要防止借口觉悟差别、区别对待，对一部分人放松要求，放任自流。

大学生是国家未来的骨干，思想政治觉悟在全国人民中应当属于较高的层次。我们应当把政治上登上社会主义台阶，道德观价值观上达到国家利益、集体利益、个人利益相结合的社会主义集体主义，作为培养大学生的共同要求。过高、过低的要求都是不恰当的。对于一时达不到这个层次要求的大学生，包括对于思想认识比较后进的同学，我们要进行耐心细致的思想工作，引导他们朝这个方向逐步前进。

对于共产党员和申请入党的积极分子，则应当按照工人阶级先进分子的标准，要求他们树立共产主义的理想、信念和道德，为社会主义和人民事业勇于献身的精神。目前高校党的建设主要问题在于质量。要把党的思想建设放在首位，努力提高党员的政治素质，发挥党员的先锋模范作用和党支部政治上的核心作用。只有从严治党，高校思想政治工作才能得到根本改善，也才能为国家输送一批政治上比较坚定、献身精神比较强的人才，并从中培养出一批年轻的马克思主义者。这对我国的社会主义事业将会产生深远的影响。

还要注意对不同知识结构和水平的学生进行不同的教育。在这方面，我们在新生入学教育、毕业生教育和专业教育方面积累了丰富的经验。应当在总结经验的基础上，使之系统化、规范化，推进到一个新的阶段。现在的主要问题是研究生的教育、管理工作薄弱。其中，最主要的问题是政治思想教育弱。研究生中真正怀疑、否定四项基本原则的虽是极少数，但比例却高于本科生。少数研究生个人主义的价值观念和道德观念也比较严重。另外，研究生学习个体性强、接触西方思潮多、信息渠道广、理论思维能力强，这些也给思想政治教育工作提出了更高的要求。如何加强这个层次的思想工作，需要认真探索、总结。目前值得提出来的是：第一，要进一步加强政治理论教育。多年来，理工科研究生中开设了自然辩证法课，这对于用马克思主义哲学指导业务学习和科学研究取得了较好效果。但是对坚持四项基本原则、坚持改革开放方针以及道德观、价值观方面的教育却很不够。国家教育委员会已经决定在理工科研究生中增设科学社会主义的理论与实践课，有的学校准备开设西方人文社会科学评价的选修课或专题讲座，这些都是必要的，但如何按照研究生的特点有成效地进行教学，还需要认真摸索。第二，要重视研究生培养中的社会实践环节。要结合专业方向和科研课题进行社会调查，了解国情、民情和改革、建设中的问题，树立扎根中国、为人民服务的观念。对于大学毕业后直接升学的研究生，应当把社会实践当作必修课。第三，对研究生政治业务影响最大的是导师，从招生、培养到毕业，导师应对研究生政治业务质量全面负责，导师制应是政治、业务全面指导的导师制。第四，研究生中的党组织应当真正起政治上的核心作用。学习个体性愈强，愈要注意抓好党员教育，并且应当和共青团、班委会一起，密切配合导师进行思想政治工作。总之，研究生是大学教育的高层次，这个层次思想政治教育的成败将对我国社会主义事业产生更大的影响，要认真加强和改进这个层次的思想政治工作。

在思想政治工作中还应当贯彻"因材施教"的原则，注意对"尖子生"和有特殊才能学生的培养。思想、业务、身体"三好"是对大学生的共同要求。但是不能把"三好"理解为培养的人只有一个模式。应当在"三好"的基础上，发挥不同人的长处，培养具有各种特长、丰富多彩的一代新人。有的学校提出培养三支代表队的设想：对政治上的代表队（党团骨干、兼职辅导员），采用办业余党校、团校、干部培训班等方式；对业务上的代表队（"因材施教生""尖子生"），单独制订培养计划，指定教师专门指导；对文体代表队，采取集中住宿等办法，妥善安排文体训练、业务学习、思想教育。总之，要在"三好"基础上，分别按其所长，给予特殊培养。有的学校的奖学金制度中，在表彰全面发展的"三好"生的基础上，还设置了专门表彰政治、业务、文体等方面表现突出的单项奖学金；有的理工科院校，对一部分对哲学、人文社会科学有兴趣和长处的学生，采取兼修双学位的做法，以培养既有较高马克思主义理论水平，又懂理工专业的横向知识结构的人才。这些都是思想政治工作和整个教育工作创新的有益探索。

（六）正面教育为主，把教育与管理、校风与校纪建设结合起来

正面教育为主是我们党对青年进行思想教育的一贯原则。过去思想政治工作的一个重要教训就是，在人民内部搞"大批判"，造成了消极影响。新的历史时期，绝不能再搞政治运动、搞大批判了，而是要更加注意正面教育，贯彻教育和疏导的方针，积极引导青年前进。

正面教育的内涵和做法是多方面的，包括理论学习、参加实践、充分说理、开展各种健康有益的活动等。其中正面典型的教育对青年具有特别大的鼓舞力量。新中国成立初期，保尔·柯察金的献身精神，20世纪60年代雷锋的先进事迹，20世纪80年代张华的光辉形象……对一代又一代的青年产生了不可磨灭的影响。当前，每当一些英雄模范人物到校讲话，大学生都是不请自来，会场里挤得水泄不通，聚精会神地从讲话者的先进事迹、思想中汲取力量。各个时期的先进人物都有为人民事业无私献身的共同本质，但又各具自己时代的特色，在新历史时期，我们应当着力总结为"振兴中华"做出出色贡献，具有献身精神，又刻苦成才的典型。而且，要总结更多活着的人的先进思想事迹。这样的典型，既有先进的思想又有事业上的成就，还有专业的特长，对渴望振兴和成

才的大学生有特别强的吸引力，对帮助青年正确认识知识分子成长道路具有更大的现实意义。

十年树木，百年树人，教育工作的成败不像工厂的产品，可以很快检验，往往要经过许多年才能看清。现在，新中国成立已近四十年了，我们完全有条件对新中国成立以来毕业的大学生进行系统的调查、总结。分析其中培养使用人才的正反经验，总结教育工作的规律和知识分子成长的规律，并且在这个基础上，发现、总结一批在改革和建设的各个岗位做出出色贡献、具有先进思想的正面典型。建议国家教育委员会、北京市委员会同有关部门，组织若干大学，花大力气在这方面进行调查、总结，在适当的时候专门召开"振兴中华、为人民献身、成才"的表彰大会，大力宣传、表彰一批先进人物的思想和事迹。这将对大学生正确认识知识分子的成长道路，树立为振兴中华，为人民献身、成才的思想产生重大的作用。

正面教育为主，不是不要批评和管理。对思想认识问题要充分说理，做深入的思想工作。而对于违反社会公德、违反纪律、触犯刑律的学生，要敢于严格管理，绳之以法，以达到惩前毖后的目的。现在有极个别学生考试作弊、打架斗殴、在宿舍聚赌、乱搞两性关系等，对此绝不可姑息迁就，让其蔓延。现在我们在思想教育上有时简单急躁，但对于触犯校纪和刑律的，有时又表现得心慈手软，不但使当事人得不到教育，还会影响良好校风校纪的建设，这种状况必须纠正。

校风是无形的感染力量，校纪是有形的制度纪律约束，两者是相辅相成的。校风好，校纪一般也好，校风不好，制度再严也有空子可钻。反之，也只有加强校纪建设，才能搞好校风。

（七）发扬民主，加强自我教育，学会在社会思潮起伏、议论纷纭的情况下进行思想政治工作

我们处在改革开放、搞活经济的时期，各种社会思潮纷纭起伏。其中包括对四项基本原则和改革开放的方针认识的重大是非问题，也有对社会主义初级阶段许多新问题的探索。在这种环境下成长的青年和20世纪50年代、20世纪60年代的青年相比，思想要复杂得多，也活跃得多。从现象上看，他们思想上的疑虑、问题比过去的青年要多，其中不乏明显片面甚至错误的认识，但是有时也包含部分合理性，包含对新事物、对真理的积极探索。对此，我们要鼓励他们积极思考，并给予正确引导。

要学会在思潮错综起伏的情况下，引导青年用民主的、讨论的方法得出科学的认识。过去"阶级斗争为纲""大批判"造成人与人关系过于紧张的状况。

我们应当吸取历史教训，努力创造一种民主团结、生动活泼的政治环境。做思想政治工作，不应回避青年同外界的接触，限制不同思想观点的探讨、争论。要教会青年运用马克思主义的立场、观点和方法去分析种种思潮，引导青年通过学习、思考和辩论，辨明是非，求得真理。

在改革开放的环境下，要求"舆论一律"，"大气候"纯而又纯是不可能的。学校的"小气候"也不可能非常纯净、一致，经常会有各种不同思潮起伏动荡。思想政治工作所面临的任务是要旗帜鲜明地坚持真理、明辨是非，对错误的东西不能软弱放任，不敢批评；但也要讲民主，让人讲话，包括正确的和错误的话，不能"万马齐喑""鸦雀无声"。思想认识问题只能通过摆事实、讲道理、平等讨论才能被人们理解和接受。要欢迎学生讲出思想认识上的问题，同他们积极探讨，并且要逐步形成领导和群众坦诚对话，思想政治工作者和教育对象亲密交心，青年学生间自由探讨的政治风气。要做到这点，关键在教育者。学校要努力扩大社会主义民主，学校领导要加强与学生的联系，沟通民主渠道，用各种方式和学生交流思想。对学生合理的意见要认真吸取，并在工作中切实改进。对不合理的或一时难以做到的，要耐心解释。对错误认识要以理服人，坦率讲明不同意见。总之，只要深入学生、关心学生、爱护学生，在和学生接触中不回避矛盾，讲真话，不讲套话，平等讨论，和学生交朋友是不困难的。要依靠共青团、学生会和研究生会，使其成为学校联系青年学生的桥梁。对马克思主义著作读书班、党课学习小组，各种学术、文化、体育社团，要给予支持、引导和帮助，鼓励、支持学生开展他们喜爱的、健康的、丰富多彩的各种活动，参加有关学生学习、生活的管理和服务，把思想政治教育渗透到学校生活的各方面。

（八）红专结合，专兼结合，提高思想政治工作队伍的素质

新中国成立以来，各高等院校逐步建设了一支政治与业务相结合的思想政治工作队伍，成为加强高校思想政治工作的根本保证。新时期要坚持和发展这方面的成功经验，把建设思想政治工作队伍作为加强和改善学生思想政治工作的战略问题切实抓好。

当前，思想政治工作队伍建设主要在于提高队伍的素质和水平。因为，要回答改革开放、建设和国内外各种社会思潮提出的问题，要求思想政治工作干部具有较高的马克思主义水平，较广博的人文社会科学知识，懂得大学生的心理状态和思想形成的发展规律。这样才能运用马克思主义的立场、观点和方法科学地分析各种社会思潮及其他现实思想问题，并用正确的方法进行行之有效的思想工作。今后专职思想政治工作干部，除了要继续坚持少而精的原则，坚

持从懂得专业、品学兼优的人中间选拔以外，还必须经过思想政治教育第二学位或研究生的正规训练，使他们打下比较坚实的马克思主义理论基础，具有合理的知识结构，掌握思想政治教育工作的规律、方法。把我们党的思想政治工作提到更高的水平。

在思想政治工作队伍的建设中，还要注意依靠马克思主义理论课教师和其他人文社会科学的教师，特别是当前社会思潮的各种观点往往以理论形态出现，这支队伍的作用就更为突出。新中国成立以来马克思主义理论课教师有针对学生思想进行理论教育的好传统。近年来，这个传统有所削弱，应当恢复、发扬。文科院校有关专业要把学习马克思主义理论、研究国内外思潮作为教学的重要内容。马克思列宁主义理论教师和一部分其他人文社会科学教师做学生思想工作，带领学生搞社会调查，应计入教学工作量。马克思列宁主义理论课青年教师更应当把做学生思想工作，作为必须完成的教学任务。还可以选聘一些热心、熟悉学生思想教育的教师，作为学生思想政治工作的咨询队伍，专门给予一定的教学工作量。他们撰述的有说服力的、能回答青年思想重大问题的文章，应列入科研成果，作为职务聘任的重要依据。

现在，在基层工作的兼职辅导员的矛盾比较突出。他们是从青年教师、研究生和高年级大学生中抽调出来的，优点是年轻、有朝气、懂业务、熟悉学生、能不断更新知识，但也存在一些矛盾：一是自身业务成长与思想政治工作的矛盾，许多人一心放在业务上，不安心，也不专心做辅导员工作；二是辅导员政治理论、知识素养与新时期学生思想政治教育的要求不相适应，往往学生搞不清的问题，他们也解决不了；三是行政事务缠身，负担太重，不能集中精力做好思想工作。要切实改善辅导员的工作，把做好思想政治工作与人才培养紧密结合起来，从选人、育人、用人三个环节全面进行改革。担任辅导员后，要妥善安排他们的工作与业务学习，并在政治理论方面着意培养提高，使他们在知识结构与能力上形成某种优势，将来能适应更广阔范围的工作。还要采取切实措施，减轻他们的事务工作负担，使他们从事务主义、被动状态中解脱出来，把主要精力用在学生思想政治工作上。

与思想政治工作相联系的高校思想政治工作体制，需要深入进行研究。但可以肯定的是：一、无论是实行党委领导制，还是校长负责制，还是目前采取什么样的过渡形式，党委对学生思想政治工作，都负有直接的、主要的责任。这是高校思想政治工作的历史经验证明了的。二、无论实行哪种领导体制，党、政、团、学生会都应管思想政治工作，齐抓共管，协同作战。党委要以主要精力抓好思想政治工作和党的工作，不能包办行政的工作。行政对学生的德、智、体三方面要全面负责，不能只抓业务。团和学生会要在党委领导下发挥各自的独立作用，通过青年学生喜爱的多种形式的活动，进行自我教育和管理。三、基层思想政治工作是实行辅导员制、班主任制，还是导师制，或是兼而有之，都应当继续探索、研究。但无论哪种体制都以少而精的专职思想政治工作干部为核心，都要有一定数量的兼职的思想政治工作人员，不能变相取消兼职的思想政治工作队伍，要使专职、兼职的思想政治工作干部与广大教师教书育人相结合。

　　以上仅从思想政治教育的内容、途径、方法、队伍建设等几方面对思想政治工作的继承和创新提出了几点意见。我们坚信：只要全党真正重视大学生的思想教育，在认真总结历史经验的基础上，不断探索创新，我们就一定能逐步建设起一套适合新时期要求的、具有中国特色的大学生思想政治工作的体制、内容、途径和方法，高校的思想政治工作必将会开创出一个积极主动、生动活泼的新局面。

新时期思想工作的几点理论思考

在新的历史时期，随着改革的逐步深入，社会矛盾的发展变化，改进和加强思想工作提上了重要议事日程。这是一项复杂的社会系统工程。现就其中几个全局性、现实性较强的问题从理论上做一些初步探讨。

一、思想工作内容：思想教育与政治教育　生产力标准和育人标准

改进和加强思想工作，首先要研究新时期思想工作的内容有什么发展变化。革命战争年代思想工作主要是以民族独立和阶级斗争为内容的政治教育。马克思主义理论教育是突出政治内容为政治服务；伦理道德教育也主要是与革命、战争的要求紧密相关。这在阶级、民族矛盾非常突出的时期是完全正确的。新中国成立后，为适应社会主义建设的要求，思想工作的内容有了很大的发展，积累了许多新经验。后来阶级斗争不是主要矛盾了，但在"左"的思想指导下，却提出"以阶级斗争为纲"，并且在"文化大革命"中把它推向极端。政治教育成了"大批判""整人"；结合业务进行思想工作被批判为"政治落实到业务"的"修正主义"；理论教育要"急用先学，立竿见影"，搞实用主义的为政治服务；品德问题被看成"小节无害"，无足轻重；心理学被当成"唯心主义"的"伪科学"打入冷宫，心理方面的教育训练一度被取消；甚至在未成年的中小学生中也搞政治斗争，以政治教育代替、冲击一切。

党的十一届三中全会以来，思想工作的内容有了很大发展。第一，政治教育（政治理论教育，形势政策教育等）的内容从拨乱反正，纠正"以阶级斗争为纲"逐渐转到党的基本路线的轨道上来。以经济建设为中心，进行坚持四项基本原则、坚持改革开放的教育，鼓励人们树立"实现四化，振兴中华"的共同理想。在改革开放的实践中，人们对当代社会主义、当代资本主义进行再认识，提出了许多新问题。例如，为什么发达资本主义国家在经济、科技、生活水平等方面处于领先的地位？如何看待社会主义现阶段的消极现象？如何看待社会主义国家改革的困难和挫折？生产力落后的国家能不能和如何建设社会主义？……这些都成为政治教育需要研究和回答的问题。第二，随着改革和商品经济的发展，人们的价值观念发生了深刻的变化。人们对"发展社会主义商品经济需要什么样的价值观念"？"商品经济对精神生活领域究竟有哪些积极作用和消极作用"？"怎样处理理想教育和现行政策的关系，既讲钱和利的作用又不致走向'一切向钱看''拜金主义'"？"如何处理集体利益与个人利益、'社会价值'与'自我价值''社会需要'与'自我设计'的关系"？"个人主义有没有积极性？商品经济条件下能不能和如何进行集体主义教育"？等问题提出了各种看法。人们都在思考："人生价值的追求目标和实现人生价值的正确途径应当是什么。"人生观、价值观的教育已成为思想教育一个极为重要的内容。第三，对外开放不只限于经济、技术领域，西方各种学术文化著作大量传入。如何正确认识中西文化、传统文化与现代文化、社会主义文化与资本主义文化的关系，吸收西方文化中的有益成分，抵制其消极腐朽因素，有利于两个文明建设，也成为思想教育的重要内容。第四，适应现代化建设的要求，思想工作和经济、技术、业务工作不再是两张皮了。而是紧密结合，通过思想工作正确处理人民内部矛盾，促进生产力的发展，保证各行各业各项任务的完成。人们行为规范的教育也更突出了。社会主义人道主义等社会公德教育、职业道德教育、法制教育（这方面更重要的是政治建设的要求）、纪律作风（厂风厂纪、校风校纪等）教育、人际关系教育和公共关系教育等也成为思想工作的重要方面。另外，近年来，社会心理、教育心理、青年心理、管理心理等方面的研究蓬勃发展，心理教育、心理咨询活动广泛开展，成为思想教育一个新的层次。

总之，思想教育的内容扩大了、丰富了。它从"以阶级斗争为纲"狭义的政治教育扩展到政治、理论、文化、人生、价值观、行为规范、心理调节等各方面。从单纯为阶级斗争服务转变到为培育"四有"新人、全面提高人的思想素质和实现党的基本路线和各项任务服务。但是近来，在改进思想工作的研究中又出现了另一种见解：简单地理解生产力标准，把是否直接促进生产力的发展作为衡量思想工作的唯一的"一元"尺度，进而想把思想工作内容局限于与经济、技术、业务工作相结合、直接为完成本单位生产经营任务服务的领域。这也是片面的。

无疑，结合经济、技术、业务进行思想工作是非常重要的，在企业中这方面的工作更处于中心地位。而且在实际工作中思想工作和经济、技术、业务工作相脱节的现象还远未克服。但是，我们不能把加强与经济、技术、业务相结合的思想工作与政治教育对立起来。甚至认为，"一个服务于经济活动的目标，一个体现政治意图的目标"，是"二元并列"。在新时期，政治教育不再"以阶级斗争为纲"了，不再冲击一切、代替一切了，但政治教育仍然是非常重要的。正确认识一个中心两个基本点的关系，坚持社会主义方向，坚持改革开放；正确认识形势和政策，树立共同理想、目标，增强人民的凝聚力；正确认识国家、集体、个人利益的关系，维护国家的整体利益。这些都是带全局性的政治教育，从全国范围看也是保证生产力健康发展所必需的。在这里，"服务于经济活动的目标"与"体现政治意图的目标"是根本一致的。大道理管小道理，这种政治教育是各单位都要进行的。许多单位的问题恰恰出在这方面。这种教育绝非保证本单位生产、经营任务的完成所能全部概括的，它的内容要广阔、深刻得多。没有这种政治教育，人们的眼光就可能局限于小单位和个人的天地，忽略了国家利益和共同的理想、目标。

对于生产力标准，不能简单化地理解。党的十三大提出："是否有利于发展生产力，应当成为我们考虑一切问题的出发点和检验一切工作的根本标准。"根本标准归根结底是一切工作都要有利于生产力的发展。这是一个最终尺度。并不是说一切工作的好坏成败都直接地只有生产力一个标准，或都要立竿见影地直接表现在生产力的发展上。生产力的发展要靠各方面的工作。各个工作领域有自己不同的任务，因而也有不同的衡量工作的具体标准。生产力标准是通过种种不同的具体标准体现的。在经济、政治关系领域里要体现为与生产力发展状况适应的经济、政治体制；在分配领域里要体现为与生产力发展状况相适应的社会公平尺度；在法律和道德领域里要体现为最终与生产力发展要求相适应的法律和道德规范（这往往还要经过经济基础的中介）。然后再以一定的体制、尺度、规范去衡量各自领域的工作。政法工作，无论是打击犯罪分子，还是处理民事纠纷，都要以法律为准绳。其效果并不一定直接表现为生产力的提高，但最终是为生产力发展创造良好的社会环境。即使在生产经营单位，直接促进生产发展也要靠各种手段：靠科技，靠政策，靠物质鼓励，靠行政管理、纪律约束……思想工作的特点是通过提高人的思想觉悟促进生产力的发展。"育人"，培育有理想、有道德、有文化、有纪律的"四有"新人，是思想工作区别于其他工作的特殊内容，也是衡量思想工作一个直接的尺度。在思想工作中，我们应当把生产力标准与培育"四有"新人的标准统一起来。离开生产力标准谈"育人"，思想工作有可能脱离新时期的中心任务。离开"育人"标准谈生产力发展就模糊了思想工作的特殊性，可能削弱甚至取消思想工作。这样讲并不是什么"二元并列"，而恰恰是坚持了共性与个性关系的辩证思维，恰恰是从生产力与生产关系、上层建筑的社会基本矛盾运动的角度，维护了"生产力是一切社会发展的最终决定力量"的原理，同时也看到经济基础、上层建筑各领域的相对独立性。这是符合历史唯物主义原理的。那种把"生产力标准"这个词"……当作标签贴到各种事物上去，再不做进一步的研究……就以为问题已经解决了"的思维方法和作风是恩格斯早已批评过的。恩格斯还谈道："……根据唯物史观，历史过程中的决定性因素归根到底是现实生活的生产和再生产。无论马克思或我都从来没有肯定过比这更多的东西。如果有人在这里加以歪曲，说经济因素是唯一决定性的因素，那么他就是把这个命题变成毫无内容的、抽象的、荒诞无稽的空话。……"并且指出，如果那样看问题"……把理论应用于任何历史时期，就会比解一个最简单的一次方程式更容易了"。恩格斯近百年前讲的这些话，对我们观察当前复杂的社会矛盾和研究思想工作仍然具有现实的指导意义。

二、思想工作目标与要求：共同理想、价值观与多层次理想、价值观一元与多元

要改进和加强思想工作还要研究思想工作的目标、要求问题。要研究在社会主义初级阶段，特别是现阶段，人们的思想觉悟应该达到和可能达到什么层次，相应地我们的思想工作对不同人应当在什么层次上进行工作。过去，在经济关系的改造上，我们存在着脱离生产力发展状况，急于求成、盲目求纯的现象。在思想工作上，我们也存在着脱离社会存在和人们思想的客观状况，急于求成、盲目求纯的现象。这是"文化大革命"及以前思想工作中又一个问题。

随着经济改革的深入，以公有制为主体多种所有制并存的经济结构的形成，社会主义商品经济的发展，各阶级、群体的利益日益呈现多元化的趋势。相应地人们的思想、价值观念也日益呈现多元化的趋势。这种趋势在整个社会主义初级阶段都将存在。

这种条件，加上社会主义、资本主义、封建主义、小生产各种思想的影响，人们的觉悟必将是多层次的。在政治思想上大体有四个层次：第一，树立了共产主义理想，愿意为共产主义事业奋斗终身，并且能自觉地把现阶段的奋斗目标和共产主义理想联系起来。这是理想的最高层次。在现阶段，真正自觉达到这个层次的是极少数人。第二，有社会主义理想，坚持社会主义方向，自觉拥护党在社会主义初级阶段的基本路线。在现阶段，相当多的人已经达到这个层次或能够按这个层次要求自己。他们是社会主义改革和建设事业的骨干力量。第三，有爱国主义理想，愿意为"实现四化，振兴中华"而贡献力量。绝大多数人都有这方面的觉悟或能够树立这种理想。这是全国人民凝聚力的政治基础。第四，自觉反对社会主义的分子。这在我国大陆上是极少数。其中付诸行动，可能成为专政对象的，更是极个别的。

同样，在价值观、道德观上大体也存在着四个层次：一、树立了共产主义道德，大公无私，一切从国家、人民利益出发，为社会主义、共产主义事业，为人民的利益勇于献身，富有牺牲精神。能这样做的是极少数人，但他们代表着当今和未来社会价值观、道德观的最高层次。二、国家、集体、个人利益相结合的集体主义。他们先公后私，先人后己，但也注意维护自己应有的利益。即列宁所讲的"人人为我，我为人人"的觉悟层次。在我国现阶段相当多人已经达到这个层次的境界或愿意以这种道德境界要求自己。他们是我国社会主义事业的骨干。三、以追求正当的个人利益为动力。他们愿意遵守社会主义法纪，遵守社会公德和职业道德，劳动致富，合法致富，一般不愿意损人利己，损公肥私，但在国家、集体、个人利益有矛盾时，往往更多地考虑个人利益，自觉或不自觉地做出有损国家、集体利益的事。在社会主义初级阶段大多数人还处于这个觉悟层次。列宁提出的"从个人物质利益关心"的原则就是为了吸引这个觉悟层次的人从自己的利益出发为社会主义事业做出贡献。我们改革中的许多政策、措施也是在这个层次上调动人们的积极性为社会主义事业服务。这个层次的人们的思想是不稳定的。在国家、集体、个人利益一致的时候他们能够积极工作。但当发生矛盾时，他们的态度将产生分化。有的人可能向先公后私、先人后己的集体主义方向发展，也有人可能向极端自私自利的方向转化。四、极端自私自利，不惜损人利己、唯利是图。这种人是极少数，他们代表着阻碍社会前进的腐朽道德观、价值观。在社会主义初级阶段，特别是在新旧两种体制转换，社会主义商品经济新秩序尚未建立和健全的现阶段，他们还有生息繁衍的土壤。

政治理想和价值、道德观念是互相渗透的。虽然不能说这两方面、四个层次绝对地相互对应，但它们之间确实存在着内在的联系。

正确认识和区分这四个层次是我们确定思想工作目标、要求的基本出发点。要根据不同对象、区分不同层次进行思想工作。一、对于共产党员应当按共产主义理想、觉悟的层次要求。在党的建设上单纯追求数量，降低党的先进性是不对的。但是像过去那样对于广大群众也要求进行共产主义教育则未免不切实际。对于为共产主义事业、为人民利益勇于献身的思想事迹，要积极宣传，使人们从中汲取力量。认为在现阶段宣传这些思想、事迹就是"假、大、空"，甚至污蔑先进人物是"傻子""精神自私"，是极端错误的。为共产主义事业、为人民利益勇于献身的思想是代表时代的最高精神境界，现阶段只有极少数人能做到，并不是大家都能身体力行的普遍要求。二、对于国家的各层骨干，我们应当按社会主义政治理想和社会主义集体主义价值观、道德观的层次要求。这是保证我们事业的社会主义方向所必需的。它关系到我国改革和建设事业会不会走偏方向，经历不必要曲折的大问题。大学生将来多数是国家各行各业的骨干，应当把社会主义觉悟层次作为培养大学生的目标要求。引导大学生在爱国主义的基础上逐步提高社会主义觉悟，并且努力在他们中间培养出一批具有共产主义觉悟的先进分子，新一代的马克思主义者，期望他们将来成为我国社会主义事业的中坚、领导力量。做好大学生的思想教育工作具有特别重要的意义。三、对于广大人民群众，我们应当在爱国主义的基础上，在遵纪守法、遵守社会公德、遵守职业道德的基础上团结起来。对于爱国主义中所包含的不同觉悟层次，对于那些从个人利益出发，奉公守法的劳动者，我们首先应当团结他们。在这个基础上，依靠社会主义正确政策，把他们个人的积极性吸引到为社会主义服务的方向；依靠思想教育，帮助、引导他们正确处理国家、集体、个人利益的矛盾，逐步提高觉悟。在社会主义现阶段把这个层次的觉悟当作自私自利的个人主义进行批判是不对的。但是，不能因为这个层次觉悟的大量存在而提倡、发展个人主义，宣扬以个人为中心的价值观念，放弃社会主义政策和思想教育的引导，放弃社会利益高于个人利益的集体主义原则。那样做，必将引起思想混乱。在我国，各行各业的骨干都应当具有社会主义、集体主义的觉悟，依靠他们带领群众前进。四、对于极少数自觉反对社会主义的分子、极端自私自利的思想行为，我们应当旗帜鲜明地反对、抵制。对于其中严重触犯刑律的人，必须绳之以法。总之，我们在新时期思想工作的目标、要求，必须从社会主义初级阶段现实的社会条件和人们觉悟的实际状况出发，区分对象，区分层次，不同要求。做到承认差别、发扬先进、各按步伐、共同前进。要以"实现四化、振兴中华"的理想和遵纪守法、遵守社会公德、遵守职业道德作为人们共同的要求和团结的基础；以社会主义、集体主义要求我们的骨干力量，依靠这些骨干团结广大群众沿着社会主义的方向前进；坚持以共产主义作为我们的最高理想和榜样力量，用共产主义、社会主义觉悟层次要求所有人们。一个模式、一刀切是不切实际的，放弃社会主义、集体主义教育，对思想工作持放任自流、消极无为的态度更是错误的。

  和这个问题有关的一个理论问题是思想、价值观念的多元化问题。近年来，多元化成了一个非常时髦的名词。真理多元化、经济多元化、政治多元化、意识形态多元化（思想价值观念多元化），不一而足。在真理问题上，"元"是在哲学基本问题的意义上使用的，指的是万物的本原。我们主张真理一元论，但这不是本文所要讨论的。本文所要讨论的是社会、价值领域。在这里，"元"的含义则是指社会关系的主体、人们利益的本原。经济多元是指多种所有制，政治多元是指多种利益群体及其利益的代表，意识形态多元是指多种价值观念。在这个领域，多元化是一种客观存在，而且在改革中还在发展。思想、价值观念的多元化不过是经济多元化、政治多元化的反映。承认、肯定这一点对正确认识思想工作的复杂性、多层次性有重要意义。但是，在任何社会，多元和一元都是对立的统一，只讲多元不讲一元是不对的。首先，在多元中必有其主导元。它代表着占支配地位的社会关系、社会利益，决定着所有其他社会关系、社会利益。在我国社会主义初级阶段经济上的公有制，政治上人民的整体利益及其代表共产党、意识形态领域马克思主义的指导作用就是经济、政治、思想方面的主导元。它和多种所有制、多种利益群体及其组织上的代表（民主党派、群众团体等）、多种思想价值观念是主导元和多元的关系。其次，由于我国在大陆上剥削阶级已经基本被消灭，多元之间的关系在总体上是人民利益一致基础上的矛盾。所以，在多元的特殊利益中存在着共同利益，个性中存在着共性，而且主导元往往代表共同的利益。认识多元和一元的辩证关系是非常重要的。它使我们在多元化的发展中不至模糊了社会关系主导的发展方向，不至忽略了我们的共同利益。在思想工作中一元和多元的统一就表现为既承认多种思想价值观念的差异性、复杂性，建立起多层次的思想工作目标、要求机制，又要坚持马克思主义的指导和社会主义的方向，坚持人民的整体利益，坚持共同的理想，增强人民的凝聚力。近年，我们在理论上引进、运用多元化的概念，这反映了社会现实的发展，是有意义的。但是只强调多元，而不正确宣传多元和一元的关系，则有可能使一些人迷失主导方向，忘记我们共同的、整体的利益，失去精神支柱，走向涣散。这种现象已经出现并还在发展，应当引起思想理论工作者的严肃关注。

三、环境、渠道：思想工作社会化大气候与小气候

要加强和改进思想工作，还要研究影响人们思想的社会环境和渠道问题。我们的社会正经历着深刻的变化：它已从"封闭"走向"开放""面向世界"。随着生产的社会化、现代化、商品化的发展，人与人的关系愈来愈社会化，彼此的交往和影响愈来愈多；随着民主建设的发展，政治日益公开化，透明度愈来愈高；随着卫星、电视、广播、报刊等现代通讯、传播工具的发展，人们思想、信息的交流也愈快愈广。总之，随着生产和人们社会关系日益社会化，人们的思想关系也愈来愈社会化。在这种情况下，社会横向的网状联系对人们思想的影响远远超过传统的、狭义的纵向思想工作系统，而且这种趋势还会发展。

1986年到1988年，北京市几所高校对一千多名大学生进行问卷调查："请您将以下人或事对您思想影响的大小排序"一栏，连续两年，"报刊杂志""社会思潮""文艺作品""家长""社会名流、专家"都占第一位到第五位，而"辅导员""班主任""任课教师""院（校）系领导"则分别占第八位到第十一位。这个调查是否说明高校思想工作缺乏成效？有这方面的原因。但是主要应当把这看成人们思想关系日益社会化的结果。如果说思想工作有什么问题，那就是要研究在人们思想关系日益社会化的条件下如何利用社会环境中的积极因素，通过更多渠道、依靠更多力量进行思想工作，同时减少社会环境中消极因素的影响，使思想工作更有成效。我称之为思想工作社会化问题研究。这个研究应成为新时期思想工作的重要课题。

思想工作社会化研究中重要的问题是如何正确认识、对待大气候、小气候的影响？以及如何正确处理二者的关系？

从思想工作角度看，气候讲的是思想关系的社会环境问题。大气候是指建立在经济、政治环境基础上各个时期主要的社会思潮、社会舆论、社会风尚。它往往左右一个时期人们思想的特点；小气候是指各企业、事业单位内部的思想、舆论、风尚。

无疑，在思想关系日益社会化的条件下，大气候对人们的影响愈来愈大。特别在事关国家、社会的大问题上就更是如此。问题是如何正确认识社会主义初级阶段，特别是现阶段大气候的特点和如何形成良性的大气候。

在整个社会主义初级阶段，特别是现阶段，社会思潮动荡起伏，社会舆论千姿百态是必然的现象。这是因为全面改革必然引起社会结构和人们利益关系的深刻变化；新旧体制的过渡、转换会造成社会的种种矛盾；改革的顺逆曲折会对人们的实际生活和心理、思想带来种种影响；发展社会主义商品经济，各单位自主经营、相互竞争会给国家、集体、个人的关系带来新的矛盾。这些矛盾在社会主义商品经济发展的早期（生产力不发达，短缺现象严重，社会主义商品经济新秩序没有建立……）更为突出。社会存在决定社会意识，社会存在中有多少矛盾，人们思想上也就有多少矛盾。再加上我国实行对外开放，发达资本主义国家经济、科技等方面和我国的对比、反差；国外各种思潮的传播；各社会主义国家改革的不同模式和他们的成败得失，这些都给人们的思想产生巨大的影响。结合对国内问题的不同思考，就会形成种种不同的认识。在这种国际、国内环境下，我国社会思潮的动荡起伏是不可避免的。这是现阶段我国思想环境大气候的总的特征。

这种大气候是好还是不好？总的来说，它冲破僵化思想的束缚，改变了过去"舆论一律""万马齐喑"、死气沉沉的局面。人们思想活跃，积极探索各种问题。我们多年盼望的"百花齐放、百家争鸣"的思想文化环境开始形成，这是很好的。但是，正如经济上改革、开放、搞活总是带来经济繁荣，但也出现过"一放就乱、一管就死"的非良性循环一样，在意识形态领域，近年来也出现过类似的状况。舆论一律不好，但舆论失控也不好。思想活跃好，但没有共同理想，人心涣散，失去精神凝聚力就不好。我们的理想是形成有主旋律而又丰富多彩的思想舆论环境。这个主旋律就是建设有中国特色的社会主义；就是实现四化、振兴中华；就是党在社会主义初级阶段"一个中心两个基本点"的基本路线。应当围绕这个主旋律，"百花齐放、百家争鸣"，形成一种为了实现共同理想而进行建设性争鸣的大气候。能否形成这样的大气候，关键在乐队指挥，在党中央的有力领导。要在众说纷纭中，用高亢的声音唱主旋律，引导舆论。为了做到这点，我们希望党中央进一步增加政治透明度，不仅在决策后进行宣传，而且把决策过程中思考的重点、难点，也让人民知道，使举国上下同呼吸、共命运。对于与主旋律相悖的声音，对于不良的社会风气，要敢于引导，不能态度暧昧，也不能搞大批判。对于社会上、报刊上引起争论的热点问题，不应放任自流，也不宜消极限制，要积极引导，通过建设性的有说服力的探讨，提高人们的思想认识。党的主管意识形态和宣传工作的部门要认真、系统地研究社会思潮，积极地进行舆论导向工作。我们希望在建立社会主义商品经济新秩序的过程中，能逐渐形成一种以共同理想、目标为主旋律的建设性争鸣的大气候。

大气候对于人们的思想影响愈来愈复杂，那么"小气候"是否就无能为力了？现在不时听到在基层做思想工作的同志埋怨党风、社会风气不好，觉得"胳膊扭不过大腿"，没有办法。这话有一定道理，但是"小气候"并不是只能消极地适应"大气候"，它还有自己相对独立的作用。主要表现在：第一，大气候中总有积极面和消极面，在基层工作的同志可以发挥自己的主观能动性对大气候的影响进行选择、引导，如社会思潮中有许多矛盾，我们着重引导什么问题进行讨论？如何对思想热点进行导向？一些名人有不同的观点，我们请谁来讲？着重宣传哪种倾向？批评哪种倾向？组织大学生社会实践到什么地方、什么单位？等等。小气候完全超脱大气候的影响是不可能的。当基层单位出现闹事等问题时不应不加分析地一概责怪基层。要具体分析这件事主要是社会原因还是小单位原因或因个别人原因造成的。但是，同样的大气候下，小气候因基层工作不同是有差别的。认为小气候对大气候只能消极适应无能为力的看法也是错误的。第二，由于工作性质和历史、传统不同，各个单位都有自己的特殊要求，形成特殊的企业、校园文化环境，即特殊的小气候。这种小气候的作用是很大的。前一段，经济秩序、社会环境存在一些混乱，这属于大气候问题。但由此而引起的"读书无用"思想和学风松散现象在各校的反映程度却不同。其中一个重要原因在于各校校风、校纪、校园文化环境的差别。因此，在同样大气候下，各单位应当通过独立的思想工作和管理工作，努力形成自己良性的思想文化的小气候。第三，大气候是由小气候组成的，小气候对大气候是有反作用的。基层出政策、出风尚。改革、建设中许多新经验、新思想是基层创造，经过领导总结，然后向全国普及的。许多风潮也是一个点几个点上突破闹起来的。所以，基层单位，特别是影响大的单位要努力把自己的单位建设成社会主义精神文明的坚强阵地，形成良性的小气候，为大气候做积极贡献。

四、思想工作科学化

要改进加强思想工作还要研究思想工作科学化问题。它包括两方面内容：一是如何加强思想教育内容的科学性。二是如何根据人们心理、思想形成和发展的规律进行思想工作。

马克思主义思想工作的力量在于它的真理性，在于它能够科学地回答每个时期面临的重大问题。实事求是、理论联系实际，这是我们党的好传统。回顾党的历史，什么时候思想工作有成效，都是因为它能正确阐明中国"救亡""革命""建设"的主张，并身体力行，从而吸引人、团结人为之奋斗。而什么时候思想工作没有力量，就在于它缺乏真理的内容。人们对那种单纯注释经典，不能科学回答现实生活中根本性问题的政治理论教育是不满意的。对在"左"的思想指导下，那种以势压人的专制主义的"大批判"；对"文化大革命"中的实用主义、诡辩式的"思想工作"；对于理论脱离实践、言行不一的党风、政风，更是深恶痛绝。在新的历史时期思想工作要想有力量，就要克服这些"假、大、空"思想工作的影响，科学地回答改革、建设中各种迫切的问题。为此，我们要特别注意科学的理论思维对思想工作的意义。要认识、改进、加强思想工作光有良好的愿望是不行的。当代科学技术革命、当代社会主义和资本主义的实践提出了许多新问题，在社会和人生的一切领域里对马克思主义提出了全面的挑战。其中许多问题在马克思主义经典著作中是没有现成答案的，需要进行艰苦的、科学的、创造性的研究工作。而且有的问题需要长期的实践和理论探索才能解决。因此思想工作者要善于依靠哲学、社会科学各个领域的专家，吸引他们关心思想工作中的理论问题，得到他们的支持和帮助。专职思想工作干部更要努力提高自己的素质，力求做到有较坚实的马克思主义理论基础，较广博的人文、社会科学知识，精通人的思想形成发展规律，成为博学的研究人的思想的专家。我们迫切希望党中央加强对意识形态工作的领导，在推进经济、政治体制改革的基础上，对意识形态领域的问题给予足够的关注。并且认真加强党的建设，逐步形成好的党风、政风，靠实践真理、以身作则的模范作用吸引人、团结人，这不仅是做好思想工作的前提条件，还是改革、建设事业成败的关键。另外，在思想工作方式上，要注意采取启发式、讨论式，改变那种只有中央已有结论、意见比较统一的内容才能纳入思想工作和理论课堂的做法。特别是在大学，要敢于把正在争鸣尚无定论的问题，包括那些与主流相异或是明显反对马克思主义的观点向人们介绍，并且发表自己经过认真研究的见解，力求用马克思主义观点给予分析、启发、引导人们思考、讨论。在这种情况下，思想工作重要的不是给人们以具体的结论，而是培养人们用马克思主义的立场、观点、方法进行严肃、科学思考的能力和习惯。

如何根据人们心理、思想形成发展规律进行思想工作有许多问题需要研究。本文仅就其中一个问题，即如何从人们内在需要出发进行思想工作谈些看法。

我们有些同志往往把思想工作对象看成单纯被改造的客体。但是，思想工作的对象是人而不是物，不是单纯被加工的对象，而是有主观能动性，有内在需要的。从这个角度说，他们又是主动改造主观世界的主体。思想工作是为他们提高思想觉悟的需要服务的。能否根据工作对象内在需要进行思想工作，启发人们改造主观世界的主动性，往往决定思想工作效果的好坏。新中国成立前，我们党不是执政党。那时，我们许多党员在异常艰苦的条件下是懂得这个道理的。他们和人们交朋友，从人们的内在需要出发，关心、帮助人们，逐步吸引人们关心"救亡"和"解放"的事业，并且帮助有些人找到了马克思主义。这时思想工作和人们的心是相通的，它给人们提供了宝贵的精神食粮，有时甚至是雪中送炭。所以，那时人们往往把做思想工作的人看成自己的启蒙者、良师益友，抵足交心，无话不谈，有的甚至成为终生挚友。这种传统一直保持到新中国成立后，在我们党内从没有中断，有许多同志在各种复杂的情况下，一直坚持从人们的思想实际出发做思想工作，受到群众的信赖和尊重。但是，这种传统也受到了"左"的指导思想很大的干扰和破坏。人们对那种"以阶级斗争为纲"政治运动为中心、大批判为主要方式的思想工作，感到是一种外加的强制的要求，不但不能满足自己的内在需要，还生怕给自己带来不幸。对那种单纯靠行政手段规定、内容空泛的政治理论学习也觉得是自己身外之物而产生反感（如中学的政治理论课的课程设置和教学内容在相当长时期内过于抽象，脱离了中学生可能理解的水平，使他们从小就对马克思主义理论课产生反感）。这种倾向的发展，使思想工作和人们的内在需要相脱节，甚至相悖，相应地思想工作者也就逐渐成为人们疏远甚至怀有戒备心理的对象。这种影响至今没有完全消除。

要克服这种影响，关键在思想工作本身的改进，"自立立人"。要善于根据人们改造主观世界的内在需要进行思想工作。不同的人在这方面的要求的层次是有差别的，但完全没有要求的人是极少的。许多人对社会、人生都有许多矛盾的思考，如什么是"实现四化、振兴中华"的正确道路？怎样提高自己的人生价值？工作、学习中的矛盾如何对待？生活上的需求、苦恼如何解决？……我们的思想工作应当从人们的思想实际出发，把尊重人、理解人、关心人、帮助人排忧解难、提高思想认识作为我们关注的中心。通过思想工作把社会对人们的要求转化为人们内在的需要，并且逐渐启发、激励人们提高精神文明建设需要方面的层次。另外，人们的需求是多方面的。我们还要善于结合人们的工作、学习、文化、体育等各方面要求进行思想工作。寓教于劳、寓教于学、寓教于乐，总之，寓思想教育于生活的各种需要之中。在这方面，我们近几年积累了不少有益经验，如在大学生教育中，通过社会实践，在帮助青年了解社会中进行思想教育；开展心理咨询活动，帮助青年排忧解难；在理工科院校开设多种多样的哲学、人文社会科学选修课，在满足大学生丰富知识要求的同时渗入思想工作；开展各种学术讨论、辩论、竞赛，在增长知识、活跃学术空气中提高人们的竞争意识和思想觉悟；等等，取得了很好的效果。但同时也存在不少问题。最近，北京几所高校联合调查学生思想及思想工作问卷中曾问："请谈谈您参加以下活动的兴趣如何？"对体育活动、文艺娱乐活动、社会实践调查活动、勤工助学、各种报告和讲座填很有兴趣有兴趣的人数占总人数的80%多，甚至90%以上。而对政治学习"很有兴趣""有兴趣"的人数则只有21.9%，对党团活动"很有兴趣""有兴趣"的人数有41.6%。这些数字说明，我们的思想工作应当和人们感兴趣的、有需要的活动相结合，而有些政治学习和党团活动还没有成为人们的内在需要，亟须改进。总之，我们应当树立根据对象需要、依靠对象的自主性进行思想工作的思想。这样，人们将不会再把思想工作看作异己之物。相反，它将成为提高人们思想素质、丰富人们精神生活的不可缺少的朋友。

以上，就新时期改进、加强思想工作的几个问题做了一些粗浅的探讨。还有一些问题，如思想工作的民主化；思想工作队伍，专职、兼职和业余化、专家化和社会化以及思想工作体制；等等。由于自己研究及篇幅的局限，没有论及。已经论及的问题，由于自己的视野主要在大学，水平有限，难免有错误和片面之处，希望能得到思想、理论界同志们的指教。

马克思主义教育怎样"自立立人"

从20世纪50年代至今,我主要从事马克思主义理论与思想政治教育工作,蒋南翔同志在这方面的教育思想对我一生都有很大的影响。下面谈几点粗浅的认识。

清华校长、马克思主义教育家蒋南翔同志非常重视马克思主义理论课,认为它对培养大学生树立科学的世界观、人生观乃至科学的思维方法有重要作用。他多次讲:"马克思主义理论课是社会主义大学的必修课,不能取消。"但又多次讲"要自立立人",马克思主义理论课在学校的地位,主要不是靠行政规定,而是靠自己的教学质量,同学学了真有收获,有兴趣,才能被人们重视。他不止一次地告诫我们,"不要把政治理论课讲成国民党党义"。我第一次听他这样讲时,有些吃惊,怎么把我们的政治理论课和国民党党义相比?后来,渐渐地明白了,他这样讲有深刻的含义。"国民党党义"是国民党在学校强制设置的,学生学习是奉命应付,并不爱学,他希望我们的马克思主义理论课不是这样。所以,他总是把"政治理论课会不会变成国民党党义?"和"学生学习有没有兴趣?有没有收获?"联系在一起,以此提醒和鞭策我们。当我们回答"多数同学有兴趣学,一些同学还非常自觉"时,他是很高兴的。他这样提出问题,也是希望我们的马克思主义理论课坚持革命性和科学性的统一,真正做到用正确的立场、观点、方法影响学生。

几十年过去了,实践证明,蒋南翔同志这样提出问题不是杞人忧天,无的放矢。新中国成立以后,我们的马克思主义理论课对培养一代又一代有科学社会主义信仰的大学生起过重要作用,但是也受到"左"的和右的、教条主义和实用主义的种种干扰。当前,马克思主义理论课教学的状况很不平衡,有的很受学生欢迎,有的则对学生没有吸引力和说服力,大学生采取奉命应付学习态度的,不是个别的人。这方面的历史经验,需要认真总结。李润海教授最近提出,苏联是非常重视马克思主义理论教育的,在高校课时安排也很多,但是,苏联解体前后,那么多人迅速放弃马克思主义信仰,为什么?除了世界社会主义运动处于低谷的历史背景外，马克思主义理论教育本身有什么历史经验。看来，在高校如何科学有效地进行马克思主义理论教育，真正做到"自立立人"，是教育思想、教育规律研讨中的一个大课题。

在马克思主义理论教育中，蒋南翔同志非常重视理论联系实际方针的贯彻。多次强调"学习理论，联系实际，提高认识，改造思想"，反对照本宣科的教条主义，1964年，中宣部召开高校马克思主义理论课的专门会议，让清华大学在会上交流经验。蒋南翔同志在审阅我们写的书面总结材料上只写了一句话："马克思主义基本理论与活思想相结合。"他这样写，也是这样做的。在他几次为大学生开哲学课时，每次讲课前，他都听哲学教研室教师汇报，了解学生的思想认识，然后有针对性地进行讲授。即使后来当了教育部领导，公务非常繁忙，但在为研究生讲哲学经典著作导读课时，在讲课前一两天晚上，仍然坚持让辅导教师，到教育部给他汇报学生对教学的反映和提出的问题，以充实和改进讲课的内容。他非常重视基本理论学习，哲学教研室刚一组建，就指导哲学教师和学校部分中层干部学习马克思、恩格斯、列宁等人的哲学著作。但是，他更重视马克思主义与中国革命实际相结合的科学成果——毛泽东同志哲学著作的学习，并且反对经院式的、纯书斋的学习方法，总是将理论学习与教育工作的实践相结合，进行研讨。记得一次研讨会，大家就"实践、认识、再实践、再认识"这种认识形式与知识分子往往是"理论——实践——理论"的具体认识过程之间的关系进行研讨，很有启发。在贯彻理论联系实际方针的过程中，他一方面反对教条主义，另一方面反对实用主义。他强调联系实际学习马克思主义理论，是为了更好地掌握马克思主义的立场、观点、方法，培养人们运用马克思主义理论分析、解决问题的能力。他不赞成学习马克思主义要"走捷径""立竿见影"、只靠学语录、背语录、贴标签等简单化的做法。

经过几十年的风风雨雨，我们深深感到，要贯彻理论与实际相结合的方针，既要反对理论脱离实际的教条主义，又要反对把马克思主义理论庸俗化，断章取义、贴标签、为我所用的实用主义。今天，全党都在学习邓小平理论，大学的马克思主义理论课以邓小平理论为中心，全面学习马克思列宁主义、毛泽东思想和邓小平理论的基本内容，仍然要贯彻这样的方针。江泽民同志强调"学习、学习、再学习；实践、实践、再实践"，强调"全面正确地理解邓小平理论"，充分体现了我们党把马克思主义理论与中国具体实践相结合的精神，也为大学马克思主义理论课进一步贯彻理论联系实际的方针指明了方向。

在马克思主义理论课中，蒋南翔同志特别重视马克思主义哲学课。1956年年初，他在清华成立了哲学教研组，自己兼教研组主任，据教研组科学秘书羊涤生回忆，当时每周有半天集体备课，都是由蒋南翔同志拿出来事先准备好的教学大纲，提供给大家讨论，讨论畅所欲言，既是备课会，又是学习研讨会。为了备好课，他还到北京大学听哲学课，身为一校之长，花这么多精力在哲学课上，如果不是他认为非常重要，是不可能做到的。1956年秋季，蒋南翔同志率先为建筑系开出哲学课，我去听了，400多人的阶梯教室坐得满满的，他的讲课理论联系实际，旁征博引，知识很丰富，很受欢迎。

在1956年开出马克思主义哲学课，具有很大的开创性。当时理工科高校本科生马克思主义理论课的设置是联共（布）党史、中共党史和政治经济学，没有哲学课，但是蒋南翔同志却在高校率先开出了哲学课。后来，马克思主义哲学课果然成为所有高校马克思主义理论课的重要内容，实践证明蒋南翔同志是有战略眼光的，毕业生的状况也证明，在大学期间能为科学的世界观、历史观奠定初步基础，对一生将有重要的作用。

1959年春，根据蒋南翔同志的意见，学校率先恢复了系统的马克思主义理论课教学，并把马克思主义哲学原理作为三门必修马克思主义理论课之一。蒋南翔同志作为校长和党委书记，仍兼任哲学教研组主任，并在大礼堂亲自为全校高年级学生系统讲课，各系党总支领导及校机关脱产干部参加学习。直到他调到教育部，才由艾知生同志（原党委副书记）兼任哲学教研组主任。20世纪60年代初，研究生教育开始发展，蒋南翔同志认为，学习马克思主义哲学对科学技术开创性的研究工作也有指导作用。在他的创意下，我们在研究生中开设了自然辩证法经典著作选读课，这就是后来高校理工科研究生自然辩证法课的前身。这时，蒋南翔同志任教育部副部长（后为高教部部长，党组书记），兼任清华大学校长，在工作繁忙之际，仍坚持讲课，这是极为难能可贵的。他不仅自己带头讲课，而且要求校党委领导也"要讲马克思主义理论课，要当教授，成为教育的内行"。在他的倡议和带动下，当时校党委第一副书记刘冰、副书记胡健教中国革命史课，副书记何东昌、艾知生教马克思主义哲学原理课，副校长高沂教政治经济学课，有的还兼任了有关教研组主任，这样做，总体效果是好的，促进了理论联系实际方针的贯彻，各系各部门领导也都重视和关心政治理论课教学和教师队伍建设。

我们深深感到，凡是蒋南翔同志认为重要的工作他都要亲自抓，甚至亲自实践。他刚来学校时，认为"教学过关"是第一位的，就亲自去听课，自己先当学生。我记得很清楚，他听苏联专家阿谢甫可夫讲建筑史，一堂不缺，从不迟到早退，聚精会神地听，还做笔记。他抓"因材施教"，组建三支"代表队"（政治代表队，即政治辅导员队伍；业务代表队，又称因材施教生，都是学习尖子；文艺体育代表队，将部分优秀文体社团人才集中住宿、培训）。亲自结识许多"代表队员"，还和他们谈心、交流思想。直到蒋南翔同志晚年卧病在床，这些"代表队员"仍到医院看望他，对他有很亲切的感情。他总是以毛泽东同志"你要知道梨子的滋味，你就得变革梨子，亲口吃一吃。你要知道原子的性质，你就得实行物理学和化学的实验，变革原子的情况。你要知道革命的理论和方法，你就得参加革命"的教导要求自己，也要求学校其他领导，要他们变革学校的教学、科研和学生工作等，深入到教育的实践中去。他坚信"实践出真知，基层出政策"，这是他在教育政策上能有创新的根源。说实在的，能做到像他这样深入的程度是很不容易的。

蒋南翔同志很重视马克思主义理论课教师队伍的建设。1959年，学校恢复系统的马克思主义理论课教学，师资不够，蒋南翔同志从学校各系选拔了20余名优秀毕业生，充实教师队伍。他们都是共产党员，有的做过政治辅导员，业务成绩优良。蒋南翔同志选拔政治辅导员和政治理论课教师都是坚持又红又专的标准，政治、业务不优秀的一个也不要。做政治理论工作，坚持政治标准容易理解，但为什么业务上一定也要优良呢？蒋南翔同志认为，在部队，政工干部如果不精通打仗，政治和军事两张皮，战士不会信服你。在学校工作，如果业务不优秀，政治和业务两张皮，学生也不会信服你。只有政治和业务都优秀，本身起模范、表率的作用，才能使政治和业务很好地结合，工作才会有影响力和说服力。对于从各专业选送来的人，蒋南翔同志亲自和他们座谈，从历史唯物主义的高度，向他们讲明"历史选择人，人创造历史""工作选择人，人选择工作"的关系，鼓励他们为巩固和加强高校马克思主义的阵地做出创造性的贡献。1964年、1965年，为了加强政治理论课教师队伍建设，蒋南翔同志又决定从学校各系毕业生中选拔近二十名政治理论课教师。这一部分人和20世纪50年代初原有政治理论课教师以及1959年后来由人民大学等高校分配来的政治理论课教师，"三种人会师"，有的马克思主义基本理论功底较强，有的熟悉学生思想工作、熟悉专业，各有所长、互相结合、取长补短，这是清华大学马克思主义理论课能较好地贯彻理论联系实际方针的重要保证。

对于要不要从学习理工科各专业的学生中选送一部分人，从事马克思主义理论的教学、研究工作，人们一直有不同的看法。20世纪50年代末，20世纪60年代初这样做有当时的历史条件，今天确实没必要完全照搬当时的做法。但是，即使在今后，马克思主义理论教师队伍，不管是从什么学科选拔，熟悉现代科技、经济，熟悉学生思想工作都是必须具备的基本素质。马克思主义是社会化大生产的产物，是随着现代科技革命和社会革命的发展而发展的，从事马克思主义理论教育的人，只有跟上现代科技革命和社会变革的步伐，才能使教育工作充满活力。其中马克思主义哲学是研究自然、社会、人类思维普遍规律的科学，懂得自然科学技术与社会科学某些学科及其最新发展，懂得人们思想形成发展的规律，能将哲学的普遍原理寓于特殊性之中，这对马克思主义哲学的教学与研究是非常必要的。教政治经济学，教建设中国特色社会主义理论的教师，在科技是第一生产力，经济建设是中心的今天，能够较深入地掌握现代科学技术知识也是不可缺少的。而且政治理论课是学校思想政治工作的主渠道、主阵地，教师熟悉学生思想工作也是搞好教学的必要条件。我是当政治辅导员、做学生思想工作出身，而后从事马克思主义理论教学的。从事马克思主义理论工作后，也从未中断做学生思想政治工作（"文化大革命"一段时间除外）。"文化大革命"后又从事马克思主义理论与思想政治教育学科的建设，从事当代社会思潮的研究工作。我深深体会到马克思主义理论教育与思想政治教育实践是相辅相成的，将这二者结合是马克思主义理论课成为学校德育"主渠道""主阵地"的必要条件。蒋南翔同志这样构建马克思主义理论教师队伍，绝不仅是一时之计，今后具体做法会有变化，但仍然要坚持其合理的思想内核。当然，对选调教师应当坚持自愿原则，1959年，从各专业中选送政治理论课教师时是本人愿意的，蒋南翔同志在与被选作政治理论课教师的人座谈时，明确讲了"本人不愿来的，不要勉强"。也确有几位不愿做政治理论教师的人仍回到原专业工作，后来，已经做政治理论教师的也有人又回到原专业工作。至于我本人，原来是学建筑的。现在建筑师收入很高，有人曾问我"你对选择马克思主义理论和思想政治教育工作是否后悔"，我都明确回答，我做了无悔的选择。马克思主义现在面临空前的挑战，有很多需要研究的问题，青年学生作为社会的晴雨表和未来国家的骨干，也需要学习和了解这些问题。能够在马克思列宁主义、毛泽东思想和邓小平理论的指导下，从事带有挑战性的科学工作，而且能够和思想上最有朝气和活力的大学生一起研讨，是极有意义的。我觉得这也是我思想能够较好地保持活力，老而不僵的根本原因。

思想政治理论课改革的几点思考

中央关于高校思想政治理论课改革的方案已经定下来了，问题在于如何贯彻。我从20世纪60年代初，开始讲马克思主义哲学课，也算是这条战线的老兵了。改革开放以来，主要从事马克思主义理论与思想政治教育学科建设，讲唯物史观和当代社会思潮研究等课程，为培养马克思主义理论课教师和思想政治教育专门人才服务。另外，我受教育部社政司以及清华大学马克思主义研究中心委托，也听了一些兄弟院校培训思想政治理论课教师和本校马克思主义理论的课程，并参加了教育部社会科学发展研究中心的某些调查研究。对如何提高思想政治理论课的质量也有一些粗浅的感受，愿意提出来与大家一起研讨。

一、马克思主义基本原理与西方思想理论流派的关系问题

改革开放以来，西方思想理论学说大量涌入国内，马克思主义理论课教学中，西方思想理论学说的分量大大增加了。这是必然出现的现象。

马克思主义从来是开放的思想体系，它是在批判地借鉴德国古典哲学、英国古典经济学和法国空想社会主义等理论中诞生的，又是在与各种非马克思主义和反马克思主义理论流派比较、斗争中发展的。在对外开放的条件下，在马克思主义理论课中，如果我们能坚持以马克思主义为指导，对西方思想理论流派采取科学的批判、分析的态度，对其"西化""分化"中国的内容给予揭露、抵制；对其唯心的不科学的内容给予分析；对其中的科学成分或对中国有借鉴价值的内容给予肯定……在比较、鉴别中讲授马克思主义基本原理，这样做就讲活了马克思主义，比起单纯注释经典，就马克思主义理论本身讲马克思主义，效果要好得多。我们许多教师正是这样做的，因此受到了学生的欢迎。

但是，也有另一种倾向，他们纯客观地或者是以完全欣赏的态度介绍西方的思想理论流派，使马克思主义基本理论的内容被"淡化"或"边缘化"。譬如，有的学校设立马克思主义哲学原理和一般的哲学原理两门课，把马克思哲学只当作哲学中的一个理论派别，而把西方哲学作为"放之四海而通用"的理

论来讲；极个别的甚至公开以唯心史观批判唯物史观，否认历史有客观规律；或者以西方人本主义哲学取代马克思主义人学理论，否认马克思主义有自己的人学理论。在经济学理论方面，把西方经济学和马克思主义政治经济学作为双轨并行的两派来讲，已不是个别的现象，有的相当有影响的学者，实际上认为西方经济学，特别是新自由主义理论，才是主流的经济学派，否认社会主义市场经济与资本主义市场经济的本质差别。这种思想影响所及，使一部分思想政治理论课教师在课堂上对马克思主义理论流派和西方思想理论流派采取模糊、暧昧的态度，淡化讲课的意识形态性已成为一种颇带普遍性的教学心态，其结果是削弱了马克思主义基本理论的讲授。

《中共中央关于进一步繁荣发展哲学社会科学的意见》指出，繁荣发展哲学社会科学必须坚持马克思主义的指导地位，决不能搞指导思想多元化。李长春在邓小平同志生平和思想研讨会上的讲话中强调，既要反对对待马克思主义的教条主义，又要反对迷信西方思想理论的教条主义。反对两种教条主义，特别是反对迷信西方思想理论的教条主义，是在科学分析了当前思想理论界状况的基础上提出来的，具有重大的理论和现实意义。对于以传播马克思主义基本理论为主要任务的思想政治理论课来说，更要高度重视，切实贯彻这一指导方针，才能使思想政治理论课改革坚持正确的方向。

二、当前如何贯彻理论联系实际的方针

提高思想政治理论课的质量，关键在于贯彻理论联系实际的方针。各门课在正确讲授马克思主义基本理论的基础上，如果能理论联系实际，科学地、有说服力地回答改革开放和现代化建设中提出的理论难点、疑点问题，同学们都是欢迎的。

为了做到这一点，高校思想政治理论课改革抓什么？我认为，最主要的应该抓住对青年影响比较大的社会思潮进行系统的科学的研究，从理论上给予回答。在任何社会大变革、大动荡的时代，社会思潮总是风云激荡、极大地影响着人们的思想，当今就是这样的时代。对苏联解体和东欧剧变、社会主义遭受挫折的历史经验，对经济全球化、世界多极化的曲折发展，人们有不同的思考；对改革开放、发展社会主义市场经济所带来的深层社会矛盾，各个阶层有极为不同的态度；对大量涌入的西方社会思想理论流派（如新自由主义、民主社会主义、民族虚无主义及民粹主义……），人们也有不同的倾向。这三方面交叉合流，就形成我们国内的各种社会思潮，它们是当前我国国内、国际社会实践提出的重大问题在思想、理论上的集中反映。大学生中一些反复出现的难点、疑

点思想,实质上只是现实社会矛盾、社会思潮变化起伏的反映,大学生的思想只是这些社会矛盾、社会思潮的晴雨表而已。如何用马克思主义基本原理对这些社会思潮进行科学的分析,帮助大学生明辨是非,是高校思想政治理论课不能回避的光荣而艰巨的任务。

在一个相当长的时期内,对大学生影响比较大的社会思潮,主要表现在两方面:一个是中国特色社会主义建设和改革的方向道路问题,如"东欧剧变和苏联解体是社会主义历史的必然还是领导失误造成的挫折?""改革的实质是中国特色社会主义还是中国特色资本主义?'振兴中华'一定要走社会主义道路吗?""公有制为主体还存在吗?国有经济在市场经济中能发挥主导作用吗?""中国现在贫富差别究竟有多大?能不能和怎样才能避免两极分化,实现共同富裕?""现在腐败高发的原因是什么?共产党能战胜自身的腐败吗?""为了加强对执政党的监督,可以搞社会主义条件下的多党竞争、共产党领导下的三权分立吗?""加入WTO后,民族经济能独立健康发展,国家经济安全能保证吗?""美中关系和台湾问题的关系及其发展前景是什么?"等等。另一个是人的本质和人生价值问题,如"我们倡导的'以人为本'与资产阶级人道主义和古代民本思想有什么本质区别和联系?""人的本质是自私的吗?西方经济学'经济人'的假设和私有制永恒的理论为什么是错误的?""社会主义市场经济下能不能倡导集体主义反对个人主义,个人主义和自私自利是一回事吗?集体主义必然扼杀个性吗?""真理和价值、社会价值和自我价值的辩证关系,怎样才能更好地实现自我价值?"等等。

以上这些问题既是当代我国社会思潮众说纷纭的要点,又是当代大学生思想的热点、难点。它集中地反映了两个根本道路问题:一个是中国、中华民族的振兴之路;一个是当代年轻知识分子的成长之路。大学生关心的问题虽然很多,但没有什么问题比这两个问题更重要了。他们"渴望振兴""渴望成才",对自己面临的历史机遇,有强烈的时代责任感,这是当代青年思想的主流。但是对振兴中华的中国特色社会主义道路,对成才就业生活中如何处理自我价值与社会价值的关系,又存在诸多困惑,如果思想政治理论课能理论联系实际地、科学地回答这些问题,这对大学生树立正确的世界观、人生观、价值观将产生重要的积极影响,也肯定会受到多数学生的欢迎。

思想政治理论课改革,重要的一点就是要支持、引导、组织教师对重大社会思潮进行科学研究。改革开放以来,这方面的科学研究有了很大的加强。从根本上说,这得益于我们有了中国特色社会主义理论,有了社会主义初级阶段党的基本路线、基本纲领,中央对社会主义建设规律和执政党建设规律的历史经验有了越来越深入、丰富的总结。应当说，中央对上述重大社会思潮的基本立场、观点是很明确的。问题是中国特色社会主义理论还在丰富、发展之中，还有一些没有完全弄清的难题，需要全党在实践中继续探索；现实生活和理论阐述之间也有很多矛盾的现象，需要具体分析；思想理论界更有很多不同的甚至截然对立的观点……在这种情况下，要正确处理坚持与发展马克思主义、求是与创新、"老祖宗不能丢"与"讲新话"的关系，既要坚持四项原则，旗帜鲜明地回答资产阶级某些学说对马克思主义的挑战，又要敢于吸收各种思潮中科学的、积极的成分推动改革，这是很不容易的，需要迫切加强对这方面科学研究的领导。现在，中央已经决定把马克思主义理论作为一级学科，把马克思主义中国化和思想政治教育作为其中的二级学科进行建设。希望在这些学科的建设中能够把一些影响比较大的西方思想理论流派，把人们感到困惑的一些重大社会思潮，作为重点课题进行攻关。清华大学马克思主义研究中心，高校德育研究中心也应当对思想政治理论课教学中的难点进行梳理，列为科研的重点课题。如果能在这些问题上取得科学的、有具体分析、有说服力的科研成果，那才是对思想政治理论课教师的最大帮助。

现在，几门思想政治理论课的教材，正在组织全国最优秀的教师、研究人员编写之中。在教学大纲的共同要求之下，根据"少乃精"的原则，建议各门课都要重点选择一些既能体现马克思主义基本原理，又能理论联系实际，回答大学生思想难点、疑点的问题，进行集体备课，这是保证思想政治理论课质量的现实可行的做法。对一些争议较大的问题，在坚持党的基本路线的前提下，可以引导大学生进行讨论，我想这是教学互动、发挥大学生主体性最好的办法。有些问题经过讨论，不一定能取得完全一致的看法，这没有关系，让有些人带着点悬念继续思考有好处。如果经过研讨，哪怕只有一部分人，能真正学会在对立的思潮中运用马克思主义立场、观点、方法分析问题，那才是经得起风雨的马克思主义。这样的问题不能太多，"伤其十指不如断其一指"，在有限的学时内不能企图解决太多的问题，也要给教师教学留一定时间，以发挥其学术特长与个性。但是，现在值得注意的是，一些课的领导有弱化的倾向，有的课偏离了教学大纲要求，有的没有理论联系实际的重点要求，或没有集体备课，各唱各的调，个别的其至偏离了正确的方向，需要引起思想政治课领导的注意。

三、关于马克思主义与马克思主义中国化的关系

中央关于四门思想政治理论课的设置已经定下来了。除了思想道德修养与法律基础课程外，其他三门，一门讲授马克思主义基本原理，一门讲授马克思

主义中国化，一门通过近代历史讲授马克思主义中国化。这种课程设计的总体思路很清楚，希望通过这三门课，使学生初步了解和掌握马克思主义的基本原理及其中国化的基本内容。

马克思主义基本原理和马克思主义中国化的理论，在课程设置上可以分设，但在实际教学中很难把两方面截然分开。讲马克思主义基本原理时不联系中国实际，不讲马克思主义中国化；或者反过来，讲马克思主义中国化时不讲马克思主义基本原理，都是不现实的。但是，如果每门课都兼顾这两方面，那会不会造成课程内容不必要的重复？譬如，马克思主义基本原理（简称原理）课讲唯物论时，要联系"解放思想，实事求是，与时俱进"；毛泽东思想、邓小平理论、"三个代表"重要思想概论（简称概论）课讲思想路线时，也要讲"解放思想，实事求是，与时俱进"。这样的问题会很多，怎样才能正确处理各门课教学内容的分工，避免不必要的重复？

恩格斯《在马克思墓前演说》中指出，马克思一生有两大发现，唯物史观和剩余价值规律。说得详细一点，一是马克思主义哲学，将唯物论和辩证法结合，并把辩证唯物论贯彻到历史领域，发现了历史领域的客观规律；二是马克思主义政治经济学，建立在劳动价值论基础上的剩余价值学说，揭露了资本主义社会的基本矛盾，预见了社会主义、共产主义的前景。科学社会主义学说是建立在这两大发现的基础之上的。因此，我认为马克思主义基本原理课，就应当围绕这两大发现，讲马克思主义哲学和政治经济学的基本内容。讲的时候，当然要联系当前中国和世界的实际，其中包括马克思主义中国化的内容。

至于概论课，我建议，要以中国特色社会主义理论为主要内容，涵盖毛泽东思想对社会主义建设的探索，邓小平理论关于中国特色社会主义理论的基本框架和主要内容，"三个代表"重要思想对中国特色社会主义建设规律、执政党建设规律的发展，甚至包括现今党中央关于"科学发展观""构建社会主义和谐社会"等对中国特色社会主义理论的发展。毛泽东思想关于新民主主义革命的理论，关于革命与战争的论述，则可以放在《近代革命史纲要》课中去讲。

按这样的安排，概论课将成为新时期中国的科学社会主义理论课程。过去，科学社会主义理论课都是以阶级斗争、无产阶级革命为主要内容，当今世界以和平发展为主题，中国也以发展作为党执政兴国的第一要务，应当创建以发展为主题，探索社会主义改革、建设和执政党建设规律为主要内容的新的科学社会主义课程。概论课应当也可以成为这样的科学社会主义课程。

这样的课程安排可以比较全面地涵盖马克思主义基本原理与马克思主义中国化的理论成果，各门课又能有比较明确的分工，减少不必要的重复。

顺带谈一下，有的教师认为，原思想道德课中又加进了法律的内容，太庞杂了。我体会，这是思想政治理论课设置"少而精"的需要。而且，这里要讲的法律，并不是法学专业讲的法理和法律体系。而是指的作为社会主义公民应具备的最基本的法律素养，包括对宪法、公民权利义务的理解。从这个角度看，把思想道德修养和法律修养结合起来，有其相辅相成之处，对全面理解"依法治国"与"以德治国"的关系也有积极意义。

四、关键是师资队伍建设

现在年轻的思想政治理论教师中，真正坚定信仰马克思主义、社会主义的；愿意把思想政治理论课教学作为终身事业的；愿意把现实中的理论问题，大学生思想的难点、疑点问题作为科研重点的人是很难得、很宝贵的。年轻教师思维活跃、外语好，对国外学术流派的了解和研究比较多，现代信息技术也很熟练，但是拿思想政治理论教育这种综合性、意识形态性、现实性很强的学科与比较专门的学科相比，他们中的多数更愿意从事后者。这一方面是因为国内外社会主义实践在意识形态领域中有很多失误，使一些教师不愿意介入这个"风险是非之地"；另一方面，改革开放后西方"非意识形态化""淡化"意识形态等思想也有很大的影响；而且在研究、出版、学术交流等方面也有一些不利因素：意识形态性强，批评错误倾向的文章在一些刊物不容易发表；学生做这方面的论文，专家评议容易有分歧，不容易顺利通过；对外交流中，意识形态性强的领域也不容易进行；等等。这些问题都使一些教师产生"淡化""远离"意识形态的倾向。创办马克思主义理论与思想政治专业本应是为培养思想政治理论课教师和思想政治教育专门人才服务，争办这个学科硕士点、博士点的学校不少，但是并不是都真正在为这样的培养目标服务。报考这个专业的博士生、硕士生，有的也只是把它作为拿到学位、谋求职业的一个跳板，并不想把思想政治理论教育作为终生事业。新中国成立以后，中国人民大学曾经是培养马克思主义理论课教师的坚强阵地，为全国各高校培养了大批马克思主义理论课骨干。现在，这批以思想政治理论教育为终身职业的老教师基本上退休了，有点青黄不接。建议教育部对马克思主义理论的有关学科进行切实的规划，委托像中国人民大学那样对思想政治理论课确有建树的一些学校，搭建培养师资的平台，以保证思想政治理论课的可持续发展。几年来，教育部社政司委托十几所高校，对已经在职的思想政治理论课教师进行了硕士学位课程培训，使几千名教师马克思主义理论素养和研究能力有了明显的提高，现在这种培训已纳入博士生、硕士生正常培养的轨道，许多高校反映，这是一项"有战略意义的、有创新性的德政",应当使之成为可持续发展的制度。

师资队伍建设的关键是骨干教师的选拔和提高。哪个学校中青年思想政治理论课教师领导骨干能坚持正确的改革方向,哪个学校思想政治理论课的教学、研究质量就不断提高,队伍建设就有生气,有凝聚力。现在,这方面的状况很不平衡,从根本上说,这取决于高校党委对思想政治理论课重视的程度和具体领导的力度。近年来,根据党中央意见,中共党校和教育部连续举办了思想政治理论课骨干教师培训班,确有实效,希望这能形成一种制度。新的思想政治理论课几门课的教学大纲和教材落实后,更要举办骨干培训班,按不同课程进行培训。今后每年都应该举办骨干培训班,重点研讨思想政治理论课教学的理论难点问题,交流改革的经验。如果持之以恒,三五年内,必能见明显成效。在这个过程中要注意发挥老教师以老带新的作用,对一些能坚持正确方向、学术、教学水平比较高的退休老教师,只要身体允许,应尽可能返聘,使之在队伍建设上继续发挥作用。

五、怎样衡量思想政治理论课的效果?

现在,苏联解体和东欧剧变,而社会主义中国又迈向"和平崛起"的道路,世界社会主义运动曲折复杂。经济全球化,美国还处于主导地位,世界多极化还在曲折中发展。在国内,经济建设成就巨大,人心振奋,但以市场经济为取向,多种经济成分共同发展,利益主体多元化,多样化,人们的价值观也是多元化,多样化的。在这种历史条件下,绝大多数大学生积极、奋发,而大学的思想政治教育在社会各阶层中也是最强的,所以,我认为大学生的思想状况总体上在社会上是比较好的。和我们干部的思想状况比也不差。但是,在价值观多样选择的条件下,大学生都信仰马克思主义、社会主义、集体主义也是不很现实的。在这种条件下,"两课"教学能达到什么效果呢?我认为,通过"两课"教学和我们党整个的思想政治教育,会有一部分大学生真正信仰中国特色社会主义理论,乃至真正信仰马克思主义和共产主义。这部分人是多少,我说不清,不会是多数,但是,能在世界社会主义运动处于低谷,价值观有多元选择的现在,选择信仰社会主义、集体主义,这是非常宝贵的。如果他们将来能成为社会各行各业的骨干,对整个国家坚持社会主义方向将起举足轻重的作用。当然,还有一部分,应当是绝大多数,能够以爱国主义为基准要求自己,虽然对社会主义还有这样那样的疑问或模糊认识,但是他们拥护党的领导,愿意为国家和人民服务,这也是中国特色社会主义建设的积极力量。也可能有极少数人将来会成为反对社会主义的力量,因为多数大学生成长的过程中总还会有分化，这是历史决定的，思想政治理论课不可能完全解决这些问题。但总的看，思想政治理论课的作用是不可低估的。有些已成为国家骨干的大学生，今天都谈及马克思主义理论课对他们一生信仰的启蒙作用。我们不求百分之百的效果，但我们应对思想政治理论课教学的重要作用有恰当的足够的估计。

思想政治教育学科科学发展的几个问题

我 1954 年当政治辅导员，1959 年转马克思主义理论教学，一生从事马克思主义理论教育与思想政治教育工作，并致力于二者的结合，除"文化大革命"一段时间，从未中断。改革开放以来，我主要从事马克思主义理论与思想政治教育学科建设，讲唯物史观和当代社会思潮研究等课程，为培养马克思主义理论课教师和思想政治教育专门人才服务。1983 年，清华大学筹建思想政治教育专业，学校让我负责。从筹建开始，思想政治教育是不是学科的争论就很大。何东昌、彭珮云等教育部领导，从一开始就强调思想政治教育是以马克思主义为指导的学科，并认为培养高校思想政治教育人才需要从硕士研究生层次办起。但因有些人认为思想政治教育是工作而不是学科或不需要研究生层次，最后只能从学士学位办起，一直到 1988 年后才正式招收硕士研究生。申办博士点的过程更是艰难，理由仍然是思想政治教育像社会学的社会工作专业一样，是工作不是研究型学科，不需要高层次研究人才。思政司率领几位专家反复论证，仍然难以通过。马克思主义理论教育与思想政治教育合为一个学科，建立博士点，我是积极支持的，因为马克思主义理论本来就是我国思想政治教育的理论基础，而且马克思主义理论教育本身也是思想政治教育的重要组成部分。马克思主义理论与思想政治教育博士点建立已经 9 年了，培养了一批高层次的人才，出了一批优秀成果，但是仍然有人讥讽："这叫什么学科？"

环境保护是工作也是学科；新闻传媒是工作也是学科；经济、行政、教育乃至图书管理是工作也是学科；在西方高校家政也是学科，为什么对人的思想教育与管理工作不能是学科呢？我校环境保护系的同志称他们的学科是"社会学、自然科学、技术科学的内切圆"，是一种综合性横向学科；建筑学、包括城市规划也是社会学、艺术、技术科学相互融合的综合性横向学科；马克思主义理论与思想政治教育同样是兼具理论性、意识形态性、教育性的综合性横向学科。综合性横向学科确实与只研究某一方面规律的学科不同，但这种不同只是学科类型不同，学科建设的特点有所不同而已。是因为西方没有这个学科而怀疑它的学科属性吗？其实毛泽东思想、邓小平理论和"三个代表"重要思想是马克思主义的中国化，正是因为它具有中国特色，才丰富了马克思主义的科学性，才对中国和世界有更大的意义。思想政治教育是毛泽东思想科学体系的一个重要方面，正因为我们对这方面的规律研究得比较多，比较深，我们才能把它作为学科进行建设，从而满足中国特色社会主义事业的需要，也为世界做出一份独到的贡献。

当然，马克思主义理论和思想政治教育作为一门新建的有中国特色的社会主义学科，需要我们在实践过程中对它的规律进行不断的探讨，以使我们的认识更加科学，"思想政治教育桂子山论坛"正是这样一次会议。下面我仅就马克思主义理论与思想政治教育学科的特色谈三点看法。

一、马克思主义的综合性

马克思主义理论与思想政治教育的一个重要任务是运用马克思主义的立场、观点、方法科学地分析当代社会的社会矛盾、社会思潮，从而为人们排疑解惑。江泽民同志对思想政治教育提出"四个如何认识"的根本任务，其中就包括对当代社会主义、当代资本主义和对改革开放以来人们的世界观、人生观、价值观变化的科学分析。对这些问题，譬如，对为什么在落后国家率先进行社会主义革命，以及革命后所面临的矛盾的分析，不是单纯的马克思主义哲学、政治经济学或科学社会主义某一方面的问题，而是需要综合运用马克思主义的立场、观点、方法，结合历史和现实进行科学的分析，才能做出有说服力的回答。

所以，我们不但需要马克思主义的哲学家、政治经济学家和科学社会主义专家，而且还需要能综合运用马克思基本理论，分析现实社会矛盾、社会思潮的马克思主义思想家和学者。马克思、恩格斯、列宁、毛泽东同志、邓小平同志，他们既是马克思主义哲学家、政治经济学家、科学社会主义学说的奠基人或发展者，又不单纯只是哲学家、经济学家或社会主义者，而是将这三者统一于一身的革命家兼学者。现在，我们需要不需要培养这样的人？需要。马克思主义理论教育、思想政治教育的高层次人才中就应当有一批这样的思想家和学者。这不是空想而是现实的需要，马克思主义理论与思想政治教育学科应当承担这样的任务。我自己也是朝这个方向努力的，我一直教马克思主义哲学或唯物史观方面的课程，同时不断注意专门从马克思主义理论某一方面专家的论述中汲取营养，用来研究当代社会思潮和大学生感到困惑的问题，这样做需要涉猎比较宽的领域，有一定难度，但它能更好地适应思想政治教育工作的需要。

马克思主义理论与思想政治教育学科应当把马克思主义完整的思想体系作

为自己的理论基础。在课程设置上，应当包括它的基本理论与马克思主义中国化的理论成果，而不是只侧重学习马克思主义理论的某一方面（如果说有重点，应更着重于历史唯物主义，因为这一学科主要是回答社会历史发展和人生价值方面的问题）。重要的是在马克思主义理论教学中应当更突出对当代社会主义、当代资本主义的研究，突出对当代社会思潮及人们思想难点、疑点的研究，而不是纯学术的研究，以培养人们运用马克思主义立场、观点、方法理论结合实际地分析思想问题的能力。

二、意识形态性与科学性的统一

马克思主义理论与思想政治教育既是科学世界观、人生观、价值观的教育阵地，又是党和国家主导意识形态的传播阵地，因此，它是科学性与意识形态性的统一。思想政治教育包括世界观、人生观、价值观，包括政治思想、道德思想、心理健康等多方面、多层次的内容，但是政治思想教育，坚定正确政治方向的教育，在现时代，包括社会主义、集体主义、爱国主义主旋律的教育，党和国家的指导思想、重大路线方针的教育，总是第一位的，因此它具有极强的意识形态属性。有些人之所以反对马克思主义理论与思想政治教育是学科，就是因为他们认为它是意识形态，是宣传而不是学术研究，不是科学。从理论上讲马克思主义、社会主义的意识形态性与科学性是能够统一的，但是在党的政治路线出现失误的时候，譬如，在改革开放以前"左"的思想影响比较大的一段时间，我们在意识形态领域就搞了很多不科学的大批判，这是一些人对马克思主义理论与思想政治教育有成见的一个重要历史原因。我自己就有这方面的经验教训。正因如此，我积极参与马克思主义理论与思想政治教育学科建设，并且希望把它真正建设成一门科学性与意识形态性相统一的学科。我之所以把"当代社会思潮"作为学科建设的主要研究方向，也是希望通过严肃的科学研究，能够对人们存在困惑的重大社会思潮，做出真理性与意识形态性相统一的科学分析；希望我们讲课、文章的基本观点能经得起历史的检验，尽量避免理论联系实际简单化的失误。只有这样，马克思主义理论与思想政治教育才有生命力，才能吸引人和说服人。

改革开放以来，这方面的社会环境有了极大的改善，我们有了中国特色社会主义建设理论（邓小平理论和"三个代表"重要思想）。有了党的基本路线、基本纲领，纠"左"防右，对社会主义建设规律、执政党建设规律的科学认识有了极大的提高，这是马克思主义理论与思想政治教育做到科学性与意识形态性相统一的根本保障。党的十五大的政治报告明确指出，邓小平理论是"比较完备的科学体系",同时"又是需要从各方面进一步丰富发展的科学体系"①。江泽民同志论述"三个代表"重要思想时,也强调:"我们对发展社会主义市场经济条件下执政的规律还知之不多,知之不深,还需要全党同志在实践中继续探索。"② 胡锦涛同志在2003年7月1日讲话中也讲:"我国社会主义的自我完善和自我发展还有许多重大课题需要进一步探索和回答,还有大量工作需要去做。"③ 并且提出了十四个"如何",要求全党深入研究。所以,科学性与意识形态相统一地回答人类社会发展规律、社会主义建设规律、执政党建设规律提出的问题,回答改革开放和发展社会主义市场经济条件下提出的问题,仍然需要以马克思主义为指导,进行艰苦的科学探索。但是,我们应当坚信,马克思主义、社会主义的意识形态性与科学性是可以统一的,但这种统一是对立的统一,有条件的统一,不是无矛盾的统一,是需要经过艰苦的实践和理论探索才能够实现的。马克思主义理论与思想政治教育专业应当把意识形态性与科学性统一作为自己追求的目标。既不能重复只讲意识形态性,不讲科学性的历史失误,又不能走向淡化意识形态,思想理论教育中性化的偏颇。这是我们这个学科特殊光荣而艰难的任务。

为了达到这个要求,马克思主义理论与思想政治教育应当把研究当代社会思潮作为学科建设的一个重点,并且把与意识形态有关的一些课程作为自己的专业基础课。譬如,要学中外思想史,使学生能从更广阔的历史背景和各种社会思潮的历史渊源上观察和研究现实的思想问题;要研究当代西方哲学、政治、文化思想,帮助学生了解和科学地分析对当代中国和青年影响较大的西方资产阶级学术流派,在改革开放时期,这对于做好思想理论教育是必不可少的;要学些伦理学、心理学,这有助于做好人生理想、道德、心理健康等方面的引导、教育工作。当然,对每一个人来说,应当结合自己的实际,有所侧重,有所选择,但是对于整个学科建设,这方面的课程是不可或缺的。

三、教育规律性

马克思主义理论与思想政治教育是做人的思想工作的,因此必须研究人们(特别是青年)思想形成发展的规律以及如何按照这种规律进行教育的原则、途径和方法。依据这方面的要求,这个学科自建立以来,在思想政治教育的历史

---

① 邓小平. 邓小平文选:第2卷[M]. 北京:人民出版社,1993:10.
② 人民日报.《人民日报》评论:抓住制度建设——四论贯彻落实十五届六中全会精神[EB/OL]. 北方网,2002-06-22.
③ 江泽民. 江泽民文选:第2卷[M]. 北京:人民出版社,2006:19.

和理论、思想政治教育的原理和方法、中外思想政治教育比较等专业课程建设上，花费了很大的气力，写出了质量很不错的系列教材。在此基础上，我们还对改革开放、社会主义现代化历史条件下，当代大学生思想观念发展变化的特点和轨迹，以及新时期思想政治教育体制、原则、途径、方法等进行了系统的研究，为更有效地进行思想政治教育提供了有价值的学术成果。有的人承认教育是科学，但是不承认研究人的思想形成发展规律的思想教育是科学，这是我不能理解的。

马克思主义理论与思想政治教育属于政治学科还是教育学科？从这个学科以上三方面特性来看，它兼具政治学科和教育学科的属性。从它的马克思主义理论属性、意识形态属性、把政治思想教育放在第一位的属性来看，现在把它放在政治学学科中是完全合适的。但是，有的学校，如果把学科建设的侧重点放在大学生思想发展变化及其教育的规律方面，作为教育学科的德育学来建设，也是从不同方面对这一学科做出自己的贡献，这只会使这一学科建设更加丰富多彩。

思想政治教育学科进一步发展的几个问题

自2005年马克思主义理论成为一级学科以来，学科建设在理论和实践层面都有了很大的发展。相比较而言，在二级学科层面，与高校思想政治理论课直接相关的学科发展得更好一些，思想政治教育二级学科的发展受到了一些影响。今年，教育部思想政治工作司和全国高校思想政治教育研究会以纪念思想政治教育学科设立三十周年为契机，加强对思想政治教育学科建设的领导。希望北京师范大学召开的纪念思想政治教育学科设立三十周年暨学术研讨会能够切实探讨这一学科建设三十年的历史经验，明晰这一学科进一步发展的方向。

经过多年的实践和探讨，大家一致认为，马克思主义理论是一个综合性很强的学科，它的主要特点：一是马克思主义的整体性（或综合性）；二是意识形态导向性与科学性的统一；三是教育实践性（或教育规律性）。问题是如何深化这些认识，把它落实在教学、研究等具体学科建设上，我愿意把多年来积累的一些粗浅看法，分享给大家。

一、以历史唯物主义为基本理论，中国特色社会主义为中心

马克思主义的整体性是指把马克思主义的三个组成部分作为一个整体进行学习、研究，以培养能够运用马克思主义的立场、观点、方法科学地分析社会矛盾、社会思潮的思想家和学者，而不是培养只专攻马克思主义某一方面的马克思主义哲学家、政治经济学家或科学社会主义专家。问题是在教学研究中如何落实？无疑的，这样的培养目标，要求对马克思主义三个组成部分有基本的全面的把握。但是，是把马克思主义哲学、政治经济学和科学社会主义三个学科的课都搬过来学，课程负担将会非常繁重。我认为，应当在对马克思主义三个组成部分有基本、全面了解的基础上把历史唯物主义作为中心，因为历史唯物主义回答的是人类社会发展的一般规律，包括人们思想形成发展相对独立的规律，因而也是科学分析社会矛盾和人们思想的科学方法论。历史唯物主义理论以社会存在和社会意识关系为根本问题，包括生产力是社会发展的决定性因

素；社会基本矛盾是推动社会发展和社会形态演进的基本动力；阶级斗争是阶级社会发展的基本动力；人民群众和杰出人物在历史上的作用；社会存在决定社会意识和社会意识发展的相对独立性以及马克思主义关于人的本质、人的价值、人的解放（最终是人的自由而全面发展）等基本理论。反过来，这些理论就成了分析社会、人生问题的基本方法论，如社会基本矛盾分析方法；阶级分析方法；群众观点和群众路线分析方法；意识形态源与流、灌输与引导、继承与创新等科学分析方法；马克思主义人学理论与方法；等等。

多年思想政治教育学科的实践，我都把历史唯物主义作为最重要的基本理论进行教学，学生学了觉得懂得了什么是马克思主义分析社会、人生问题的基本立场、观点、方法，有些理工科大学出身的政治辅导员，因为觉得学了有用，亲切地把历史唯物主义称作思想政治教育学科的"物理学"。

在教育部思想政治工作司领导下，由罗国杰教授主持，曾编写过与思想政治教育有关的马克思主义经典著作选读。我体会到，选择的内容基本上是马克思主义经典作家对历史唯物主义的经典论述。这也印证了学习历史唯物主义对思想政治教育学科的重要性。

在思想政治教育学科学习历史唯物主义原理要和社会主义初级阶段中国特色社会主义的理论和实践相结合。要科学地分析现阶段社会存在的状况和解放、发展社会生产力的历史条件；要用社会基本矛盾理论，分析苏联亡党、亡国的原因，正确对待落后国家率先进行社会主义革命的问题；正确理解和运用"改革也是革命""改革是社会主义制度的自我完善"的理论，坚持改革开放的正确方向；正确看待阶级斗争已不是国内社会主要矛盾，而阶级斗争又仍在一定范围内存在的状况，科学地运用阶级分析方法；正确运用社会存在决定社会意识和社会意识相对独立性的规律，科学分析现有的社会矛盾和社会思潮；要研究党在执政条件下如何贯彻群众观点和群众路线；如何以人民为主体，研究人的本质、价值和解放，贯彻落实科学发展观；等等。有的人认为，现在科学社会主义被削弱了，我不这样认为。在我国，科学社会主义实践现在已经进入习近平所讲的第六个时间段，改革开放、开创和发展中国特色社会主义的历史阶段。过去的科学社会主义学科是以阶级斗争和社会主义革命为纲，现在则要转到以解决"什么是社会主义""怎样建设社会主义"为中心，思想政治教育学科用唯物史观研究科学社会主义也是要把重点放在改革开放，坚持与发展中国特色社会主义的历史阶段，这是发展了科学社会主义而不是削弱了科学社会主义理论。如果思想政治教育的学科建设，能够科学地回答这一历史阶段人们感到困惑的问题，学科建设就成功了，这是衡量思想政治教育学科成败的最重要的标准。思想政治教育学科建设的重点应当放在时代重大课题内容的研究上，这是目前学科建设应当进一步重视的一个问题。

2013年12月，习近平总书记在中央政治局第十一次集体学习时指出："历史唯物主义是马克思主义哲学不可分割的重要组成部分。在革命、建设、改革各个历史时期，我们党运用历史唯物主义，系统、具体、历史地分析中国社会运动及其发展规律，在认识世界和改造世界过程中不断把握规律、积极运用规律，推动党和人民事业取得了一个又一个胜利。历史和现实都表明，只有坚持历史唯物主义，我们才能不断把对中国特色社会主义规律的认识提高到新的水平，不断开辟当代中国马克思主义发展新境界。"[1] 思想政治教育学科建设应当从习近平总书记讲话中得到重要启示。

二、把当代社会思潮和思想政治教育作为学科建设一个重要的研究方向和教学内容

思想政治教育，乃至整个马克思主义理论一级学科，是意识形态导向性非常强的学科，如何落实这方面的学科建设要求？我认为应当把"当代社会思潮和思想政治教育"作为重要的研究方向之一。因为社会思潮是在社会变革时期围绕社会历史走向而展开的，是意识形态斗争的集中表现，改革开放历史时期只有以社会主义核心价值观引领社会思潮，才能坚持改革开放的正确方向，满足时代对思想政治教育的要求。

思想政治教育学科建设刚一起步，我们就把"当代社会思潮和青年教育"作为学科建设的主要研究方向之一，并开设了"当代社会思潮与青年教育研究"课程。这样做不是出于个人偏好，而是缘于时代对思想政治教育的要求。思想政治教育学科1983年筹建，1984年起步。在此之前，已经有了批评"两个凡是"思想，关于"实践是检验真理唯一标准"大讨论，结合"新中国成立以来党的若干历史问题决议"的拟定；有了对毛泽东同志、毛泽东思想和新中国成立以来历史功过的大讨论；有了"潘晓思想"关于人生道路的讨论；以及对抽象人道主义和社会主义异化思潮的大讨论；等等。其后又有方励之"全盘西化"思想和以"河殇"为代表的历史虚无主义思想的泛滥和围绕经济体制改革方向产生的种种争论等。思想政治教育只有能科学地回答各种思潮引发的人们的思想困惑，才能满足时代的需要。邓小平同志讲："十年最大的失误是教育，这里我主要讲思想政治教育"，"我们两个总书记都在资产阶级自由化问题上栽了跟

---

[1] 中共中央宣传部. 习近平系列重要讲话读本 [M]. 北京：学习出版社，2014：175.

斗","多年来我们一些同志埋头于具体业务,对政治动态不关心,对思想工作不重视,对腐败现象警惕不足,纠正的措施也不得力,腐败现象很严重,这同不坚决反对资产阶级自由化有关系"等。① 就是对改革开放初期这方面失误的历史总结。

党的十八大政治报告,胡锦涛同志讲:"道路关乎党的命脉,关乎国家前途、民族命运、人民幸福","在改革开放三十多年一以贯之接力探索中,我们坚定不移高举中国特色社会主义伟大旗帜,既不走封闭僵化的老路,也不走改旗易帜的邪路"②。说明中国特色社会主义始终是在同"左"的和右的错误思潮斗争中不断前进的。习近平总书记在阐述党的十八大精神时,反复强调:"道路决定命运","道路问题是关系党的事业兴衰成败第一位的问题,道路就是党的生命"③,并且亲力亲为对一些错误思潮进行了旗帜鲜明的、科学的分析,把这一历史经验提升到党领导国家最重要的位置。马克思主义理论(含思想政治教育)学科应当从上述历史经验中汲取进一步发展的动力,充实学科建设的内容。

社会思潮研究应该包括:对各种社会思潮从内容上进行理论分析的研究;以社会主义核心价值观引领社会思潮途径、阵地、形式、方法的研究;社会思潮基本理论和历史的研究;等等。马克思主义理论学科应当在一级学科层面上全面加强对改革开放中社会思潮的研究,思想政治教育学科应当着重在当代社会思潮与思想政治教育的结合上,为科学、有效地引领社会思潮做出自己的贡献。

知识分子是社会思潮形成发展的主要载体;高校是社会思潮论辩、斗争的主要集散地;青年大学生是社会思潮斗争的寒暑表和主要争夺对象;高校党委应当成为科学、有效地引领社会思潮,培养中国特色社会主义事业的可靠接班人的重要阵地;马克思主义理论与思想政治教育学科应当成为科学、有效地引领社会思潮的"智囊"和"思想库";全国高校思想政治教育研究会应当在这一方面做出自己的贡献。

马克思主义理论与思想政治教育学科既然是意识形态科学导向型的学科,它的人才培养目标就不是单纯的学者,而应当是革命的思想家兼学者型的人才。为此,要提倡党性与科学性相结合的学风。一方面,在学科建设中,决不能搞

---

① 邓小平. 邓小平文选:第3卷 [M]. 北京:人民出版社,1993:306,324,325.
② 胡锦涛. 坚定不移沿着中国特色社会主义道路前进 为全面建成小康社会而奋斗:在中国共产党第十八次全国代表大会上的报告 [N]. 人民日报,2012-11-09.
③ 习近平. 习近平在参观"复兴之路"展览时强调承前启后,继往开来,继续朝着中华民族伟大复兴目标奋勇前进 [N]. 人民日报,2012-11-30.

"淡化""远离"意识形态，或意识形态"中立化"。要贯彻落实习近平总书记所说的：要敢于对错误思潮"亮剑"，不要过分爱惜自己的"羽毛"，做回避意识形态的"开明绅士"，不要"千呼万唤始出来，犹抱琵琶半遮面"①。另一方面，也要吸取过去意识形态领域大批判简单化的教训，排除西方哲学社会科学把意识形态与科学截然对立的思想影响，坚持马克思主义意识形态可以成为科学的理论，真正在党性与科学性、意识形态性与真理性的结合上走出一条新路。这样的学风是不会自发实现的，要排除狭隘功利的影响，进行艰苦的科学研究工作，形成科学探讨的"百家争鸣"的学术环境。马克思主义理论和思想政治学科应当以这样的学术追求为自己不容推卸的责任。

三、有关思想政治教育学科结构发展的几点看法

据说，现在思想政治教育学科有300多个院校招收思想政治教育专业本科生，有近300个院校设硕士点，66个院校设博士点，是高校发展最快的一个学科。有人以此证明思想政治教育学科的巨大成就，我认为应当一分为二，看到成就的同时，还要看到一个学科过度发展的隐忧。师范类学校招本科生，培养目标比较明确，为中学培养德育教师。但是其他院校则良莠不齐，有的没有明确的培养目标和相应的教学设置，就业方向也存在问题。思想政治教育学科有没有贯彻落实科学发展观，调整专业设置结构的问题呢？迫切需要思想政治工作司加强领导，对思想政治教育学科的招生、教学、就业状况等进行专门研究，做出科学的分析和处理。

有的人认为，任何学科的基础都是本科，而且它的培养目标之一，是为本学科研究生提供生源。任何学科的基础是本科是对的。但是，学科有两种，一种是单向的理论研究型的学科，如物理、化学、数学等，它们的研究生都以自己专业的本科生为主要生源，深化培养；另一种是多学科综合交叉的复合型学科或实践性很强的学科，它的研究生就不一定要从自己专业的本科生中招收，如经济、公共管理学科、环境保护学科，它们的研究生往往是从有其他学科背景或已有实践经验的人中培养，并不强调从自己专业的本科生中直接过来。再如法律学科的基础也是办好本科，但是美国、加拿大等国的高校明确规定，其研究生要从其他学科本科生中招收，而不招刚从大学毕业的法律本科生，以培养复合型人才。思想政治教育也是这样的学科。当时招思想政治教育学士学位生时，被推荐的就是本科出身于不同学科而且已有两年思想政治教育实践的政

---

① 习近平. 论党的宣传思想工作 [M]. 北京：中央文献出版社，2020：14.

治辅导员。现在他们中的很多人已经成为高校、国家机关或企业、事业单位的领导骨干,对这方面的历史经验我们要很好地进行总结。

应当在马克思主义理论一级学科层面上办好本科,头两年打下比较扎实的马克思主义理论功底,再在二级学科层面上向不同方向扩展。要吸取过去专业设置面过窄的历史教训,20世纪90年代初,教育部在所有学科都进行了拓宽专业设置的改革,马克思主义理论教育和思想政治教育就是在那时合并为一个二级学科的。

近300个院校设硕士点是否合适,也需要专门研究。对思想政治教育学科建设,我已退居二线多年,没有具体的发言权,但是隐隐地感觉规模偏大了,学科建设质和量方面都有一些亟待改进的问题。这些问题是让市场这只看不见的手自发地去选择、淘汰呢?还是加强顶层设计、研究,有引导地进行呢?我认为,后一种方式可能付出的社会代价更小,取得的积极成果更多,希望思想政治工作司能设专人把这方面的调研加强起来。

我认为,高校思想政治教育硕士点至少有一个任务,系统地对高校的专职辅导员进行培训,使他们成为真正懂得中国特色社会主义,懂得人的思想形成发展规律,并能够依此科学、有效地进行思想政治教育的专门人才。这不仅对提升高校思想政治工作质效有利,而且也有可能为各行各业培养既懂得某种专门业务,又懂得思想政治教育、管理的人才,为培养中国特色社会主义事业的建设者和可靠接班人开辟一条重要渠道。

思想政治教育学科创办以来,有两种招生方式,一种是考生自主报名,一种是思想政治教育领导部门和单位推荐,都经过考试录取。两种方式各有利弊,但总结起来,我认为后一种方式,成才率和培养质量更高一些。近年来,后一种招生、培养方式有所削弱。我建议,思想政治教育学科硕士点对高校专职辅导员的培训,采取由教育部思想政治工作司和各省市教工委领导,有计划地推荐和培养的方式。

高校思想政治教育学科的博士点应当承担一个任务,对高校思想政治教育领导骨干(包括校、系党委书记、学生部长、研工部长等),通过在职论文学位博士生的方式进行培养。这些人很忙,脱产攻读博士生是不太可能的。关于在职论文学位博士生的培养方案,我在《思想政治教育学科和马克思主义理论学科的个性和共性》的文章中已经谈过,不再赘述。需要说明的是,不是66个博士点都要承担这一任务,而是由教育部思想政治工作司选定思想政治教育学科建设比较扎实、高校党委思想政治工作又比较强的若干高校,有计划地进行。论文指导教师可以聘请学校党委主要领导(包括已退休的)参与指导,理论和实际相结合地选择思想政治教育中亟待解决的难题进行攻关。这样做，对高校思想政治教育质量的提高必将有所裨益。

衷心希望教育部思想政治工作司加强对思想政治教育学科的调研、领导，做好顶层设计，这是来自思想政治教育战线的一个"老兵"发自肺腑的希望。

一个中国特色社会主义学科建设的
艰辛历程与本质特色

思想政治教育专业 1983 年筹建，1984 年起步。当时教育部长何东昌和副部长彭珮云亲自抓这一学科建设。我认为他们之所以这样重视，一是已感到在改革开放时期，以马克思主义为指导教育培养青年的重要性；二是汲取历史经验，希望思想教育工作科学化，培养这方面的专门人才。当时"关于建国以来党的若干历史问题的决议"刚刚通过，思想政治工作被列为毛泽东思想体系的科学内容之一。清华大学党委调我参加这一学科建设，明确关照："清华文科复建就从思想政治教育学科起步"，"要把毛泽东思想关于思想政治教育的理论和总结历史经验（包括清华大学思想政治教育实践）相结合，提高思想政治工作的科学性和有效性"。

思想政治教育学科建设从一开始就遇到很大争议。何东昌、彭珮云、滕藤等教育部领导认为培养高校思想教育人才要从研究生层次办起，但是有些人认为"思想政治教育是工作不是学科，或认为不需要研究生层次"。最后选取折中方案，在 1984 年，招收第二学士学位生。第一批招生的包括清华大学、北京科技大学（原北京钢铁学院）、西安交通大学、大连理工学院、浙江大学、首都师范大学（原北京师范学院）等，同时 12 所高校招收了本科生。1984 年，在这些高校所在本省市招生，1986 年面对全国各省市招生。第二学士学位班生源都是各省市教工委从各校工作两年以上的优秀政治辅导员中推荐的，由此可见教育部领导对这一学科建设的重视。

这一学科由教育部思想政治工作司具体指导，正因为存在争议，所以思政司从一开始就非常重视学科建设，历任司长及主管学科建设的处长等每年都要召开一次思想政治教育学科建设的研讨会，研究学科建设的指导思想、课程设置、教材编写、科学研究、教师队伍、学生生源等有关问题。李鹏当时是主管教育的副总理，非常关心这一学科建设。1986 年年初，他明确指出："我们现在应该把思想政治工作作为一个学科来看待，除了有教授、副教授、讲师一套制度外，应该有一套完整的学科要求，要攻读博士、副博士、硕士、第二学士学位……应该开一系列课程。""要认定思想政治教育本身就是一门科学。"1985年年底，时任中共中央书记处书记胡启立在北京科技大学与思政专业第二学士学位班座谈时也指出："我们的事业非常需要既懂政治、又懂业务的人。大学思想政治教育专业的课程设置，第一，必须强调学习马克思主义基本原理；第二，要学习党的方针、政策，特别是有关改革的方针、政策；第三，要注意了解、分析、研究社会的各种思潮；第四，要重视社会调查。"朱镕基在担任上海市市长时也说过："中国什么学科能达到世界先进水平？我想思想政治工作能达到。"这些讲话对推进思想政治教育学科建设起了巨大的推动作用。

1986年，第一批第二学士学位生毕业，在清华大学联合举行了毕业典礼，何东昌讲话，充分肯定了思想政治教育专业建设的成绩，初步总结了学科建设经验；彭珮云为毕业班学员题词："为把我国建设成为高度文明、高度民主的社会主义国家，培养有理想、有道德、有文化、有纪律的接班人，立志做一个坚定的、清醒的、奋发有为的马克思主义者，坚守在思想政治教育岗位上。——愿与思想政治教育专业第二学士学位班首届毕业生共勉。"1987年5月，中共中央《关于改进和加强高等学校思想政治工作的决定》指出："思想政治教育是一门以马克思主义理论为基础，综合性和实践性都比较强的科学，必须由专职人员作为骨干，并且要培养和造就一批思想政治教育的专家、教授和理论家。"要求"有关院校要认真办好思想政治教育专业，办好第二学士学位班，并创造条件培养这方面的硕士生和博士研究生，为造就从事思想政治教育的专业人才开辟一条新路"。随后，国务院学位委员会在修订硕士、博士研究生专业目录时，在政治学学科里增设了思想政治教育专业，在军事学科增设军队政治工作学专业。1988年，全国有10所高校获准首批招收思想政治教育专业硕士研究生，所有录取学员都经过有关党委的推荐和严格的入学考试。1990年，中国人民大学设立了第一个马克思主义理论教育学科。

与此同时，思想政治教育学科的教材建设也取得进展。1991年，在原已编写的思想政治教育专业系列教材（12本）的基础上，为适应办学多层次及学科建设的需要，1994年，原国家教委组建了思想政治教育专业课程教材编写委员会，同年3月在长沙召开了教材编写会议，邀请全国20多所高校的50位著名专家、教授，启动第一套思想政治教育专业统编教材12本，包括《马克思主义思想政治教育理论基础》《马克思主义思想政治教育著作导读》《思想政治教育学原理》《思想政治教育方法论》《中国共产党思想政治工作史论》《政治观教育通论》《人生观通论》《道德观通论》《唯物史观通论》《思想政治教育案例分析》《现代西方意识形态导论》《比较思想政治教育》。这个专业教材群区分了类别和层次，一是专业必修课、选修课；二是本科教材、研究生教材。20世纪末，这些教材由高教出版社陆续出版。实践证明，这些教材既坚持了马克思主义基本原理，又吸收了马克思主义中国化的丰富成果，既有严肃的理论性与科学性，又具有鲜明的学科特色，为思想政治教育学科建设做出了贡献。

20世纪90年代初，思想政治教育学科博士点建设提上了日程。这时，教育部总结过去学习苏联专业面过窄的做法，从本科到硕研、博研都在调整学科目录，思想政治教育应不应该或应该与什么专业合并建设博士点，又发生了不同意见。一次，当时教委副主任张孝文到清华指导工作，我借机和他谈了对思想政治教育专业学科建设的看法，建议将马克思主义理论教育与思想政治教育专业合并，理由是马克思主义理论是我国思想政治教育的指导思想和理论基础，而且，马克思主义理论教育本身也是思想政治教育的重要组成部分。我不知道我的建议是否起了作用，但后来这两个专业确实合并了。

申办博士点的过程同样艰难，理由仍然是"思想政治教育与社会工作专业一样，是工作不是研究型学科，不需要高层次研究人才"。教育部思想政治工作司率领我们几位学者反复论证，仍然难以通过。在一次研讨会上，我曾这样答辩："环境保护是工作也是学科，新闻传媒是工作也是学科，经济、行政、教育乃至图书管理工作也是学科，在西方甚至'家政'也是学科，为什么对人的思想教育与管理不能是学科呢？我校环境保护专业称他们的学科是'社会学、自然科学、技术科学的内切圆'，是一种综合性的横向科学；建筑学也是社会学、艺术、技术科学相融合的横向学科；马克思主义理论与思想政治教育也同样是兼具理论性、意识形态性、教育性的综合性横向学科。综合性的横向学科确实与只研究某一方面规律的学科有所不同，但这只是学科类型、学科建设特点不同而已。是因为西方没有这个学科而怀疑它的学科属性吗？其实，毛泽东思想、中国特色社会主义理论是马克思主义的中国化，正因为它有中国特色，才丰富了马克思主义理论的科学体系。思想政治教育是毛泽东思想科学体系的一个组成部分，正因为我们对这方面的规律研究比较多、比较深，我们才能把它作为学科建设。现在的中国和世界风云变幻，对马克思主义理论、马克思主义中国化思想政治教育提出了许多深层次的问题，提出了许多最具理论探索性的前沿课题，是最高层次的研究课题，怎么能说不是研究型学科？"后来，在国务院学位办和教育部的领导下，1996年，马克思主义理论教育与思想政治教育终于开始招收博士生，中国人民大学自动取得这一学科博士学位授予权。武汉大学（与华中师大联合）、清华大学（与首都师大、北京科技大学联合）成为第一批被国务院学位办授予这一学科博士学位授予权的单位,我有幸成为这一学科首批博士生导师之一。中国人民大学许征凡教授是高校马克思主义理论教育老前辈,他的弟子遍布全国高校并成为骨干。我们戏称他为高校马克思主义理论课的"祖师爷",以表示对他的尊重。他一直主张马克思主义理论应当成为一级学科,并为实现这一目标长期奋斗。靳辉明教授(曾任中宣部理论局局长)、顾海良教授(曾任国务院学位办主任)等对这一目标的实现起了重要作用。21世纪初,党中央组织实施马克思主义理论研究和建设工程,在此背景下,2005年,马克思主义理论一级学科终于成为现实,思想政治教育成为其下属的二级学科之一。现在,各高校马克思主义学院或有关单位,正在对这一学科建设规律理论和实际结合进行艰辛探索,并取得了长足进展。作为这一战线的老兵,我对此感到十分欣慰。2003年,华中师大在武汉召开"桂子山"学术论坛,研讨马克思主义理论与思想政治教育学科建设的规律与特点,我做了个发言。当时马克思主义理论一级学科还没有建立,我的发言显然有局限性。现在按马克思主义一级学科建设要求,稍做改动,写在下面,也许对这一学科的建设还有点用。

一、马克思主义的整体性

马克思主义理论三个组成部分是由一块整钢铸成的不可分割的整体。而思想政治教育(包括马克思主义理论教育)的一个重要任务是运用马克思主义的立场、观点、方法科学地分析现实社会的社会矛盾、社会思潮,从而为人们排疑解惑。江泽民同志对思想政治教育提出"四个如何认识"的根本任务,其中就包括对当代社会主义、当代资本主义和对改革开放以来人们世界观、人生观、价值观变化的科学分析。对这些问题,譬如,对为什么在落后国家率先进行社会主义革命,以及革命后所面临的矛盾的分析,不是单纯的马克思主义哲学、政治经济学或科学社会主义某一方面的问题,而需要综合运用马克思主义的立场、观点、方法,结合历史和现实进行科学的分析,才能做出有说服力的回答。

所以,我们不但需要马克思主义的哲学家、政治经济学家和科学社会主义专家,而且还需要能综合运用马克思主义基本理论,分析现实社会矛盾、社会思潮的马克思主义思想家和学者。马克思、恩格斯、列宁、毛泽东同志、邓小平同志,他们既是马克思主义哲学、政治经济学、科学社会主义学说的奠基人或发展者,又不是单纯地只是哲学家、经济学家或社会主义者,而是将这三者统一于一身的革命家兼学者。现在,我们需要不需要培养这样的人?需要。马克思主义理论学科培养的高层次人才就应当是这样的思想家和学者,而不是只研究马克思主义某一组成部分的专家。我们应当旗帜鲜明地提出这样的培养目标，这不是空想而是现实的迫切需要，马克思主义理论（包括思想政治教育）学科应当承担这样的任务。我自己也一直在朝这个方向努力，我一直教马克思主义哲学或唯物史观课程，同时不断从马克思主义理论其他专家的论述中汲取营养，研究当代社会思潮和大学生感到困惑的问题。这样做有一定难度，需要涉猎比较宽的领域，但它能更好地适应马克思主义理论与思想政治教育的需要。

马克思主义理论学科应当把马克思主义完整的思想体系作为自己的理论基础。在课程设置上，应当包括它的基本理论与马克思主义中国化的理论成果，而不是只侧重学习马克思主义理论的某一个方面。重要的是在理论教学中应当突出对当代社会主义、当代资本主义的研究，突出对当代社会思潮及人们思想难点、疑点的研究，而不是纯学术的研究，以培养人们运用马克思主义立场、观点、方法理论结合实际地分析思想问题的能力。

二、意识形态性与科学性的统一

马克思主义理论与思想政治教育既是科学世界观、人生观、价值观的教育阵地，又是党和国家主导意识形态的传播阵地，它是科学性与意识形态性的统一。思想政治教育包括世界观、人生观、价值观，包括政治思想、道德思想、心理健康等多方面、多层次的内容，但是政治思想教育，坚定正确政治方向的教育，始终是第一位的。在现代中国，社会主义核心价值体系的建设就体现了这种把政治思想教育放在第一位的、全面思想政治教育的主要内容。因此它具有极强的意识形态属性。有些人之所以反对马克思主义理论与思想政治教育是学科，就是因为认为它是意识形态。从理论上讲马克思主义、社会主义的意识形态性与科学性是能够统一的。我积极参与马克思主义理论与思想政治教育学科建设，并且希望把它真正建设成一门科学性与意识形态性相统一的学科。我之所以把"当代社会思潮"作为学科建设的主要研究方向，也是希望通过严肃的科学研究，能够对人们存在困惑的重大社会思潮做出真理性与意识形态性相统一的科学分析；希望我们讲课、文章的基本观点能经得起历史的检验。只有这样，马克思主义理论与思想政治教育才有生命力，才能吸引和说服人。

改革开放以来，这方面的社会环境有了极大的改善，我们有了中国特色社会主义理论体系，有以党的基本路线为主的中国特色社会主义道路，这是马克思主义理论与思想政治教育做到科学性与意识形态性相统一的根本保障。党的十五大政治报告明确指出，邓小平理论是"比较完备的科学体系"，同时"又是需要从各方面进一步丰富发展的科学体系"。江泽民同志曾强调："我们对发展社会主义市场经济条件下执政的规律还知之不多，知之不深，还需要全党同志在实践中继续探索。"胡锦涛同志在2003年7月1日讲话中也讲:"我国社会主义的自我完善和自我发展还有许多重大课题需要进一步探索和回答,还有大量工作需要去做。"并且提出了十四个"如何",要求全党深入研究。所以,科学性与意识形态相统一地回答人类社会发展规律、社会主义建设规律、执政党建设规律问题,回答改革开放和发展社会主义市场经济条件下提出的问题,仍然需要以马克思主义为指导,进行艰苦的科学探索。但是,我们应当坚信,马克思主义、社会主义的意识形态性与科学性是可以统一的,但这种统一是对立的统一,有条件的统一,不是无矛盾的统一,是需要经过艰苦的实践和理论探索才能够实现的。马克思主义理论学科应当把意识形态性与科学性统一作为自己追求的目标。既不能重复只讲意识形态性、不讲科学性的历史失误,又不能走向淡化意识形态、思想理论教育中性化的偏颇。这是我们这个学科光荣而艰难的任务。

三、教育规律性

马克思主义理论学科具有很强的教育属性。它的二级学科多是与高校思想政治理论课的设置相对应的。从学科建设一开始,靳辉明、张雷声教授等就强调学科建设要促进高校思想政治理论课的改革与发展。另外,它的二级学科,即思想政治教育专业,更是专门研究人们思想形成发展规律以及如何以马克思主义为指导,科学、有效地进行教育的学科。依据这方面的要求,这个学科建立以来,在思想政治教育的历史和理论、原理和方法、中外思想政治教育比较等课程建设上,写出了质量很不错的教材;还对改革开放历史条件下大学生思想发展变化的特点和轨迹,以及新时期思想政治教育体制、原则、途径、方法等进行系统的研究,为思想政治教育提供了有价值的学术成果。

思想政治教育是马克思主义理论学科中教育属性最强的二级学科,它研究、关注的内容,包括世界观、人生观、价值观,包括政治思想、伦理道德、心理健康等多方面多层次的教育。仅就高校而言,它涵盖思想政治理论课、形势政策教育、党团教育、结合业务学习的教育(寓教于学)、结合文体活动的教育(寓教于乐)、结合学生管理工作的教育(管理育人)、结合社会实践的教育(实践育人)、新生入学教育、毕业生就业指导、学生特殊群体教育等多方面内容,还要研究高校学生思想管理机制,专兼职学生工作队伍建设,乃至教师思想工作,等等。从中探索思想政治教育的规律和有效的形式、方法。这还是仅就高校而言。放眼整个社会,还有党政干部的教育,部队的教育,企业结合生产和分配的教育,社会公德、职业道德、家庭伦理的教育,社会上特殊群体的教育，等等。

  我建议，在马克思主义理论学科建设中，在一级学科层面上把"当代中国社会思潮"作为重点研究方向。这不是出于个人的偏好而是由于时代发展的要求和马克思主义理论学科建设的需要。当今是社会大变革的时代，社会思潮纷纭激荡。中国改革开放三十年来已经引发了几次思想大论战，并曾形成过社会动荡，对思想政治教育提出了更高的要求。在新世纪，党中央明确提出"要以社会主义核心体系引领社会思潮"，十七届四中全会提出在党的思想建设中要划清四个界限，中宣部的《六个为什么》，实际上提出了引领社会思潮所要解决的根本问题。马克思主义理论学科当然要回答这些社会思潮的挑战，为坚持和发展马克思主义做出贡献。另一方面，研究当代社会思潮最能体现马克思主义理论学科的"整体性""科学性与意识形态性""教育规律"相统一的学科建设要求。现在哲学社会科学研究中存在着否定马克思主义及其中国化科学成果，"淡化"意识形态，"远离"现实和政治，只愿做"纯学术"研究的学术倾向。邓小平同志在1983年就指出："有相当一部分理论工作者对于社会主义现代化建设实践中提出的重大理论问题缺乏兴趣，不愿意对现实问题进行调查研究，表示要同现实保持距离，免得犯错误，或者认为没有学术价值。在对现实问题的研究中，也确实产生了一些离开马克思主义方向的情况。"马克思主义理论学科当然要做正确的学术研究方向和风气的中流砥柱，把团结、培养一大批能够全面掌握马克思主义理论"整体性""意识形态性与科学性""教育规律性"的思想家和学者作为自己的光荣使命。

法学切莫随人后　自成一家始逼真

——清华大学法学院院史访谈

采访者：

林老师您好，我们今天主要是想请您谈一谈清华大学法律系复建时的情况。您可以先介绍一下当时的背景吗？

林泰老师：

清华大学在改革开放初就已经恢复了文科建设，我是在1983年参与文科建设工作，但当时法学复建还没有提上日程。刚开始复建文科，是从马克思主义理论和思想政治教育专业起步，1985年，建了中文系，一些老清华学者还成立了思想文化研究所。另外，1983年，外语教研室也成立了外语系，开始招生。1984年2月，成立了社会科学系，文科的学科基本也在此时恢复，但还没有法律系。

一直到20世纪80年代末，对于要不要建立人文与社会科学学院，仍有不同的意见。有人说不要求大求快，也有人觉得应该恢复人文与社会科学学院，让文科更齐全。1993年，党委书记方惠坚带着我和刘美珣，还有一位外语系的副系主任专门到美国做了人文社会科学学科设置的考察，在他的直接领导下，1993年年底，成立了人文与社会科学学院。这样原来的系所扩大了，在中文系和外语系的基础上，又成立了哲学与社会学系、历史系、经济学研究所、科技与社会研究所等。在此基础上，党委对办文科的指导思想发生了变化，即改成了"入主流、高水平、小而精、有特色"。因为工作中发现，要恢复文科，想单独发展高水平、有特色而不入主流是不行的。在此背景下，学院成立后，有了新任务，就是要重建清华法律系。1993年年底，成立的人文与社会科学学院，院长是滕藤，主管文科的校党委副书记和我任副院长，我们几个人主抓法律系的复建工作。

采访者：

复建期间有哪些令您印象深刻的事情吗？

林泰老师：

有几件事情需要讲。刚成立的时候，法律系号称"三个半人"：黄新华、张铭新、王承继（已去世，他最早在马克思主义哲学教研室，成立经管学院后到经管学院搞法律教学研究，筹办法律系时参与其中），另外半个人是王振民。王振民是人大法学院许崇德教授的学生，后来去港大读博，1994年，来清华谋职。我与他见面后，觉得他十分合适，也与胡显章、滕藤商议过。但当时他还在香港，因此只有半个人可以参加工作。我认为，法律系的发展，王振民的贡献最大，他从香港争取赞助了法学楼和教育基金，这对于法律系复建的起步起了很大作用。

法学院复建早期的条件十分艰苦，有了明理楼之后就好了很多，现在法学院的第二个大楼，也是王振民的贡献。他到了清华后，先是担任副系主任，后来他接替许崇德，当了香港基本法起草委员，并担任了法学院院长，随后调任去香港，这确实很符合他的特长，因为他在香港很多年，对法律很熟悉，而且去了之后也正赶上香港政治的关键时期，最终还立了一等功。随着港澳的回归以及未来台湾的回归，需要像王振民这样的专家来进行法律工作，解决"一国两制"中的很多法律问题。

采访者：

对于法学的发展，您有哪些建议吗？

林泰老师：

我国法律需要改进的地方还有很多，目前港澳台就有很多法律问题，都需要解决。譬如，在香港，司法权不全在爱国爱港的人手里。我建议人大常委会通过决议专门建立宪法法院或"一国两制"基本法法院。涉及"一国两制"基本法中"一国"的主权、国家安全等问题，不能由香港地方法院审理（他们只能管香港本地的法律）。类似这样的问题还很多，法学院一定要在这方面发挥作用。我建议由王振民牵头，成立一个关于港澳台法律推进的研究部门，给国家充当智库。习近平总书记的讲话指出台湾回归要尽量保持台湾的现状，这期间的法律衔接十分重要，法学院也应该努力去参与、做出自己的历史贡献。法学院应该做好相关的工作（培训、学术交流、智库建设等），全方位地打造法学院的品牌，在全国各个法学院中争当龙头，现在也具备这样的条件，这将是一个非常大的特色。这不仅是一项事务工作，也是学术品牌。

采访者：

目前法学院主要是在坚持国际化的方向，您觉得呢？

林泰老师：

这一点我并不反对，但这一点其他院校也能做。想要做出独特的成绩来，并不容易。但我先前所说的这个，应该是法学院最主要也是最有优势的特色。

另外，我觉得清华法学院应该在知识产权法方面多做一点贡献。清华大学的工科背景很明显，因此法学院如果能利用好清华大学的这一优势，会很容易出成果。现在与网络、科技等相关的法律纠纷非常多，可以多做一些。

采访者：

您对法学院的未来，还有怎样的展望？

林泰老师：

有一个问题，不仅是清华需要面对的，国内各个法学院都需要面对，即老百姓不愿意面对诉讼。我国的传统里，权大于法的传统是非常明显的，毕竟在封建社会中，司法是从属于行政的，即使封建社会里最出色的法官包拯，也首先是行政官员，司法与行政不分。现在强调司法与行政分开，但真正落实起来会非常难。要既能管得住老百姓，又能管得住政府，必然是一个非常大的难题。最近有一部电视剧叫《因法之名》，主要讲的就是无罪推定，推翻冤假错案。过去是疑罪从疑，现在改成了疑罪从无。在我国，如何让法律管得住权力，非常重要，这不仅是清华法学院需要关注的，也是所有法学院都要关注的。要想真正发挥法学院的智库作用，说起来容易做起来会很难。

当初筹办法律系的时候，对法学院有很多的憧憬。确实，法学院是近些年里发展最快的学院之一。我 1999 年退休，当时法学院已经成立。我还是回到了马克思主义学院，这个学科是我的归宿。我虽然已经很多年不做法学院的相关工作了，但是对法学院依然很有感情。希望法学院越办越好！

对文化素质教育的思考

最近，在贯彻《教育法》的过程中，强调注重大学生的全面素质教育，包括思想政治素质、专业素质、文化素质、身体心理素质四方面的教育，这是反思几十年教育工作的结果，把德、智、体全面发展的教育方针更加丰富和具体化了。本文仅就"文化素质"教育问题讲一点看法。

中华人民共和国成立以来，教育工作有了长足的进步，但也有一些失误。文理分家、重理轻文就是教育工作中一个明显的失误。它的具体表现：其一，在高中教育阶段，过分强调文理分科，而且重理轻文，结果是一些有志趣于文科的学生，在家长和社会舆论的影响下，也投报了理工科。清华大学每年都有一些这样的优秀学生考入学校，他们虽身在工科但实际上心在文科。另外，理工科中文化教育分量太少，要求太低。高中教育本来是升大学或就业前全面的基本的文化素质的教育，是"通才"而不是"专业"教育，过分强调文理分科造成理工科学生基本文化素质低下。其二，在高校设置上，过分强调文科与工科分家。清华大学原来是兼有理、工、文、法、农学科的综合性大学，院系调整后，变成只培养工科专业人才的多科性工业大学，而北京大学则成为只有文理学科而没有工科的综合性大学，其不良的后果是清华大学人文与社会科学的基础、北京大学科学技术的基础都被削弱，造成学校学科发展与人才培养的片面性。其三，过分强调专业教育，专业划分愈来愈细，课程设置愈来愈"专"，基础教育（通识教育）受到削弱。在理工科，其表现之一就是人文社会科学的通识课程比例太低。

文理分家，重理轻文对教育工作最直接的消极影响之一是，我们培养的人才文化素质差。不少理工科大学生数理化和专业知识高分，但论文、报告写不好，词不达意，甚至词义相悖。有一位高才生出国留学后写信向导师感谢，竟写出"对于恩师教诲，我一向耿耿于怀"，一时传为笑柄。这样的语文表达能力，用于科学报告或其他工作上会不会出现严重的失误呢？视野再放宽一些，我们教育工作的任务，并不只是为了就业，更重要的是要提高全民族的素质，帮助人们提高文化修养，陶冶人们的思想感情和审美欣赏能力。一段时间内，严肃文化和者甚寡，而通俗文化中却常常掺杂着一些低级趣味，这不能说与我们忽视文化教育没有关系。

20世纪科学的发展，一方面涌现了许多新学科，而且学科研究愈来愈专业化；另一方面学科之间的交叉渗透，尤其是自然科学和社会科学综合化趋势愈来愈强。列宁就曾预言过："自然科学奔向社会科学的强大潮流""这种潮流在20世纪会愈来愈强大"。事实上，这种"文理结合，综合创新"的新潮流已经出现，它必然相应地要求培养"文理结合，综合创新"的复合型人才，这已成为世界各国教育工作者的共识。比利时根特大学认为，它所培养的人才，应该是能看到最不同的科学领域间相互联系的人，而这种人应是兼通人文科学（包括哲学、文学、法律、经济、社会和教育、心理等）和自然科学（包括纯科学、应用科学、医学等）的内行。英国剑桥大学一位专家说："现代世界理科和文科的裂缝必须用科技人文科学来黏合。"美国麻省理工学院一向注重"文理结合"，并在这方面做出卓越的成效，形成学术流派。我国的大学生，尤其像清华大学这类重点大学的学生，如果只注重理工科，而忽略人文学科，那么，培养的人才就可能缺乏综合创新能力，甚至可能成为未来攀登科学技术高峰的"跛子"。

再者，创造性思维的培养，也需要人文社会科学与理工科知识的结合。各学科研究的对象不同，理工科研究自然科学技术及其应用，人文社会科学研究社会运动及人的价值，艺术研究美。由此派生出来，其思维方式也有很大差异。工科学生一般更重实证思维，思考各种问题都更"求实"；理科学生探讨自然界的奥秘、规律，比工科更多些抽象思维的色彩；人文社会科学的某些基础学科则需要历史思维与理论逻辑思维的统一，而其基础与应用学科都更侧重于人的利益和价值的思考；而文学艺术类学科则更需要形象思维的能力。我国著名的科学技术专家钱学森就认为，创造性思维往往在不同学科知识和思维方式的交叉渗透中产生。他在获得"国家杰出贡献科学家"称号的授奖仪式上说："正是她（钱学森夫人）给我介绍了这些音乐艺术，这些艺术中所包括的诗情画意和对人生的深刻的理解，使得我丰富了对世界的认识，学会了艺术的广阔的思维方法，或者说，正因为我悟到了些艺术方面的熏陶，所以我才能避免死心眼，避免机械唯物论，想问题能够宽一些，活一点。"爱因斯坦是杰出的物理学家，很有哲学头脑，同时是一个出色的小提琴手，对古典音乐有很高的造诣和极浓的兴趣，他曾说过，"如果没有我早年的音乐教育，无论哪一方面我将一事无成"。他认为艺术使他"比从物理学那里获得更多的东西"，从艺术等方面获得的想象力"比知识更重要，因为知识是有限的，而想象力概括着世界的一切，推动着进步,并且是知识进化的源泉"。可以说,有杰出成就的科学技术专家、艺术大师、政治家大多是学识非常渊博的。对这一点,有远见的教育家都有这种共识。美国麻省理工学院首任校长罗杰斯坚持要以培养能够用自然科学和人文社会科学进行双重思考的人才作为目的。这种指导思想不但是麻省理工学院能够培养创造型人才的一个根本原因,它也代表了教育事业未来的发展方向。而文理分家,重理轻文,或是只注重狭窄专业知识的教育,是和上述教育思想背道而驰的,它虽然也能培养一些有用的人才,但是却很难培养出具有高度创造性思维的大师、学者、领导人。对于清华大学、北京大学这类向世界一流大学迈进的高等学府而言,这更是致命的弱点。所以,清华大学提出争取在2011年建成世界一流大学目标的同时,提出要把清华建成综合性、研究型、开放式的大学,就有这方面的考虑。

此外,中华民族的文化源远流长,博大精深,其中包含许多精华的成分,代表了我们的民族魂。如果我们能够对中国传统文化批判地继承,取其精华,弃其糟粕,发扬其优良传统,我们就能为青年一代提供丰富的思想道德营养。"天下兴亡,匹夫有责""先天下之忧而忧,后天下之乐而乐""大道之行也,天下为公""苟利国家生死以,岂因祸福避趋之"等这些名言警句凝聚着以国家、社会为先的深厚的爱国主义传统;"修身、齐家、治国、平天下","立功、立德、立言"三不朽,"内圣外王"等则把个人的思想道德修养与为国家、社会建功立业紧密联系起来;"文质彬彬""人与文同""其身正,不令也行"等则体现了言行一致,形式和内容统一的高尚品德;"舍生取义""富贵不能淫,贫贱不能移,威武不能屈""人生自古谁无死,留取丹心照汗青"等则代表了人们为理想、为国家而献身的精神;"和而不同""和而不流"等又体现了对立统一的和谐思想;等等。可以说,中国传统文化中伦理道德的思想在世界各民族中是最丰富的,人们称中国为"礼仪之邦",这是一点也不为过的。当然,中华民族的文化是多民族共同创造的,同时,也是与外来文化不断融合、综合创新的结果。我们的"教育应当继承和发扬中华民族的优秀的历史文化传统",同时"吸收人类文明发展的一切优秀成果"。包括西方近现代文明中的优秀成果。但是,需要正视的是,在一段时间内,我们忽略了中国历史和文化的教育,削弱了对中国传统文化的批判继承的研究工作,也削弱了对西方文化和中西文化比较的科学研究工作。这是在一段时间内,在青年中,"民族虚无主义""历史虚无主义""全盘西化"思想流行的一个原因。

正是基于上述认识,清华大学自20世纪70年代末以来,已陆续建立和复建了经济管理学院、人文与社会科学学院、法学院、新闻与传播学院、公共管理学院、高校德育研究中心、马克思主义研究中心等，涵盖几十个与文科有关的系所，逐渐建设成为工科为主，兼有理科、文法学科、管理学科的综合性大学。对提高学生全面素质，培养文理兼通的复合型人才起了重要的作用。另外，多年来学校在原有思想政治理论课之外，又增设了语言与文学、历史与文化、音乐与舞蹈、经济与社会等几类必修与限制性选修课程；规定了必修与限制性选修的学分，已经开出 100 多门课程，每年仅选修课的学生人数达一万余人次。这对于提高全校各学科学生的思想文化素质起了显著的积极作用。在文科学科建设上，清华大学有优良的传统，包括 1925 年国学研究院成立后形成的"中西融会、古今贯通"的传统，中华人民共和国建立以来形成的以马克思主义为指导，理论与实际相结合的传统，文法与理工渗透的传统。我们相信，继承和发扬这些传统，清华大学的人文社会科学将在提高学生思想文化素质，培养跨世纪高质量的复合型人才以及科技与人文社会学科的交叉渗透、综合创新等方面形成特色，做出贡献。

补充资料：

2005 年 7 月 29 日，时任国务院总理温家宝到医院看望了钱学森。谈话过程中，钱老说："我要补充一个教育问题，培养具有创新能力的人才问题。一个有科学创新能力的人不但要有科学知识，还要有文化艺术修养。""小时候，我父亲就是这样对我进行教育和培养的，他让我学理科，同时又送我去学绘画和音乐。就是把科学和文化艺术结合起来。我觉得艺术上的修养对我后来的科学工作很重要，它开拓科学创新思维。现在，我要宣传这个观点。"时任国务院总理温家宝频频点头，"像您这样的老一代科学家不仅科学知识渊博，而且文艺修养也很高。""可能就是艺术方面的修养，使您的思想更开阔。"时任国务院总理温家宝说："而现在学理工的往往只钻研理工，对文学艺术懂得很少，这不利于全面发展。"病榻上的钱学森还坦诚提出建议："现在中国没有完全发展起来，一个重要原因是没有一所大学能够按照培养科学技术发明创造人才的模式去办学，没有自己独特的创新的东西，老是'冒'不出杰出人才。这是很大的问题。"时任国务院总理温家宝坦率承认，"我们的教育还有些缺陷。""全面培养人才，这个意见我将带回去和有关部门研究。"

清华大学文科复建的回顾与思考

20世纪80年代初,清华大学校领导反思1952年院系调整的历史经验,决定复建"小而精"的人文社会科学学科。1983年5月,校党委调我参加文科复建工作。1984年年初,我参与筹建的清华大学社会科学系正式成立。同时,我还帮助思想文化研究所和清华大学学报(哲学社会科学版)的创办。

当时,教育部何东昌、彭珮云等领导正在抓"思想政治教育"学科建设,校党委书记林克讲:"清华文科复建就从思想政治教育专业起步",并让我具体负责筹建。何东昌、彭珮云原希望思政教育专业从研究生层次办起。由于教育部、国务院学位办内有不同意见,最后,委托7所院校从第二学位班办起。1984年,清华大学开始招收第二学士学位班,学员都是由北京市教工委审核推荐的有两年以上工作经验的各校优秀政治辅导员,清华还利用已有的经济管理硕士授予权,招了10名本校优秀政治辅导员的研究生班。1986年,开始面对全国高校定向招第二学位班,1988年,开始面对全国招收硕士研究生,生源都是各省市教工委从各高校政治辅导员中推荐,质量很高,他们后来大多数成为各高校思想政治教育和管理工作的领导和骨干,有的人转向党政机关或企业工作,也大多成为骨干。

1985年,社会科学系哲学、近现代史、经济学、自然辩证法等学科开始招收硕士研究生,从此开始了社会科学各领域系统的科学研究工作和研究生培养工作,为今后社会科学各学科的建设奠定了基础。

随着清华大学向研究型、综合性、开放式世界一流大学迈进的步伐,随着对文科建设认识的逐步提高,清华办文科的指导思想发展为"入主流、高水平、有特色",这对人文社会科学学科发展起到了巨大的推动作用。1993年年底,在当时校党委书记方惠坚,副书记胡显章的直接领导下,人文社会科学学院和有关系所终于正式成立。聘请当时的中国社会科学院副院长滕藤为院长,我担任副院长。

20世纪90年代初,香港回归祖国在即,当时党中央和政府以及港英政府都认为应保留对香港治理长期有效的香港公务员系统,为此,要培训香港高级公务员,举办国情研究课程。大家对这个任务是交北京大学还是清华大学承办有不同意见。在学校领导下,朱育和、刘美珣教授和我做了一些有益的工作。1992年,港英政府公务员事务司与香港新华社联合举办了四场国情讲座。我和刘美珣教授主讲,通过讲座测试我们是否适宜承办这一课程,这对1993年把香港高级公务员培训交给清华大学承办起了重要作用。后来办班效果也很好。香港回归后,当时新华社副社长毛钧年直接写信给我,感谢清华大学为香港顺利回归祖国做出了重要贡献。

此后,我又在学校领导下,投入了复建法律系的工作。法律系筹建时,真正法律专业出身的教师只有两个半人(现任清华法学院院长王振民教授当时还在香港大学法律系读博,只能半时为清华工作),通过延揽国内各校法学英才,1995年9月,清华法律系正式成立,现在已发展为法学院,成为国内法学人才培养的重要基地之一。

20世纪90年代,马克思主义理论教育与思想政治教育合并为政治学一级学科,我具体负责这一学科博士授予权的申报工作。在专家通讯评议中,我校这一学科在全国名列第一,在国务院学位委员会专家评议中,我校名列第二。1996年,我校终于成为具有这一学科博士学位授予权的几所高校之一,这是我校文科复建后的第一个博士点,李润海和我有幸成为其首届博士生导师。

1996年,我主动请辞了人文与社会科学学院副院长的职务,但仍继续为学校文科建设做些力所能及的工作。在我校思政专业毕业生张宏的帮助下,1995年,我结识了台湾贤志文教基金会董事长赵贤明先生。在他的赞助下,经过反复曲折的筹备工作,清华大学台湾研究所在1998年成立。赵先生也成为清华大学第一位来自中国台湾地区的顾问教授。此后赵先生还赞助我校图书馆成立了"贤志资源数字化中心",为保存珍贵图书资料添置了彩色复印设备。还为我校与台湾新竹清华大学"清华杯"两校围棋、桥牌友谊赛提供了赞助。

近三十年来,我始终把"当代社会思潮与思想政治教育"作为学术研究的主攻方向,我的论文著作,我指导研究生论文的选题,几乎都是围绕这一中心写作的。我校最先开设当代社会思潮与思想政治教育研究课程,并把这一研究方向作为马克思主义理论与思想政治教育学科建设的重点之一,形成了特色。之所以这样做是因为我们感受到改革开放时期社会大变革引发的各种思潮对人们思想的强烈冲击,而大学生则是社会思潮的寒暑表,最敏感地反映了社会思潮的矛盾和斗争,能否以马克思主义基本理论引导大学生正确分析社会思潮,将关系到改革开放的走向和成败,关系到培养社会主义事业的建设者和接班人事业的成败。20世纪80年代末，两次学潮之后都进行了社会主义教育活动，李润海和我受到了教育部、北京市委的表扬，并同时获得北京市首届"灵山杯"优秀报告一等奖，我们的报告在全国高校（乃至机关、部队）播放。我们俩讲课的风格各有特色，但都关注现实社会思潮，力求用马克思主义理论对人们思想的难点、疑点进行科学的有说服力的分析。

1983年以来，我始终坚持理论研究为高校思想政治教育服务的方向。除为思政专业系统讲历史唯物主义专题研究等课程外，每年都参与学生政治辅导员和党员骨干的培训。业余党校成立以来，还坚持为申请入党积极分子讲课，并力所能及地参加TMS协会等理论学习活动的辅导等，三十多年如一日。我始终认为，中国的未来，关键在党，希望在青年。只要未来几代的年轻人中有20%~30%能坚定地信仰中国特色社会主义并为之奋斗，中国就大有希望。我这样做是为大事业尽小力气，如果有更多人这样做，积累众多小力气，就可以成就大事业。我还在力所能及的范围内，为教工和离退休党员学习辅导。当我的讲课、辅导受到人们的欢迎时，我不仅感到我个人老年生活的价值，而且更感到人文社会科学的理论研究对祖国未来的意义。

1996年，胡锦涛同志在中南海召开专家座谈会，为我们党第二个关于精神文明建设的决议征求意见，我有幸作为马克思主义理论和思想政治教育战线的教师参加会议。会议结束时他和与会专家一一握手告别。轮到我时，他说："老师，多年不见了，你好吗？"作为党和国家的领导人竟还记得几十年前的一个普通教师，这使我十分激动。当我们会上提的一些建议后来被中央决议采纳时，我们更感到理论工作对现实的作用。

1983年，我五十一岁，能在后半生几十年内为清华文科复建做一些实实在在的工作，我感到活得非常充实、丰富。

结合多年实践，我想对我校文科建设谈三点体会。

一、怎样看清华大学文科发展的历史。清华大学的发展，大致可分为三个阶段。新中国成立以前，是清华大学的创立和早期发展阶段，是当时国内质量最高的培养知识精英的综合性大学之一。中华人民共和国成立以后至1978年，是探索和建设社会主义大学的阶段，清华成为多科性的工科大学，为社会主义建设做出了重要贡献，也经历了曲折的历程。改革开放以后，是逐步形成"综合性、研究型、开放式"办学的总体定位，向世界一流大学迈进的阶段，是清华历史上发展最快最好的时期。这三阶段，每一个阶段都有自己的贡献，也都有其历史局限性，而后一阶段又总是超越了前一阶段的历史局限性而向前发展，总体上形成辩证的螺旋式上升的发展格式。借用蒋南翔老校长的话，"三阶段、两点论",这应当是我们观察学校历史发展的根本思想方法。

用这种观点观察清华文科发展的历史。早期清华文科比较强,并留下了"中西融会,古今贯通"的学术思想。1952年,院系调整,清华成为多科性工科性大学,文科建设一度中断,这当然是损失。但是,以马克思主义为指导的思想政治理论课及其理论与实际相结合的学风;又红又专、德、智、体全面发展的教育及其生动活泼的思想政治教育、文体活动、社会实践活动等也是人文精神的继承和文科建设的重要组成部分。而这些正是新中国成立前清华文科所缺失的。当前的文科建设应当全面继承前两阶段文科建设中的优点。我认为,在提我校文科建设指导思想与特色时,"以马克思主义为指导,中西融会,古今贯通,文理渗透,理实结合(理论与实际结合)、综合创新"的提法可能更为全面,可以更好地概括三个阶段的优秀传统与特点,避免片面性。

对历史人物的评价也是如此。梅贻琦和蒋南翔是清华大学历史上两位最著名的校长,他们都是优秀的教育家,对清华大学的发展都做出了历史性贡献,也都有历史局限性。但是应当承认,蒋南翔作为杰出的无产阶级教育家,其对于社会主义大学教育思想的探索和成就,其所领导的清华大学对国家和社会的贡献,都远远超越了梅贻琦时代所能企及的程度。这不是贬低梅贻琦,而是如实地反映了一个时代对前一时代的超越。在文科建设上,对早期清华国学院"四大导师"的宣传也是如此,"四大导师""中西融会、古今贯通"的学术思想及其严谨的学风和学术成就,为我们留下了宝贵的遗产,但是他们也都有很大的历史局限性,而新中国、新清华以马克思主义为指导、理论与实际结合、文理渗透的教育思想已经超越了这种局限性。改革开放以前,我们一度对吸收借鉴老清华的优良传统注意不够,近年来又出现过分拔高某些历史人物、贬低新清华教育的情况。在清华校史的研究和宣传中,我们对每一阶段都要一分为二,而且承认后一阶段又超越了前一阶段,这样才能更全面地总结清华大学,包括文科历史经验,引导人们向未来前进。

二、怎样看待清华文科建设的地位和作用。改革开放以来,到2009年,清华大学已发展成为设有15个学院,55个系的综合性、研究型大学。

最直观地感受到的是清华大学综合性的发展能够为国家培养多方面急需人才。仅就文科而言,社会主义市场经济的改革和发展,促成了经济管理学院的发展;工业化、现代化、市场化、国际化、信息化对政府和社会管理的要求,促成了公共管理学院的发展;现代传媒的发展及舆论引导功能的加强,促成了新闻与传播学院的发展;依法治国、依法执政的要求,促成法学院的发展;马克思主义中国化,中国特色社会主义理论体系和道路的发展,促成了马克思主义学院的发展；等等。清华大学总是要为国家建设和改革最需要的人才服务。但是，任何大学也不可能满足国家建设、改革的所有需要，不可能什么学科都建设。

更重要的是，学科间交叉互补、综合创新的需要。现代科学的发展，一方面涌现了许多新学科，如生命科学及工程、信息科学与工程、航天科学与工程等。这些学科研究愈来愈专业化；另一方面学科间的交叉渗透，尤其是自然科学和社会科学化综合化趋势愈来愈强。列宁就曾预言过："自然科学奔向社会科学的强大潮流"，"到20世纪，这个潮流是同样强大，甚至可以说更强大了"。事实上许多新的学科生长点往往在学科交叉互补的地方产生，这就需要培养"文理结合、综合创新"的人才。比利时根特大学认为，它所培养的人才应该是能看到最不同的学科领域间互相联系的人，而这种人应是兼通人文科学（包括哲学、文学、法律、经济、社会和教育、心理等）和自然科学（包括纯科学、应用科学、医学等）的内行。英国剑桥大学一位专家说："现代世界理科和文科的裂缝必须用科技人文科学来粘合。"美国麻省理工学院一贯重视"文理结合"，其首任校长罗杰斯就说过："要以培养能够用自然科学和人文社会科学进行双重思考的人才作为目的。"这种"文理结合、综合创新"的教育思想已经成为世界各国教育工作者的共识，也是清华大学建设综合性大学的一个重要指导思想。我是建筑系毕业的。当时，建筑系属于多科性工业大学的一个系，其实它不属纯工科，而是艺术、自然科学技术与社会学相融合的学科；现在的环境工程学院是在过去给排水、暖通、热能等工科专业基础上发展起来，它们自称其学科为"自然科学、技术科学与社会学的内切圆"，要利用自然科学技术为社会的可持续发展服务；生命科学与工程、信息科学与工程提出的伦理学、社会学与法治管理等问题正在破解之中；航天工程对系统科学的发展已起了巨大的促进作用；我校新建的心理学系更是人脑科学与社会学融合的产物；等等，不胜枚举。清华大学只有在"文理结合、综合创新"方面有质的跳跃，才能进入世界一流大学的行列。

还有一点，可能是人们容易忽略的，那就是各类学科在思维方式的互补，对培养创新型人才的意义。各学科研究对象不同，其思维方式也有差异。工科学生研究自然科学技术及其应用，一般更重实证思维，思考各种问题更为"求实"；理科学生探讨自然界的奥秘、规律，比工科更多些抽象理论思维的色彩；人文社会科学的某些基础学科则需要历史思维与理论逻辑思维的统一，而其基础与应用学科都更侧重于人的利益和价值的思考；而文学艺术类学科则需要形象思维的想象力。而创造性思维往往在多种思维方式的交叉融合中产生。钱学森在获得"国家杰出贡献科学家"称号的授奖仪式上说:"正是她(钱学森夫人)给我介绍了这些音乐艺术,这些艺术中所包括的诗情画意和对人生的深刻理解,使得我丰富了对世界的认识,学会了艺术的广阔的思维方法,或者说,正因为我受到了艺术方面的熏陶,所以我才能避免死心眼,避免机械唯物论,想问题能够宽一些活一点。"2005 年,他又对时任国务院总理温家宝说:"我要补充一个教育问题,培养创新能力的人才问题。""一个有科学创新能力的人不但要有科学知识,还要有文化艺术修养。""我觉得艺术上的修养对我后来的科学工作很重要,它开拓科学创新思维。"爱因斯坦是杰出的物理学家,很有哲学头脑,同时也是一个出色的小提琴手,对古典音乐有很高的造诣和极浓的兴趣,他曾说过:"如果没有我早年的音乐教育,无论哪一方面我将一事无成。"他认为艺术使他"比从物理学那里获得更多的东西",从艺术多方面获得的想象力"比知识更重要,因为知识是有限的,而想象力概括着世界的一切,推动着进步,并且是知识进化的源泉"。思维方式的互补,能带来创新性思维,培养创新性人才这是我们应当继续深化认识的一个问题。

三、文科建设的特点。人文与社会科学领域研究的对象是人类社会,所以它具有很强的价值和利益属性,在阶级社会还具有鲜明的阶级性。而自然科学研究的对象是自然界,它本身没有利益、价值、阶级的属性,只是在其应用的领域才涉及利益、价值问题。社会历史发展和自然界一样也有客观规律,同样不以任何人的意志和利益为转移,这是历史唯物主义的伟大发现。但是,由生产力和生产关系、经济基础与上层建筑的矛盾运动所决定的历史规律,是在人的利益和意志的矛盾、冲突中运行和实现的,人的利益和价值不是在客观规律之外而是在其内,只有和客观规律相一致的利益和价值才能最终实现,也只有和客观规律相一致的立场(利益和价值的选择)才能真正把握历史客观规律并为之而奋斗。所以,在社会科学领域,我们所培养的人才,要讲党性、讲立场,能够把党性与科学性、价值性和真理性相统一,把对人民利益的追求与科学探索的精神相统一(人文学科的某些学科不是科学,如艺术,但也要讲立场)。能否培养这样的知识分子将决定文科建设的成败,甚至影响今后几十年改革发展的走向。现在,哲学社会科学界一部分人受西方学术思想影响,把价值与科学截然对立,认为讲价值就不可能讲科学,主张培养"价值中立""去意识形态化"的"独立自由精神"及其"公共知识分子"。这种思潮对我校文科建设的影响,应当引起人们的重视。

另外,社会科学和自然科学都要在继承中发展,而且都是批判地继承。但是,自然科学的继承,基本不受社会制度的影响,而人文社会科学的许多方面往往要随经济基础和上层建筑的变革而根本改造。因此，我们对发达国家自然科学技术方面的研究成果可以直接继承，对国外培养的优秀知识分子，也可以立即大胆重用。人文社会科学方面的人才，我们也需要从国外引进，以大胆吸收借鉴人类文明创造的一切文明成果。但对其研究的制度属性是否与社会主义核心价值观相左，要采取更为慎重的态度。引进了之后，也要在马克思主义的学习和了解国情的实践方面给予引导和帮助。

再者，社会科学和自然科学，真理性认识的探索都要经过实践、认识、再实践、再认识的多次反复才能获得。但是自然科学首先是在实验室中进行反复实验，任何民族、国家、阶级或任何历史时期，只要实验条件相同，都会获得同样结果，实验中不管失败多少次，只要最后成功就是了不起的成就，而其失败，因为没造成严重的社会后果，人们对它往往并不在意。人文社会科学则不同，它主要以社会为实验场地，带有复杂的阶级性、价值性的社会因素，常常使实验出现"测不准"的效应，社会实验如果失败，就会造成消极的甚至是严重的社会后果。"失败是成功之母"，这是任何科学探索的必经之途，但是社会科学真理的获得，往往要付出极大的社会代价。爱因斯坦、牛顿是伟大的物理学家，他们在晚年都出现过重大失误。然而人们没有对他们的历史局限性求全责备。但我国在社会主义建设中的失误，却引起了很大社会震荡。邓小平同志的伟大之处就在于他能超越个人的历史情感、科学地总结历史经验，引导人们向前看。所以社会科学领域的知识分子应当具有更强的知难而进精神，不回避现实提出的重大问题，勇于坚持真理，修正错误，而且善于从失误和争论中探索发现真理。为此整个社会乃至整个教育界对人文与社会科学的研究要采取更为宽容的态度，用"百家争鸣、百花齐放"的方针，鼓励人们进行建设性的学术争论和批评，为繁荣发展人文社会科学创造良好的社会环境和学术风尚。

与人文社会科学的特点相适应，学校对其管理应采取一些与理工科相区别的做法。我和许多教授研究的都是现实性、政治性很强而且存在争议的理论问题，而且认为愈有争议愈有研究的社会价值与学术价值，希望从中探索出党性与科学性、人民性与真理性相统一的理论成果。但是这样的论文送审，往往会出现截然相反的评价，有的（甚至是多数人）认为是优秀论文，但只要有一人不予通过，就一票否决。这样做不仅会使研究生不能如期毕业，甚至可能失去其已找到的工作。这样做是不利于研究生知难而进的创新精神的培养，也是不符合文科培养人才要求的。当然，在现有培养制度下，研究生院还是采取了一些减轻副作用的做法，我们很感谢。但现有制度的改善仍然是需要进一步研究的问题。

清华大学政治辅导员制度的特色及其发展

一、清华大学政治辅导员制度的特色与基本经验

政治辅导员制度是蒋南翔同志1953年提出来的。五十年来，经历了三个阶段：一、1953年到1966年，这是辅导员制度的形成与发展期。1963年制定的《关于政治辅导员若干问题的规定》不仅是前十年辅导员工作实践经验的全面总结，而且是政治辅导员制度定型和规范的标志。二、"文化大革命"时期，学生政治辅导员制度被以清华大学党委推行"修正主义教育路线"的罪行受到批判，这是辅导员制度的挫折期。三、1977年至今，这是政治辅导员制度的恢复与发展时期。1977年恢复高考制度后，选拔了一批青年教师担任辅导员。1981年起，学校全面恢复学生政治辅导员制度。经过1984年、1991年、1996年三次建章立制，政治辅导员制度得到加强与改进。2001年8月，学校再次修订《清华大学政治辅导员工作条例和考评办法》，使辅导员制度更加完备。目前，清华大学的辅导员工作形成了包括岗位职责、人员选拔与培训、人员激励、工作例会、工作交流、工作考评等在内的制度化的工作要求、程序与管理模式。虽然，根据环境的变化，有关辅导员工作的一些具体政策与措施是不断变化的，但是，清华大学辅导员制度在五十年的发展历程中形成了自己鲜明的特色，积累了不少宝贵的经验。这突出地表现在：

（一）双肩挑

"双肩挑"，意即"两个肩膀挑担子"（蒋南翔同志首创，指同时承担思想政治工作与业务工作），是清华大学政治辅导员制度的最大特色。从辅导员制度创建至今，学校在辅导员的人员配置方面一直坚持做到"大多数人兼职、少数人专职"。少数专职人员主要是分布在校级党政机关，例如，学生工作部（处）有专职工作人员。在基层单位，个别院系设置1-2个专职人员，绝大多数辅导员是兼职人员。兼职辅导员既要从事学生思想政治教育工作，又要承担学习或完成教学科研任务。为保证辅导员队伍的延续性，规定辅导员工作一般应做满二年。辅导员实行有计划地轮换,但每年人员轮换率不超过50%。这种任期制、轮换制是与"双肩挑"的要求相配套的。

通过"双肩挑"的辅导员工作模式,清华大学始终将思想政治教育工作与业务工作进行有机的结合,避免了空谈政治等现象。蒋南翔1953年在清华大学全校教师大会上的讲话中就指出"政治工作若与业务脱离,一方面有困难,另一方面会有缺点"。1978年6月23日,邓小平听取清华大学情况汇报时指出:"在学校工作的干部,本身要懂行,最主要的经验是这个。"这也是对政治工作与业务相结合方式的肯定。滕藤1993年总结清华大学辅导员制度经验时指出"有的高校也曾实行政治辅导员制度,但却半途而废,不很成功,忽视了这一点(指政治与业务结合)是重要原因"。

(二)又红又专

"又红又专"既与"双肩挑"相承接,又贯穿于辅导员工作全过程,从而成为清华大学辅导员政治制度的另一大特色。1953年4月3日,清华大学向高教部、人事部请示设立学生政治辅导员的报告中就明确提出:"拟选学习成绩优良,觉悟较高的党团员担任辅导员","培养辅导员成为比一般学生具有更高政治质量及业务水平的干部"。1961年7月23日,蒋南翔同志与当时的校团委书记谈话中指出:辅导员制度"开始设立时还是明确要培养又红又专干部"。滕藤在回忆自己参与1953年第一批辅导员的选拔时,也指出选拔辅导员的"标准是思想好、学习也好,非常严格。当时实行5分制,要求辅导员的学习成绩平均4分以上"。虽然辅导员工作有关规定、条例在50年间多次修订,但是,在选拔辅导员的标准以及培养人才的目标方面,坚持"又红又专"这一点始终没有改变。1980年3月12日,在中共中央军委常委扩大会议上,邓小平同志论及政治思想工作时指出"清华大学的经验,应当引起全国注意。'又红又专',那个红是绝对不能丢的"。在清华大学政治辅导员制度中,"又红又专"不仅成为辅导员工作的目标,而且是选拔辅导员的根本标准,前者决定后者,后者支撑前者,两者相辅相成。学校按照"又红又专"的原则选拔辅导员,而这些优秀的辅导员活跃在普通同学身边,无形中起到一种榜样与示范作用,引导更多的同学朝着"又红又专"的目标努力。

(三)党政负责,齐抓共管

广义地来理解,政治辅导员制度不仅包括针对辅导员工作的各种规定,而且包括学校在学生思想政治教育工作方面的组织与领导体制。在实践中,清华大学在学生思想政治工作的领导与管理方面形成了"党政负责、齐抓共管"的特色。清华大学卓有成效的学生思想政治工作是与学校党政领导的高度重视、各部门的密切配合分不开的。1953年，清华大学政治辅导员制度初创之时，主管辅导员工作的政治辅导处首任主任就是蒋南翔同志。后来，政治辅导处虽然撤销，但是，清华大学党政共管学生思想政治工作的领导模式没有改变。20世纪60年代，蒋南翔同志还提出在学生思想政治工作方面建设好三支队伍，即政治课教师、政治辅导员和班主任，"三支队伍"的建设也体现了清华大学齐抓共管思想政治工作的特色。"文化大革命"中这种领导体制受到严重挫折，但"文化大革命"结束后，清华大学党委马上于1977年设立学生工作部来主管学生思想政治教育工作与辅导员选拔培养工作，同时恢复与健全校系两级学生工作网络。后来，根据研究生教育发展的需要，成立了党委研究生工作部主管研究生思想政治教育工作。1986年8月，清华大学学生工作指导委员会的成立更是将"党政负责，齐抓共管"的领导体制具体化。学生工作指导委员会由常务副校长担任主任，负责学生工作、宣传工作的校党委副书记和负责教学、后勤的副校长为副主任，学生部（处）、教务处、研究生处（现为研究生院）、校办、保卫部、宣传部、后勤部门和社科系（现为人文学院）等单位的有关负责人参加。自1986年始，学生工作指导委员会下设学生心理咨询中心、学生社会工作与社团活动指导中心等八个中心，分别挂靠在学校不同部门机构，共同来负责与促进学生全面素质的发展。学生工作指导委员会直接在学校党委、校长的领导下协调各个部门与机构，落实学生教育与管理的有关工作。

（四）使用与培养相结合

清华大学"双肩挑"的辅导员制度既是一种思想政治工作制度，又是一种培养人才的特殊模式。清华大学的学生辅导员既是学校党委、行政委派的从事大学生思想政治工作的教育者，又是学校实施因材施教的受教育者。1953年，蒋南翔同志提议设立政治辅导员，并非只着眼于学生工作，而更是着眼于"培养辅导员成为比一般学生具有更高政治质量及业务水平的干部"。1961年，在总结辅导员工作的经验时指出："不能单纯使用观点，而是培养观点。"艾知生在论及蒋南翔教育思想时提到"三个代表队"的措施：在学生全面发展的基础上建立三个代表队，即文体代表队、学习代表队（指学习特别优秀的因材施教生）和政治代表队，把辅导员看成是培养政治思想素质较高的学生干部的一个重要途径。正因如此，清华大学领导总是把承担思想政治工作作为辅导员在政治上学习、锻炼的好机会，一方面严格要求，另一方面帮助他们在实践中学习、总结与提高。本着"严格要求、切实爱护"的原则，清华大学还从学习与生活等方面关心辅导员，给他们的发展创造良好的条件，这体现在一系列政策与措施中。例如，从第一批辅导员开始就发放岗位津贴，保证学生身份的辅导员生活待遇稍高于同期一般同学平均水平；各系为辅导员单独制订培养计划，为辅导员的学习提供帮助；每年对辅导员进行工作轮训；每年召开学生思想工作研讨会，编辑出版《清华大学学生工作论文集》；不定期举办"辅导员沙龙"活动，编辑发行《辅导员之友》，在"学生清华"网络上开设辅导员社区；设立"一二·九辅导员奖""林枫奖学金"等专门针对辅导员工作的奖励项目；辅导员阅读文件和参加有关会议，与政治课教师相当，以便辅导员了解更多的信息，在政治上更快地成熟；教师身份的辅导员兼职从事思想政治教育工作的工作量折算成教学工作量，并在工资福利、业务进修、职称晋升方面实行适当的倾斜政策；等等。

这些政策、措施有力地保证了辅导员的有效使用与全面发展，使清华大学的辅导员具有较高的工作满意度。根据2002年10月至11月我们对专职辅导员类型与兼职辅导员类型高校的对比调查，专职类型高校辅导员工作非常满意的占3.4%，满意的占24.4%，不满意以及非常不满意的占29.4%；而清华大学4.1%的辅导员表示对自己的工作非常满意，52.7%的表示满意，不满意以及非常不满意的仅占5.3%，满意率（满意以及非常满意比例）相应比专职类型高校高出29%，不满意率（不满意以及非常不满意比例）相应比专职类型高校低24.1%。五十年来，几十批辅导员在"大有出息的负担"中得到磨炼，而这种年轻时的锻炼对辅导员受益是终身的。正如何东昌所指出的"这个制度从人才的培养来说，无异是在学生中对一些同学进行了政治思想上和组织能力上的特殊培养"。实践也证明，许多政治辅导员后来成为各行各业、各层次的领导骨干，甚至成为党和国家领导人，这与他们在年轻时政治辅导员的锻炼经历是分不开的。

二、新形势下政治辅导员制度面临的新问题

五十年来，清华大学政治辅导员制度在发展中形成了自己的传统与特色，为清华大学的发展以及高层次人才的培养提供了有力的保障，取得了宝贵的经验。当然，在新形势下，辅导员制度在实施过程中也出现了一些问题，主要表现在以下三方面。

（一）环境的变化以及辅导工作的复杂化造成辅导员工作胜任能力方面存在一定程度的不适应

自20世纪90年代末以来，高校学生思想政治工作面临的形势比以前更为复杂。国际政治风云变幻，经济全球化进程明显加速，各种冲突此起彼伏。国内改革开放不断扩展与深化，社会经济成分、组织形式、物质利益主体、就业

方式日益多样化，各种社会矛盾相当复杂。高校内部改革全面启动，涉及学生招生、学习、生活、就业等方面的环境因素均发生重大变化，影响大学生发展的不确定因素明显增加。在这种情况下，大学生的思想状况更加复杂，他们对辅导员的需求内容更广泛、期望值更高。清华大学现在主要从博士、硕士研究生中选拔辅导员，因而辅导员队伍整体上比较年轻。据我们2002年的调查，一线辅导员中年龄低于25岁的占64.2%，低于30岁的约占96.5%。年轻的辅导员一方面具有热情高、干劲大、无家庭负担等优势，另一方面则存在社会阅历不够、知识积累不够、能力水平不够的不足。据清华大学学生处的调查，辅导员认为自己理论水平不够的占64%，认为自己做思想工作能力不强的占30%，认为自己对学生思想状况把握不准的占34%。如何解决大学生辅导需求的不断上升与年轻辅导员胜任能力的相对不足是新形势下清华大学辅导员制度的重要课题之一。

（二）日益繁杂的事务性工作使辅导员难以在思想教育方面投入充分的时间与精力

由于现阶段高校改革的不完善以及其他多方面的原因，学生事务性工作不仅没有因改革而减少，反而不断增加。辅导员的工作面越来越广、工作量越来越大。例如，居民家庭贫富差距扩大的影响扩展到校园，贫困生问题越来越严重，辅导员需要承担的学生奖、助、勤、贷、补等方面的事务性工作量大量增加。而随着院系一级机关人事方面的改革，行政人员编制压缩，一些面向学生的教学管理、生活服务、安全、卫生保健等事务性工作也直接或间接地由辅导员承担。而且，这些工作往往涉及多个部门，需要辅导员与多个部门协调、反复做工作。这样，辅导员需要应对大量的事务性工作，很难再有充分的时间与精力来投入学生思想教育工作。据清华大学学生处的调查，认为"事务性工作太多，没有时间开展深入细致的思想工作"的辅导员占到95%。这势必影响思想教育工作的效果。

（三）不断加剧的社会竞争造成部分辅导员的心理压力以及对未来职业发展的忧虑

虽然清华大学非常重视正确处理辅导员承担政治工作与业务工作的关系，但"双肩挑"在政治与业务上总是存在矛盾的。尤其是在现在社会竞争极其激烈、教师与学生业务发展压力日益增大的情况下，矛盾就更为突出。对研究生身份的辅导员而言，他们需要完成导师交办的科研任务，需要达到学校规定的科研论文发表基本要求，才可能获得学位；对教师身份的辅导员而言，科研成果是影响职称晋升与岗位聘任的重要因素，他们同样面临着科研的压力。目前，许多学生身份的辅导员实际工作时间大大超出学校规定的正常工作量 1/3 的限度。尽管辅导员个人处理工作与学习关系能力有高低，但工作对学习与科研的影响总是存在的。一些教师辅导员由于业务发展的压力而在辅导工作上难以投入充分的时间与精力。一部分院系反映要在青年教师中找到合适的辅导员人选比较困难，辅导员岗位对青年教师的吸引力不断下降。一些研究生身份的辅导员反映，在他们担任辅导员之前，一些未担任社会工作的同学科研水平与他们处于同一起跑线上，甚至比他们落后，但是，一个辅导员任期下来，那些未担任社会工作的同学科研工作明显领先一步。对于直博生或硕博连读生来说，他们在辅导员卸任后还可以有较充分的时间来弥补与赶超，但是，对于三年学习期的研究生而言，要想在第三年弥补或赶超是十分困难的，如果延长学习期，他们面临的就业形势可能更加严峻。而现在社会上招聘人才除了对道德品行方面的基本要求外，关键的还是看业务能力。尽管辅导员经过特殊的培养与锻炼，具有良好的发展潜力，但是，他们中一部分人还是担心在就业这个关键环节上失去竞争优势，难以为自己未来的职业发展搭建好一个平台。因而，一部分辅导员的心理压力较大，希望学校对自己未来的发展给予更多的指导与帮助。

三、对继承与发展政治辅导员制度的几点思考

时代在前进，清华大学的政治辅导员制度也需要发展。这种"发展"，是对辅导员制度的继承与创新，"继承"就是要保持清华大学辅导员制度五十年来形成的基本特色与基本经验，"创新"就是要根据环境的变化与形势的发展不断完善与拓展辅导员制度的具体工作体制、机制、模式和方法。这里，我们就此提出一些看法。

（一）进一步理顺学生工作相关部门之间的关系，切实减轻辅导员事务性工作负担

清华大学学生工作具有"党政负责、齐抓共管"的优良传统，涉及学生工作的各相关部门相互配合，使学生工作能够有条不紊地进行。但是，由于学生工作涉及面很广且复杂多变，而且有关学生工作部门的人员流动性较大，这样，学生工作各个部门、各个环节之间难免出现摩擦与不协调。而学生辅导员是学生工作系统中连接学生的最后一个环节，一旦出现不协调，最后的压力几乎都集中到辅导员身上。这种情况在遇到学生突发事件时尤为突出。例如，在抗击非典战斗中，学生工作系统承担着每日排查学生发热等情况的任务，而这一工作的正常启动需要教务、行政、社区服务以及卫生保健部门的密切配合。而个别院系由于教务部门提供的研究生学籍等信息的不完整、不准确，导致学生工

作人员反复核查，影响了工作的进度。又例如，在全校性调整学生宿舍工作中，特别需要后勤、行政以及学生工作系统的协同努力，如果后勤、行政系统的服务工作出现漏洞，那么，辅导员就会相应增加较多的事务性工作量。

要理顺学生工作系统内部的关系，需要充分发挥学校学生工作指导委员会的作用。在学生工作指导委员会的领导下，划分清楚涉及学生工作各职能部门、人员的责任与任务，规范相关事项沟通与协调的工作程序。例如，学生学籍管理由教务部门负责，教务部门及时将违反学籍管理规定的学生情况向学生组及辅导员沟通，以便及时做好思想教育工作。同样地，学生公寓的公共卫生及社会公德情况由楼委会负责检查与记录，一般性违纪事件由楼委会处理，严重违纪事件以及屡教不改的学生由后勤管理处及时与学生工作机构沟通并协商处理，严重危害公共安全事件由保卫处负责并及时与学生工作机构沟通，辅导员作为学生权益的保护者和教育者参与有关学生违纪事件的处理。在学生思想政治教育工作队伍内部，也需要理顺各类人员之间的工作关系。专兼职辅导员除了承担一些必要的学生事务性工作外，工作重心应放在思想教育上。班主任侧重学生学籍管理以及学习的指导。学生中一些经常性、简单的思想理论问题可以由辅导员来解答，但一些普遍性的、有难度与深度的思想理论问题则由思想政治理论课教师来解答。学生心理咨询中心、学生就业中心应发挥专业咨询的作用，辅导员配合咨询人员，发挥中介者的作用。根据需要，可以运用流动编制的办法，在院系设置专职的学生事务工作人员或指定专人负责有关学生事务性工作，以便把辅导员从直接的、繁杂的事务工作中解放出来，一方面更好地扮演思想教育者的角色，另一方面更好地完成专业学习与科研任务，确保"又红又专"人才培养目标的实现。

（二）加强专门研究与专业服务，实现专兼结合与优势互补

从国外高校以及我国台湾、香港地区高校学生辅导、学生事务管理的状况来看，都是走专业化的发展道路。辅导工作的专业化是社会分工以及学生发展的必然要求。从目前大学生的发展需求来看，他们发展中诸如心理健康、人生规划、职业选择等方面的问题都需要专业的咨询与服务才能解决。大学生的心理状况、道德发展状况、思想动态、政治态度与观念的状况等都需要进行专门的调查研究。虽然，在学校领导的重视下，清华大学在全国高校中较早地设立专业咨询机构（如1988年，建立心理咨询中心等），但是，这些专业辅导机构的力量还不够强大，提供的服务难以满足学生不断增长的发展需求。美国专业辅导协会提出的大学生与专业辅导人员的比例是1000:1，中国香港高校中也配备了人数不少的专业辅导教师。例如，2000年，香港大学学生辅导处心理辅导

组就包括一位主任、五位专职辅导员及八位职员,学生与专业心理辅导人员(不含职员或办事人员)的比例大约为2300∶1,而清华大学目前专业辅导人员与大学生的比例远小于这一比例。所以,从现实需要与长远发展来看,在"多数兼职、少数专职"结构模式不变的情况下,清华大学需要保证与学生规模相匹配、与学生发展需求相一致的教育服务投入。

许多学生工作的专业性是很强的,离开专业教师的指导是很难做好的。在这方面,清华大学有好的方面,也有不足。例如,政治理论课教师与学生辅导组配合,对学生进行理论、形势政策宣传教育,针对学生人生道路方面的有关问题、思想上的难点与疑点进行疏导,这在20世纪60年代形成很好的制度,20世纪80年代有所恢复与发展,但近年来,"两课"教师对学生课外思想工作的辅导削弱了,亟待加强。心理咨询与就业指导方面的专业辅导是在改革开放后发展起来的,这方面专业人员的专业素质与数量还不能满足时代发展的需要。网络技术的发展也使网络德育开始出现,网络思想工作的开展也需要专业人士的参与指导。此外,学生社会工作与社会实践的发展也需要具有社会工作专业训练人员的参与等。

总之,要研究如何把政治辅导员与专业学生工作人员的工作更好地结合起来。这样可以使学生工作做得更深更好,可以更好地积累经验,把握规律性。可以通过专业人员的指导、培训,使兼职学生工作人员得到更好的提高。在这方面,国外的经验可以借鉴,我们自己也有好的传统可以挖掘、总结。

(三)加强专兼职辅导员的培训与教育,不断提高辅导员的工作胜任能力

针对一线辅导员工作胜任能力与大学生发展需求不适应的问题,当务之急就是加强专兼职辅导员的培训与教育。清华大学在辅导员培训工作方面,具有良好的传统与规范化的管理措施,例如,每年进行的辅导员轮训工作、工作研讨会等。随着辅导员工作内容的扩展与素质能力要求的提高,辅导员培训与教育的内容与方式均需要发展。目前的辅导员工作培训内容虽然涉及工作内容、工作方法、心理咨询以及党团知识等,但1-2次讲座是难以把每个专题介绍清楚的,仅仅是入门而已。要从事学生的思想政治教育工作,就必须具备马克思主义理论方面的基本素养并善于运用马克思主义的基本原理来分析社会思潮与青年学生的思想状况,必须具备一定的心理咨询理论、方法以及指导学生开展多种课外活动的组织管理能力。根据我们的调查,目前辅导员中的44.4%对培训"马克思主义理论"的需求强烈;辅导员中的53.5%对培训"思想教育理论与方法"需求强烈;辅导员中的70.6%对"心理咨询理论与方法"需求强烈;辅导员中的62.0%对"管理知识与技能"需求强烈;等等。学校有关主管部门

可以根据辅导员的实际需要来系统地设计培训内容与课程，不断提高他们的角色素质与胜任能力。在培训与教育方式上，除了原有的集中培训、专题讲座方式外，还可以开设专门的辅导课程，对参加课程系统学习并考核合格的同学计算相应学分。对于担任院系学生工作的党委副书记和学生工作组组长，应当在运用马克思主义分析社会思潮能力和思想政治教育专门知识方面给予更好的培训，并鼓励其中一部分人向党政干部方向发展。

（四）加强辅导员职业生涯指导，支持辅导员的后续发展

清华大学的辅导员制度既是一项有特色的高校学生思想政治工作制度，也是一项因材施教培养"又红又专"人才的特殊教育实践活动。在新的历史时期，如何来深化这项教育实践活动呢？

清华大学采取了一些积极的措施，例如，为辅导员单独制订培养计划、指派专业教师进行业务指导等。这些措施主要针对的是辅导员业务的发展。其实，对于绝大多数辅导员而言，人生规划与职业生涯发展方面的指导与帮助是他们更迫切的需要。辅导员任期内的培养只是前期开发，其任务在于选好"苗子"与探索性开发，而要使辅导员走上社会后能真正成为拔尖人才，关键还在于辅导员的后续发展。作为学校而言，在辅导员离岗以及毕业等关键时期，要做好辅导员的人生规划与职业发展指导工作。有关领导要与辅导员亲自面谈，在专家或专业人员力量的支持下，协助辅导员制订人生规划与职业生涯发展初步方案，并为他们实现职业生涯发展目标提供政策的支持与发展的平台。例如，清华大学党委研究生工作部出台的有关优秀研究生干部下派地方挂职锻炼的政策与措施就是一项有益的尝试。

近年来，党中央根据国际国内形势的发展变化，做出了人才资源是第一资源的科学判断，确立了人才强国战略和党管人才原则，提出了"着力建设党政人才、企业经营管理人才和专业技术人才三支队伍，重点培养一批适应社会主义现代化建设和改革开放要求的高层次人才"的任务。那么，清华大学辅导员制度应当适应新时期的要求，在落实人才强国战略方面发挥应有的作用。在辅导员的后续发展方向方面，应当根据形势的发展与每个人的特点做出有计划的安排，使一部分辅导员向党政管理与企业管理方面发展，一部分辅导员向科学技术研究与管理骨干人才方向发展，还有一部分辅导员向思想政治教育、心理咨询、职业指导专业人才方向发展。清华大学在辅导员后续发展方面采取过不少积极的措施，也取得了较好的效果。目前需要重点解决的一个问题是如何把握辅导员后续发展的规律来做好辅导员在校期间及后续的培养与持续性支持工作。我们认为学校可以组织研究人员对五十年来不同时期辅导员后续发展的情

况进行系统的调研与分析,从而总结经验、把握规律,有针对性地制定一些持续性培养与支持辅导员后续发展的政策与措施。同时,作为一项长期性的工作,学校可以在有关部门(如校友总会)设立专门岗位与人员,对毕业辅导员进行持续调查与发展指导。这样,清华大学辅导员制度培养"又红又专"骨干人才的功能就更加完备,其效果将会更加明显。

为立德树人奉献一生

——清华大学团委的工作形成了我人生的底色

我中学是在天津上的。1949年1月,天津解放,中学地下党组织吸收我参加民主青年同盟活动,帮助我进步。1949年国庆,我转成了共青团员。共青团是我追求进步的始发地。

1951年,我考入清华大学建筑系。入学时全校系只有六个共产党员。1954年,我被选调为学校第二批政治辅导员,1954年,做学生会主席,1955年,担任建筑系团总支书记,1956年2月,调到校团委,做副书记兼宣传部部长,管学生思想教育工作。1956年,响应毛主席"三好"号召,进行"思想好、学习好、身体好"全面发展教育(毛主席原话是祝青年们"工作好、学习好、身体好"),全校开展了"又红又专"大辩论。1957年,经历了大鸣大放、整风及反右扩大化。1958年,围绕贯彻教育与生产劳动相结合的方针,结合真刀真枪做毕业设计,在学生中进行理论学习与生产劳动相结合的教育。历史地看,当时清华大学在蒋南翔校长领导下,对"又红又专"、全面发展方针的把握总的是正确的,但是也不可避免地在工作中有一些片面性。这几年的工作,无论是正面的锻炼还是片面性失误,都是我一生的宝贵财富,使我开始学会了做好青年思想工作的基本能力和方法:有的放矢分析问题的能力和方法;树立典型的思维能力和方法;等等。可以说,团委几年工作的锻炼奠定和形成了我人生的底色,从此,我再也没有脱离学生思想政治教育的行列。

1959年2月,我被调往校党委宣传部,后来被选进校党委会,并担任宣传部常务副部长,主管政治理论课和宣传工作。1959年2月后,全校各专业有20多个政治辅导员和我一起被抽调入马列主义教研室,转行成为政治课教师。这些辅导员中,1/3调入中共党史教研组,1/3调入政治经济学教研组,都被送到中国人民大学进修一年。进入哲学教研组的人则由校领导组织学习《关于费尔巴哈的提纲》《德意志意识形态》《费尔巴哈与德国古典哲学的终结》《反杜林论》《唯物论与经验批判论》《矛盾论》《实践论》等马克思主义哲学经典著作,还把蒋南翔讲哲学课的录音整理成讲义,与中国人民大学、北京大学哲学课教材一起为备课用。我们这些新政治课教师和十几个原来的政治课老教师（冯思孝、贾观等）、中国人民大学新分配来的年轻教师（李润海等）三种人会师，组成了马克思列宁主义课的三个教研室，于1960年恢复三门政治理论课。我是1960年开始讲马克思主义哲学课的，一直到1965年参加农村"四清"。

我们这些教师一进政治课的门，第一件事是学习毛泽东同志的《改造我们的学习》《整顿党的作风》《反对党八股》等延安整风文献，贯彻理论和实践相结合的方针，克服照本宣科的教条主义。我和一些从政治辅导员调来的教师对这一方针的接受是很自觉的。其中一个重要原因就是我们原来就是做学生思想教育工作出身，对学生思想比较熟悉，容易找到理论教学与学生思想的结合点，从而受到学生们的欢迎。

1964年，中宣部到全国大中学校调研政治理论课状况，最后决定在1964年暑期（8月）召开全国大中学校政治理论课教师大会。会议的一个重要内容是交流清华大学政治理论课经验，我和钱逊写的总结，强调"马克思主义基本理论的教学和形势政策与学生思想结合"。蒋南翔看了，只改了一句，"马克思主义基本理论的教学与活思想结合"，校党委副书记兼宣传部部长艾知生在会上做了近两小时的发言，交流理论联系实际的经验。黄美来（哲学）和朱育和（党史）在会上也分别发言，交流了做政治课辅导老师的心得，他们课下深入学生答疑，在课堂讨论中把理论教学和大学生思想相结合，他们还参加有关系学生政治辅导员的学习，帮助他们提高思维能力。

这段历史说明了什么？第一，清华大学始终把政治理论课作为思想政治教育的重要阵地，当时还没有"主渠道""主阵地"这样的提法，但一直强调理论课要帮助同学们树立正确的立场观点方法，培养科学的世界观、价值观和人生观，而不是单纯的理论知识课程。第二，蒋南翔抽调政治辅导员参加政治理论课教学，他们原有的学生思想工作经历在思政课理论教学中不是无用的，而是贯彻这一方针的潜在优势。当然理论储备不足这一短板是必须补的。譬如，我们讲哲学课，在讲唯物论时，一定会联系"大跃进"中"人有多大胆，地有多大产"等主观唯心主义和危害中国革命的教条主义；讲实践论时，在讲清实践是马克思哲学的本质特征的基础时，一定会讲知识分子对理论和实践的关系以及教育与生产劳动结合的看法；讲对立统一规律时，在讲清辩证的对立统一与形而上学的矛盾观、唯心主义诡辩论的区别后，会联系如何正确看待和处理"红"与"专"的矛盾，而且能比较深入地把握学生思想的困惑点，这些都是团的工作经历渗透在我们血液中形成的特点。

当然，今天我们有了马克思主义理论学科建设，有了培养思政理论课教师的正规渠道，没有必要再简单重复从政治辅导员中大量抽调思政理论课教师的做法。但是，吸收历史做法中的合理经验，在培养马克思主义理论学科学生的过程中，一定要注意对他们思想政治工作能力的培养，尤其是对那些从高中毕业直接考入大学本科的学生，在校学理论时必须要有思想政治教育的实习和锻炼，青年教师在升副教授前也必须有兼任学生思想政治教育的经历，因为我们培养的是马克思主义理论家兼思想家类型的教师、学者，而不是单纯的传授理论知识的人。

1984年，刚开始建立思想政治教育专业时，有一种做法，选送已有两年以上政治辅导员经历的优秀人才再来读两年马克思主义理论和思政教育学科，授予第二学位。实践证明，很多从这一渠道培养出来的人，后来成为高校党委的领导或优秀的思政课教师。但是，为什么这种做法中断了？不是这种培养方式不好，而是待遇不合理。两年以上的实践加上两年读书，毕业以后只拿到相当于研究生班（比硕士研究生待遇低）的待遇是很不合理的。但是我们能不能利用今天的培养渠道把这种做法中的合理因素发扬下去呢，我认为能。其办法之一就是可以从有实践经验的思政工作者中招直博生，脱产或兼职读博士学位，多位优秀的党的领导干部和思政课教师走的就是这条路，这种做法应该成为定向培养博士学位生的一种制度，让已经有马克思列宁主义信仰、有思想政治工作锻炼的人更好地提高马克思主义理论修养，成为党的实际工作和理论工作的优秀接班人。

1983年5月，学校党委把我从基建修缮处调回来参与文科复建。我先后参与过社会科学系、思想文化研究所、人文与社会科学学院、台湾研究所等的筹建和法律系的复建。但是我个人工作和学科的重点一直都是马克思主义理论与思想政治教育。我主抓思想政治教育专业建设，从第二学士学位、硕士研究生到清华第一个文科博士点的建立。在这个过程中，吸取历史经验，特别重视党性与科学性相结合。我们为学生开设了历史唯物主义专题研究课，被理工院校来的学生称为"思政专业的物理学"，为教委思政司编写了《唯物史观通论》教材；面对纷纭激荡的社会思潮对改革开放的冲击，我们开辟了"当代社会思潮与青年思想政治研究"研究方向与课程，后来我写的文章、著作都与这一研究方向有关，最终与冯虞章等编写了《问道——改革开放以来的社会思潮与青年思想政治教育研究》这部改革开放三十多年的心血之作。

同时，我一直没有脱离学生思想工作。20世纪80年代，我和思想政治教育学科的老师一直参加学校学生处（党委学生部）暑期辅导员培训活动。1990年前后，在社会主义教育活动中，李润海和我讲课的录像在全国高校、机关、部队播放，并受教委委托，分别到国外做留学生思想工作。20世纪90年代以后，校学生业余党校成立，我一直为他们讲党课，直到 80 岁。TMS 协会（学生马克思主义学习研究会）成立后，冯虞章老师等和我一直担任指导教师，为他们讲党课，参加他们的知识竞赛等活动。我还多次为北京市研究生骨干"星火"暑期培训班担任班主任或指导教师，辅导他们的理论学习。团中央和北京科技大学共建"高校共青团研究中心"，我也被邀担任学术委员会主任，为共青团骨干的培训和论文推选等做些工作，等等。

2019 年 3 月 18 日，我有幸参加了习近平总书记主持的全国思政课教师座谈会，并以清华大学马克思主义学院退休教师的身份第一个在会议上发言，题目是"在理论联系实际中培根铸魂"，讲思政理论课教学的体会。2019 年 12 月，我被评为全国离退休老同志先进个人，我为离退休老同志汇报发言的题目是"为立德树人奉献一生"。可以说，我的一生，从清华大学团委工作起步，都是在与青年思想政治教育相关的轨道上进行的。

在 3·18 座谈会上，习近平总书记以培养一代又一代能坚持共产党领导、坚持和发展中国特色社会主义事业的可靠接班人为出发点和落脚点，对如何搞好思政理论课教育讲了两小时，之后和与会二百多人一一握手。在和我握手时他亲切地问道："身体还好吗？"我的回答是"和青年多接触，对身心都有好处"。我一直认为，大学生是最敏感，也是最坦诚的社会阶层，他们年轻，知识层次高，对新事物敏感而且愿意追求新事物，和青年在一起就会受到朝气的感染；但是青年大学生理论准备和社会阅历不足，有时容易受以新事物面目出现的错误思潮影响，当然，他们会坦率地提出来，促使你去思考，我认为这是我退休以后年纪越来越老而思想还能保持活力、不僵化的重要原因；而当你的思考能够帮助他们解除困惑时，他们是欢迎你的。现在我已经 89 岁了，身体虽然大不如前，但是只要一站上讲台，面对聚精会神的听众，我就会和从前一样有精神，并从中感受到愉悦的心情和生活的价值。

总的来看，清华大学团委几年思想政治工作的锻炼，形成我一生工作生活的底色。今后三十年，中国将实现社会主义现代化和中华民族伟大复兴，现在的青年大学生将是这段历史的主角，他们将掀开中华民族历史上最光辉的一页。年迈之年，还能为培养中国特色社会主义事业的可靠接班人做些力所能及的工作，我感到非常幸运。我希望在我终老的时候能够得到这样一个人生评价"青年大学生的良师益友"，我愿足矣！

附录 08

学术活动与成果评价

我的学术探索与追求

——《社会思潮理论前沿求索》自序

我 1932 年出生于北京,几乎整个童年都是在日本侵略军铁蹄下屈辱地度过的,现在还能清晰地记得,在上小学的路上与哥哥严肃讨论"中国会不会真的亡国","中国人永远是东亚病夫吗?"的惆怅心境。1945 年抗日战争的胜利,曾给我们带来极大的喜悦,但是国民党接收大员中饱私囊的"劫收",物价飞涨、民怨载道的情景,使我们的爱国热情化为了一个个泡沫。

中国革命战争的胜利和新中国的成立,给中国带来翻天覆地的变化。解放军宁肯露宿街头也决不扰民的纪律作风;经济迅速复苏,物价完全稳定给老百姓带来的惊喜;铲除恶霸、黑社会势力带来的社会安定;抗美援朝,"最可爱的人"所体现的"中国人民从此站起来了"的英雄风骨;共产党干部在极低的供给制生活条件下无私奉献的光辉形象……给我们这些年轻人的心灵带来了极大的震撼。在天津市和中学党组织的启蒙教育下,我初步学习了马克思列宁主义毛泽东思想,学习了社会发展史、中共党史、开始确立了社会主义、共产主义的信仰,并且在 18 岁加入了中国共产党。尽管后来共产党在领导社会主义事业中出现过严重失误,反思自己当时的社会主义信仰中也带有某些过于理想的色彩和空想成分,但是,社会主义新中国和旧社会的鲜明对比,当时从老年到青年整整一个时代的中国人发自内心地对新中国充满希望的豪情和爱国奉献精神;当时的共产党员对社会主义、共产主义理想信仰追求的革命精神,使我终生难忘,成为我对社会主义事业"虽九死其犹未悔"的重要精神支柱。后来,我的学术研究始终把对社会主义的信仰和探索作为中心内容,和这一段的人生经历也有很大的关系。

1951 年,我考入清华大学建筑系,并在毕业时获得优良奖状。但是 1954 年我被选作政治辅导员,却改变了我一生的职业方向。除"文化大革命"中受冲击的短暂时间,从此再没有脱离高校学生思想理论教育工作。当时在校团委,我主要管大学生思想工作,组织过"又红又专"大辩论等许多思想教育活动。

尽管回顾起来，那时在指导思想上有一些简单片面，但是我从中学会了思想政治教育的基本原则和方法，学会了面对面的、坦诚的思想交流，更重要的是我深刻地感受到大学生的思想是时代的寒暑表，总是最敏感地反映时代的社会矛盾和社会思潮，表现也是社会各阶层中最坦诚的，尽管其中包含着许多片面、模糊的认识，但却能提出当时时代最本质、最前沿的问题促使你深入思考。和大学生终生为友，把研究大学生的思想脉搏与研究现实社会矛盾、社会思潮的脉搏相结合，成为我后来学术研究的一个重要特色，也是我活到70多岁，思想还能保持一定活力的一个重要原因。

1959年，我被调到了学校党委宣传部，后来具体负责学校意识形态和马克思主义理论课的工作，还主讲了马克思主义哲学课。这段时间，我静下心来读了马克思、恩格斯、列宁、斯大林、毛泽东的许多著作。深感学习马克思主义理论的重要，深感过去在做学生工作时，如能多学一些理论就可能多减少一些片面性。另外，大学生思想政治工作的经历，又总能使我在学习马克思主义理论时紧密联系大学生提出的社会和人生问题进行思考，并将思考的心得带到马克思主义理论课的教学中，因此受到学生的欢迎。当时，清华党委对马克思主义理论课领导很具体，蒋南翔校长和党委主要领导分别主讲几门马克思主义理论课，并兼做教研室主任，带领整个马克思理论课教师队伍形成了理论联系实际、有的放矢的学风，真正起到了德育"主渠道"的作用。这种学风后来成为我们这一代马克思主义理论课教师终生不变的一种信念和生活方式。几十年来，无论讲课、学术讲座、思想政治教育报告、写文章，我都总是有的放矢地提出问题与分析问题，帮助人们在对立观点的思辨中思考。

"文化大革命"中接受大批判、劳动改造，心灵受到极大的冲击，遭受了精神和肉体的残酷折磨，但也经受了锻炼。"文化大革命"后，我对自己以前的思想政治理论教育工作进行了反思。我领悟到，如果中央的指导思想和重大决策出了问题，思想政治教育是很难做到以真理服人的；另外我深深地感到，作为思想政治工作者，必须以追求科学性与党性、意识形态性与真理性相统一为己任，决不能把理论联系实际的方针庸俗化为用理论为任何方针政策，包括不正确的方针政策进行辩护。"文化大革命"中，这方面的问题极大地败坏了思想政治教育的声誉。因此，在改革开放、社会主义现代化的新历史时期，在思想政治理论教育中，我特别重视科学研究，希望通过严肃的科学研究，能够对人们存在困惑的重大思潮做出比较科学的、能经得起历史检验的分析，能够在讲课中努力做到真理性与意识形态性相统一，尽量避免理论联系实际简单化庸俗化的失误。

1983年，学校党委把我调回参加复建清华文科的工作。20世纪80年代，我参与了社会科学系的筹建与建设，帮助推动了思想文化研究所和清华大学学报（哲学社会科学版）的创立，20世纪90年代，我参与了人文与社会科学学院及其有关系所的筹建与建设，参与了法律系的复建和台湾研究所的筹建。在这个过程中，我深深感到，清华大学原来有着较强的文科，而且已经形成了自己的学术特色。1952年，院系调整，对有计划地培养经济建设人才有很大的积极作用，但是把清华文科并入北京大学等其他院校，对清华大学造成了很大的损失。当然，我们不能否定一切，简单地说新中国成立后，清华大学没有文科教育，"人文精神中断了"。马克思主义指导地位在高校的确立，使学校发生了根本性变化。教育为社会主义服务与生产劳动相结合，培养"又红又专"，德、智、体全面发展的人才，思想政治工作的加强，培养了国家各行各业的大批骨干，至今还在发挥重要作用。即使只从文科建设讲，马克思主义理论课的设置，特别是蒋南翔校长倡导并身体力行地开设马克思主义哲学课、自然辩证法经典著作选读研究生公共课以及用马克思主义哲学指导自然科学与技术的教学研究，开创了以马克思主义为指导的哲学社会科学教学研究，并且形成了理论和实际相结合的学风，这弥补了新中国成立前清华大学文科的缺失。此外，艺术教育始终没有中断，文体教育生动活泼；科学技术史、校史、学生运动史的研究成果颇丰；文科图书资料完全没有失散；等等，也体现着清华领导在可能条件下对人文精神的重视。而所有这一切，也为改革开放后清华大学复建文科，包括发展一些文理渗透的学科创造了一定条件。所以，对清华大学新中国成立前、成立后、改革开放后三个阶段的文科建设都应采取辩证的态度，做两点论的分析。三阶段中每一阶段都有自己的学术特色，应当继承发扬，也都有自己的不足，需要正视，对任何一个阶段的完全肯定或完全否定，都是片面的，不利于清华文科的健康发展。

在文科复建中，校领导非常重视马克思主义理论与思想政治教育学科的建设。1983年，教育部何东昌、彭珮云等直接领导思想政治教育专业的筹建工作，当时校领导林克、艾知生等人就讲："清华文科建设就从思想政治教育起步，否则就不搞文科建设。"作为这一学科建设的具体负责人，从该专业的筹建，招收第二学位生、硕士研究生，筹建马克思主义理论与思想政治教育博士点，到1996年这一学科成为清华文科第一个博士点，我都全过程全身心地参与，并为这一中国特色社会主义学科付出了大量的心血。

马克思主义是这一学科的理论基础。在学科建设中，我们特别强调要学习马克思主义的立场、观点、方法，提高分析解决问题的能力，而不是只对其中某一组成部分进行专门的研究。我特别重视唯物史观的教育，认为它是科学地分析社会和人生问题的理论基础。二十多年来，我和有关同事坚持为这一专业的硕士研究生、第二学位生开设历史唯物主义专题研究课，把讲授历史唯物主义基本原理与分析中国特色社会主义实践面临的种种社会矛盾与社会思潮相结合，与大学生成长过程中对社会、人生思考的疑点、难点问题相结合，学生学后感到这是对他们分析问题最有用的课程。有些理工科毕业转做思想政治工作的学生把唯物史观比喻为思想政治教育专业的"物理学"，这是有道理的。从学科创建的第一班起，我们还开设了"当代社会思潮与青年教育"的研究讨论课程，这也是为了更好地提高学生运用唯物史观及方法论分析社会、人生问题的能力。

20多年来，我始终把"当代社会思潮与青年教育"作为学术研究的主攻方向，几乎所有论文和著作都是围绕这一中心写作的。这不是出于个人的偏好，而是由于时代发展对思想政治教育工作及其学科建设的需要。

思想政治教育专业创建于20世纪80年代初，当时"文化大革命"刚刚结束，改革开放刚刚起步，世界社会主义国家都面临对改革道路的探索，某些资本主义国家加紧实施对社会主义"超越遏制"的和平演变战略。在这种背景下，围绕对毛泽东同志、毛泽东思想和新中国成立以来历史经验的评价，对社会主义的前途、命运和改革开放的方向、道路，对人生价值和人生道路的思考，形成种种截然不同甚至尖锐对立的社会思潮，对马克思主义形成严重的挑战，引发了几次思想大论战并进而形成了社会动荡。思想政治教育工作只有能科学地分析各种社会思潮，既要坚定不移地纠正"左"的僵化思想，又要旗帜鲜明地反对资产阶级自由化，才能适应时代的需要。1986年7月，时任教育部副部长彭珮云的题词"为把我国建设成为高度文明、高度民主的社会主义国家，培养有理想、有道德、有文化、有纪律的接班人，立志做一个坚定的、清醒的、奋发有为的马克思主义者，坚守在思想政治教育岗位上。——愿与思想政治教育专业第二学士学位班首届毕业生共勉"就是在这种历史背景下提出的。我也是在这种历史背景下，选择了当代社会思潮与青年教育作为自己的研究方向。

从20世纪末到21世纪初，国际上，苏联解体和东欧剧变，但中国却迈向和平崛起，"一超多强"代替了两霸争夺世界的"冷战"格局，经济全球化、世界多极化在曲折中发展，矛盾错综复杂。在国内，全方位开放、发展社会主义市场经济，一方面，经济快速持续发展，成就世人瞩目，被人们称为"黄金发展期"；另一方面，改革进入攻坚阶段，利益关系更为复杂，新情况、新问题层出不穷，又被称为"矛盾凸显期"。这些现实的社会矛盾，势必在人们的头脑中形成各种思想矛盾，加上西方或国内的某些思想理论流派（如新自由主义、民主社会主义、历史虚无主义）的影响，就会形成一定的社会思潮，在人们思想上造成各种困惑。对大学生影响比较大的社会思潮，主要表现在两方面，一个是改革的方向道路问题，如"如何正确看待苏联解体和东欧剧变的历史经验？""社会主义市场经济的实质是中国特色社会主义还是中国特色资本主义？""公有制为主体还存在吗？国有经济能主导市场经济吗？""中国现在贫富差距究竟有多大？能不能和怎样才能避免两极分化，实现共同富裕？""现在腐败高发的原因是什么？共产党能战胜自身的腐败吗？""为了加强对执政党的监督，可以搞社会主义条件下的多党竞争和共产党领导下的三权分立吗？"等。另一个是人的本质和人生价值问题，如"我们倡导的'以人为本'与资产阶级人道主义和古代民本思想有什么本质区别和联系？""人的本质是自私的吗？西方经济学关于'经济人'的假设为什么是错误的？""社会主义市场经济条件下能倡导集体主义、反对个人主义吗？集体主义和发展个性是什么关系？""怎样在升学、就业、工作中正确处理社会价值和自我价值的关系，更好地实现自我价值？"等。它集中反映了两个根本道路问题，一个是"振兴中华"之路，另一个是大学生"成才之路"。他们渴望"振兴"，渴望"成才"，对面临的历史机遇有强烈的时代责任感，这是大学生思想的主流。但是，对"振兴中华"和自身成长的道路又存在诸多困惑，如果我们能运用马克思主义对这些问题进行科学的具体的分析，思想政治教育就有说服力；真理的颗粒越多，科学性越强，说服力就越大，思想政治教育也就越有效。我认为，这是加强思想政治教育的根本，离开这个问题谈加强思想政治教育是不能根本解决问题的。

对于上述社会思潮，应当说，中央的基本立场、观点是明确的。从根本上说，这得益于我们有了中国特色社会主义理论，有了党的基本路线、基本纲领，纠"左"防右，对社会主义建设规律、执政党建设规律的科学认识有了极大的提高。这是党性、意识形态性与科学性能够做到统一的根本保证。党的十五大的政治报告指出，邓小平理论是"比较完备的科学体系"，同时"又是需要从各方面进一步丰富发展的科学体系"。江泽民同志论述"三个代表"重要思想时，也强调："我们对发展社会主义市场经济条件下执政的规律还知之不多，知之不深，还需要全党同志在实践中继续探索。"胡锦涛同志2003年7月1日在讲话中也提出："我国社会主义的自我完善和自我发展还有许多重大课题需要进一步探索和回答，还有大量工作需要去做。"并且提出了14个"如何认识"的问题，要求全党深入探索。所以科学性与意识形态性相统一地回答中国特色社会主义建设规律、执政党建设规律提出的问题，回答改革开放和发展社会主义市场经济提出的问题，仍然需要全党，特别是思想理论工作者进行艰苦的探索。

现在哲学社会科学研究中不少人存在着"淡化"意识形态,"远离"现实性、政治性,只愿做"纯科学"研究的学术倾向。我不知道"纯科学"概念的准确界定是什么,哲学社会科学中确有一部分研究不带有意识形态属性,同样应当给予重视。但是,回避、排斥现实性政治性强的研究就不正确了。这种学术倾向的存在和蔓延,有深刻的社会历史原因:新中国成立后意识形态领域某些"泛政治化"的"大批判"使一些人至今心有余悸;苏联解体和东欧剧变是从意识形态领域的失误与混乱开始的,对这方面的历史经验,人们的看法还极为不同;另外,改革开放以来,政治路线正确,成就巨大,但主要失误仍然在意识形态领域这些使一些人仍然把意识形态领域看作难以把握的"风险是非之地"。另外,这种学术倾向也受到了西方学术研究的思想影响,他们根据意识形态的价值、利益属性及其不确定性,把意识形态和科学对立,鼓吹"非意识形态化"和"意识形态多元化"。马克思、恩格斯创立历史唯物主义科学,根据社会存在决定社会意识和社会意识相对独立性的原理探索社会意识形成发展的规律,从而使意识形态成为科学研究的对象;而且明确工人阶级及其政党,由于其价值追求与社会发展规律相一致,能够把意识形态性、党性与科学性相统一,从而根本否定了资产阶级宣扬的把意识形态排斥在科学之外的观念。但是历史经验告诉我们,这种统一仍然是对立的统一、有条件的统一,不是仅凭朴素的工人阶级和劳动人民的感情,或是对马克思主义经典著作某些论述的简单套用,就能自发实现的。社会主义意识形态形成、发展的历史仍然出现许多违反科学的失误,这说明科学的社会主义意识形态的建立,仍然需要排除教条主义和狭隘功利的影响,排除资产阶级意识形态的干扰,经过反复的实践和艰苦的科学探索才能实现。而错误地总结历史经验,按照西方意识形态与科学截然对立的观点,认为社会主义意识形态也不可能具有科学性,那样就必然走上"远离""淡化"意识形态的学术道路。

20多年来,我和我的一些同事,选择当代社会思潮作为研究方向,主动选择一些人们感到困惑的现实性、政治性很强的问题进行研究,这是有相当难度,也是需要理论勇气的。这是因为事物的本质往往需要经过实践、认识、再实践、再认识反复多次的过程才能充分暴露。而现实性强的问题,由于受到中国特色社会主义、社会主义市场经济实践、认识探索过程的局限,不容易一下子把握全部真理性认识。虽然总体上我们已经有了中国特色社会主义理论的科学体系,但是,还有一些难题需要在实践中继续探索;现实生活和理论阐述之间也有很多矛盾的现象,需要实事求是地具体分析;思想理论的争论也往往不是简单的判断对错,而是提出了一些需要深入研究才能回答的时代课题。在研究中,既要弄清社会主义和资本主义的本质区别,又要弄清科学社会主义和僵化模式的界限。既要坚持党的共产主义的最高纲领和社会主义高级阶段的发展方向,又要坚持以社会主义初级阶段的理论、路线、方针、政策指导我国一个相当长时期的实践。既要敢于正视、正确剖析社会主义原有体制中的弊端,坚持改革,又要旗帜鲜明地反对资产阶级自由化、坚持四项基本原则。既要大胆吸收和借鉴人类社会创造的一切文明成果,包括西方思想理论流派和体制中一切科学的成分或者对我国有益的经验,又要抵制其错误的核心价值理念和一切不适合中国国情的主张。既要坚定不移地推进对外开放、发展社会主义市场经济,又要十分重视、正确分析、不断克服改革开放进程中产生的各种消极因素。既要反对马克思主义"僵化"的教条主义,又要反对盲目崇拜西方,食洋不化的教条主义……这是难度很大、非常严肃的科学研究工作。一方面,需要研究工作者具有不唯书、不唯上、不唯洋、只唯实的科学探索精神;另一方面更需要意识形态方面的领导,特别是鼓励和积极引导这方面的研究,创造更为良好的学术环境。要在国家研究计划中切实体现对这方面研究工作的支持,同时在坚持党的基本路线的前提下,更好地贯彻"双百方针"。要根据"宣传有纪律、学术无禁区"的精神,对于现实性、政治性强的问题,只要不违反宪法,在学术讨论范围内,要允许和鼓励人们进行讨论,逐步形成一种建设性的、生动活泼的讨论与批评、自我批评的风气。真理越辩越明,只有这样,才能真正发展正确意见,克服错误意见,开辟向真理前进的道路。现在,党中央非常重视意识形态领域工作,加强了这方面的领导,我相信,这必将推动这方面科学研究的健康发展。

在我入党 55 周年,为祖国健康工作 50 周年之际,我从近 20 年来发表的关于当代中国社会思潮与青年教育方面的文章中,选择若干篇,编辑成册,作为对自己学术研究一段历史的纪念。在选编的过程中,深深感到有些文章的某些观点还不够完善,某些论述还有待深入,但是总的看,其基本观点、思路还能经得起历史的检验。这说明,以严肃的科学的态度,以科学性与意识形态性相统一的精神,从事现实性、政治性强的研究是可以取得有价值的成果的。现在把这些文章整理发表出来,希望能在更长的"历史时空"中继续经受检验,以使我的学术研究在有生之年还能有所进步;同时,希望推动更多的青年学者主动关注改革开放现代化建设的理论前沿、关注人民群众普遍关心的重大理论和现实问题,以自己创造性的研究成果,为坚持和发展马克思主义做出新的贡献。

以马克思主义的科学批判精神为指导,直面当代社会思潮激荡的理论前沿,以党性与科学性、意识形态性与真理性相统一的精神求索,这就是我长期探索希望达到的学术追求。

永远做青年人的良师益友

——记清华大学马克思主义学院教授林泰

胡齐明 李 颖

工作感言：中国的未来，关键在党，希望在青年。我愿意活到老，学到老，永远做青年思想政治上的良师益友。

20世纪50年代以来，林泰一直从事高校思想政治理论教育。曾任清华大学党委宣传部常务副部长、马克思主义哲学教研室副主任等。20世纪80年代以来，历任清华大学社会科学系主任、人文与社会科学学院常务副院长等。曾兼任北京市政府专家顾问、青年研究会副会长、教育部社政司"两课"在职硕士学位班教学督导巡视员、北京市社科联常委等。如今，已有80岁高龄的他仍然孜孜不倦地启迪青年人思想，研究重大社会思潮与青年思想政治教育。这是因为他坚信：中国的未来，关键在党，希望在青年。

一、为青年党员和积极分子思想引路

已经80岁的林泰平时骑着电动车在清华园里匆匆而行，即使在周末还忙着给青年学生们讲课。他精神饱满，思维敏捷，表述问题时逻辑十分清晰，有力的声音极富感染力。最关键的是，他的观点犀利抓人，直接针对学生的问题，以令人信服的方式很快吸引学生的注意，引导大家的思维跟随他一起抽丝剥茧、逐步认清问题。他思维活跃，喜欢和人探讨问题。

林泰是很多清华学生党员的思想引路者。清华的业余党校自1990年成立以来，林泰始终坚持为申请入党的积极分子讲党课，深受学生们的欢迎。很多对中国特色社会主义存有疑虑的学生，正是在林泰的启发下开始科学地思考，对党有了更加清晰和全面的认识，最终加入中国共产党的队伍中来。

2009年秋季学期，林泰在业余党校讲授了"21世纪以来的几个重大社会思潮"一课，参加学习的1088名学生在期末对该课程进行了评分，评价为很好或者非常好的占到了96%。实际上每个学期的课后评价，林泰的好评率都非常之

高。每次讲完业余党校的课后，都会有一些意犹未尽的学生找林泰继续讨论问题，林泰对学生提出的问题总是热情地解答，鼓励和引导学生深入思考。一次课后，一名学生情不自禁地向林泰表达敬意："您都78岁了，讲课时仍然充满激情，声音也非常洪亮，您的精神真让人感动。"林泰笑着答道："是吗？太谢谢你啦！一到讲台上我的精神就特别好，给学生讲课时总是很兴奋，而且这种感觉总能坚持到最后。"

林泰的课常常会"超时"，因为希望给学生讲得更多一些，更细一点。但在"超时"的时刻里，学生们总是静静地听讲，最后报以热烈而持久的掌声。每到此时，林泰总是从椅子上站起来，向大家轻轻地鞠躬致谢。

除了在业余党校为申请入党的积极分子讲课，林泰每年都参与新生党员、学生政治辅导员和党员骨干的培训，参加TMS协会（清华大学学生马克思主义学习研究协会）等理论学习活动的辅导，在"求索杯"赛场、党建知识竞赛场，很多学生党建活动中都能看到林泰的身影。

不仅在清华，林泰还力所能及地参与其他高校的思想政治教育活动。近年来，他受北京市教工委委托为各高校学生部长和宣传部部长讲授社会思潮课，还参与全国老教授协会"中国国情与青年的历史责任"系列讲座，并担任北京市研究生骨干培训班的导师，为更多的青年学生答疑解惑，引导他们正确、科学地认识中国特色社会主义和马克思主义。

十多年来，林泰每年都为香港青年在北京举办的国情研讨班讲课，帮助他们了解中国国情和中国共产党。当这些被称为"明日领袖"的香港青年感谢他的讲课为他们澄清了许多思想困惑时，林泰进一步感受到做好青年工作的意义。他早已准备将自己的一生都奉献给思想政治理论教育事业。在为青年学生服务的过程中，他体会到了最大的快乐和满足。他说："我的课受到青年学生的欢迎，让我感受到老年生活的价值，也更让我体会到马克思主义理论研究对祖国未来的意义。"

二、为青年思想政治教育活到老学到老

在思想政治理论教育中，坚持党性和科学性、意识形态性和真理性的统一，这是林泰毕生的学术追求。面对人们存在困惑的重大思潮，要力求做出科学的、能经得起历史检验的分析，既要克服"淡化"意识形态、"价值中立"的"纯"学术研究倾向，又要避免"文化大革命"中"大批判"简单化的失误。退休后，林泰之所以仍然从事社会思潮方面的课题研究，既是坚持对一些思想理论的争论和难题继续进行探索，同时也希望通过一起搞研究，让一些老同志带动

一批中青年学者，将党性与科学性相统一的学风薪火相传。林泰说，培养更多年轻的思想政治教育和理论工作者，使他们能够关注社会、关注现实问题、关注青年，并进行严肃的科学探讨，这关系到思想政治理论课的可持续发展，是比我以一己之力坚持讲课更重要的事情。

信息充实也是林泰的讲课能受到广大青年学生欢迎和喜爱的一个重要特点。他经常阅读《高校理论战线》《思想理论导刊》《马克思主义研究》《红旗文稿》《中国特色社会主义研究》《执政党建设》等理论刊物，订阅《报刊文摘》《文摘报》《参考消息》《光明日报》等报刊，并通过与课题组成员的交流，及时掌握世情、国情、党情、民情的演化，了解最新的理论信息和生动的现实案例，以满足同学们追求知识的需求。无论是出国考察、国内学术交流，还是去旅游，林泰都用心观察、询问现实的情况，作为其授课和研究中的鲜活案例。

对思想政治理论教育的热衷与坚持，其根本在于林泰具有坚定的马克思主义信仰。从1954年担任政治辅导员至今，林泰从事思想政治理论教育已有56年之久，与年轻的共和国一起经历了沧桑变幻，经历了人生的跌宕起伏之后，他依旧坚定地信仰着马克思主义。改革开放近30年来，他又尽其全力为中国特色社会主义事业培养一代又一代接班人，只求能让更多的青年学生真正懂得中国特色社会主义，让更多的中青年思想政治理论工作者对马克思主义的了解更加透彻，对马克思主义的信仰更加坚定。他用自己晚年的全部心血实践着邓小平"关键是我们共产党内部要搞好"，"要注意培养人"，"让更多的年轻人成长起来"的教导。他坚信，中国的未来，关键在党，希望在青年。他常说，"我愿意活到老，学到老，永远做青年思想政治上的良师益友"。

躬耕六十载　问道新时代

——清华大学林泰教授先进事迹

2019 年全国离退休干部先进个人材料

　　林泰，清华大学马克思主义学院教授，自 20 世纪 50 年代以来，一直从事高校思想政治理论课教学研究和高校思想政治工作。1999 年退休，退休 20 年间，也一直未离开讲台，60 年的教学和研究，亲身经历了高校思想政治理论课的发展、改革和完善，把能为大学生成长成才做些有益的工作，作为自己一生的追求。如今虽已 87 岁高龄，仍不忘初心、牢记使命，奋战在思想政治理论研究和教育的前线。

一、潜心学习，加强党性修养

　　林泰教授，1950 年 4 月入党，一直在坚定信仰的道路上稳步向前，坚持认真学习贯彻习近平新时代中国特色社会主义思想，牢固树立"四个意识"，坚定"四个自信"，坚决做到"两个维护"。

　　87 岁的林泰教授，仍关注时事政治，关心国家大事，自觉学习党的最新理论政策。除了阅览基本理论刊物之外，还订了《光明日报》《参考消息》《环球时报》《报刊文摘》《文摘报》5 份政治文化信息、国际知识信息量很大的报刊，每天大约用两小时进行阅读，以扩充知识，跟上时代步伐。近期，还学习了《习近平新时代中国特色社会主义思想学习纲要》《习近平关于"不忘初心、牢记使命"论述摘编》等。

　　林泰教授，还积极参加学校老同志理论学习组的活动。作为老同志理论学习组核心骨干每次都积极思考发言，提前学习大量资料，多次就党建、思潮问题进行重点发言。

　　林泰教授还积极参加马克思主义学院离退休教职工党支部的组织生活，集中学习党的最新方针政策，在组织生活会上，与支部同志们一起认真学习了习近平总书记在全国教育大会上的讲话精神以及习近平总书记在庆祝改革开放 40

周年大会上的讲话精神等。不久前，还参加了支部"不忘初心、牢记使命"的主题学习活动，并与其他同志进行了热烈而充分的交流。

二、笔耕不辍，创新理论知识

党的十八大前夕，林泰教授完成了为响应党"用社会主义核心价值体系引领社会思潮"历史任务而立项的《问道》。2015年，《问道》第一版3000册已基本售罄。2017年，经过大量的新增和修改后，近70万字的《问道》再版，书中充实了习近平总书记关于意识形态工作和有关社会思潮的重要论述，集中体现了林泰教授30多年教学与研究相结合的成果，获得了学术界和思想政治教育界的好评。

《问道》一书全面系统地梳理了改革开放以来意识形态领域社会思潮斗争的历史脉络，对人们，特别是对青年影响比较大的错误思潮进行了有说服力的具体分析，并且探讨了如何科学、有效地引领社会思潮，特别是高校引领社会思潮、培养中国特色社会主义接班人的历史经验。可以说是一部以中国特色社会主义理论和道路引领社会思潮的力著。《问道》出版以来，已获全国思想政治教育学科优秀著作一等奖、北京市及教育部社会科学优秀著作二等奖等荣誉。

近年来，林泰教授的《中国政治体制的比较优势》《在理论联系实际中培根铸魂》《十八大以来中国共产党对社会思潮的引领》等文章被《社会主义核心价值观研究》《高校马克思主义理论研究》杂志、《人民日报》等刊登。2018年，林泰教授还参与了"习近平新时代中国特色社会主义"课题研究项目，撰写了《坚持和加强党的全面领导》的部分内容。

2019年3月18日，林泰教授以退休教授的身份参加了学校思想政治理论课教师座谈会。这样的会议，在我们党的历史上是第一次。林泰教授，作为年龄最长的教师代表最先发言，向习近平总书记汇报了工作情况，并聆听习近平总书记关于思政课建设的讲话。会后，林泰教授应邀做了多场学习习近平总书记重要讲话精神的宣讲报告，并撰写了《高校思政课教学怎样坚持八个"相统一"》的理论文章，被《求是》刊登。

三、关爱青年，为培养接班人铸魂

林泰教授，如果从1954年当政治辅导员算起，从事高校思想政治工作已超过60年，作为高校宣传思想战线的一名老兵，现在他仍然孜孜不倦地启迪着青年人思想。因为他坚信，中国的未来，关键在党，希望在青年。

林泰教授是很多清华学生党员的思想引路者。清华的业余党校自1990年成立以来，他始终坚持为申请入党的积极分子讲党课。除了在业余党校为申请入党的积极分子讲课外，林泰教授每年都参与新生党员、学生政治辅导员和党员骨干的培训，参加TMS协会（清华大学学生马克思主义学习研究协会）等理论学习活动的辅导，参与"求索杯"赛、党建知识竞赛等活动。

不仅在清华，林泰还力所能及地参与其他高校的思想政治教育活动。近年来，他受北京市教工委委托为各高校学生部长和宣传部部长讲授社会思潮课，还参与全国老教授协会"中国国情与青年的历史责任"系列讲座，并担任北京市研究生骨干培训班的导师，为更多的青年学生答疑解惑，引导他们正确、科学地认识中国特色社会主义和马克思主义。

多年来，林泰每年都为香港青年在北京举办的国情研讨班讲课，帮助他们了解中国国情和中国共产党。当这些被称为"明日领袖"的香港青年感谢他的讲课为他们澄清了许多思想困惑时，林泰进一步感受到做好青年工作的意义。

2018年，林泰教授还给全国高校共青团研究中心写了"关于培养中国特色社会主义接班人"的专访，指出大学生如何才能成长为中国特色社会主义事业的合格建设者和可靠接班人。

2018年、2019年，林泰教授还连续参加教育部关工委组织的"读懂中国"活动，参加学生视频拍摄和访谈活动，面对青年学生，用自己的亲身经历和真实感悟，教育引导广大青年学生坚定"四个自信"，切实增强广大青年学生对中国共产党的领导和中国特色社会主义的思想认同、情感认同、价值认同。为了确保活动进度与效果，他不顾惜身体，多次深夜回答学生的问题，帮助学生提高对当前社会思潮等问题的认识。

林泰教授表示早已准备将自己的一生都奉献给思想政治理论研究与教育事业。在为青年学生服务的过程中，他体会到了最大的快乐和满足。他说："我的课受到青年学生的欢迎，让我感受到老年生活的价值，也更让我体会到马克思主义理论研究对祖国未来的意义。"